Kate Marchant
Whistleblower
Between Love and Truth

W0391159

Kate Marchant

Whistleblower
Between Love and Truth

Roman

Übersetzt aus dem Amerikanischen
von Sybille Uplegger

PIPER

Mehr über unsere Autorinnen, Autoren und Bücher:
www.piper.de

Wenn Ihnen dieser Roman gefallen hat, schreiben Sie uns unter Nennung des Titels »Whistleblower – Between Love and Truth« an empfehlungen@piper.de, und wir empfehlen Ihnen gerne vergleichbare Bücher.

Wir produzieren nachhaltig
www.piper.de

Bei »Whistleblower – Between Love and Truth« handelt es sich um eine übersetzte Version des erstmals auf Wattpad.com von ToastedBagels unter dem Titel »Whistleblower« veröffentlichten Textes.

Deutsche Erstausgabe
ISBN 978-3-492-50700-4
© 2023 Katherine Marchant
© der deutschsprachigen Ausgabe:
Piper Verlag GmbH, München 2023
Übersetzung: Sybille Uplegger
Sprachredaktion: Michaela Retetzki
Satz auf Grundlage eines CSS-Layouts
von digital publishing competence (München)
mit abavo vlow (Buchloe)
Covergestaltung: FAVORITBUERO, München,
nach einem Entwurf von Lesley Worrell
Covermotiv: JoyCrew/Shutterstock
Printed in Germany

Für meine Schwester Elizabeth.
Und für alle anderen, die am liebsten alles
niederbrennen würden.

In diesem Buch sind Themen enthalten, die triggernd wirken können. Am Ende des Textes findet sich eine Aufzählung, die jedoch den Verlauf der Geschichte spoilern kann.

Wir wünschen ein bestmögliches Leseerlebnis.

1

Ich wünschte, ich könnte behaupten, es wäre das erste Mal gewesen, dass ich die Erledigung einer Aufgabe bis zum Tag der Abgabe aufgeschoben hatte, aber meine Eltern haben mich nicht zu einer Lügnerin erzogen. Es war die erste Semesterwoche. Hanna und ich hatten immer noch nicht die neue Wohnung eingerichtet, dafür war es mir irgendwie gelungen, bereits achtundfünfzig Dollar für *Carne-asada*-Tacos auszugeben und mich jeglicher akademischer Betätigung zu verweigern.

Heute Morgen war ich noch hoffnungsvoll gewesen. Ich hatte geglaubt, dass ich wieder mal mit meiner Verschleppungstaktik durchkommen und im allerletzten Moment noch siegreich die Ziellinie überqueren würde. Ich hatte den Regen nicht mit einkalkuliert.

Garland, Kalifornien (30.000 Einwohner während des Semesters, halb so viele im Sommer) lag eine Stunde östlich von Downtown Los Angeles. Wir waren an Trockenheit gewöhnt. Doch als ich endlich die Buchanan Library, die Hauptbibliothek auf dem Campus, erreichte, war ich von Kopf bis zu dem abblätternden Nagellack an meinen Zehen durchnässt. Ich trug ein leichtes Sommerkleid, in dem ich aussah wie ein Trottel. Ein sehr nasser Trottel noch dazu. Und während ich meinen USB-Stick in die Buchse eines uralten Druckers fummelte und sich unter mir auf dem Teppichboden, der die grünliche Farbe von Babykacke hatte, das Wasser in einer Pfütze sammelte, begann irgendwo in den Tiefen meines Rucksacks mein Handy zu vibrieren. Stöhnend stellte ich ihn auf dem Boden ab und begann mit der Suche. Realistisch betrachtet, konnte es nur eine von vier Personen sein: Andre Shepherd, Hanna Pham oder meine Eltern. Es war Hanna.

»Warum liegen lauter Müsliriegel auf dem Badezimmerfußboden rum?«, fragte sie anstelle einer Begrüßung.

»Tut mir leid. Mir ist die Schachtel gerissen. Ich hatte es eilig.«

»Bist du gerade in einer Vorlesung?«

»Nein, in der Bibliothek. Ich muss noch meinen Artikelvorschlag ausdrucken.«

Es war Donnerstagmorgen, und die Chefredakteurin der Unizeitung wollte bis zum Mittag eine Papierversion meines Textes im Fach auf ihrem Schreibtisch liegen haben. *Wenn sie meint*, dachte ich. Es war ein grauenhaftes Machwerk, ganz egal, in welchem Format ich es abgab.

Nun kam besagtes Machwerk mit einer ungefähren Geschwindigkeit von zwei Zeilen pro Stunde aus dem Drucker gekrochen.

»Obwohl – nein. Ich glaube, ich bin in der Hölle.«

»Aber wenigstens bist du fertig geworden«, meinte Hanna. »Das muss Ellison doch würdigen. Und du hast dein Bestes gegeben! Das ist alles, was zählt.«

Ich lachte bitter. »Als mein ›Bestes‹ würde ich diesen Wortsalat wirklich nicht bezeichnen.«

»Sei nicht so bescheiden, das ist ja ekelhaft.«

»Ich bin nicht bescheiden, Han. Das hier ist vielleicht das Schlechteste, was ich je geschrieben habe.« Und ich hatte auf der Mittelschule One-Direction-Fan-Fiction verfasst, die Latte lag also nicht besonders hoch. »Und weißt du, was? Ich ärgere mich über mich selbst. Die Story hatte so viel Potenzial. Ich hätte schon letzte Woche damit anfangen sollen …«

»Ja, aber du warst den halben Sommer in Mexico City. Ich finde, du hast dir nichts vorzuwerfen. Besuch bei der Familie ist wichtiger als irgendein oberflächlicher Artikel über das Footballteam.«

Nur dass bei mir am Ende eher eine Klatschkolumne herausgekommen war als ein Artikel. Ich hatte erst am Wochenende mit dem Brainstorming begonnen, nachdem Hanna und ich in unsere neue Wohnung umgezogen waren und ich schweren Herzens eingesehen hatte, dass die Uni ein unausweichliches Übel war, das mich noch zwei Jahre lang begleiten würde. Apropos: In viereinhalb Minuten fing meine Vorlesung an. Mein Text und ich würden zu spät kommen.

»Schieb die Müsliriegel einfach gegen die Badewanne, ich räume sie auf, wenn ich aus ›Einführung in die Welt der Peniswitze‹ zurück bin«, sagte ich zu Hanna.

So hatte Andre die Lehrveranstaltung getauft, die wir zusammen belegten. Sexualität des Menschen – von Studenten, die ihren Eltern den aktuellen Stundenplan durchgaben, auch gern mit dem Kürzel BIO 108 bezeichnet – genügte den Anforderungen für einen Schein in Naturwissenschaften, auch wenn der Anteil wissenschaftlicher Inhalte, abgesehen von der Anatomie der Sexualorgane, eher gering war. In der Vorlesung saßen hauptsächlich Studenten kurz vor dem Abschluss und Sportler, die sich ihre Lehrveranstaltungen vor allen anderen aussuchen durften. Aber ich hatte Glück gehabt (oder vielmehr: besonders gut aufgepasst) und noch einen Platz ergattert, als jemand weniger als vierundzwanzig Stunden vor dem ersten Vorlesungstag abgesprungen war.

»Keine Hektik«, sagte Hanna. »Ich sitze sowieso bis um drei in Figürlichem Zeichnen.«

»Viel Spaß mit den Penissen.«

»Dir auch.«

Ich steckte das Handy in die Tasche meines Kleids – der einzige Pluspunkt des ansonsten völlig nutzlosen Kleidungsstücks –, als plötzlich laute Schritte auf der Treppe zu hören waren.

Ein Mädchen mit Kopfhörern und einer dichten Mähne dunkler Locken kam um die Ecke gebogen. Ich kannte sie. Mehri Rajavi arbeitete auch beim *Daily* und war wie ich im fünften Semester. Ihren halblaut gemurmelten Flüchen nach zu urteilen, lief ihr Morgen ähnlich gut wie meiner.

»Hi, Mehri«, grüßte ich sie, als sie mit dem Finger auf eine der Tasten am benachbarten Kopierer einstach.

Sie sah mich mit zusammengekniffenen Augen an. »Hey, Mädel«, erwiderte sie.

Sie erkannte mich nicht wieder. Halb so schlimm. Wir hatten ja nur diese eine Vorlesung über internationale Beziehungen zusammen gehabt. Und Einführung in die Sachliteratur. Und im ersten Jahr ein Seminar über Journalismus im Nahen Osten. Und dann war sie natürlich auch noch mit Hanna befreundet, weshalb ich sogar einmal zu ihrer Kunstausstellung mitgekommen war und eine geschlagene Stunde damit verbracht hatte, eine Ansammlung riesiger Blumenaquarelle zu betrachten, die wie weibliche Genitalien aussahen.

»Das hat man wohl davon, wenn man bis zur letzten Sekunde mit dem Ausdrucken wartet«, witzelte ich und versuchte das unangenehme Gefühl zu ignorieren, das sich einstellte, wenn jemand, dem man schon mehrmals begegnet war, nicht den Schimmer einer Ahnung hatte, wie man hieß.

»Ellison wird mir so was von die Hölle heiß machen.«

Mehri lächelte verkrampft. Es war ein Lächeln, das man einem Verwandten schenkt, wenn der gerade bei Tisch einen geschmacklosen politischen Witz gerissen hat und man nicht den Dritten Weltkrieg auslösen will. Ich tätschelte die Seite meines Druckers und flehte ihn im Stillen an, Gnade mit mir zu haben. Das dritte Blatt meines insgesamt vierseitigen Artikelvorschlags glitt ins Ausgabefach. Im selben Moment ging auf meinem Handy eine Textnachricht ein.

Sie war von Andre: *Bist du unterwegs gestorben?*

Schön wär's!!!, antwortete ich.

Der Drucker hatte ein Einsehen mit mir und spuckte endlich die letzte Seite aus. Ich riss sie an mich, wobei ich aus Versehen eine Ecke umknickte. Normalerweise hätte ich mir die Zeit genommen, sie neu auszudrucken, aber da es sich bei dem Text in meinen Händen weiß Gott nicht um eine bahnbrechende journalistische Arbeit handelte, sparte ich mir die Mühe und lief stattdessen in meinen quietschenden Sandalen unbeholfen in Richtung Treppe.

»Viel Glück, Mehri!«, warf ich über die Schulter zurück. Ich wusste bereits, dass mich unsere Begegnung immer noch beschäftigen würde, wenn ich am Abend im Bett lag.

»Oh. Danke«, gab sie ein wenig verwundert zurück. »Hey, warte mal, hast du ...«

Aber ich war bereits zu weit weg, um noch einmal umzukehren. Ich eilte die Treppe hinunter – wobei ich jederzeit damit rechnete, auszurutschen und der Länge nach hinzufliegen, was thematisch gut zu meinem Morgen gepasst hätte – und tröstete mich mit dem Wissen, dass Mehri unser kurzes Gespräch morgen früh höchstwahrscheinlich wieder vergessen hätte.

Ich war nun mal jemand, den man leicht vergaß. Ich versuchte diese Eigenschaft eher als nützlichen Partytrick statt als Charakterfehler zu betrachten.

Draußen vor der Bibliothek presste ich die Seiten meines Artikelvorschlags schützend an die Brust und rannte durch den Regen. Der von Bäumen gesäumte Fußweg, der einmal quer über den Campus führte, war übersät mit Pfützen und grün-weißem Konfetti von der Orientierungswoche der Erstsemester. Ein Großteil des Campus der Garland University bestand aus alten Backsteingebäuden, gepflasterten Wegen und gestutzten Rosensträuchern, aber ganz hinten am äußersten Rand gab es ein Trio moderner Ungetüme aus Stahl und Beton.

Das erste davon war die Bio-Fakultät. Ich stolperte in die Eingangshalle. Das Treppenhaus war abgesperrt und roch nach frischer Farbe, also nahm ich Kurs auf die Fahrstühle. Ich rutschte und schlitterte in meinen Sandalen und war atemloser, als nach der mäßigen körperlichen Anstrengung gerechtfertigt gewesen wäre.

Ich schlug mit der flachen Hand auf den Rufknopf, ehe ich abermals einen Blick auf mein Handy warf.

Prof ist schon da, hatte Andre vor zwei Minuten geschrieben. Und eine Minute später: *Er geht die Anwesenheitsliste durch, beweg deinen Arsch.*

Ich hinterließ eine Spur nasser Fußabdrücke, während ich ungeduldig auf und ab ging und meinen Nachnamen verfluchte, weil der Cates lautete und mit dem dritten Buchstaben des Alphabets begann.

Der Fahrstuhl lag etwas versteckt in einer kleinen dunklen Nische, in der jemand eine Kübelpflanze aufgestellt und eine Korkpinnwand an die Wand gehängt hatte, um nicht den Eindruck entstehen zu lassen, es handle sich um die Kulisse eines Horrorfilms. An der Pinnwand hingen lediglich zwei Anschläge: ein zerrissener Zettel, auf dem ein gebrauchter Futon zum Kauf angeboten wurde, und ein grünes Hochglanzplakat, das die Termine für die Heimspiele unserer Footballmannschaft bekanntgab. Auf dem Plakat waren drei Gesichter abgebildet. Rechts grinste Kyle Fogarty, unser Tight End mit dem blonden Undercut, lässig und voller Selbstbewusstsein in die Kamera. Auf der linken Seite sah man unseren Quarterback Bodie St. James, der mit erstaunlicher Präzision einen Football fünfzig Yards weit werfen und Gegner abschütteln konnte, die wie Kleiderschränke gebaut waren. Es war ein großartiges Foto von ihm. Er sah grimmig und Furcht einflößend aus wie ein Gladiator – obwohl seine Freunde ihn eher als süßen, harmlosen Hundewelpen beschrieben.

Bodie und ich hatten noch nie ein Wort miteinander gewechselt, aber er schien ein netter Kerl zu sein: stets höflich, respektvoll älteren Mitmenschen gegenüber, und er recycelte brav seine PET-Flaschen. Jemand, der nicht viel Aufheben von sich machte.

Zwischen Fogarty und St. James prangte das Porträt von Chefcoach Truman Vaughn, dem Vater von Garlands mehrere Millionen Dollar schwerem Football-Programm. Ich streckte ihm die Zunge heraus. Es war kein Geheimnis, dass Vaughn in den Neunzigerjahren wegen schwerer Alkoholprobleme in einer Entzugsklinik gewesen war. Sein Comeback hatte für eine Menge Aufsehen gesorgt. Er hatte den Präsidenten der Uni und den Hochschulrat erfolgreich davon überzeugt, dass er seine Sucht besiegt hatte und bereit war, sich fortan mit ganzer Energie dem Football zu widmen. Das war, wie sich herausgestellt hatte, ein großer Haufen Bullshit.

Der Artikelentwurf in meinen Händen enthielt mehrere Zeugenaussagen einer wilden Partynacht, auf der Vaughn während der Sommerferien gesichtet worden war. Es war die brisanteste Story, die ich je für den *Daily* vorgeschlagen hatte.

Anfangs hatte ich noch die Hoffnung gehegt, Ellison würde erkennen, wie sehr ich mich weiterentwickelt hatte, und mich für meine Risikobereitschaft belohnen. Doch mittlerweile machte ich mir keine Illusionen mehr. Der Artikel war ganz einfach schlecht, und ich setzte darauf, dass meine Chefredakteurin so viel damit zu tun haben würde, die wöchentlichen Einreichungen durchzugehen, dass sie bei meinem Text nicht einmal den Namen der Verfasserin registrieren, sondern ihn gleich in den Papierkorb werfen würde. *Dann wird niemand je erfahren*, dachte ich voller Bedauern, *dass Vaughn in Bezug auf seine angeblich überwundene Alkoholkrankheit alle anlügt.*

Der Fahrstuhl kündigte sein Kommen mit einem *Ding!* an, das in seiner Munterkeit beinahe schon etwas Schadenfrohes hatte. Ich sprang in die Kabine und seufzte vor Erleichterung, weil ich, wie Andre es so eloquent formuliert hatte, endlich meinen Arsch bewegte.

»Warte!«, rief jemand.

An jedem anderen Vormittag hätte ich es getan.

»Sorry, Kumpel«, murmelte ich halblaut.

Ich stand in der Ecke der Fahrstuhlkabine; wer auch immer da den Gang entlangkam, konnte also weder mich noch meine schuldbewusste Miene sehen, als ich die Taste zum Schließen der Türen betätigte. Doch noch ehe sie vollständig zugeglitten waren, tauchte ein Hand im Spalt auf. Eine sehr große Hand. Ich hatte gerade noch Zeit, die Finger vom Bedienfeld wegzuziehen, ehe sich die Türen wieder öffneten und ein Gesicht erschien, das ich keine zehn Sekunden zuvor schon einmal gesehen hatte.

Nasse Haare. Gerötete Wangen. Augen so dunkel wie Gewitterwolken.

Puta madre, dachte ich.

»Nach unten?«, fragte Bodie St. James.

Er sah kein bisschen so aus wie der Golden Retriever, als den seine Freunde ihn beschrieben. Er sah aus wie ein archaischer Krieger, der in der Lage wäre, mit bloßen Händen meinen Arm entzweizubrechen. Wobei: Ich hatte gerade versucht, ihm im Fahrstuhl vor der Nase wegzufahren, vielleicht war das also eher eine Projektion meinerseits.

»Willst du nach unten?«, wiederholte Bodie, als ich ihn nur verständnislos anglotzte.

Aus seinen kurzen braunen Haaren tropfte Regenwasser auf die breite Schulterpartie seiner mattschwarzen Nike-Jacke mit dem metallisch schimmernden Garland-Lions-Logo auf der rechten Brust. Die Uni spendierte dem Footballteam jede Saison neue Jacken. Das diesjährige Modell schien wasserdicht zu sein.

Ich nickte. »Untergeschoss.«

Aus der Nähe sieht er so groß aus, war der einzige Gedanke, den mein Gehirn zustande brachte, als er die Kabine betrat.

Dann glitten die Türen zu, und wir waren von der Außenwelt abgeschnitten. Ich verspürte den Impuls, mich bei ihm zu entschuldigen – ihm zu erklären, weshalb ich so in Eile war. Aber die Lippen zusammenzupressen und mit gerunzelter Stirn auf mein Handy zu starren schien mir die angenehmere Alternative zu sein.

Der Aufzug begann seine Fahrt ins Untergeschoss. Das quälende Schweigen zwischen uns dauerte eine kleine Ewigkeit.

Dann ergriff Bodie unvermittelt das Wort. »Schönes Wetter heute, was?«

Es dauerte einen Moment, ehe mir klar wurde, dass er niemand anderen als mich gemeint haben konnte, und es daher angebracht wäre, den Kopf zu heben und in irgendeiner Weise auf seine Bemerkung zu reagieren. Ich fühlte mich nie so wirklich wohl, wenn mir jemand seine ungeteilte Aufmerksamkeit widmete, aber als ich nun Blickkontakt zu Bodie aufnahm, krampfte sich mein Magen so heftig zusammen, wie er es nicht mehr getan hatte, seit ich in der dritten Klasse gezwungen worden war, bei einer Talentshow aufzutreten.

O mein Gott, dachte ich. *Er will Small Talk machen.*

»Ja, traumhaft«, sagte ich, als wäre ich nicht klatschnass und viel zu dünn angezogen.

Einer von Bodies Mundwinkel zuckte. »Musst du jetzt schon eine Hausarbeit abgeben?«

»Das ist für die Unizeitung.«

»Du schreibst?«

»Nur wenn die Zeit drängt«, gab ich zurück.

Vielleicht wollte er bloß höflich sein, aber Bodie schmunzelte. Er hatte ein scharfkantiges, leicht mürrisch wirkendes Gesicht mit hohen Wangenknochen und einer spitzen Nase, aber ein offenes Lächeln. Er schien noch mehr sagen zu wollen, aber in dem Moment kam der Fahrstuhl mit einem Ruck zum Stehen. Das elektronische Display über der Tür zeigte ein B für Basement an.

Das Öffnen der Türen katapultierte mich zurück in die Realität.

»Sieh bloß zu, dass du trocken bleibst da draußen«, sagte ich und hörte mich erschreckenderweise fast so an wie meine Großmutter. Dann beeilte ich mich, den Schauplatz meiner zweiten missglückten sozialen Interaktion an diesem Vormittag hinter mir zu lassen. Doch es wurde nur noch schlimmer – viel schlimmer, denn neben dem nassen Quietschen meiner Sandalen hörte ich das Geräusch deutlich größerer Schritte hinter mir.

Bodie St. James und ich mussten in dieselbe Richtung.

Auf einmal merkte ich, wie sehr mir das Kleid an den Beinen klebte. Ich steuerte auf eine der zwei Doppeltüren zu, die zu meinem Hörsaal führten, und schlagartig wurde mir bewusst, dass ich sowohl zu spät als auch pitschnass einen Raum voller Menschen betreten musste. Alle würden mich anstarren. Ich blieb kurz stehen, um mir die feuchten Haare nach hinten zu streichen, und nestelte am Riemen meines Rucksacks herum. Und weil der Morgen doch noch grauenhafter werden konnte, als er schon war, hielt Bodie direkt neben mir an.

»Bist du auch in dieser Vorlesung?«

Ich nickte schicksalsergeben.

Bodie schmunzelte wie über einen Insiderwitz. »Na, dann komm«, sagte er verschwörerisch. »Wir gehen zusammen rein.«

Ehe ich etwas erwidern konnte, hatte er die Tür mit der Schulter aufgeschoben und marschierte mit dem Selbstbewusstsein eines Menschen, der entweder sehr dumm ist oder für sein Leben gern im Mittelpunkt steht, in den Saal. Ich zögerte einen Augenblick, ehe ich ihm mit eingezogenem Kopf und klopfendem Herzen folgte. Doch niemand schenkte mir Beachtung. Alle Augen ruhten auf Bodie.

Hinter dem Pult unten auf dem Podium stand unser Dozent vor zwei großen Bildschirmen und blickte von einem

Stapel Unterlagen auf, in dem er geblättert hatte. Nick, der während der Einführungsveranstaltung am Dienstag darauf bestanden hatte, dass wir ihn ausschließlich mit seinem Vornamen ansprachen, war ein Mann, der großen Wert darauf legte, cool zu sein: Mitte dreißig, trug Sakkos über bedruckten T-Shirts und las Klassiker, aus denen er, damit man dies auch wusste, gern und oft zitierte. Auf der Spitze seiner Hakennase saß eine trendige Opabrille, und seine Haare waren gerade lang genug, um in einen stummeligen Pferdeschwanz zu passen.

Als er unseren Star-Quarterback erkannte, wurde seine strenge Miene ein wenig sanfter.

»Es tut mir total leid, Nick«, sagte Bodie zerknirscht. »Ich schwöre, ich bin den ganzen Weg hierher gerannt. Sind Sie schon die Anwesenheitsliste durchgegangen?«

Nick sortierte seine Unterlagen neu. »Machen Sie sich deswegen mal keinen Kopf, Bodie«, meinte er lächelnd, während er ein Häkchen hinter St. James' Namen setzte. »Ich bin noch dabei, PowerPoint einzurichten. Streng genommen haben Sie nichts verpasst, deshalb trage ich Sie mal als anwesend ein. Schön, Sie in meiner Vorlesung zu haben – ich freue mich, dass es mit Ihrem Stundenplan noch geklappt hat.«

Es war, als würde man einem Magier dabei zusehen, wie er eine Taube aus dem Hut zauberte. Bodie musste nur sein bescheidenes, leicht selbstironisches Lächeln aufsetzen, und die Leute rissen sich praktisch darum, ihm einen Gefallen tun zu dürfen.

»Vielen Dank, Nick«, sagte er strahlend. »Und ich freue mich auch, hier zu sein.«

Noch immer mit dem Blick zum Podium, streckte Bodie die Hand nach hinten aus und wackelte mit den Fingern.

Erst nach einer Sekunde begriff ich, dass er mich zu sich winkte. Ich stand noch oben bei den Türen, und aus dem Augenwinkel nahm ich wahr, wie sich mehrere Studenten nach mir umdrehten, als ich zu ihm nach unten eilte. Als Nick mich sah, machte er ein missbilligendes Gesicht, und mir wurde klar, was Bodie bezweckt hatte. Nick konnte ihn nicht offen bevorzugen. Nicht vor einem voll besetzten Hörsaal. Er hatte Bodie als anwesend vermerkt, und dasselbe würde er nun wohl oder übel auch bei mir tun müssen.

»Hallo«, sagte er mit einem verkniffenen Lächeln. »Name?«

»Laurel Cates«, antwortete ich mit hoher Stimme. So klang ich immer, wenn ich versuchte, besonders höflich zu sein.

Nick blätterte in seiner Liste und setzte ein weiteres Häkchen.

»Diesmal lasse ich es Ihnen noch durchgehen.«

»Danke«, sagte ich überschwänglich.

Mit einem Nicken wandte sich Nick wieder seinem Laptop zu.

Ich drehte mich um und zuckte unwillkürlich zusammen, als ich die vollen Sitzreihen sah. So viele Menschen. Zugegeben, die meisten waren mit ihren Handys beschäftigt oder kritzelten auf ihren Schreibblöcken herum – aber trotzdem. Ich wandte mich an Bodie. Ich wollte mich bei ihm bedanken, auch wenn ich ein bisschen Angst hatte, dass mir aus Versehen eine Beleidigung oder etwas allzu Vertrauliches herausrutschen könnte. Doch ehe ich auch nur Gelegenheit hatte, den Mund aufzumachen, hakte er den Daumen unter den Schulterriemen seines Rucksacks und grinste mich wissend an.

»Na, bist du jetzt nicht froh, dass du mit dem Fahrstuhl gewartet hast?«, fragte er. Und dann zwinkerte er mir zu.

Die Geste war so charmant und liebenswert – ohne jede Bitterkeit oder unterschwellige Aggression –, dass ich fast den Triumph übersehen hätte, der in seinen Augen aufblitzte, ehe er kehrtmachte und die Stufen wieder hinaufging, um sich einen Platz zu suchen.

2

Es dauerte einen Moment, bis mir aufging, dass ich mit völlig verdatterter Miene vor annähernd hundert Studenten auf dem Podium stand.

Ich machte meinen Mund zu und ließ auf der Suche nach Andre den Blick durch den Saal schweifen. Er saß in der dritten Reihe von hinten, zwei Plätze vom Mittelgang entfernt, und hatte mir mit seinem Rucksack einen Platz frei gehalten. An seinen Haaren war er leicht zu erkennen – oben hoch mit einem Fade Cut an den Seiten und zwei rasierten Rennstreifen über den Ohren. Natürlich war es auch von Vorteil, dass er knapp eins fünfundneunzig groß war und die gleiche schwarze Nike-Jacke trug wie alle Footballspieler.

Er sah mich mit hochgezogener Augenbraue an, als ich die Stufen hinaufeilte und mit einem abgrundtiefen Seufzer neben ihn auf den Sitz schlüpfte. »Was hast du gemacht?«, zischte er mir zu. »Bist du hierher geschwommen?«

»Sehr witzig«, knurrte ich und zitterte ein wenig, als ich meinen Rucksack abnahm. Andre musste gemerkt haben, wie durcheinander ich war, denn er hielt den Mund und ließ mich in Ruhe auspacken. Ich knallte die losen Seiten meines Artikelvorschlags auf das winzige und völlig nutzlose Klapppult an meinem Stuhl, ehe ich mich gegen die Rückenlehne sinken ließ.

»Ist das dein Artikel?«, fragte Andre. »Ich dachte, den musstest du heute Morgen abgeben.«

»Ich gehe gleich nachher zur Studentenvereinigung. Das Ding in der Bibliothek auszudrucken war ein absoluter Albtraum.«

»Du solltest es mal in der Architektur-Bibliothek versuchen, da haben sie diesen Sommer neue Drucker bekommen. Richtig gute. Ich kann dich mit meiner Karte reinlassen.«

Stöhnend rieb ich mir über das Gesicht. Warum passierte mir das immer wieder? Wieso war ich nicht in der Lage, mit Aufgaben, die mir wichtig waren, rechtzeitig anzufangen – vorzugsweise vor dem Tag, an dem ich sie abgeben musste?

Unten auf dem Podium verband Nick seinen Laptop mit dem Beamer. Drei Reihen unter mir drängelte sich Bodie an den Beinen der Sitzenden vorbei, um zu seinen Mannschaftskameraden zu gelangen, die in einer Gruppe zusammensaßen.

»Heilige Scheiße«, sagte Kyle Fogarty. »Der Coach macht extra Druck auf den Prof, um dich in der Vorlesung unterzubringen, und du kommst zu spät? Starker Move.«

Bodie verzog das Gesicht, allerdings nur ganz kurz, sodass ich es fast nicht bemerkt hätte. »Das war keine Absicht«, erwiderte er. »Der Coach wollte mit mir frühstücken. Wir mussten die Strategie fürs nächste Wochenende besprechen.«

Ich war mir nicht sicher, weshalb es mich so überraschte, dass Vaughn Bodie einen Platz in einer bereits vollen Lehrveranstaltung besorgt hatte. Dass ein Footballspieler an der Garland University eine Vorzugsbehandlung genoss, war weiß Gott nichts Neues. Während der *Daily* nur schwarzweiß erscheinen konnte, weil der Uni das Budget für einen Farbdruck fehlte, bekam das Footballteam in seinem nagelneuen Trainingszentrum Softeis und Massagen gratis. Jeden Herbst aufs Neue berauschte sich die Stadt Garland am Ruhm ihres Collegeteams und küsste der Mannschaft den kollektiven Arsch.

Die anderen Spieler begrüßten Bodie mit komplizierten Handschlag-Ritualen und Schulterklopfen. Ich beobachtete sie mit einer gewissen Faszination und zuckte zusammen, als Scott Quinton – ein Offensive Tackle, dessen Nacken so breit war wie der eines Seelöwen – Bodie dermaßen heftig auf den Rücken schlug, dass ich in meinem eigenen Arm einen Phantomschmerz spürte.

»Jungs sind so peinlich«, murmelte ich. »Tut das nicht weh?«

Andre blickte von seinem Laptop auf und bedachte mich mit einem vernichtenden Blick. »Du und Hanna zupft euch gegenseitig die Augenbrauen.«

»Stimmt«, räumte ich ein. »Solltest du nicht auch da unten sein? Beim Team?«

»Nee, deine Gesellschaft ist mir viel lieber«, sagte er, obwohl ich ahnte, dass es eher damit zu tun hatte, dass er nur in der B-Auswahl war und die Mannschaftskollegen weiter vorn zur Startaufstellung gehörten. »Außerdem brauche ich deinen Rat. Welcher Font sieht besser aus?«

Er richtete den Monitor seines Laptops so aus, dass ich seinen jüngsten Entwurf sehen konnte. Er war bunt, geometrisch und wunderschön wie alles, was Andre machte. Obendrüber standen die Worte *Garland Black Student Union.*

»Der zweite«, sagte ich, nachdem er sich durch mehrere Optionen geklickt hatte.

»Futura.« Andre gab ein nachdenkliches Brummen von sich. »Du magst es klassisch. Gefällt mir.«

»Nerd.«

Ich wusste nicht, wie Andre überhaupt Zeit zum Schlafen fand. Er war permanent auf Achse – im Studio, beim Footballtraining, auf Treffen der Black Student Union – und tauchte zu den seltsamsten Zeiten bei uns in der Wohnung auf, um die Küche zu durchstöbern und Frühstücksflocken oder Pistazien direkt aus der Packung zu essen, bis Hannas schwesterliche Instinkte zu stark wurden und sie ihm eine anständige Mahlzeit kochte. Man hätte ihn als Schnorrer bezeichnen können, aber das wäre nicht fair gewesen. Er verbrannte an einem Tag einfach nur mehr Kalorien als ich in einer ganzen Woche (noch ein Grund, weshalb ich wirklich aufhören musste, bei *Pepito's* mit ihm Tacos um die Wette zu essen).

Abermals richtete ich meine Aufmerksamkeit auf die Footballspieler drei Reihen weiter unten, die immer noch ihre Kameradschaft zelebrierten. Fogarty mit seinem Undercut, der aussah wie ein verkappter Irokese – und den er nächstes Wochenende vermutlich wieder grün färben würde, so wie vor jedem Eröffnungsspiel –, war unfassbar laut, und die anderen ließen sich von seiner Energie anstecken. Sie lachten und riefen durcheinander, um sich Gehör zu verschaffen, bis irgendwann die Hälfte des Hörsaals über ihre Witze und Bemerkungen kicherte.

Dann allerdings tippte Bodie seinem Sitznachbarn auf die Schulter und legte einen Finger an die Lippen. Sein Lächeln war freundlich und kein bisschen autoritär, dennoch wurde die ganze Gruppe augenblicklich still.

»Und? Wie sieht St. James aus?«, raunte Andre mir zu.

»Ich bin nicht ...«, begann ich, ehe ich schnaubte. »Ich habe bloß nachgedacht.«

Es war keinesfalls so, dass ich Bodie auf einmal toll fand. Ganz bestimmt nicht. Nur weil ein attraktiver weißer Junge mit einem charmanten Lächeln und dem Körper eines Olympioniken nett zu mir gewesen war, hieß das nicht, dass ich mich spontan in ihn verknallt hatte. Und wenn Fogartys Behauptung stimmte – wenn Coach Vaughn sich tatsächlich an Nick gewandt hatte, um Bodie einen Platz in einer der begehrtesten Vorlesungen der gesamten Uni zu verschaffen –, war das ein eklatantes Fehlverhalten, über das ich nicht einfach hinwegsehen konnte. Das Sahnehäubchen auf einer ganzen Torte von Privilegien. Insofern: nein. Ich war nicht in

Bodie St. James verknallt. Es machte mir lediglich Freude, ihn anzusehen.

»Glaubst du, er weiß Bescheid?«, fragte ich Andre.

»Worüber?«

Ich tippte mit einem Finger auf die vier Seiten auf meinem Pult. Andre war der Erste, dem ich von meiner Idee für eine Story erzählt hatte. Jeder in Garland kannte die Geschichten über Vaughns Kampf gegen den Alkohol, deshalb war er nicht überrascht, sondern lediglich enttäuscht gewesen. Das hatte weniger damit zu tun, dass er Vaughn mochte (dieser war, um es mit Andres eigenen Worten zu sagen, »im Grunde ein ziemlich blöder Sack«), sondern weil die laufende Saison für Garland die beste des Jahrzehnts zu werden versprach.

»Darüber, dass der Coach wieder trinkt?«, fragte er. »Wahrscheinlich, aber ich werde bestimmt nicht derjenige sein, der ihn darauf anspricht. So eng bin ich nicht mit ihm.«

»Ich dachte, ihr redet miteinander.«

»Klar, manchmal. Er hat auch schon mit mir zusammen trainiert und mich einmal zum Mittagessen eingeladen. Aber er ist zu allen in der Mannschaft nett.«

»Verstehe«, murmelte ich.

Ich war in Betrachtungen von Bodies Kieferkontur versunken und überlegte gerade, dass er sich am Morgen frisch rasiert haben musste, weil seine Haut dort so sauber und glatt war, als plötzlich die Worte *Kapitel 1: Evolution und sexuelle Anatomie* in aufdringlichem Rot auf den beiden Bildschirmen erschienen. Prompt fingen alle an zu kichern. Dem guten Nick war offenbar nicht bewusst gewesen, dass er lauter Sportler in seiner Veranstaltung sitzen hatte, die mehr daran interessiert waren, Sexfilme zu sehen, als etwas über die Soziologie des Fetischs oder romantische Anziehung zu lernen. Seelenruhig begann er mit seinem Vortrag.

Ich seufzte und versuchte nicht mehr an den feuchten, zerknitterten Artikel auf meinem Klapppult zu denken.

Die Flut von Genitalien-Schaubildern wollte und wollte kein Ende nehmen. Als Nick endlich den Beamer ausschaltete, das Licht anmachte und uns ein schönes Wochenende wünschte – wenngleich kein zu schönes, da wir bis Dienstag eine Lektüreaufgabe bekommen hatten –, war ich die Erste, die von ihrem Platz aufsprang. Ich drückte mir meinen Collegeblock an die Brust, zwischen dessen Seiten ich die losen Blätter meines Artikelvorschlags gesteckt hatte, und trat rückwärts in den Mittelgang.

»Hast du Lust auf Mittagessen, nachdem ich das hier abgegeben habe?«, fragte ich Andre über den Lärm der Gespräche und Reißverschlüsse hinweg, während alle ihre Sachen zusammenpackten.

»Was ist denn das für eine Frage? Natürlich habe ich Lust auf Mittagessen. Ich wollte mich mit Hanna am Art House treffen. Du kannst uns da abholen, wenn du fertig bist.«

»Bitte, sag jetzt nicht, dass ihr so früh mit dem Thirsty Thursday anfangt«, flehte ich.

»Blackout Thursday«, verbesserte Andre mich. »Und zum Vorglühen ist es nie zu früh. Sieh mich nicht so an! Wir spielen bloß eine Runde Beerpong. Entspann dich. Den Fireball-Whisky sparen wir uns für heute Abend auf.«

Ich rümpfte die Nase und schüttelte mich vor Ekel. »Kennt euer Selbsthass denn keine Grenzen?«

»Geh endlich und gib deinen verdammten Artikel ab!« Andre scheuchte mich mit einer Handbewegung davon.

Bevor ich ging, gestattete ich mir noch einen letzten Blick auf Bodie St. James. Er verschränkte beim Aufstehen die Finger hinter dem Kopf, spreizte die Ellbogen ab und drückte den Rücken durch. Dann sagte er etwas zu Kyle Fogarty, das diesen zum Lachen brachte, ehe er sich seinen Rucksack über die Schulter schwang und auf den Gang hinaustrat. Er sah nicht in meine Richtung. Meine Enttäuschung darüber war vollkommen ungerechtfertigt. Ich hatte gewusst, dass er es nicht tun würde.

Draußen hatten sich die Regenwolken inzwischen so weit verzogen, dass einzelne Streifen goldenen Sonnenlichts durchschimmerten. Das sah zwar sehr malerisch aus, bedeutete aber, dass die Luft feucht und schwül geworden war. Meine dichten Haare hatten Feuchtigkeit noch nie gemocht. Sie knisterten förmlich, als ich mich auf den Weg über den Campus machte.

Die Studentenvereinigung war in einem riesigen hufeisenförmigen Gebäude am Ende eines quadratischen Hofs untergebracht. In der Mitte dieses Hofs stand ein gigantischer ovaler Springbrunnen, in dem die Mutigsten des Abschlussjahrgangs in ihrer letzten Woche nackt badeten. Auf diesem Teil des Campus herrschte immer viel Betrieb, selbst wenn das Gras nass und der Himmel grau war wie heute. Studenten saßen auf Badelaken auf dem Rasen und lernten, und zwei Jungs in Muscle-Shirts und Boardshorts warfen sich einen Football zu. Im Medienzentrum in der obersten Etage ging es zu wie in einem Bienenstock. Es roch nach abgestandenem Kaffee und warmer Druckertinte. Die Redaktion des *Daily* war in den letzten fünf Jahren nicht mehr modernisiert worden. Bestimmt waren die grellgelben Wände und allgegenwärtigen Sitzsäcke (aus denen permanent die Füllung herausrieselte) irgendwann mal das Neueste an Innendesign gewesen, aber inzwischen wirkten die Räumlichkeiten wie aus der Zeit gefallen. Wobei das offene Bürokonzept wirklich nicht schlecht war.

Zu jedem beliebigen Zeitpunkt hielten sich mindestens dreißig Personen im Medienzentrum auf, verteilt auf verschiedene Sitzecken und die Computertische. Einige von ihnen arbeiteten in Gruppen, andere starrten gedankenverloren auf die sonnenblumengelben Wände, während sie die Schaumstoffkügelchen der Beanbags zwischen den Fingern kneteten.

Ich entdeckte unsere Chefredakteurin sofort. Sie war schwer zu übersehen.

Ellison Michaels war über eins achtzig groß und bewegte sich mit der Autorität einer Dampfwalze. Sie hatte einen Thermobecher in der einen und einen Stapel Blätter in der anderen Hand. In ihrem Kielwasser folgte ein Student mit weit aufgerissenen Augen, AirPods in den Ohren und halbmondförmigen Schweißflecken unter den Achseln seines Garland-grünen Poloshirts.

AirPod-Boy redete sehr schnell. Ellison lauschte aufmerksam und nickte alle paar Sekunden, ohne ihn anzusehen. Wo immer sie hinging, drehte sich alles um sie. Sie war gleichzeitig wie ein schwarzes Loch – unbeweglich und beängstigend – und eine Supernova – gleißend hell und zu Explosionen gigantischen Ausmaßes fähig, die alles in der näheren Umgebung pulverisierten. Und ihre Frisur saß immer perfekt.

Die Leute erzählten jede Menge Mist über Ellison, weil sie so herrisch war, aber ich mochte sie. Zu Beginn meines Studiums, als ich meinen ersten Artikel für den *Daily* verfasst hatte, war sie mir als betreuende Redakteurin an die Seite gestellt worden. Ihre Rotstiftkorrekturen waren so vernichtend gewesen, dass ich an einem Tisch in der Studentenvereinigung in Tränen ausgebrochen war. An jenem Abend hatte ich meinen Laptop aufgeklappt, um das Hauptfach zu wechseln, dann jedoch innegehalten, als ich eine Mail vom damaligen Chefredakteur (ein Student kurz vor dem Abschluss, der danach zur *Washington Post* gegangen war) in meinem Postfach entdeckte. Er schrieb, Ellison habe ihm gesagt, dass ich enormes Potenzial besitze, und lud mich zu einer der internen Redaktionssitzungen der älteren Redakteure ein. Mit weit aufgerissenen Augen und Dauergrinsen im Gesicht hatte ich dagesessen. Außer mir waren keine Erstsemester dort gewesen.

Vielleicht war ich voreingenommen, aber ich fand Ellison Michaels ziemlich cool. Wenngleich sie durchaus etwas Bedrohliches hatte. Da war es kein tröstlicher Gedanke, dass ich einen mehr als dürftigen Artikelvorschlag in der Hand hielt, von dem ich genau wusste, dass sie ihn lesen würde.

Bring es einfach hinter dich. Im Slalom manövrierte ich zwischen den Sitzsäcken hindurch, um sie abzufangen. »Ellison?«

»Du bist spät dran«, sagte sie, ohne sich mit einer Begrüßung aufzuhalten. Wie immer kam sie direkt zum Punkt. Weil sie nicht stehen blieb, hatte ich keine andere Wahl, als hinter ihr herzulaufen wie AirPod-Boy, dessen verkniffenes Gesicht mir verriet, dass ich ihn mitten im Satz unterbrochen hatte. Mein Griff um meinen Collegeblock wurde fester, während ich mir überlegte, was ich auf ihre Feststellung erwidern sollte.

»Äh« war alles, was mir über die Lippen kam.

Ellison erwartete knallharten Investigativjournalismus. Etwas Kühnes am Puls der Zeit. Etwas, das ihrer ursprünglichen Einschätzung von mir als jemand mit großem Potenzial gerecht wurde. Stattdessen war ich im Begriff, einen Text einzureichen, der wenig mehr als Klatsch über den Cheftrainer des Footballteams enthielt. Sie würde die Kappe von ihrem Rotstift ziehen und ihn mir ins Auge rammen.

AirPod-Boy räusperte sich ungehalten. »Wie ich sagte«, fuhr er fort. »Präsident Sterling will einen Artikel über die Ehemaligen-Benefizveranstaltung dieses Wochenende haben. Es gibt mittags einen Empfang in der Buchanan Library, Campusführungen und Vorträge in der Cannon Hall.«

»Das soll ein Zweitsemester machen«, sagte Ellison. Dann an mich gewandt: »Hast du ihn dabei?«

Ich blätterte hektisch in meinem Collegeblock. »Ja! Ja, hier ist er. Aber ich dachte mir, es wäre vielleicht ganz gut, wenn ich erklären könnte, worauf ich mit dem Artikel hinauswill.«

Ellison nahm mir die vier Seiten aus der Hand, wobei sie die Knicke und die vom Regen verschmierten Druckbuchstaben ignorierte, und knallte sie zuoberst auf den Stapel, den sie im Arm hielt. Dann gebot sie mir mit einem erhobenen

Zeigefinger zu schweigen und überflog die erste Seite. O Gott, sie würde den Text allen Ernstes in meinem Beisein lesen.

»Du arbeitest im Garland Country Club?«, fragte sie, ohne aufzublicken.

»Ja. Meistens kellnere ich, aber manchmal arbeite ich auch als Ballmädchen für …«

»Cheryl und Tori Lasseter, Jessica Kaufman und Diana Cabrera.«

Meine Lieblingskollegin und ich nannten sie immer die Real Housewives of Garland. Zu ihren Hobbys zählten gemeinsame Urlaubsreisen, Weißweinschorle und Tratsch über gemeinsame Bekannte beziehungsweise Ex-Männer, während sie sich mehr oder weniger freundschaftliche Tennismatches lieferten, die oft mit Tränen, Schimpftiraden und dem Versprechen endeten, es beim nächsten Mal nicht mehr ganz so verbissen angehen zu lassen.

»Sie sind Mitglieder dort«, sagte ich. »Sie haben mir erzählt, dass sie im August in San Diego waren und dort Truman Vaughn in einer noblen Bar gesehen haben.«

»Vaughn, den Chefcoach unseres Footballteams?«

Ich nickte.

»Er lud sie auf seine Yacht ein«, las Ellison mit hochgezogener Braue vor. »Sie gaben an, dass er sichtlich betrunken gewesen sei und nach Alkohol gerochen habe. Er spendierte ihnen eine Runde alkoholischer Getränke und bot ihnen dann an, mit auf sein Hotelzimmer im *Alvarado Resort* zu kommen.« Ellison hielt inne, blätterte um und runzelte die Stirn, als sie feststellte, dass die nächste Seite leer war. »Und? Sind sie mitgegangen oder nicht?«

»Nein. Sie sagten, sie seien stattdessen in einen Club gefahren, den sie unbedingt ausprobieren wollten. Diana – sie ist so was wie die Anführerin der Gruppe – hatte auf Yelp gelesen, dass es dort männliche Tänzer in Käfigen gibt, das war wohl das ausschlaggebende Argument. Aber Vaughn hat ihnen seine Nummer gegeben und gesagt, sie sollen ihm schreiben, falls sie es sich noch anders überlegen.«

»Das ist alles?«

»Mehr oder weniger, ja.«

Seufzend gab Ellison mir die zerknitterten Seiten zurück. »Das kann ich nicht drucken«, sagte sie.

»Ich kann mehr daraus machen.«

»Nimm es nicht persönlich, Laurel«, sagte sie. Ihre Miene wurde sanfter und sie lächelte freundlich, um meine Demütigung ein wenig abzumildern. »Ich kann keinen Artikel darüber bringen, dass Vaughn seinen Urlaub genießt. Nicht mit dem Geld der Uni. Genau deshalb haben wir einen Berater von der Fakultät, der den Artikel sofort abschmettern würde: Jemand muss uns daran hindern, dass wir vollends zu einem Boulevardblatt verkommen.«

»Aber findest du das nicht auch besorgniserregend? Ich meine, er war früher alkoholabhängig ...«

»War«, betonte Ellison. »Das ist fast ein Jahrzehnt her. Wenn er im Urlaub ein bisschen was über den Durst getrunken hat, heißt das noch nicht, dass er rückfällig geworden ist. Und solange er das in seiner Freizeit tut und es keine negativen Auswirkungen auf seine Arbeit an der Uni hat, ist es geschmacklos, so was wie das hier zu veröffentlichen.«

»Das verstehe ich«, lenkte ich ein, »aber ich glaube wirklich, es steckt mehr dahinter ...«

»Schreib mir so was wie das Feature über die Jungs, die den Taco-Stand in der Cerezo Street betreiben. Das war ein wirklich guter Artikel, Cates.«

Es war der Artikel, der sie davon überzeugt hatte, dass ich Potenzial besaß. Dass ich etwas zu sagen hatte.

AirPod-Boy räusperte sich abermals und hielt Ellison sein Smartphone-Display mit der Uhrzeit hin.

»Scheiße. Schon so spät? Ich muss zu einer Etatbesprechung. Hör zu, wenn du wirklich was über Vaughn schreiben willst, warum nimmst du dir nicht das Spiel nächstes Wochenende vor? Seine Stiftung will Sportausrüstung an mehrere Grundschulen in Orange County spenden. So was kannst du gut. Du hast ein Händchen dafür, Geschichten über Menschen zu erzählen – ihnen ins Herz zu sehen. Ich weiß, du würdest das ganz fantastisch machen. Kopf hoch, okay?«

Mit diesen Worten bog sie um die nächste Ecke und marschierte den Gang entlang zu ihrem Büro, während sich Air-Pod-Boy mit quietschenden Gummisohlen beeilte, Schritt zu halten.

3

An der Garland University gab es keine Studentenverbindungen, aber das hielt die Studierenden nicht davon ab, zu feiern, als würde am nächsten Tag die Welt untergehen. Es war der erste Donnerstag des Semesters, und das bedeutete, dass es am Rodeo – einer Straße wenige Blocks nördlich des Campus, die von zwölf viktorianischen Häusern gesäumt war, die allesamt an verschiedene studentische Interessengruppen oder Sportmannschaften vermietet waren – den ganzen Tag lang hoch hergehen würde.

Das Art House, das von Kunststudenten bewohnt wurde, war vielleicht das älteste Gebäude: ein riesiges, mit braunen Holzschindeln verkleidetes Monstrum mit uralter Paisley-Tapete und krummen Dielen in jedem einzelnen seiner winzigen, vollgestellten Räume. Hier fanden zwar nur unregelmäßig Partys statt, allerdings hatten die immer einen coolen, intellektuellen Vibe: Musik, die ich noch nicht kannte; Diskussionen über Gedichte, die ich nicht gelesen hatte. Eigentlich war es nicht meine Szene (abgesehen von dem Tetra-Pak-Wein, der ausgeschenkt wurde), aber ich war schon oft genug dort gewesen, um zu wissen, was ich tun musste, um dazuzugehören.

Ich klopfte an die Eingangstür und wurde von zwei Jungs mit Jeansjacken und Beanies – lächerlich bei dieser Hitze – hereingelassen, die sich im Foyer eine Auseinandersetzung lieferten.

»Nein, Mann, das ist es ja eben«, sagte der eine. »Wenn Banksy nur eine einzelne Person wäre, hätten wir ihn doch längst erwischt. Es müssen mehrere sein …«

Ich drängelte mich zwischen den beiden hindurch und begab mich in die volle Küche, wo Hanna und Andre gerade rote Plastikbecher an zwei Enden eines Tischs aufstellten, der so aussah, als wäre er von einem Erstsemester gebaut worden, der sich versehentlich bei einem Schreinerkurs eingeschrieben hatte.

Ich räusperte mich demonstrativ. »Es ist noch nicht mal Mittag.«

»Und ich habe ihn schon zweimal geschlagen«, verkündete Hanna mit einem triumphierenden Grinsen. Ihre glatten schwarzen Haare – die sie sich im Sommer abgeschnitten hatte, sodass sie nun fünf Zentimeter oberhalb ihrer Schulter endeten – waren makellos frisiert, aber ihr Gesicht hatte bereits eine verräterisch rote Farbe angenommen, so wie immer, wenn sie einen Tropfen Alkohol trank.

»Bitte sag nicht, dass ihr mit Natty Light Bier spielt.« Ich beäugte den Karton, der zwischen einer kleinen Armee aus leeren Schnaps- und Kombuchaflaschen auf dem Küchentresen stand.

»Wieso? Willst du auch eins?«

»Nein. Aber wenn du den Fireball griffbereit hast, würde ich den gern auf ex trinken.«

»Ist dein Artikel gut angekommen?«, fragte Andre besorgt.

Ich ließ die Schultern hängen und lehnte mich gegen den Kühlschrank. »Sie fand die Idee furchtbar. Sie will, dass ich stattdessen über das Spiel nächstes Wochenende schreibe. Vaughns Stiftung will offenbar für jeden Touchdown unseres Teams Sportgeräte an Grundschulen verschenken oder was weiß ich. Ich soll ein Porträt über ihn schreiben.«

»Das ist doch gut, oder?«, meinte Hanna. »Ellison hat deine Idee nicht kategorisch abgeschmettert. Sie hat sie nur, na ja … in eine etwas andere Richtung gelenkt.«

»Ja, vielleicht. Ich bin auch in erster Linie auf mich selbst sauer. Ich habe das Gefühl, dass ich besser sein müsste. Schreiben ist mein Ding. Ich weiß, dass ich nicht brillant oder unfassbar begabt bin, aber ich bin auch nicht völlig inkompetent. Ich bin halt …« Ich kniff ein Auge zu und machte eine fahrige Geste mit der Hand. »Irgendwo dazwischen.«

Und meine Artikel landeten immer auf Seite fünf des *Daily*, wo sie niemand las. Sie waren zu gut, um sie wegzuwerfen, aber nicht spektakulär genug für einen Platz auf der Titelseite. Und weiter schafften es die meisten Leserinnen und Leser nicht. Manchmal kam ich mir vor wie eine Komparsin beim Film. Als hätte ich in meinem eigenen Leben keine Sprechrolle bekommen.

»Ich bin natürlich voreingenommen«, sagte Hanna, »aber ich finde alle deine Ideen absolut genial.«

Ich wusste ihre Positivität zu schätzen, aber manchmal war sie auch anstrengend. »Wollen wir jetzt zu Mittag essen, oder was?«, fragte ich.

»Eine Runde noch! Nur eine einzige. Bitte.«

»Von mir aus«, lenkte ich ein. »Aber ich beschränke mich aufs Zusehen.«

Hanna grinste. »Andre!«, rief sie.

Andre, der direkt hinter ihr stand, legte ihr eine Hand auf den Kopf. Sie zuckte zusammen und wirbelte herum, sodass ihre Haare unter seiner Handfläche zerzausten.

»Erschreck mich doch nicht so. Ich könnte dir wehtun.«

Das aus dem Mund eines Mädchens, das gut dreißig Zentimeter kleiner war als er.

»Bereit für Runde drei?«, fragte Andre.

»Laurel«, sagte Hanna. »Hol das Natty Light.«

Ich schnaubte angewidert, half Andre aber trotzdem dabei, die lauwarme, wässrige Plörre auf die Becher zu verteilen. Während ich wider besseres Wissen den Rest aus einer Dose austrank, machte Hanna demonstrativ Dehnübungen. »Ist das wirklich notwendig?«, fragte ich, als sie sich nach vorn beugte und ihre Zehen berührte.

»Du bist bloß neidisch«, sagte sie, die Nasenspitze an den Knien, »weil du die Gelenkigkeit von ungekochten Spaghetti besitzt.«

»Ich würde dir gern das Gegenteil beweisen, leider ist mein Kleid zu kurz.«

Hanna verdrehte die Augen, richtete sich wieder auf und nahm ihre Position auf der gegenüberliegenden Tischseite ein. Sie und Andre sahen einander in die Augen, ehe sie den ersten Tischtennisball warfen, um zu ermitteln, wer beginnen durfte. Ich lehnte mich gegen die Wand, sah ihnen zu und fragte mich, wie ich Ellison davon überzeugen sollte, dass Truman Vaughns Rückfall genauso viel Aufmerksamkeit verdient hatte wie seine Wohltätigkeitsaktionen. Ich seufzte abgrundtief. Übertriebene Dramatik half mir immer beim Nachdenken.

»Ich höre, wie du Trübsal bläst«, sagte Hanna anklagend, ohne ihren Blick von Andre abzuwenden. Beide warfen gleichzeitig ihren Ball. Keiner von beiden traf. »Hier wird kein Trübsal geblasen.«

»Mache ich doch auch gar nicht«, log ich.

Den nächsten Wurf versenkte Hanna. Sie jubelte laut, dann trat sie zu mir, legte mir die Hände an die Wangen und sah mich auf erschütternd mütterliche Art und Weise an.

»Deine Artikelidee war scheiße«, sagte sie. »Da hast du es. Zufrieden? Du hast es auf die lange Bank geschoben und bist baden gegangen. Aber dass du eine Deadline verkackt hast, heißt doch nicht automatisch, dass du die Geschichte begraben musst. Du hast einen beängstigend guten Instinkt, was andere Leute angeht, Laurel. Du wusstest ein halbes Jahr vor mir, dass mein Ex nichts taugt. Mir ist scheißegal, was Ellison sagt. Schreib den Artikel. Und hör auf, Trübsal zu blasen. Du musst mir helfen, die Bälle zu fangen, die Andre danebenwirft.«

»Entschuldigung«, sagte dieser entrüstet. »Was ist mit den Bällen, die du danebenwirfst?«

Hanna warf den Kopf in den Nacken und lachte. Dann ließ sie mit einer raschen Bewegung des Handgelenks einen Tischtennisball in Andres mittleren Becher segeln.

»Der war nicht schlecht«, meinte sie zu ihm. »Und jetzt schön austrinken.«

Keine fünfzehn Minuten später stand Hanna als Siegerin fest. Andre leerte geschlagen sein letztes Bier, rief »Kobe!« und warf den leeren Becher in Richtung des zweieinhalb Meter entfernt stehenden Mülleimers, den er um Längen verfehlte. Jetzt konnten wir endlich zum Mittagessen aufbrechen.

Draußen vor dem Art House war die Nachmittagsluft warm und von Lärm erfüllt. Am Rodeo konnte man zu jeder Zeit gut die Leute beobachten, aber das erste Wochenende des Semesters war etwas ganz Besonderes. Zwei Jungs in identischen lachsrosa Shorts schlenderten den Gehsteig entlang und debattierten lebhaft darüber, welche Chancen unser Footballteam hatte, es dieses Jahr bis zu den NCAA-Meisterschaften zu schaffen. Gegenüber vom Engineering House flirtete ein Mädchen in Birkenstocks offensiv mit einem Jungen, der versuchte, sein Fahrrad an einen Baum anzuschließen, während sie gleichzeitig ihrer Freundin die Haare aus dem Gesicht hielt, weil diese sich gerade in einen Busch übergab – nur eins von vielen Opfern, die der Blackout Thursday noch fordern würde.

Hanna, Andre und ich gingen nebeneinanderher in Richtung der Cerezo Street, der Hauptstraße von Garland. Die beiden vertieften sich sofort in eine Diskussion über verschiedene Beerpong-Strategien, und da ich in Trinkspielen noch nie gut gewesen war, ließ ich meine Gedanken schweifen.

Ellison hatte mich nicht angerufen, um mir mitzuteilen, dass sie mich aus der *Daily*-Redaktion schmeißen würde. Das war ein gutes Zeichen. Trotzdem wurde ich die bedrückende Erinnerung an ihre Enttäuschung nicht los. An ihr Beharren, ich solle etwas Unproblematisches schreiben. Etwas Einfaches. Weil mein Bedürfnis für konstantes positives Feedback und Bestätigung meine Gedanken komplett vereinnahmt hatte, achtete ich nicht darauf, wohin ich ging. Dementsprechend wunderte ich mich auch kaum, als ich mit der Spitze meines weißen Leinenschuhs gegen eine Unebenheit im Pflaster stieß und stolperte.

Hanna, ganz die mitfühlende Freundin, legte den Kopf zurück und lachte dreckig.

»Das war Absicht.«

»Wenn du meinst«, sagte sie, ehe sie sich bei mir unterhakte.

Ein Stück voraus, direkt in der Mitte der zwei Straßenblocks, die den Rodeo bildeten, plärrte aus dem Baseball House die übliche Rapmusik – irgendwas von Post Malone mit geboosteten Bässen. Hätten die Häuser in der Straße Studentenverbindungen gehört, wäre das Baseball House die Verbindung voller extrem attraktiver, aber hohlköpfiger Jungs mit dicken Muskeln und reichen Eltern gewesen. Auf der umlaufenden Veranda drängten sich schöne, ausgelassene Menschen.

Ich hatte Bodie St. James erspäht, ehe mir überhaupt bewusst wurde, dass ich nach ihm Ausschau hielt. Er lehnte lächelnd am Verandageländer und hatte eine Flasche in der Hand, die Orangensaft zu enthalten schien. Er trug dunkle Jeans und ein schwarzes T-Shirt, dessen aufgerollte Ärmel seinen zugegebenermaßen sehr ansehnlichen Bizeps noch besser zur Geltung brachten. Allerdings waren es nicht seine Arme, die meine Aufmerksamkeit erregten, sondern die vielen Menschen, die sich um ihn geschart hatten. Wenn er sprach, hingen sie förmlich an seinen Lippen, und wenn jemand anderes etwas gesagt hatte, sahen sie ihn um Bestätigung heischend an.

Ich fragte mich flüchtig, wie es sich anfühlte, so bewundert zu werden. Auf der Highschool war ich eine Einzelgängerin gewesen. Klar, ich hatte Freundinnen in meinen Kursen gehabt, aber nach dem letzten Klingeln hatten sich unsere Wege immer getrennt. Wir wussten, dass unsere Freundschaft aus purem Selbsterhaltungstrieb entstanden war. Ich hatte keine Geschwister, meine drei Cousinen lebten in Mexiko und waren alle noch unter sechzehn. Für den Großteil meines Lebens waren meine Eltern die wichtigsten Personen in meinem Leben gewesen. Es war mir schwergefallen, sie zu verlassen, um auf die Uni zu gehen, obwohl Bakersfield nur eine zweistündige Autofahrt von Garland entfernt war. Aber ich hatte das große Glück gehabt, Hanna und Andre zu finden. Sie reichten mir. Sie waren alles, was ich brauchte. Trotzdem malte ich mir manchmal aus, wie es wäre, auf eine volle Party zu kommen, wo sich alle Gäste darum rissen, von mir mit einem High Five begrüßt zu werden.

Hanna drückte meinen Arm.

»Mir geht es gut«, sagte ich reflexartig.

»Das weiß ich doch. Aber Frustfressen ist trotzdem was Schönes.«

Auch ich drückte ihren Arm.

Als wir am Baseball House vorbeikamen, sah ich noch einmal hin. Bodie klopfte seinen Freunden auf die Schulter, nickte in die Runde und neigte auf eine Weise den Kopf, die zu suggerieren schien, dass er sich verabschieden wollte. Er machte kehrt und kam die Verandatreppe herunter, gerade als wir daran vorbeigingen. Feige zog ich den Kopf ein.

Der Rodeo endete an der Einmündung zur Cerezo Street, die entlang der Westseite des Campus verlief. Hier gab es den besten Taco-Stand in ganz Garland. *Pepito's* war im Wesentlichen ein Foodtruck ohne Räder. Das kleine, kompakte Gebäude hatte ein rotes Ziegeldach, an dem eine große Markise mit der Aufschrift *P-E-P-I-T-O-S* angebracht war. An der lehmverputzten Wand oberhalb des Bestellfensters waren in roter verschnörkelter Schrift einige der Hauptspeisen aufgelistet – Burritos, Tacos, Enchiladas –, und zwischen dem Stand und einem kleinen Parkplatz standen ein paar Tische und Bänke. Im Moment saßen dort nur einige Studenten beim Mittagessen, aber heute Abend würde es hier vor Betrunkenen nur so wimmeln.

Pedro bediente den Grill, Joaquín kümmerte sich um die Beilagen und Oscar stand an der Kasse. Als Andre und ich ans Fenster traten, um unsere Bestellung aufzugeben, grinste er unter seinem drahtigen Schnurrbart.

»Schon wieder da?«, fragte er.

»*Por supuesto.*«

Andre und ich waren während des dritten Semesters eher zufällig zu Stammkunden geworden. Die drei Betreiber hatten irgendwann angefangen, ihn Tigre zu nennen – wegen der Streifen, die er sich ins Haar hatte rasieren lassen, und seines schier unersättlichen Appetits.

»*El regular?*«, fragte Oscar.

»*Y un chile relleno para mi amiga.*«

Alle schauderten, wenn sie mich zum ersten Mal Spanisch sprechen hören. Ich habe viele Dinge von meiner Mutter geerbt, aber mein Akzent kommt von meinem Vater. Leider beschränkt sich auch mein Wortschatz auf die absoluten Grundlagen, die gerade so ausreichten, um mich bei Verwandtschaftsbesuchen in Mexico City oder Telefonaten mit meiner *abuelita* verständigen zu können. Dazu kamen noch einige Fetzen, die ich aus Telenovelas, Songtexten und von meinen Cousinen aufgeschnappt hatte (die aus dem Lachen gar nicht mehr herauskamen, wenn ich versuchte, die Kraftausdrücke nachzusprechen, die sie mir beibrachten). So oder so – es war nicht dieselbe Sprache, die meine Mom und ihre Familie sprachen. Aber die Jungs von *Pepito's* lachten mich nie deswegen aus.

»*Un chile relleno, tres tacos de carne asada*«, wiederholte Oscar, während er unsere Bestellung in die Kasse tippte. »*Y para Tigre un super burrito con todo.*«

Adre legte seine Kreditkarte auf den Tresen. »Ich übernehme das«, sagte er.

Ich wollte widersprechen, weil Andre viel zu oft für mein Essen bezahlte. Doch ich wusste, dass meine Sucht nach Tacos Gift für meinen Kontostand war.

Hanna und ich suchten uns einen freien Tisch. Die metallenen Bänke waren kühl unter meinen nackten Schenkeln, und die Brise, die die Cerezo Street entlangwehte, brachte eine willkommene Erleichterung von der heißen Sonne. Andre gesellte sich zu uns, nachdem er gezahlt hatte, und teilte uns mit, dass wir Bestellung Nummer sechsundachtzig hätten.

Während wir warteten, machten wir unserem Semesteranfangsfrust Luft. Andre war sauer, weil er beim Training gute Fortschritte erzielt hatte – er hatte den ganzen Sommer lang trainiert, um Gewicht zuzulegen –, aber Kyle Fogarty, der Tight End aus der A-Mannschaft, trotzdem Vaughns klarer Favorit blieb. Hanna hatte jetzt schon Probleme in ihrem Seminar Figürliches Zeichnen. Als sie während der Aufwärmübung eine Hand skizzieren mussten, hatte sie versehentlich einen zusätzlichen Knöchel gezeichnet, woraufhin ihr Dozent sie beiseitegenommen hatte, um zu fragen, ob sie überhaupt im richtigen Kurs sei. Und dann war da natürlich noch mein Artikelvorschlag, den Ellison in der Luft zerrissen hatte. Wir kamen überein, dass das dritte Studienjahr schon jetzt ein absolutes Desaster war.

Andres Handy summte laut auf dem Metalltisch. Er warf einen Blick auf das Display, ehe er überrascht die Brauen zusammenzog.

»Was ist?«, fragte ich.

»Nichts. St. James hat geschrieben.«

Hanna zog eine Augenbraue hoch. »Im Teamchat?«

Andre schüttelte den Kopf. »Nein, nur mir.«

»Was schreibt er denn?«, fragte ich betont desinteressiert.

»Er will, dass ich zum Baseball House komme«, sagte Andre achselzuckend. »Er schreibt, dass einige der Jungs da sind. Sie haben eine Menge Spaß. Es gibt übrig gebliebene Pizza umsonst. Sie spielen Beerpong. Ich soll Freunde mitbringen.«

Ich tippte mir mit den Fingerspitzen gegen die Wange. »Das hat er geschrieben?«

Andre nickte.

Es fiel mir schwer, in meinem Kopf nicht sofort eine Pinnwand mit Hinweisen anzulegen, die durch Bindfäden miteinander verbunden waren wie bei den Ermittlern im Fernsehen. Als wir am Baseball House vorbeigekommen waren, hatte es so ausgesehen, als wäre Bodie im Gehen begriffen gewesen. Vielleicht war er aber auch einfach nur etwas besorgen gegangen: mehr Bier, mehr Snacks, mehr Mädels. Vielleicht war er gegangen, hatte es sich dann anders überlegt und war wieder umgekehrt. Vielleicht hatte er Andre vorbeigehen sehen und war spontan auf die Idee gekommen, ihn einzuladen. Vielleicht hatte er auch allen Spielern, die noch nicht dort waren, eine Nachricht geschrieben.

Oder, meldete sich der Teil von mir zu Wort, der ein halbes Natty Light getrunken hatte, *vielleicht hat er auch gesehen, wie ich mit Andre vorbeigegangen bin, und mich als die aus dem Fahrstuhl wiedererkannt.*

»Du musst hingehen!«, sagte ich und boxte Andre aufmunternd – wenngleich möglicherweise etwas zu aggressiv – gegen den Arm. »Das stärkt das Mannschaftsgefühl. Hanna und ich kommen mit, falls du Back-up brauchst.«

»Ich für meinen Teil«, meldete sich Hanna zu Wort, »würde liebend gern St. James beim Beerpong den Hintern versohlen.«

Andre wirkte nach wie vor unentschlossen.

»Bestellung Nummer sechsundachtzig!«, rief Joaquín aus dem Fenster.

»Schreib ihm zurück«, befahl Hanna. »Wir holen das Essen.«

»Aber ...«, begann er.

»Tu es.«

Ich zitterte und war ein bisschen wacklig auf den Beinen, als Hanna und ich ans Abholfenster traten. Im Grunde war es peinlich. Weshalb war ich so aufgeregt bei der Aussicht, Bodie St. James wiederzusehen? Er würde mich doch sowieso nicht erkennen.

»Das war nett von Bodie«, murmelte ich. »Andre mit einzubeziehen, meine ich.«

»Wird auch verdammt noch mal Zeit, dass sich die A-Mannschaft den Stock aus dem Arsch zieht«, knurrte Hanna. »Ich schwöre dir, es macht mich so wütend, dass einige Teammitglieder diese kleinen exklusiven Cliquen bilden. Sie denken, sie sind zu cool, um sich mit der B-Mannschaft abzugeben.«

»Weil sie große Kinder sind.«

Hanna brummte zustimmend, dann drehte sie sich mit nachdenklich gerunzelter Stirn zu mir um. »Glaubst du, St. James ist nett, oder denkst du, er ist tatsächlich ein guter Mensch?«

Ich sah sie verständnislos an. »Wie meinst du das?«

»Netten Menschen sind die Gefühle anderer wichtig. Guten Menschen ist wichtig, was richtig und was falsch ist. Das ist doch ein Unterschied, oder nicht?«

Joaquín unterbrach unsere überraschend philosophische Linguistik-Debatte, indem er zwei fettige Papiertüten über den Tresen schob. Ich bat ihn um eine Extraportion scharfe Soße. Er nickte und rief nach Oscar, damit dieser ihm half, da momentan niemand Bestellungen aufgeben wollte, und schlängelte sich an Pedro vorbei. Die Bewegungen der drei glichen einem perfekt einstudierten Tanz. Nur so konnten sie auf dem engen Raum manövrieren, ohne sich anzurempeln oder gegen die heißen Grillplatten zu stoßen. Ihre Bude war so klein, dass sie nur ihnen, einem großen Kühlschrank, dem Grill sowie einer Soßenstation Platz bot. Man hätte *Pepito's* als Kleinunternehmen bezeichnen können, aber durch den Artikel, den ich geschrieben hatte, wusste ich, dass die drei Freunde nach Ende ihrer Kochlehre gemeinsam den Taco-Stand eröffnet und bereits in den ersten drei Jahren genug Geld verdient hatten, um davon ihre kompletten Ausbildungsdarlehen zurückzahlen zu können.

»Erzähl mal«, sagte Hanna. »Wie geht es denn jetzt mit dir und dieser Vaughn-Story weiter?«

»Das erste Spiel der Saison ist ...«

»Nein, ich meine mit deiner Story. Mit der richtigen Story.«

Ich warf ihr einen Blick zu. Sie erwiderte ihn. »Okay, also, die Frauen, mit denen ich im Country Club gesprochen habe, meinten, Vaughn sei betrunken gewesen. Er habe gelallt und kaum noch gerade stehen können. Falls er einen Rückfall hatte, oder was auch immer, braucht er vielleicht Hilfe. Deshalb ist es vermutlich besser, wenn ich zunächst weiterrecherchiere. Vaughn zuliebe.«

»Klingt doch fair«, meinte Hanna.

»Ich kann die Real Housewives um ein zweites Interview bitten. Ein offizielles. Und vielleicht kann ich notfalls auch dieses Wochenende runter nach San Diego fahren und nachfragen, ob irgendwelche Mitarbeiter im *Alvarado Resort* sich daran erinnern, ihn – *oh, gracias.*«

Joaquín, der mit einem winzigen Plastikdöschen voll hausgemachter Soße am Fenster aufgetaucht war, runzelte die Stirn. »Das *Alvarado Resort*?«, wiederholte er in düsterem Ton.

»Ja. Warst du schon mal da?«

Joaquín schüttelte heftig den Kopf und sagte: »Fahr da nicht hin.«

Hanna und ich wechselten einen erstaunten Blick.

»Warum nicht?«

»Eine Freundin meiner Cousine wurde dort diesen Sommer sexuell belästigt.«

Mein Herz machte einen Satz und landete in meinem Magen.

»Siehst du?«, sagte Hanna und schlug mir auf den Arm. »Instinkt. Ich sage doch, Laurel: Dein Bauch weiß, was los ist. Das hört sich nach einem ganz dubiosen Laden an, und wenn dort die Leute rumlaufen und – o Gott, ja, komm zu Mama.«

Joaquín schob eine dritte Tüte über den Tresen in Hannas wartende Hände. Ich murmelte ein Dankeschön, während Hanna in den Tüten suchte und nachsah, welche beiden ihren *chile relleno* und Andres Burrito enthielten. Sie nahm eine Tüte in jede Hand und machte sich auf den Weg zurück zum Tisch.

»Okay«, rief Andre. »St. James schreibt, wir können kommen. Er hat Bock auf Beerpong.«

Hanna jubelte und tätschelte ihre Tüte. »Der Mistkerl hat keine Ahnung, worauf er sich einlässt«, sagte sie und lachte.

Bodie war also immer noch auf der Party. Das Aufflackern von Nervosität, das ich verspürte, hielt nur kurz an, da meine Gedanken sofort wieder zu seinem Coach wanderten.

»Komm, Laurel«, rief Andre.

Er und Hanna warteten am Fußgängerübergang auf mich. Die Aussicht auf warmes Essen und soziale Anerkennung hatte sie ganz aufgeregt gemacht, und sie hüpften von einem Bein aufs andere. Ich würde mich beeilen. Nur ein paar Minuten – eine schnelle Recherche. Bestimmt würde die in eine Sackgasse führen, und dann konnte ich meine Artikelidee endlich zu Grabe tragen. Ich würde Ellisons trivialen Charity-Artikel verfassen, ohne dabei ständig von Zweifeln an Vaughn geplagt zu werden. Aber bis ich mit Sicherheit wusste, dass es keine Verbindung zwischen der Freundin von Joaquíns Cousine und dem Chefcoach unserer Footballmannschaft gab, stand mir nicht der Sinn nach Feiern.

»Geht ihr schon vor«, sagte ich. »Ich muss Joaquín noch ein paar Fragen stellen.«

Hanna grinste hocherfreut. »Das ist mein Mädchen«, sagte sie und tätschelte mir die Wange.

»Sollen wir nicht auf dich warten?«, fragte Andre ein bisschen zu eifrig. Aber ich wollte ihn nicht davon abhalten, Zeit mit seinem Team zu verbringen, und ohne Hanna als Sidekick würde er wahrscheinlich kneifen und es sich auf halbem Weg anders überlegen.

Also sagte ich: »Nein, geht nur und habt Spaß. Ich komme nach, sobald ich fertig bin.«

Hanna packte Andre am Ärmel seines T-Shirts und zog ihn mit sich davon, ehe er sich weitere Ausreden einfallen lassen konnte. Ich sah ihnen nach, bis sie auf der anderen Seite der Cerezo Street angelangt waren, dann holte ich tief Luft, um mich zu sammeln, und wandte mich wieder dem Taco-Stand zu. Ellison konnte mich mal. Ich würde meinem Instinkt folgen.

4

Ich hatte Joaquín schon einmal für mein Porträt über *Pepito's* interviewt, deshalb kannte er sich aus. Er kam aus dem Häuschen ins Freie und gesellte sich zu mir an den Tisch, den Hanna und Andre kurz zuvor verlassen hatten. Als ich ihm verlegen gestand, dass mein Handy nur noch sieben Prozent Akku hatte, bot er mir einen Kugelschreiber und eine frische Papiertüte an, damit ich mir Notizen machen konnte.

»Vielen, vielen Dank«, sagte ich, während ich das Datum aufschrieb.

Joaquín rieb sich mit der Hand den Nacken. »Ich weiß nicht, ob ich dir weiterhelfen kann. Mir ist nur bekannt, dass Gabi im Sommer in dem Resort war und was Schlimmes passiert ist. Sie hat mir nicht viel erzählt, das meiste habe ich von meiner *tía* gehört.«

»Ist Gabi diejenige, die auf dieses sündhaft teure Internat in Santo Domingo geht?«

Joaquín lächelte. Er freute sich, dass ich mir dieses Detail gemerkt hatte. »Nein, das ist meine andere Cousine Marife. Gabi studiert an der UC San Diego. Sie und einige ihrer Freundinnen haben sich zusammen eine Wohnung genommen – *como que* eins der Uni-Apartments. Der Mietvertrag galt ab dem 1. August, aber die Vorlesungen fangen erst nächsten Monat an, deshalb sind sie viel ausgegangen und haben die Clubs und Bars in der Gegend erkundet.«

»Und in dem Zusammenhang waren sie auch im *Alvarado Resort*?«

Er nickte.

»Weißt du, an welchem Abend das war?«

Joaquín blickte nachdenklich in den Himmel. »Hm, ich glaube, es war an einem Freitag. Aber *ya no recuerdo.*«

»Was ist passiert?«

»Ich glaube, sie wurden getrennt. Ihre Freundin ist verschwunden und hat ihnen irgendwann eine Nachricht geschrieben. ›Hey, ich hab da einen Typen kennengelernt, er sagt, auf seiner Yacht findet eine Party statt, und ich gehe mit.‹«

»Eine Yacht?«, wiederholte ich und ließ den geborgten Kugelschreiber sinken. Mir stellten sich die Nackenhaare auf. »Jemand hat sie auf seine Yacht eingeladen? Weißt du, wer dieser Mann war? Oder ... oder wie er aussah? Oder wie sein Boot hieß?«

»*No sé*«, sagte Joaquín mit einem entschuldigenden Kopfschütteln. »Vielleicht erinnert Gabi sich noch.«

»War sie auch auf dieser Party?«

»Nein. Nein, nur ihre Freundin Josefina. Gabi und die anderen haben sie am nächsten Morgen abgeholt und ins Krankenhaus gebracht.«

Ich hatte noch so viele Fragen, die ich sortieren musste, aber es war klar, dass Joaquín mir alles gesagt hatte, was er wusste. Ich brauchte eine andere Quelle – vorzugsweise jemanden, der mir aus erster Hand berichten konnte. Joaquín nannte mir den vollständigen Namen seiner Cousine, ihre Telefonnummer, Mailadresse und für alle Fälle auch noch ihr Instagram-Handle. Wir standen zusammen am Bestellfenster, damit ich ihren Account auf meinem Handy aufrufen konnte, während ich Oscars Ladegerät benutzte. Gabi de Hostos' Seite war öffentlich zugänglich. Zwischen künstlerischen Fotos von Sonnenuntergängen und Açai-Bowls entdeckte ich auch ein Bild mit einer Gruppe Mädchen. Sie lachten und trugen die üblichen College-Partyoutfits (Skinny Jeans, enge Tops und Sneaker, die schmutzig werden durften).

»*Ay*, ich glaube, das ist sie«, sagte Joaquín und deutete auf das Mädchen ganz rechts. »Das ist Josefina.«

»Joaquín!«, rief Oscar. »Wir brauchen hier alle Mann an Deck.«

Am Bestellfenster hatte sich eine kleine Schlange gebildet.

»Ich sollte dich nicht länger aufhalten«, sagte ich.

»Bist du sicher? Brauchst du sonst noch was?«

»Nein, das ist – das war schon sehr hilfreich, vielen lieben Dank.«

Joaquín nickte und kehrte an seinen Posten zurück, während ich mich meiner Social-Media-Detektivarbeit widmete. Josefinas Account war privat, doch nach einigen Versuchen gelang es mir, ein Profil von einem der anderen Mädchen zu finden. Ich scrollte durch die neuesten Posts und entdeckte ein schlecht beleuchtetes Foto von ihr und Gabi. Beide lachten und standen mit halb ausgetrunkenen Piña coladas in der Hand vor einer holzgetäfelten Wand, die mit Bildern eines belebten Hafens dekoriert war. Das Geotag lautete *Alvarado Resort, San Diego*. Das Bild war drei Wochen alt – es war in derselben Woche gepostet worden, in der die Real Housewives ihren Trip nach San Diego gemacht hatten.

Ich schloss Instagram und hatte vor, Hanna zu schreiben, dass sie recht gehabt hatte – dass *ich* recht gehabt hatte. Aber dann bemerkte ich den kleinen roten Punkt über meinem E-Mail-Icon. Ich hatte eine neue Mail bekommen. Hoffentlich war es Spam – vielleicht ein Coupon für irgendeinen Laden, dem ich in der Aussicht auf Rabatte naiverweise meine Uni-Mailadresse gegeben hatte.

Doch meine kosmische Unglückssträhne war noch nicht zu Ende.

Ellison Michaels hatte mir vor einer halben Stunde eine Kalenderanfrage für ein nicht weiter benanntes Meeting geschickt. Ein Meeting, das in drei Minuten begann.

Fluchend schnappte ich mir meine Taco-Tüte und machte mich im Laufschritt auf den Weg zum Gebäude der Studentenvereinigung.

Im Medienzentrum war erwartungsgemäß nur wenig los – schließlich war es kurz vor zwei Uhr nachmittags am Thirsty Thursday. Einige Nachzügler saßen noch in den löchrigen Sitzsäcken und starrten mit konzentrierten Mienen schweigend auf ihre Laptopbildschirme, und eine Gruppe Jungs hatte sich um einen der Desktop-Monitore versammelt, um Gaming-Videos auf Youtube zu schauen.

Niemand sah auf, als ich japsend aus dem Fahrstuhl gestolpert kam. Achselhöhlen und Haaransatz waren feucht vom Schweiß, meine Beine zitternd wie bei einem Marathonläufer, dessen Körper den Dienst quittierte, sobald die Ziellinie in Sicht kam. Dementsprechend war es ziemlich enttäuschend, als ich an Ellisons Tür klopfte und keine Antwort bekam. Ich presste die Hand auf die Stelle, an der ich Seitenstiche hatte, und zückte mein Handy, um noch einmal den Ort des Kalendereintrags zu überprüfen. Studentenvereinigung. Nicht sonderlich hilfreich, oder? Ellison und ich hatten uns immer nur in ihrem Büro getroffen, aber der Spalt zwischen Tür und Teppichboden war dunkel, und als ich das Ohr ans Holz presste, war bis auf das leise Brummen der Klimaanlage nichts zu hören.

»Cates.«

Ich sprang von der Tür zurück. Ellison war hinter mir auf dem Gang aufgetaucht. Sie balancierte ihren Notizblock und einen Stapel Ordner auf einem Arm, während sie ihren Schlüsselring – mit einem USB-Stick in Form eines Orcas und einer blauen Minitaschenlampe mit dem Logo der L. A. Dodgers als Anhänger – aus der Tasche zog, um die Tür zu ihrem Büro aufzusperren.

»Hey«, sagte sie und musterte mich von oben bis unten.

»Hey«, echote ich und versuchte, nicht den Eindruck zu erwecken, als stünde ich kurz vor dem Kollaps. Sie stieß die Bürotür mit der Schulter auf, und ich betrat hinter ihr den Raum.

»Beachte das Chaos gar nicht.«

Mit »Chaos« meinte sie einen taillierten Blazer, den sie achtlos über die Rückenlehne ihres Stuhls geworfen hatte (statt ihn an den Haken an der Rückseite der Tür zu hängen), sowie einige Unterlagenstapel, die noch nicht alphabetisch geordnet waren. Abgesehen davon sah das Zimmer penibel aufgeräumt aus – ein winziger Schuhkarton von einem Raum, der nach teuren Duftkerzen roch und von einem IKEA-Schreibtisch sowie einer Reihe silberfarbener Aktenschränke dominiert wurde. Wenn das Chaos sein sollte, wollte ich lieber nicht wissen, was Ellison Michaels zu meinem Schlafzimmer gesagt hätte.

»Sorry, dass ich nicht gleich reagiert habe«, stieß ich hervor. »Ich war gerade beim Mittagessen.«

»Kein Problem«, sagte Ellison und rieb sich die Schläfen. »Streng genommen war ich ja auch zu spät. Mein Termin ging länger als gedacht. Owens und ich mussten den Etat für dieses Jahr durchsprechen, und – ja. Aber jetzt sind wir beide hier. Also machen wir – Scheiße.« Sie hatte einen Becher auf ihrem Schreibtisch in die Hand genommen. »Ich muss das schnell in der Mikrowelle aufwärmen. Kannst du uns schon mal einen freien Konferenzraum suchen, damit wir mehr Platz haben?«

Während Ellison ihren abgekühlten Kräutertee in den Pausenraum trug, schlüpfte ich durch die Tür des erstbesten Konferenzraums und nahm auf einem der gut zwanzig Drehstühle Platz, die um den langen Tisch herum gruppiert waren. Mit der Tüte inzwischen lauwarmer Tacos auf dem Schoß drehte ich mich hin und her. In meinem Magen gurgelte es unangenehm.

Worum ging es bei diesem Meeting? Warum brauchten wir Platz? Wollte sie mir eine Standpauke halten? Würde Ellison alle anderen Redakteure dazurufen, um an mir und meiner schlampig ausgearbeiteten Artikelidee ein Exempel zu statuieren?

Die Tür des Konferenzraums öffnete sich.

Doch es war nicht die Chefredakteurin von Garlands Unizeitung, die im Türrahmen auftauchte, sondern Mehri Rajavi. Sie hatte eine überquellende Plastikmappe unter dem Arm.

»Laurel«, sagte sie. »Gut. Du bist hier.«

»Ellison und ich haben ein Meeting«, sagte ich, weil ich nicht wie eins der Arschlöcher wirken wollte, die Konferenzräume als ihr privates Büro missbrauchten. »Sie kommt gleich wieder. Muss nur ihren Tee warm machen.«

»Ich weiß.« Mehri zog sich einen Drehstuhl zurecht. »Ich habe sie gebeten, dich herzubestellen.«

Ich öffnete den Mund, dann machte ich ihn wieder zu. Mehri – die jetzt anscheinend meinen Namen wusste, obwohl sie mich noch vor wenigen Stunden nicht erkannt hatte – stellte ihren Rucksack auf den Fußboden und setzte sich mir gegenüber an den Tisch.

»Du hast sie worum gebeten?«

»Hör zu«, sagte Mehri leise. »Bevor Ellison kommt, muss ich dir noch was sagen, okay? Heute Morgen, ja? Ich glaube, du hast versehentlich zwei Exemplare deiner Artikelidee ausgedruckt. Ich wollte es eigentlich in den Altpapiereimer werfen, aber …« Sie zuckte ungerührt mit den Achseln. »Stattdessen habe ich es gelesen.«

Mein Körper war einen Moment lang wie gelähmt vor Panik, als ich mir vorstellte, wie ein Ausdruck meines Artikelvorschlags völlig unbeaufsichtigt in einem Druckerfach in der Buchanan Library lag.

»Du …«

Ehe ich meiner Scham über meine Dummheit Ausdruck verleihen und Mehri bitten konnte, nicht allzu schlecht über mich zu denken, kam Ellison in einem Wirbel aus blonden Haaren und Kraftausdrücken in den Raum gefegt.

»So«, sagte sie und knallte ihre dampfende Tasse auf den Tisch. »Mehri, willst du anfangen?«

Mein Brustkorb zog sich zusammen. Sie würde mich der Wölfin zum Fraß vorwerfen. Mehri würde mich bei lebendigem Leib häuten. Sie würde all meine journalistischen Sünden offenbaren, damit die beiden sie ausgiebig sezieren und zerpflücken konnten. Es würde eine Demütigung werden, von der ich mich vielleicht nie wieder erholen würde.

»Laurel hat mir heute Morgen ihre Artikelidee zum Korrekturlesen geschickt.«

Mein im Katastrophenmodus befindliches Gehirn brauchte einen Moment, bis mir klar wurde, dass Mehri Rajavi unserer Chefredakteurin soeben eine faustdicke Lüge aufgetischt hatte.

»Du hast den Text korrekturgelesen?«, fragte Ellison. Ich sah am Zucken ihrer Lippen, dass sie sich nur mit Mühe die Bemerkung verkneifen konnte, dass Mehri offenbar eine Überweisung zum Augenarzt benötigte, da mein Text eine apokalyptische Kraterlandschaft aus Bandwurmsätzen sei, die man nur als Blinder unbeschadet durchwandern könne.

Doch Mehri blieb bei ihrer Aussage. »Ja, genau. Er hat mich ins Grübeln gebracht, und deshalb habe ich beschlossen, selbst ein bisschen nachzuforschen.« Mit einer dramatischen Geste legte sie die Mappe auf den Tisch, die offenbar etwas Hochwichtiges zu enthalten schien. Ich schielte zu Ellison. Diese pustete mit gerunzelter Stirn auf ihren Tee, ließ jedoch ansonsten nichts durchblicken.

»Was ist da drin?«, fragte ich und kam mir sehr ahnungslos vor.

»Das hier«, sagte Mehri und tätschelte den Deckel der Mappe, »ist die Büchse der Pandora. Der *Daily* kriegt jedes Jahr Hunderte von Tipps. Früher haben wir nur Hinweise in Papierform angenommen. Die Leute konnten sie anonym abgeben, deshalb waren viele ziemlich lächerlich, eine absolute Zeitverschwendung und wurden einfach abgeheftet. Ihr wisst schon: Studenten, die in einem Seminar durchgefallen sind, das sie nie besucht haben, und danach wilde Anschuldigungen gegen den Dozenten erheben, damit ihre Noten überprüft werden. Sachen wie – warte kurz – das hier, zum Beispiel.« Sie blätterte zu einer umgeknickten Seite und drehte den Ordner um, sodass ich den Hinweis sehen konnte.

Ich las ihn laut vor.

»Professor Jones hat uns falsche Fakten zur Mondlandung 1969 gelehrt. Nachdem ich ihm widersprochen habe, hat er mir in meiner Seminararbeit ein F gegeben. Ich glaube, er arbeitet mit den Kennedys zusammen und will mich zum Schweigen bringen.«

»Ich glaube, dem Hinweis sind wir nicht weiter nachgegangen«, meinte Ellison trocken und nippte an ihrem Tee. »Die Mappe ist ein einziges Durcheinander. College-Studenten sind unmöglich.«

Mit wachsendem Argwohn sah ich zu, wie Mehri zu einer anderen Seite blätterte, die sie ebenfalls markiert hatte, und die Mappe erneut über den Tisch schob. »Okay, aber lest mal das hier.«

Ellison und ich lehnten uns über den Tisch. Es war ein fast sieben Jahre alter Hinweis, von Hand geschrieben auf einem der Vordrucke, die wir verwendet hatten, ehe das Hinweissystem auf digital umgestellt worden war. Er enthielt keinerlei persönliche Informationen – weder Namen noch Telefonnummer noch eine E-Mail-Adresse. Nur Initialen: SP.

Vor drei Wochen habe ich bei einer Veranstaltung für die Sportfakultät gearbeitet, und Truman Vaughn hat mich als verklemmte Zicke bezeichnet, weil ich sein Wasser nicht nachgefüllt habe. Dann hat er mir an den Hintern gefasst. Ich glaube, niemand hat was bemerkt, und jetzt weiß ich nicht, ob ich es der Campus-Polizei melden soll. Ist das überhaupt ernst genug für die Polizei? Bitte um Rat.

Ellison war blass geworden.

»Dem Hinweis ist auch keiner nachgegangen«, vermutete ich leise.

»Truman Vaughn ist der Schutzheilige unseres Sportprogramms«, sagte Mehri. »Ich glaube, niemand wollte, dass ... ihr wisst schon. Außerdem darf man nicht vergessen, dass der *Daily* von der Uni finanziert wird. Im Grunde genommen besitzen wir keinerlei Autonomie.«

Ich sah Ellison an.

»Professor Owens kann alles verbieten, was das Gebot institutioneller Loyalität verletzt«, erklärte sie.

»Ist das nicht Zensur?«, fragte ich.

Ellison öffnete den Mund, um zu widersprechen.

Doch Mehri fiel ihr ins Wort. »Klar ist es das.«

Abermals warf ich einen Blick in die Mappe. »Und ist das hier nicht sexuelle Belästigung?«

»Ja«, sagte Mehri. »Und das ist nicht der einzige Hinweis, den ich gefunden habe.«

Sie schlug die Mappe an einer anderen Stelle auf. Dasselbe tat sie noch zwei weitere Male. Es gab drei weitere Vorfälle, bei denen Truman Vaughn sexistische Bemerkungen gemacht oder seine Hände nicht bei sich behalten hatte.

Mehri Rajavi hatte mir meine Story geklaut. Sie hatte die Gelegenheit genutzt und meine Recherchen übernommen, und das war ganz allein meine Schuld. Trotzdem konnte ich in diesem Moment nicht sauer sein. Denn was sie entdeckt hatte, war eine große Story. Eine richtig große Story.

»Es gibt vier verschiedene Hinweise zu Vaughn«, fasste Mehri zusammen. Sie sah so wütend und angewidert aus, wie ich mich fühlte. »Das hier ist die letzte Mappe mit Anhaltspunkten auf Papier, bevor das Onlineverfahren eingeführt wurde. Ich habe mir auch unser digitales Hinweisarchiv angesehen. Da gibt es nichts über ihn. Keine einzige Information.«

»Als wir auf digital umgestellt haben, hat Präsident Sterling einen neuen Fakultätsbetreuer eingesetzt«, warf ich ein.

Ellison nickte hölzern.

»O mein Gott«, sagte ich. »Sie wollen es vertuschen.«

»Ganz genau«, pflichtete Mehri mir bei. Ihre dunklen Augen funkelten, und ich begriff, dass sie froh war. Es war eine Erleichterung, einen Missstand aufzudecken, anderen davon zu berichten und zu hören, dass man sich zu Recht darüber empörte. Es tat gut, jemanden auf seiner Seite zu wissen.

»Ihr wisst ja, dass die Frauen, die ich im Country Club interviewt habe, sagten, Vaughn hätte sie zu einer Party auf seine Yacht eingeladen?«, fragte ich.

Mehri nickte. Sie hatte meine Artikelidee also wirklich gelesen.

»Ich habe gerade eben mit einem der Jungs gesprochen, denen *Pepito's* gehört, der Taco-Stand in der Nähe vom Campus. Er meinte, eine Freundin seiner Cousine sei während einer Yachtparty in demselben Resort Opfer eines sexuellen Übergriffs worden.«

»San Diego liegt am Wasser«, gab Ellison zu bedenken. »Bestimmt gibt es dort im Hafen Tausende von Yachten.«

»Aber wie viele dieser Yachten gehören Männern, die betrunkene Frauen auf Partys einladen?«

Ellison schüttelte mit finsterer Miene den Kopf. »Das ist eine ziemlich gewagte Schlussfolgerung, Laurel«, warnte sie.

»Und genau deshalb müssen wir weiterrecherchieren«, sagte ich und dachte an Hanna. Sie hatte an mich geglaubt. Nun brauchte ich jemanden wie Ellison, der ebenfalls an mich glaubte – jemanden, dessen Unterstützung mehr vermochte, als nur meine Moral zu stärken. »Vielleicht finden wir ja nichts. Aber wir sind Journalistinnen. Das ist unsere Aufgabe.«

Ellison holte tief Luft und rieb sich mit den Händen über das Gesicht. Auf einmal sah sie sehr jung und müde aus. Manchmal vergaß ich, dass auch sie noch Studentin war, so wie wir, kein übernatürliches Wesen, das allein von Koffein und dem unablässigen Wunsch angetrieben wurde, schlechtem Journalismus den Kampf anzusagen.

»Ab Oktober drucken wir nur noch einmal im Monat«, verkündete sie. »Wir richten unseren Fokus dann stärker auf die Facebook-Seite und die Website.«

»Was soll der Scheiß?«, rief Mehri. Genau das war auch mein Gedanke.

»Owens hat mir mitgeteilt, dass die Uni unseren Etat kürzen wird. Sie wollen mehr Gelder für andere studentische Gruppen frei machen. Und deshalb sage ich euch ...« Ellison lehnte sich über den Tisch und sah flehentlich zwischen mir und Mehri hin und her. »Wenn wir über Vaughns Stiftung und Sterlings Wohltätigkeitsaktionen schreiben, wäre die Uni vielleicht eher bereit, den Etat zu unseren Gunsten neu zu verhandeln. Ich versuche hier unser Überleben zu sichern.«

»Du lehnst die Idee ab, um deinen eigenen Hals zu retten«, sagte Mehri anklagend.

Ellisons Augen wurden schmal. »Das ist nicht ...«

»Doch, genau das machst du gerade. Du willst, dass wir denen da oben die Füße küssen, weil du weißt, dass du nach dem Abschluss einen guten Job bekommst, wenn du machst, was sie wollen.«

»Ich werde nicht diejenige sein, die diese Zeitung vor die Wand fährt.« Ellison stach mit dem Finger auf die Tischplatte ein. »Ich bin die erste Chefredakteurin seit dreißig Jahren. Seit drei gottverdammten Jahrzehnten, Mehri. Ich musste mir den Arsch aufreißen, um es so weit zu bringen, und es gibt immer noch Leute, die hinter meinem Rücken tuscheln, weil sie glauben, ich hätte die Stelle nur bekommen, damit die Uni damit angeben kann, eine Frau auf dem Posten zu haben. Ich bin nicht blöd. Wenn diese Zeitung untergeht, bin ich diejenige, der man die Schuld dafür geben wird.«

»Was ist mit den Frauen, die diese Hinweise geschrieben haben? Die müssen halt Opfer für die Gemeinschaft bringen? Wie vermessen kann man sein, so was für andere zu entscheiden?«

»Ich werde nicht zulassen, dass diese Zeitung vor die Hunde geht«, sagte Ellison durch zusammengebissene Zähne. »Die Arbeit, die wir als Journalisten machen, ist zu wichtig.«

»Aber das hier ist auch wichtig«, beharrte ich.

Mehri und Ellison sahen mich an. Mein Gesicht glühte, aber ich redete weiter. »Wozu versuchen wir die Zeitung zu retten, wenn wir dann eh nur Propaganda drucken? Ich habe Grund zu der Annahme, dass Vaughn im *Alvarado Resort* war – in derselben Woche, als es zu dem sexuellen Übergriff auf die Studentin kam. Vielleicht war das bloß Zufall – vielleicht war Vaughn wirklich nur im Urlaub dort und es geht um einen ganz anderen Typ auf einer anderen Yacht – aber …« Ich verstummte und starrte über die zerkratzte Tischplatte. »Ich muss Bescheid wissen.«

Ellison hob ihren Teebecher an die Lippen. Ihre Augen waren glasig, als sie durch den Dampf ins Leere starrte. Sie dachte nach. Sie hatte gehört, was ich gesagt hatte. Mit angehaltenem Atem wartete ich auf ihre Entscheidung. »Nächsten Montag«, sagte sie schließlich, »will ich einen Artikel über Vaughns Stiftung.«

Meine Enttäuschung war riesengroß.

»Das ist doch Bullshit«, schimpfte Mehri. »Sollen wir etwa ignorieren, dass …«

»Wir werden gar nichts ignorieren«, fiel Ellison ihr ins Wort. »Ich sage ja nicht, dass wir uns nicht mit der Sache befassen sollen. Aber wir können nicht einfach diese Hinweise abdrucken und hoffen, dass sie der Wahrheit entsprechen. Wir müssen rausfinden, von wem sie stammen, und die betreffenden Personen kontaktieren, bevor jemand anders von ihrer Existenz erfährt, sonst gefährden wir alles. Es muss alles korrekt ablaufen. Wir dürfen uns keine Fehler leisten.«

Mehri knibbelte am Kunststoffüberzug der Mappe und schälte ihn in winzigen, ausgefransten Streifen ab. Ich konnte ihr nicht verdenken, dass sie ungeduldig und frustriert war. Mir ging es ähnlich.

Aber ich vertraute Ellison. »Okay«, sagte ich. »Wir schreiben einen Artikel über die Stiftung.«

Mehri knirschte mit den Zähnen, während wir alle einen Moment lang stumm dasaßen.

Ellison war die Erste, die das Schweigen brach. »Ich muss jetzt zu meiner Lehrveranstaltung«, verkündete sie. »Aber wir sprechen noch mal darüber, okay?«

Mit ihrem Becher in der Hand stand sie auf und ging zur Tür. Ich sah ihr nach, bis die Tür hinter ihr ins Schloss gefallen war. Dann fuhr ich auf meinem Stuhl zu Mehri herum. »Was, wenn wir etwas in dem Artikel über die Stiftung platzieren?«, platzte ich heraus.

Sie blinzelte mich an. »Was denn zum Beispiel?«

»Etwas über Vaughn. Über die Art, wie er mit seiner Mannschaft oder mit Reportern spricht. Wir könnten es ganz subtil machen. Einfach nur ... irgendwas, was einen Diskurs in Gang bringt. Ich habe einen Freund im Team, Andre Shepherd. Er könnte unsere Quelle sein.«

Mehri hob nachdenklich eine Braue. »Hat er denn jemals davon gesprochen, dass Vaughn in der Kabine den Sexisten raushängen lässt? Dass er Reporterinnen, Mitarbeiterinnen oder sonst wen belästigt hat?«

»Er hat mal erwähnt, dass Vaughn schmutzige Witze erzählt. Nichts Konkretes. Aber ich kann ihn fragen.«

»Okay«, sagte Mehri, die endlich einen Mundwinkel zu einem Lächeln verzog. »Okay, gut.«

Sie nahm die Mappe und ihren Rucksack und ging ebenfalls zur Tür. Ich stand mit zitternden Knien von meinem

Stuhl auf und nahm meine Sachen. Handy. Check. Tüte mit kalten Tacos. Check.

»Hey, Mehri«, rief ich ihr nach. Ich wollte sie fragen, weshalb sie mich zu dem Meeting eingeladen hatte, statt mich auszubooten, war aber zu verschämt, um es in Worte zu fassen. »Danke.«

»Ich gebe dir Rückendeckung und du mir«, sagte sie.

Ich wartete, bis ich mich auf dem Platz vor dem Gebäude auf die Brunnenumrandung gesetzt hatte, ehe ich erneut einen Blick auf mein Handy warf. Ich hatte drei neue Nachrichten von Andre. Die erste war eine Textnachricht. *Komm zur baseball hose gibt bier unsinn.* Die zweite war ein Snapchat – ein unscharfes Bild von Hanna, die in einer sehr modernen und offenbar jüngst renovierten Küche grinsend beide Mittelfinger in die Kamera reckte. Die Bildunterschrift dazu lautete: *Sie hat gern St. James gewonnen!!! Pong Queen des Jahres!!! Wo Bus du???*

Die dritte Nachricht war eine weitere Textnachricht, die er vor zehn Minuten geschrieben hatte. *Wir genau Hause.* Gut zu wissen, dass meine Freunde trotz meiner ungeplanten Abwesenheit offenbar eine Menge Spaß gehabt hatten. Ich öffnete meine Tüte mit Tacos und tat, was ich immer tat, wenn ich gestresst war: Ich suchte Trost in kulinarischen Genüssen.

Ein Teil von mir ärgerte sich, dass mein Nachmittag eine solch unerwartete Wendung genommen hatte. Ich hatte immer schon davon geträumt, auf Partys ins Baseball House zu gehen, aber da ich noch nie dort gewesen war, war es etwas schwer, mir vorzustellen, wie ich in einer Ecke saß und Tacos aß, bis Bodie St. James mich von der anderen Seite des Raums aus erspähte und zu mir rüberkam, um ... keine Ahnung. Hallo zu sagen? Mich zu bitten, kein *Carne asada* auf den Teppich zu kleckern? Meine Einbildungskraft war ein bisschen pessimistisch veranlagt.

Mein Handydisplay leuchtete auf, und im selben Moment tropfte ein großer Klecks *Pico de Gallo* aus meinem Taco und landete auf meinem Bein.

Es war eine Nachricht von meiner Mom. *Wie ist der Artikel angekommen? TQM*

Te quiero mucho war unsere übliche Verabschiedung und bedeutete: Ich hab dich sehr lieb. Ich wischte mir Koriander vom Oberschenkel und tippte eine Antwort.

Super! Gelogen. *Die Chefredakteurin will, dass ich einen Artikel über den Footballcoach schreibe. Hab gerade mit Andre und Hanna zu Mittag gegessen. Gehe jetzt nach Hause zum Lernen. TQM*

Einerseits hatte ich schreckliche Angst, dass ich Mehri und Ellison dazu überredet hatte, sich kopfüber in eine Recherche zu stürzen, die womöglich kein Abgrund, sondern lediglich ein Nichtschwimmerbecken war, auf dessen Boden wir drei uns die Köpfe einschlagen würden. Andererseits befürchtete ich, dass es vielleicht gar keinen Boden geben könnte – nur einen tiefen, dunklen Abgrund, voll mit Dingen, die man besser nicht ans Licht zerrte.

Noch einmal rief ich Gabi de Hostos' Instagram-Profil auf.

Bevor ich es mir anders überlegen konnte, sendete ich ihr eine Nachricht.

Hey, Gabi! Ich heiße Laurel. Ich bin Studentin und schreibe für die Unizeitung der Garland University. Dein Cousin Joaquín hat erzählt, dass du im Sommer im Alvarado Resort warst. Ich wollte fragen, ob du bereit wärst, mit mir über deine Erlebnisse dort zu sprechen.

Ich tippte auf *Senden*, legte mein Handy mit dem Display nach unten neben mich und verschlang meine drei Tacos, wofür ich ungefähr zwei Minuten benötigte. Als ich fertig war, wischte ich mir einige Reste *Pico de Gallo* vom Schoß, stand auf und machte mich auf den Heimweg.

Die Wohnung, die Hanna und ich gemietet hatten, war nicht besonders chic. Wir hatten gerade genug Geld für ein Apartment drei Blocks östlich vom Rodeo, in einer Gegend, die so zwielichtig war, wie sie es in einem verschlafenen und wohlhabenden Städtchen wie Garland eben sein konnte. Das Gebäude war zweistöckig, mit einem großen Flur in der Mitte. Alle Fenster im Erdgeschoss waren vergittert, die Gegensprechanlage war seit Jahren defekt, und im Wäscheraum gab es ein Wespennest. Unsere Wohnung im ersten Stock bot Aussicht auf eine Tankstelle und hatte eine kaputte Klimaanlage, die wie ein sterbendes Tier rasselte und ächzte. Aber sie gehörte uns, und wir liebten sie heiß und innig.

Ich hörte Andre und Hanna bereits, bevor ich die Wohnungstür erreicht hatte. Ihre lauten und etwas schleppenden Stimmen drangen durch die papierdünnen Wände.

»Da steht ›zwei Eier‹«, rief Andre.

»Na ja, ich kann aber kein Ei mehr rausnehmen, deswegen bleibt es jetzt so.«

Einen Moment lang lauschte ich ihnen, wie sie sich zankten, und musste schmunzeln, ehe ich meinen Schlüssel hervorkramte. Als ich über die Schwelle trat, rief Andre meinen Namen. Er saß auf einem der kleinen IKEA-Stühle an unserem wackeligen Esstisch, hatte die Knie fast bis an die Brust gezogen und hielt eine aufgerissene Packung Fertigbackmischung in der Hand, deren Rückseite er studierte, als handelte es sich um einen heiligen Text. Hanna stand am Tresen unserer kleinen Küche. Sie hatte einen Kochlöffel in der Hand und auf ihrem Kopf saß, einer Krone gleich, ein Kranz aus Pingpongbällen, die jemand mit Heißkleber aneinandergeklebt hatte.

»Wo hast du die denn her?«, fragte ich.

Sie fuchtelte mit dem Kochlöffel herum, wodurch ein großer Klecks Kuchenteig auf den Linoleumboden platschte, und reckte das Kinn. »Die habe ich gewonnen.«

»Das hättest du sehen sollen«, sagte Andre. »Sie hat die halbe Mannschaft besiegt.«

»Und dann hat mich Kyle Fogarty – ein Prachtkerl übrigens – mit dieser Krone geehrt.« Hanna machte eine Pause, um im vermutlich schlechtesten britischen Akzent, den ich jemals gehört hatte, fortzufahren: »Die ich fortan zu allen gesellschaftlichen Anlässen tragen werde.«

Andre verdrehte demonstrativ die Augen. »Sorry, dass wir nicht auf dich gewartet haben«, sagte er an mich gewandt. »Aber du warst ungefähr zwei Stunden lang weg. Wie liefen die Recherchen?«

Ich schnappte mir den anderen Stuhl und ließ mich darauf fallen. »Würdest du sagen, dass Vaughn ... sexistisch ist?«

»Wie sexistisch genau?«, fragte Andre.

»So sexistisch, dass er Frauen als Schlampen bezeichnet.«

»Oh, definitiv.«

»Oder ihnen an den Hintern fasst.«

Andre zuckte zurück. »O Mann. Ich meine – keine Ahnung. Er kann echt fies sein, aber das erscheint mir ... durchaus wahrscheinlich?«

»Wie meinst du das?«, bohrte ich nach.

»Na ja, er ist ein guter Coach, und auf den ersten Blick wirkt er ganz okay, aber ... was er manchmal sagt. Seine Sprüche. Nichts wirklich Schlimmes, aber – okay, ein Beispiel: Es gibt diese Reporterin bei ESPN, die ihm immer knallharte Fragen stellt, weißt du? Er kann sie nicht ausstehen. Nach den Spielen ist er oft zu uns in die Kabine gekommen und hat Sachen gesagt wie: ›Die muss nur mal wieder richtig rangenommen werden.‹ Einfach widerlichen, antiquierten Mist.«

»Andre, das ist absolut krank«, fauchte Hanna. »Hast du wenigstens was gesagt?«

Andre schrumpfte auf dem kleinen Stuhl noch weiter in sich zusammen, während in mir die Wut hochstieg – nicht auf Andre, sondern eher stellvertretend für ihn. Er war ein

Spieler der B-Mannschaft. Er war nicht in der Position, sich mit dem Cheftrainer anzulegen. Nicht, wenn er an einer Hand abzählen konnte, wie viele Minuten Spielzeit er in einer Saison bekam.

»Was ist mit denen aus der Startaufstellung?«, fragte ich.

»Ich weiß nicht. Die sagen eigentlich auch nichts. Manchmal lässt man es einfach durchgehen, weil ...« Er verstummte.

Weil es Coach Vaughn war. Der Mann, dessen ehemalige Schützlinge in fast jedem Team der NFL vertreten waren. Der Mann, der mit Senatoren, mehr oder weniger bekannten Schauspielern und CFOs von Fortune-500-Unternehmen befreundet war. Der Mann, der für junge Spieler Träume wahr machen konnte, solange sie ihm dienten wie tapfere Ritter ihrem König.

»Wärst du damit einverstanden, uns einige Zitate für unseren Artikel zur Verfügung zu stellen?«, fragte ich.

»Ja, Ma'am«, sagte Andre und unterdrückte seinen Schluckauf. »Es wäre mir eine Ehre.«

»Super. Erinnere mich daran, dich noch mal zu fragen, wenn du wieder nüchtern bist.«

»Das ist die Wahrheit. Ich mach's«, sagte er und drehte sich auf unserem IKEA-Stuhl zu mir herum, damit ich begriff, wie ernst es ihm war. »Du weißt, dass ich es mache. Aber ist dir klar, mit wem du eigentlich reden solltest?«

Leider wusste ich nur zu gut, auf wen Andre anspielte.

Auf Bodie St. James.

5

Der Mittwoch kam viel zu früh. Ich stemmte mich gegen den Morgenwind, umklammerte meinen wärmespendenden Pappbecher mit Kaffee, starrte auf das Spielfeld und bemühte mich nach Kräften, mich nicht von meiner Panik übermannen zu lassen. Zwischen meinem Hintern und der Sitzfläche lag ein Klemmbrett, darauf befand sich eine einzelne Seite mit Fragen. Ich hatte Mehri um Rat gebeten, aber sie hatte lediglich mit den Schultern gezuckt und gesagt, ich solle »meinem Instinkt folgen«. Mein Instinkt riet mir, nach Hause zu rennen und mich wieder im Bett zu verkriechen, aber wahrscheinlich hatte sie das nicht gemeint. Mein rechtes Knie wippte auf und ab, und als ich ausatmete, konnte ich vor mir in der Luft eine weiße Wolke sehen. Ich warf einen Blick auf mein Handy. Sieben Uhr achtundfünfzig. Das Training war fast zu Ende. Die Footballmannschaft war bereits seit über zwei Stunden hier. Ich selbst war um sieben gekommen, damit ich genug Zeit hatte, meinen Mut zusammenzunehmen und einen schwarzen Kaffee zu trinken. (Ich hatte gedacht, mit schwarzem Kaffee würde ich erwachsen und kompetent wirken, aber tatsächlich hatte ich bloß Magenschmerzen davon bekommen.)

Mein Display leuchtete auf.

Du bist eine starke, selbstbewusste, unerschütterliche Reporterin, und ich glaube an dich, schrieb Hanna. Und gleich darauf: *Wir brauchen Klopapier, kannst du welches vom Campus klauen?*

Ich trank das letzte Drittel meines Kaffees in einem Schluck aus und spähte auf den Rasen. Das Team hatte die letzten fünfzehn Minuten über Scrimmage trainiert, aber zwischen den einzelnen Spielzügen sah Andre immer wieder zu mir rüber und winkte mit der Ausgelassenheit eines Fünfjährigen, der zufällig seinen besten Freund im Supermarkt sieht. Jedes Mal drehten sich dabei auch einige andere Spieler um. Sie sahen mich mit zusammengekniffenen Augen an und überlegten, ob die junge Frau mit dem Klemmbrett womöglich ein Scout der NFL sein könnte.

Andre trug ein dunkelgrünes Trikot, daraus schlussfolgerte ich, dass die Jungs in Weiß zur A-Mannschaft gehörten. So wie Bodie. Als ich ihn sah, krampfte sich mein ohnehin schon gereizter Magen noch mehr zusammen, also versuchte ich mich stattdessen auf Andre zu konzentrieren. Als Coach Vaughn ihn zur Seite nahm, um ihm einen Spielzug zu erläutern, musste ich notgedrungen einen winzigen Riss im Nagelbett meines linken Daumens inspizieren.

Bald zerriss das schrille Geräusch einer Trillerpfeife die Luft und brachte meine Trommelfelle zum Beben. Acht Uhr, Trainingsende. Ich hob meinen leeren Kaffeebecher auf und zog das Klemmbrett unter meinem Hintern hervor. Dann stieg ich über zwei Sitzreihen hinweg und sprang auf den Rasen, wobei ich mir den Gedanken nicht verkneifen konnte, dass ich vermutlich die unsportlichste Person war, die jemals dieses Spielfeld betreten hatte.

Ich stapfte zu der Gruppe von Spielern und Trainern wie ein Mitglied des französischen Adels auf dem Weg zur Guillotine. Truman Vaughns Stimme hallte über den Platz. Er war nicht größer als ich – ungefähr eins zweiundsiebzig –, aber gebaut wie ein Panther, mit sehnigen Muskeln und einem schneidenden Blick. Seine Lippen waren schmal, seine dunklen Haare an den Schläfen bereits teilweise ergraut. Neben ihm stand Trainerassistent Chester Gordon, ein Rotschopf mit großen Ohren, dessen Augenbrauen beinahe durchsichtig wirkten. Die Spieler hatten sich im Halbkreis vor ihnen aufgestellt und hörten geduldig einer Motivationsrede zu.

»... wir trainieren das morgen früh noch mal. Lions auf drei.«

»Eins, zwei, drei, Lions!«, riefen die Spieler im Chor.

Ich atmete tief durch und schalt mich wegen meiner Nervosität. Dies war nicht mein erstes Interview. Ich wusste, was ich tat. Außerdem waren Bodie und ich uns schon mal begegnet. Es war eine kurze und ziemlich peinliche Begegnung gewesen, aber trotzdem. Und schließlich wollte ich mit ihm ja nicht auf ein erstes Date gehen. Ich wollte nur herausfinden, ob sein Trainer ein sexistisches Arschloch war.

Die Hälfte der Spieler machte sich auf den Weg in die Umkleide. Die anderen blieben auf dem Platz zurück, packten ihre Sachen zusammen und unterhielten sich untereinander oder mit den Trainern. Mein Blick war auf Bodies Rücken gerichtet, als Andre zu mir gelaufen kam und wir uns einige Meter von der Ersatzbank entfernt trafen.

»Detective Cates«, grüßte er mich.

Ich presste mir eine Hand auf den Bauch und schüttelte den Kopf. »Ich habe zu viel Kaffee getrunken, Andre. Ich glaube, ich muss gleich kotzen.«

Er verzog das Gesicht und nahm mir den Kaffeebecher aus der Hand. »Vielleicht sollte ich – wow, verdammt. Du hast echt alles ausgetrunken. Ist das ein Venti?«

Ganz richtig. Ich war eine Idiotin. Eine Idiotin mit einer Koffeinüberdosis.

»Hey.« Andre bemühte sich um einen strengen Tonfall. »Du packst das. St. James ist so ziemlich der netteste Kerl er Welt. Der wird dir keine Schwierigkeiten machen. Zieh einfach dein Ding durch.«

Er reckte noch einmal den Daumen in die Höhe, ehe ich mich der Bank näherte, wo sich der besagte netteste Kerl der Welt sein Trikot und die Protektoren abgestreift hatte und nur noch in einem schwarzen ärmellosen Under-Armour-Shirt dastand, das so eng war, dass ich das Spiel seiner Schultermuskeln sehen konnte. Madre di dios, *bitte zieh das nicht auch noch aus*, dachte ich. *Das wird alles viel leichter, wenn du dein Oberteil anbehältst.*

Ich zwängte mich an einem Haufen großer, verschwitzter Leiber vorbei, und auf einmal stand ich direkt vor ihm – so nah, dass ich die Schweißrinnsale sehen konnte, die seinen geröteten Nacken hinunterliefen. »Bodie?«, fragte ich.

Ich hatte nur den Bruchteil einer Sekunde Zeit, mir meine feuchte Handfläche möglichst unauffällig an den Leggings abzuwischen, ehe er sich zu mir umdrehte. Er hatte fragend die Augenbrauen hochgezogen und hielt eine Gatorade-Flasche in der Hand, die sich auf halbem Weg zu seinem Mund befand.

»Hi«, krächzte ich. »Dürfte ich dich vielleicht kurz ausleihen?«

Bodie spannte die Finger an, und aus der Öffnung seiner Flasche trat ein feiner Sprühnebel aus. Erschrocken zuckte er zurück.

»Ich arbeite beim *Daily*, und wir ...«

»St. James!«, rief jemand. Kyle Fogarty drängte sich an mir vorbei. Sein Pseudo-Irokese leuchtete giftgrün im Sonnenlicht. Er schlug Bodie auf den Arm. »Im Baseball House gibt's noch Pizza. Komm, wir gehen hin.«

Ich trat ein Stück zur Seite und kam mir vollkommen unsichtbar vor.

»Ich komme später nach«, sagte Bodie. »Ich muss noch schnell was für ...« Er verstummte und deutete mit dem Kinn in meine Richtung.

Fogarty drehte sich um und sah mich verdutzt an. Er hatte mich zuvor gar nicht bemerkt. Was für ein Wunder. »Für wen?« Er richtete die Frage an Bodie, als wäre ich nicht in der Lage, mich ihm selbstständig vorzustellen. Doch die Empörung, die ich angesichts dieser Kränkung empfand, verwandelte sich in eine gänzlich unerwartete Niedergeschlagenheit, als Bodie keine Antwort gab. Er erinnerte sich nicht mehr an mich. Das war okay – ich war immun gegen den Schmerz, wenn Leute meinen Namen oder mein Gesicht vergaßen oder nicht mehr wussten, wo sie mich schon mal gesehen hatten. Und ich konnte Bodie keinen Vorwurf machen. Es war fast eine Woche her, seit wir zusammen im Fahrstuhl gefahren waren, und als ich Nick meinen Namen genannt hatte, hatte er ein Stück entfernt gestanden. Wahrscheinlich hatte er mich nicht gehört.

Ich pappte mir ein Lächeln ins Gesicht und streckte ihm die Hand hin, während ich versuchte, mir ein Beispiel an Ellisons Selbstvertrauen und Professionalität zu nehmen. »Laurel Cates vom *Daily.*«

Fogarty schüttelte mir die Hand. Er war, rein objektiv betrachtet, unfassbar gut aussehend. Makellose Haut, glänzendes Haar, erstaunlich symmetrische Gesichtszüge. Hätte man hundert Menschen ein Foto von ihm und eins von Bodie gezeigt, hätten vermutlich fast alle Fogarty als den attraktiveren der beiden bezeichnet. Aber Bodies Augen hatten etwas, was Fogarty fehlte. Eine Wachheit. Etwas Gütiges.

Aber ich war *nicht* in ihn verknallt.

»Schreibst du einen Artikel über meinen Bro hier?«, fragte Fogarty, packte Bodie im Nacken und schüttelte ihn.

»Na ja, eigentlich …«

»Du solltest unbedingt erwähnen, wie groß sein Schwanz ist.«

Der Rest meines Satzes blieb mir im Hals stecken.

»Verpiss dich«, sagte Bodie und gab Fogarty einen Schubs. »Ich schreib dir.« Fogarty lachte wie ein Teenager, der gerade einen *That's what she said*-Witz gemacht hatte, auf den er enorm stolz war. Ich sah, wie er losrannte, um einige seiner Mannschaftskameraden einzuholen, die auf dem Weg in die Kabine waren, und fragte mich, wieso Jungs es lustig fanden, total unangemessene Dinge zu sagen, nur damit sich Mädchen unwohl fühlten.

»Ich entschuldige mich für ihn«, sagte Bodie. Auf seinen Wangen brannten zwei rote Flecken. Prinzipiell hätten die auch von der Sonne kommen können, doch wahrscheinlicher war, dass er sich schämte. »Äh, was genau willst du jetzt eigentlich von mir?« Er hob die Hand, um sich den Schweiß von der Stirn zu wischen, und mein Blick wanderte – gegen meinen Willen – zu der blassen Unterseite seines Oberarms.

»Hättest du kurz Zeit für ein Interview? Ich habe nur ein paar Fragen.« Ich hielt mein Klemmbrett in die Höhe und hoffte, dass er nicht merkte, dass ich vor lauter Angst und Koffein am ganzen Leib zitterte. »Es geht um einen Artikel über Coach Vaughn.«

»Ich habe um neun Uhr dreißig Vorlesung. Können wir es jetzt gleich machen?«

»Ja klar, es dürfte höchstens zwanzig Minuten dauern. Wir können uns in die Bibliothek setzen oder zu *Starbucks* gehen oder irgendwohin, wo es ruhig ist.«

»Ich müsste eigentlich was essen. Ist das Campuszentrum in Ordnung?«

Ich nickte und öffnete den Mund, um irgendetwas total Unprofessionelles wie »Okey-dokey« zu sagen, als Bodie erneut das Wort ergriff.

»Ich muss mich nur kurz umziehen. Wir treffen uns dann vorn am Ausgang?«

»Ja! Klar. Definitiv. Spring unter die Dusche oder was auch immer.«

Die nächsten fünfzehn Minuten verbrachte ich damit, allein auf den Stufen des Trainingszentrums zu sitzen und jede peinliche Sekunde unseres Gesprächs im Kopf Revue passieren zu lassen. Als Bodie endlich mit nassen Haaren und seinem Rucksack über der Schulter kam, ging mir auf, dass ich die Zeit hätte nutzen sollen, um mir ein paar unverfängliche Sätze für den Weg zum Campuszentrum zu überlegen. Doch schon bald stellte sich heraus, dass ich, selbst wenn ich eine spektakuläre Anekdote oder eine Handvoll einfache Fragen in petto gehabt hätte, um meinen Informanten aufzulockern, kaum ein Wort dazwischenbekommen hätte.

Bodie konnte keine zwanzig Schritte gehen, ohne dass jemand ihn ansprach, ihn per Handschlag begrüßte, umarmte, ihm auf den Rücken klopfte oder aus der Ferne etwas zurief. Es war ein regelrechtes Trommelfeuer von Kameradschaftsbekundungen. Von mir hingegen nahm niemand Notiz, zumal mein Klemmbrett deutlich machte, dass Bodie und ich nicht privat oder aus Spaß zusammen unterwegs waren. Also stand ich mit vor Staunen weit aufgerissenen Augen daneben und erlebte hautnah, wenngleich nicht am eigenen Leib, was es bedeutete, wahrgenommen zu werden. Gesehen zu werden.

Dankenswerterweise hielt sich der Andrang an Frühstücksgästen im Food-Court im Erdgeschoss des Campuszentrums in Grenzen. Bodie marschierte am *Panda Express* und am Tresen von *Five Guys* vorbei und stellte sich an einem kleinen Stand im hintersten Winkel an, der zu einer weniger bekannten Kette gehörte und vor allem für seine überteuerten hausgemachten Suppen und Salate bekannt war. Auch ich reihte mich in die Schlange ein, weil ich mir dachte, dass eine kleine Mahlzeit vielleicht dabei helfen würde, den Kaffee aufzusaugen, der Löcher in meine sensible Magenwand fraß. Bodie wählte den Lachs mit einer Portion Quinoa und gedämpftem Brokkoli. Ich bestellte das Gleiche. Ich wünschte, ich könnte behaupten, dass ich ihn ganz bewusst spiegelte, damit er sich in meiner Gegenwart wohler fühlte, doch in Wahrheit war ich einfach nur überrumpelt, als mich die Frau hinter der Kasse nach meinem Wunsch fragte.

Während Bodie von einem sehr großen Studenten im Garland-Volleyballtrikot aufgehalten wurde, der wissen wollte, ob er die Hausaufgaben in Wirtschaft auch so dämlich fand, suchte ich uns einen kleinen Tisch in der Ecke und bemühte mich, nicht mit meinen Haaren zu spielen. Irgendwie fühlte es sich nicht wie ein Interview an, sondern eher wie ein erstes Date – wenn es akzeptabel gewesen wäre, bei einem Date ein Klemmbrett mit vorformulierten Fragen mitzubringen und das Gespräch zum Zwecke späterer Analysen aufzuzeichnen.

Froh über die Ablenkung, die das Essen bot, nahm ich meine biologisch abbaubare Gabel in die Hand ... und erstickte fast an meinem ersten Bissen Lachs.

»Alles in Ordnung?«, fragte Bodie, als er sein Tablett mir gegenüber abstellte.

Ich reckte einen Daumen in die Höhe, sah mich jedoch gleichzeitig diskret um, ob auf den benachbarten Tischen zufällig Salz und Pfeffer standen. Oder Sojasoße. Oder Ketchup. Oder irgendetwas, was ein bisschen Geschmack hatte.

»Kein Fan?«

»Doch, es ist lecker!«, rief ich und riss vor lauter Verlegenheit die Augen auf. »Es ist echt richtig ...«

»Fad. Du kannst es ruhig zugeben.«

Seine Augen blitzten belustigt, aber ich kam mir trotzdem wie ein Schwächling vor. Meine Mutter hatte von Anfang an dafür gesorgt, dass ich beim Essen nicht wählerisch war. Noch ehe ich in den Kindergarten kam, hatte sie mir bereits das komplette Spektrum menschlicher Lebensmittel vorgesetzt – von Hüttenkäse bis zu Habanero-Chilis. Da würde ich mich doch von einem ungewürzten Stück Fisch nicht kleinkriegen lassen. Ich spießte einen weiteren Bissen auf die Gabel, wild entschlossen, zu beweisen, dass ich den Ernährungsgewohnheiten eines Leistungssportlers gewachsen war. Aber Bodie hatte ein Einsehen mit mir und warf einige winzige Beutelchen mit Sriracha-Soße auf den Tisch.

»O Gott, danke.«

Er lachte und ließ sich mir gegenüber auf seinen Stuhl sinken, während ich eins der Päckchen mit den Zähnen aufriss und die Soße über meinen Lachs verteilte – der bei genauerem Nachdenken eine für acht Uhr morgens eher ungewöhnliche Mahlzeit war.

»Isst du so was immer nach dem Training?«

Bodie nickte. »Jeden Tag. Fettarm, viele Proteine, dazu Vollkorngetreide.« Er klang, als müsste er sich selbst Mut zureden. »Guter Treibstoff.«

Die Idee, dass Nahrung lediglich Benzin für den Körper war – keine Kunstform, kein Ausdruck von Liebe und Gemeinschaft –, kam mir, ehrlich gesagt, ziemlich absurd vor. »Verbrennt ihr nicht Tausende von Kalorien pro Tag?«, fragte ich. »Wenn ich so viel Sport machen würde wie ihr, würde ich mir das dekadenteste Frühstück gönnen, das man sich überhaupt vorstellen kann. Eine halbe Schokoladentorte, zum Beispiel.«

»Frühstücks-Burrito.«

»Hm?«

Bodie stieg die Röte in die Wangen. »Das ist das dekadenteste Frühstück, das mir einfällt. Mein Dad hat mir auf der Highschool immer Burritos zum Frühstück gemacht, wenn wir morgens Konditionstraining hatten. Die waren richtig heftig: Rührei, Bratkartoffeln, scharfe Soße. Viel zu viel Käse.«

»Zu viel Käse gibt es nicht«, wies ich ihn zurecht. »Meine Mom macht *Chile rellenos* mit zehn Pfund *Queso fresco* obendrauf. Von denen könnte ich mein eigenes Körpergewicht essen.«

Bodie lächelte und senkte dann den Kopf. »So wie ich mit den Burritos. Aber als es mit dem Football ernst wurde, musste ich damit aufhören.«

»Wann war das?«

»Im Sommer vor der zwölften Klasse. Da hat sich Coach Vaughn bei mir gemeldet und gesagt, Garland würde erwägen, ob sie mich verpflichten sollen.« Er räusperte sich. »Und ihr wollt also ein Porträt über ihn schreiben, ja?«

»Oh. Ja. Wir sind – ach, warte, sorry.« Hastig holte ich mein Smartphone hervor. »Ich zeichne unser Gespräch auf, wenn du nichts dagegen hast. Wahrscheinlich bin ich die Einzige, die sich die Aufzeichnungen anhört, es macht also überhaupt nichts, wenn man dich kauen hört oder so.«

»Tu, was du tun musst.«

Ich war regelrecht geblendet von Bodies Lächeln. Froh über die Gelegenheit, den Blickkontakt mit ihm zu vermeiden, widmete ich mich meinem Telefon und startete die Aufzeichnung. Dann räusperte ich mich und las die erste Frage vor, die Mehri und ich gemeinsam formuliert hatten.

»Wie hat Vaughn dich als Spieler und als Mann beeinflusst?«

Bodie stieß einen leisen Pfiff aus. »Es geht gleich ans Eingemachte, was? Also, ich glaube, Vaughn ist einfach ... er ist eine gute Führungspersönlichkeit. Er kennt das Spiel sehr gut, und er ist wirklich gut darin, sein Wissen weiterzugeben.«

»M-hm.«

»Sorry«, meinte Bodie verlegen. »Ich habe das Gefühl, als würde ich dauernd dieselben drei Worte sagen.«

»Das macht überhaupt nichts. Die ganzen *Ähs* streiche ich raus.«

Er grinste. Wieder musste ich nach unten auf mein Klemmbrett sehen.

»Ist Vaughn optimistisch, was die kommende Saison angeht?«

»Wir sind dieses Jahr sehr stark«, antwortete Bodie, dessen Blick zur Seite driftete, als gäbe es irgendwo hinter mir einen unsichtbaren Teleprompter. »Unsere Offense hat sehr hart trainiert, um die Nachlässigkeiten, die man in der letzten Saison gesehen hat, zu korrigieren, und wir haben viele neue Spielzüge entwickelt, die es unseren besten Spielern – Fogarty, Torres, McGrady – ermöglichen, ihre Stärken besser auszuspielen. Ich glaube, dieses Jahr können wir definitiv um die Meisterschaft mitspielen.«

O Mann. Er spulte einfach seinen Standardtext ab. Jemand hatte ihn gut gedrillt.

»Ja, ich habe euch beim Training zugesehen.« Ich versuchte mir meine Enttäuschung nicht anmerken zu lassen. »Du sahst gut aus. Ich meine, das ganze Team sah ... Da scheint jede Menge Potenzial zu sein. Gab es denn schon irgendwelche Probleme? Dramen in der Kabine?«

»Nein. Manchmal streiten wir uns, aber ...« Er zuckte die Achseln. »So ist das eben unter Brüdern.«

Es war zwecklos. Bodie wirkte total hölzern, was merkwürdig war, da er doch andauernd Interviews geben musste. Vielleicht hatte ich ihn mit meiner schwierigen Einstiegsfrage aus dem Konzept gebracht. Oder vielleicht übertrug sich meine Nervosität wie durch eine Art Osmose auf ihn – nicht dass ich gewusst hätte, wie Osmose funktionierte. Schließlich war ich keine Biologiestudentin. Ich konsultierte noch einmal meine Liste: lauter langweilige, vorhersehbare Fragen über Performance und Trainingsstrategien, die zweifellos zu weiteren auswendig gelernten Antworten führen würden. Mit einer entschlossenen Bewegung meines Arms schob ich das Klemmbrett zur Seite.

»Was ist Vaughns Lieblingssnack?«

Bodie blinzelte verdutzt. »Wie bitte?«

Ich stützte die Ellbogen auf den Tisch. »Sein Lieblingssnack. Los. Schnellfragerunde.«

»Äh, ich glaube, Stangensellerie mit Erdnussbutter.«

»Sein Lieblingsgetränk?«

Bodie schüttelte den Kopf. »Er trinkt nicht mehr.«

»Ich weiß«, sagte ich peinlich berührt. »O Gott, ich meinte nicht ...«

Bodie wurde rot. »Gatorade. Die rote.«

»Es tut mir so leid. Ich wollte wirklich nicht versuchen ...«

»Nein, nein, schon okay. Das war mein Fehler«, beteuerte Bodie, ehe er nach seiner Gabel griff und in seinem Quinoa zu stochern begann. »Ich bin einfach nur daran gewöhnt, dass Reporter mich so was fragen. Dass sie wissen wollen, wie es sein Training beeinflusst. Es gibt viele, die nur zu gern seine Vergangenheit ans Licht zerren würden.«

Ich nickte. Das war mir selbstverständlich bewusst. »Sein Lieblingsfilm?«, fragte ich im Bestreben, die Unterhaltung wieder in unverfängliches Fahrwasser zu steuern.

»Ah, das ist einfach«, sagte Bodie mit einem erleichterten Lächeln. »*Der Pate.* Er liebt diese Filme, das ist fast schon peinlich. Er zitiert andauernd daraus – du weißt schon: ›Ich werde ihm ein Angebot machen, das er nicht ablehnen kann‹.«

Ich lachte erstaunt. Bodie hatte sogar die Stimme nachgeahmt.

»Passt dir was nicht an meinem sizilianischen Akzent?«, wollte er wissen, lehnte sich zurück und verschränkte die Arme vor der Brust. Rein rational wusste ich, dass er nicht absichtlich die Muskeln spielen ließ. Trotzdem wanderte mein Blick ganz automatisch zu seinem Bizeps.

Ich zog eine Augenbraue hoch. »Ach, so nennst du das also?«

»Jetzt wirst du unprofessionell.«

»Ich bitte aufrichtig um Verzeihung, Mr. St. James.«

Bodies Mundwinkel wanderten ein Stück nach oben. Es war ganz natürlich, mit ihm Scherze zu machen, so wie mit Andre oder Hanna. Jetzt verstand ich auch, weshalb alle ihn so verehrten. Er gab einem das Gefühl, als wäre man ein guter Freund. Als würde man gemeinsam lachen.

»Was genau gefällt ihm denn so an den Filmen?«, fragte ich weiter. »Ich weiß, einer von ihnen hat den Oscar als bester Film bekommen, aber sie sind so brutal und – ich weiß nicht … machomäßig.«

Bodie zuckte mit den Schultern. »Wahrscheinlich mag er die Vorstellung einer Männergemeinschaft. Ich will damit nicht sagen, dass eine Footballmannschaft wie die Mafia ist, aber ich glaube, es geht um Treue und darum, dass man immer füreinander da ist. Und er findet die Hauptfigur cool. Vaughn geht oft segeln, und letztes Jahr hat er sich ein Boot gekauft und es nach – wie heißt der Typ noch – die Hauptfigur? Der Pate?«

»Vito Corleone«, sagte ich.

»Ja, genau. Sorry, ich kann mir Namen nicht so gut merken.«

Für eine derartige Belanglosigkeit klang er sehr entschuldigend. Sein Blick ruhte einen Moment länger auf mir, als nötig gewesen wäre, und ich hatte den Eindruck, dass er sich erklären wollte: Er hatte mich nach unserer Begegnung im Fahrstuhl keineswegs vergessen. Er wusste nur meinen Namen nicht mehr.

Ein Gefühl der Wärme breitete sich in meiner Brust aus. Ich versuchte krampfhaft, mir ein dämliches Grinsen zu verkneifen.

»Was für Ansprachen hält Vaughn in der Kabine?«, fragte ich als Nächstes. »Packt er da auch seinen sizilianischen Akzent aus?«

Bodie lachte – ein unverstelltes Lachen, tief aus dem Bauch heraus. Die Tatsache, dass ich der Grund dafür war, machte mich stolz.

»Ja, manchmal.« Auf einmal inspiriert, richtete er sich auf seinem Stuhl auf. »Das ist es, was Vaughn als Coach ausmacht. Ich weiß, die Leute sagen, dass er am Spielfeldrand ein eiskaltes Arschloch ist, aber das ist nur sein Pokerface. In der Kabine kann er total lebhaft sein. Und die Ansprachen, die er hält, sind einfach …« Bodie schüttelte den Kopf. »Er kann ziemlich witzig sein.«

»Was glaubst du, warum ist er anders, wenn keine Kameras in der Nähe sind?«

»Ich glaube, er mag die Medien nicht besonders«, sagte Bodie und warf mir einen entschuldigenden Blick zu. »Nicht dass ihr nicht großartige Arbeit leisten würdet, und ihr seid sehr wichtig für das Programm. Ich glaube einfach, dass er sich wohler fühlt, wenn wir unter uns sind. Und manchmal sagt er Sachen, die Reporterinnen lieber nicht hören sollten.«

Da war er – der Sexismus, von dem Andre gesprochen und den Mehri in unserer Hinweismappe entdeckt hatte. Um einen möglichst beiläufigen Ton bemüht, fragte ich: »Echt? Was sagt er denn so?«

»Ach, einfach dumme Sprüche.«

»Sexistische Sprüche?«, hakte ich nach.

Bodie verzog das Gesicht und rutschte auf seinem Stuhl hin und her. »Es ist nicht ... es ist einfach dummes Zeug. Altherrenwitze. Nichts wirklich Schlimmes, versprochen. Wir mussten alle einen Workshop zum Thema Einvernehmlichkeit und sexuelle Belästigung machen. Die Uni holt während der ersten Woche des Semesters einen externen Coach, der mit uns arbeitet, und dann müssen wir einen Test schreiben – alle, auch der Trainerstab. Vaughn ist extra einen Tag früher von seiner Geschäftsreise nach San Diego zurückgekommen, damit er ihn nicht verpasst. Er hatte einen richtig schlimmen Sonnenbrand.«

Mein Magen machte einen Satz. »Was für eine Geschäftsreise?«

»Für die Vaughn Foundation. Die sammeln Geld für Sportprogramme an Schulen in ganz Orange County. Vaughn war in San Diego, um sich mit potenziellen Spendern zu treffen.«

»Hat ihn jemand aus der Mannschaft begleitet?«, fragte ich. »Oder vom Trainerstab? Irgendwer von der Universität?«

»Weiß ich nicht genau«, sagte Bodie. »Da müsste ich ihn fragen.«

Ich wartete einen Moment, in der Hoffnung, er würde noch etwas hinzufügen, doch das tat er nicht. Stattdessen nahm er mein unbenutztes Sriracha-Tütchen und knetete es zwischen den Fingern, als betrachtete er es als seine Lebensaufgabe, jede Falte in der Plastikfolie glatt zu streichen.

»Die Vaughn Foundation«, sagte ich, während ich mit zusammengekniffenen Augen Bodies Hände beobachtete. »Wenn sie Networking betreiben, was für Events veranstalten sie dann normalerweise? Auktionen? Abendgesellschaften? Cocktailpartys?« Oder Kneipentouren, denn Vaughn hatte zwischen all seinen wohltätigen Aufgaben ganz offensichtlich noch Zeit gefunden, sich im *Alvarado Resort* den Schädel wegzusaufen.

Bodie presste die Lippen aufeinander und sah zwischen mir, den Leuten an den Nachbartischen und meinem Handy, das zwischen uns auf dem Tisch lag, hin und her.

»Stimmt was nicht?«, fragte ich.

»Nein, aber könnten wir …«, setzte er an, ehe er mit einem Seufzer mitten im Satz abbrach.

Ich dachte nicht nach. Ich streckte einfach die Hand aus und tippte auf das Display, um die Aufzeichnung anzuhalten.

»Wir können uns auch inoffiziell unterhalten«, sagte ich.

Die Anspannung in Bodies Schultern ließ ein klein wenig nach, und doch dauerte es eine ganze Weile, ehe er sich über den Tisch beugte und erneut das Wort ergriff. »Ich habe im Sommer in Vaughns Stiftung ausgeholfen.«

»Was für Arbeit hast du da gemacht? Das habe ich …« *Gar nicht auf deinem LinkedIn-Profil gelesen.* Sicher, ich hatte lediglich meine Hausaufgaben gemacht, aber ich wollte nicht wie eine Stalkerin rüberkommen. Obwohl Bodies Vita aussah wie die so ziemlich jedes anderen BWL-Studenten an der Garland und ich nichts Geheimes oder zutiefst Persönliches über ihn entdeckt hatte. »Ich wusste gar nicht, dass sie Studenten beschäftigen.«

»Ich habe die Ablage gemacht und anderen Verwaltungskram. Ich war bloß Praktikant. Aber ich musste auch bei der Buchführung helfen, und dabei …« Er verstummte und verzog das Gesicht. »Inoffiziell heißt, dass du es nicht in der Zeitung schreibst, oder?«

»Nein, du brauchst keine Angst zu haben«, sagte ich rasch. »Das hier bleibt unter uns.«

Meine Hände zitterten. Ich klemmte sie zwischen meine Schenkel. Bodie schwieg lange, und ich erfand währenddessen ungefähr tausend Gründe, weshalb er nicht wollte, dass das, was er im Begriff war zu sagen, aufgezeichnet wurde.

»Es gab Unstimmigkeiten in den Büchern.«

»Was für Unstimmigkeiten?«, fragte ich und beugte mich vor. An unserem kleinen Ecktisch saßen wir relativ isoliert und waren durch einen Pfeiler sowie eine Abfallstation vor neugierigen Augen und Ohren geschützt, trotzdem hatte ich das Gefühl, dass dies eine Unterhaltung war, für die man weitaus mehr Privatsphäre brauchte, als ein Food-Court sie bieten konnte.

»Also, im Juli beispielsweise haben wir ungefähr fünfundachtzigtausend Dollar an Spenden eingenommen. Ein Großteil davon wurde für Sportausrüstung und die dazugehörigen Lieferkosten aufgewendet, aber manchmal müssen wir auch Ausgaben für Events davon finanzieren. Ich habe die Belege sortiert, und zehntausend Dollar fehlten einfach.«

Ich wünschte, ich hätte das Wirtschafts-Seminar belegt, zu dem Hanna mich letztes Jahr hatte überreden wollen. »Heißt das, ihr hattet keine Belege dafür, oder das Geld war verschwunden?«

»Wir hatten keine Belege. Ich habe meinen Vorgesetzten gefragt, und er hat mir eine Rechnung von irgendeiner Firma geschickt, von der ich noch nie im Leben gehört hatte. Auch im Internet konnte ich keine Infos über sie finden.«

Ich senkte die Stimme zu einem Flüstern. »Glaubst du, jemand hat Gelder unterschlagen? Falls ja, solltest du mit der Polizei reden.«

Überrumpelt von der plötzlichen Dringlichkeit in meinem Tonfall, setzte sich Bodie kerzengerade auf. »Ich muss zu meiner Lehrveranstaltung«, verkündete er und befestigte den Deckel auf seiner halb aufgegessenen Schale mit Lachs. Er stand auf und schwang sich den Rucksack über die Schulter. »Tut mir leid. Hast du alles, was du brauchst?«

»Ich glaube schon.« Schwer zu sagen, da ich die Flut an Informationen, die er vor mir ausgeschüttet hatte, erst mal in meinem Kopf sortieren musste.

Bodie wandte sich zum Gehen.

»St. James?«

Widerstrebend blieb er stehen und sah mich an.

»Das war inoffiziell, okay? Ich gebe nichts von dem, was du mir gesagt hast, weiter.«

Er schenkte mir ein dankbares Lächeln, wenngleich man ihm ansah, dass er nicht ganz beruhigt war.

»War schön, mit dir zu reden, Laurel.«

Dann machte er kehrt und war verschwunden. Mit erstaunlicher Behändigkeit bahnte sich dieser große, breitschultrige Junge einen Weg durch die wachsende Menge an Studenten. Er war, genau wie Andre gesagt hatte, so ziemlich der netteste Kerl der Welt.

Und vielleicht war er auch ein guter Mensch.

6

Noch bevor es am Samstagmorgen hell wurde, fing jemand in unserem Haus an, in beeindruckender Lautstärke Garlands Mannschaftssong abzuspielen – eine frustrierend eingängige Kakofonie von Tubas und Zimbeln und so ziemlich jedem Blasinstrument, das ich benennen konnte. Ich wälzte mich im Bett herum, sah auf meinem Handy nach der Uhrzeit und zog mir stöhnend die Decke über den Kopf. Normalerweise freute ich mich auf das erste Heimspiel der Saison. Ich liebte es, Teil einer großen Menge zu sein. Ich liebte es, Schulter an Schulter mit fünfzigtausend anderen Fans zu stehen und mich zu fühlen, als wären wir alle eine große Familie, während wir jubelten und sangen und in der Mittagshitze wässriges Bier tranken. Hanna und ich hatten im ersten Semester den Pakt geschlossen, dass wir immer früh ins Stadion gehen würden, damit wir in einer der ersten fünf Reihen des Studentenblocks sitzen konnten. So konnte Andre uns immer finden. Ich liebte Spieltage.

Wahrscheinlich wäre ich, das Schlachtenlied pfeifend, aus dem Bett gesprungen, hätte ich nicht die letzten vier Nächte wach gelegen, an die Decke gestarrt und mir all die verschiedenen Möglichkeiten ausgemalt, wie mir die Vaughn-Sache um die Ohren fliegen konnte.

Durch die Bettdecke gedämpft, hörte ich, wie auf der anderen Seite des Zimmers Hannas Matratze quietschte. Schritte tappten über den Boden, dann spürte ich plötzlich ein Gewicht auf mir, und die Decke wurde mir vom Gesicht gerissen.

»Morgenstund' hat Gold im Mund!«, grölte Hanna. »Heute ist Spieltag!«

Missmutig und verschlafen blickte ich zu ihr auf. »Du hast Mundgeruch«, sagte ich.

»Tja, dein Atem ist auch nicht gerade frisch. Komm, nur noch fünf Stunden bis zum Kick-off. Kannst du mir helfen, mir die Haare einzudrehen?«

Ich war noch nie im Vatikan gewesen, vermutete aber, dass die Massen an der Garland University am Morgen eines Heimspiels ungefähr so dicht sein mussten wie die der Gläubigen bei der Ostermesse auf dem Petersplatz. Nur dass vor dem Petersdom wahrscheinlich kein Bier verkauft wurde. Aber was wusste ich schon? Ich war nie eine besonders gute Katholikin gewesen. Was ich sagen will, ist: Auf dem Campus wimmelte es nur so von Menschen, angefangen von kindlich aussehenden Erstsemestern bis hin zu runzligen Ehemaligen. Sie hatten sich mit Kühlboxen und tragbaren Grills unter eigens errichteten Zelten und schattenspendenden Eichen eingefunden. Sobald Hanna und ich einen Fuß vor die Tür unseres Apartments setzten, wurden wir von einem Meer aus Grün verschluckt.

»Wie kann es jetzt schon so heiß sein?«, klagte ich und schirmte meine Augen mit der Hand vor der Sonne ab. »Es ist erst neun.«

Hanna zupfte mit einem genervten Schnauben an ihrem Top. »Mann, ich wünschte wirklich, ich hätte Brüste.«

»Nein. Meine schwitzen gerade extrem stark.«

Ich trug mein übliches Spieltags-Outfit: Andres Trainingstrikot aus dem ersten Semester mit seinem Nachnamen und seiner Spielernummer auf dem Rücken. Es roch immer noch leicht nach Schweiß, obwohl ich es schon oft gewaschen hatte, aber es war bequem und groß genug, dass ich so viel Bier trinken und so viele Snacks essen konnte, wie ich wollte, ohne mir um meinen aufgeblähten Bauch Gedanken machen zu müssen. Hanna hatte sich für ein Latzkleid aus schwarzem Cord mit einem Tube Top darunter entschieden und sah viel zu trendig aus, um auf der Suche nach Freunden und Gratisalkohol über matschige Rasenflächen zu stapfen. Wir hatten den Rodeo etwa zur Hälfte hinter uns gebracht, wobei wir in der sengenden Sonne daherschlichen wie Tiere auf der Suche nach dem nächsten Wasserloch, als Hanna an meinem Arm zog, um mich auf eine Gruppe von etwa fünfzig Studenten aufmerksam zu machen, die sich in der Mitte des Rasens vor dem Baseball House, umgeben von wackligen Beerpong-Tischen und Cornhole-Brettern, unter einem mobilen Pavillon versammelt hatten.

»Mist«, sagte sie. »Ich glaube, man braucht ein Armband.«

»Warte hier.«

Während sich Hanna am Rand der Menge herumdrückte, stürzte ich mich kopfüber ins Getümmel. Den zerdrückten Bierdosen am Boden ausweichend, kämpfte ich mich bis zur Mitte des Zelts vor, wo ein improvisierter Bartresen aus einer Sperrholzplatte aufgebaut war, hinter dem zwei sehr jung wirkende Studenten standen und sich redlich bemühten, der Getränkebestellungen Herr zu werden.

»Haltet eure Armbänder bereit!«, rief einer von ihnen.

»Meins ist abgegangen!«, jammerte ein Mädchen. »Ich schwöre bei meinem Leben, ich hab schon bezahlt!«

Während die Barkeeper ihr erklärten, dass man ohne Armband auch keinen Alkohol bekäme, schlüpfte ich seitlich um sie herum und näherte mich dem Tresen von hinten. Es gab Wodka – riesige Plastikkrüge voll davon, jeder einzelne größer als mein Kopf –, billige Limonade sowie mehrere Plastiksäcke voll mit Bechern. Niemand beachtete mich. Ich brauchte nur fünfzehn Sekunden, um in einem der roten Becher einen Wodka mit Limonade zu mixen, der so stark war, dass man ihn auch als Nagellackentferner hätte benutzen können. Mit meiner Beute schlich ich mich hinter der Bar hervor und zog mich wieder in den Schutz der Menge zurück, geschwind wie ein Waldtier, das sich zwischen Bäumen hindurchschlängelt.

Als ich auf der anderen Seite wieder auftauchte, klatschte Hanna mehrmals in die Hände. Ich zuckte in gespielter Nonchalance mit den Schultern, obwohl ich mir ein Grinsen nicht verkneifen konnte. Unsichtbarkeit, mein liebster Partytrick. Ich reichte Hanna den Becher, die ausgiebig daran roch und ein Auge zukniff, während ein Schauer des Ekels durch ihren Körper ging.

»Du hast dich wieder mal selbst übertroffen, Laurel. Das hier wird mich vielleicht wirklich umbringen.« Sie röchelte und keuchte nach dem ersten Schluck, dann gab sie mir den Becher, damit ich mich ebenfalls vergiften konnte, bevor wir uns auf den Weg zum Campus machten.

Das Art House besaß keinen Vorgarten, deshalb wurden die Essens- und Getränkestände normalerweise auf einer schattigen Rasenfläche bei der Architektur-Fakultät aufgestellt, wo sonst immer die älteren Studenten zusammenkamen, um Zigaretten zu rauchen und schwarzen Kaffee zu trinken. Doch Hanna lotste mich zu einem Zelt entlang des Fußwegs in der Nähe der Studentenvereinigung, wo ein handgemachtes Schild mit der Aufschrift *BURGER FÜR POLLOCK* über einem Klapptisch aufgehängt worden war. Dahinter stand Mehri Rajavi. Die Sonne funkelte auf ihrem goldenen Nasenring und dem Glitzertattoo von Leopold dem Löwen auf ihrer rechten Wange.

»Burger für fünf Dollar!«, rief sie den Vorübergehenden zu. »Unterstützt bedürftige Studenten bei der Anschaffung von Kunstmaterial!«

Zwei Ehemalige mittleren Alters blieben, durch Mehris Verkaufsargument überzeugt, stehen und zückten ihre Brieftaschen. Fast hätte ich laut gelacht. Streng genommen log Mehri zwar nicht – das Art House würde von dem Geld tatsächlich Farbe kaufen –, allerdings war diese für Pollock bestimmt, die berühmte Schwarzlicht-Party, die die Kunststudenten jeden Oktober in einem riesigen Zelt im Garten veranstalteten. Grundsätzlich gaben die auf Sport ausgerichteten Häuser am Rodeo die besseren, wilderen Partys, aber Pollock bildete eine Ausnahme. Im vergangenen Jahr hatten drei Gäste die Feier im Krankenwagen verlassen (einer wegen einer Alkoholvergiftung, zwei wegen Verletzungen infolge gescheiterter Crowdsurfing-Versuche). Hanna und ich hatten bereits unsere komplett weißen Outfits für die Party zusammengestellt.

Wir tänzelten zum Tresen, als Mehri den beiden Ehemaligen Pappteller mit Burgern reichte. Hanna zog einen zerknitterten Zwanzigdollarschein aus ihrer Tasche und schob ihn über den Tisch. »Ich möchte gern etwas spenden.«

Mehri schob Hanna das Geld wieder hin. »Du hilfst doch beim Aufbauen.« Ihr Tonfall verriet, dass sie und Hanna diese Diskussion schön häufiger geführt hatten. »Und du brauchst das Geld, um dir während des Spiels eine Flasche Wasser zu kaufen. Ich kann das, was du in deinem Becher hast, von hier aus riechen.«

Hanna hielt ihr auffordernd den Drink hin. »Wodka Lemonade«, säuselte sie. »Magst du?«

Mehri seufzte, als müsste sie erst gründlich darüber nachdenken, dann nahm sie Hanna den Becher aus der Hand und trank einen Schluck. »Nicht schlecht«, sagte sie und schmatzte mit den Lippen, ehe sie ihre Aufmerksamkeit mir zuwandte. »Steht der Termin heute Abend noch?« Mehri und ich hatten ein heißes Date mit unserem geteilten Google-Dokument.

»Seid ihr immer noch beim Entwurf?«, fragte Hanna.

»Es ist ein umfangreiches Thema«, sagte Mehri. »Und ein komplexes noch dazu. Es hat allein schon Stunden gedauert, um aus dem Interview mit St. James ein brauchbares Zitat rauszusuchen. Er ist nicht gerade das hellste Birnchen in der Lichterkette, oder?« Mehri lachte und ahmte Bodies stammelnde Antworten auf meine ersten Interviewfragen nach.

Das ärgerte mich. »Er ist durchaus intelligent.«

»Ja klar. Deshalb findet er es auch vollkommen normal, dass sein Coach Dinge sagt, die Reporterinnen lieber nicht hören sollten.«

Hanna atmete zischend durch die Zähne ein. »Igitt.«

»Ja, oder? Wir reichen morgen unseren finalen Entwurf ein, damit Ellison ihn durchlesen kann.«

»Hat Joaquíns Cousine dir zurückgeschrieben?«, wollte Hanna wissen.

Ich schüttelte den Kopf. »Sieht so aus, als wäre sie seit August nicht mehr auf Insta aktiv gewesen, deshalb hat sie meine Nachricht wahrscheinlich noch gar nicht gelesen. Ich habe ihr eine Anfrage über LinkedIn gesendet, weil das der einzige andere Social-Media-Account war, den ich von ihr finden konnte.«

Hannas Smartphone gab einen Summton von sich. »Oh, Mist«, sagte sie. »Noch eine halbe Stunde bis zum Spiel. Wir sollten los.«

»Wir sehen uns dann heute Abend, Laurel«, sagte Mehri.

»Kommst du nicht zum Spiel?«, fragte Hanna.

Mehri warf den Kopf in den Nacken und lachte, ehe sie Hanna ihren Drink zurückgab. »Ich? Freiwillig an einem Sportereignis teilnehmen? Auf gar keinen Fall. Ich war so blöd, im ersten Semester Sportfotografie zu belegen. In einem einzigen Semester war ich bei ungefähr fünfzehn Spielen. Die reinste Folter. Dabei ist Football nicht mal der schlimmste Sport – Baseball. Baseball ist definitiv der schlimmste. So oder so, ich verzichte dankend.«

Unser Gegner Oregon State gewann den Münzwurf und gab Garland die Gelegenheit, als Erstes in der Offense zu spielen. Hanna und ich schwitzten unter der kalifornischen Sonne, lasen die Spielerstatistiken auf der riesigen Anzeigetafel und sangen Katy Perrys *Roar* mit, das an diesem Vormittag bestimmt schon zum zehnten Mal aus den Lautsprechern schallte – ein unangenehmer Nebeneffekt, wenn man einen Löwen als Maskottchen hatte.

Wir hatten zwei Plätze in der zweiten Reihe des Studentenblocks ergattert. Die drei Mädchen vor uns trugen alle Kniestrümpfe und Fantrikots von Kyle Fogarty (erhältlich im Campus-Buchladen, wenn man bereit war, hundert Dollar für ein grünes Netzshirt mit Nike-Logo hinzublättern). Als Fogartys Gesicht auf der Anzeigetafel erschien, daneben Körpergröße, Gewicht und weitere Kennzahlen, die keinen außer die eingefleischtesten Fans interessierten, fingen sie betrunken an zu kichern.

»Seht mal, unser Ehemann!«, rief eine von ihnen.

Eine andere legte die Hände wie einen Trichter an den Mund und rief: »Hey, ihr habt eine Statistik vergessen! Sein Schwanz ist fünfundzwanzig Zentimeter lang!«

Daraufhin brachen die drei in hysterisches Gelächter aus.

Hanna warf mir einen genervten Blick zu.

»Jetzt mal im Ernst«, sagte ich. »Warum sind alle so fixiert auf Penisgrößen?«

»Wem sagst du das?«, brummte sie. »Und außerdem ist er *mein* Ehemann. Wenn die also bitte damit aufhören könnten, ihn zu objektifizieren …«

Der Rest ihres Satzes ging im Johlen der Menge unter, als Bodie St. James' Konterfei auf der Anzeigetafel erschien.

Eins fünfundneunzig groß. hundertvier Kilo. *Du musst unbedingt schreiben, wie groß sein Schwanz ist.* Kyle Fogartys Stimme hallte in meinem Kopf wider. Hastig wandte ich mich von der Anzeigetafel ab und sah stattdessen aufs Spielfeld, wobei ich meine Augen mit der Hand vor der Sonne schützen musste. Natürlich landete mein Blick, kaum dass ich begonnen hatte, in der Masse der grünen Trikots nach Andre Ausschau zu halten, auf der einen Person, an die ich nach Möglichkeit nicht denken wollte. Bodie stand mit dem Rücken zu mir und hatte den Kopf gesenkt, um das Playbook zu studieren, das Coach Vaughn in der Hand hielt.

Hanna, die meinen frustrierten Seufzer missverstand, stieß mir den Ellbogen in die Rippen und sagte: »Ich weiß. Ich kann Vaughn nicht mal ansehen, ohne dass ich ihm die Fresse polieren will.«

Aus den Lautsprechern kam irgendein angstbesetzter Rapsong. Der Bass ließ den Beton unter meinen Füßen in rhythmischen Stößen erzittern.

»Was, wenn wir einen Riesenfehler machen?«, platzte ich heraus. »Was, wenn die Hinweise Fake sind? Was, wenn Bodie einfach nur richtig schlecht in Mathe ist und die Bücher stimmen? Was, wenn sich die Frauen im Country Club geirrt haben und der Typ in San Diego gar nicht Vaughn war? Vielleicht sind sie jemandem begegnet, der ihm einfach nur sehr ähnlich sah und ...«

Hanna fuhr zu mir herum, legte mir beide Hände an die Wangen und zwang mich, ihr in die Augen zu sehen.

»Laurel«, sagte sie sehr ernst. »Entspann dich.«

»Ich versuch's ja!« Aber es stand zu viel auf dem Spiel. Mehri und ich bewegten uns durch ein Minenfeld. Ein falscher Schritt, und alles wäre vorbei. Game over. Dann würde die Wahrheit – wie auch immer sie aussah – niemals ans Licht kommen.

Um uns herum brach Applaus aus. Hanna und ich vergaßen unser vertrauliches Gespräch und konzentrierten uns aufs Spiel. Da wir zu dem Schluss kamen, dass unsere Mannschaft soeben ein neues First Down erzielt hatte, reckten wir die Arme in die Luft und jubelten.

Die nächsten zwei Downs waren weit weniger packend – zwei lausige Runs, die jeweils nur wenige Yards Gewinn brachten. Und dann kam der Spielzug für das dritte Down. Nach dem Hike herrschte erst einmal Chaos. Während Defense und Offense aufeinanderprallten, wich Bodie zwei lange Schritte zurück und ließ den Blick über das Spielfeld schweifen. Einige Sekunden, die sich wie eine Ewigkeit anfühlten, vergingen, dann nahm Bodie den Arm zurück und warf den Ball. Es war der sauberste Pass, den ich je gesehen hatte – und er landete direkt in den ausgestreckten Händen von Kyle Fogarty, der vierzig Yards weiter vorn, direkt am Rand der Endzone, wie durch ein Wunder eine Lücke gefunden hatte. Die Verteidiger in seiner Nähe taten alles, um ihn einzuholen, doch die Sache war bereits entschieden. Er barg den Ball an seiner Brust, drehte sich um und machte zwei Schritte über die Linie.

Touchdown. Die drei Mädchen in ihren Fogarty-Trikots in der Reihe vor uns rasteten schier aus vor Begeisterung. »Das ist mein Mann!«, kreischte eine von ihnen.

Womöglich vollführte Fogarty irgendwelche Siegerposen und präsentierte sich der Menge, aber davon bekam ich nichts mit. Meine Aufmerksamkeit galt nicht ihm, sondern Bodie St. James, der triumphierend die Faust in die Luft reckte und sich dann zum nächstbesten Mannschaftskameraden umdrehte, um mit einem Oberkörpercheck den Punktgewinn zu feiern. Seine Freude war ansteckend.

Unwillkürlich klatschte ich den Takt von Garlands Schlachtenlied mit. Doch meine Freude verpuffte in dem Moment, als ich die große Anzeigetafel sah. Sie zeigte eine Nahaufnahme von Truman Vaughn am Spielfeldrand. Er trug sein Headset um den Hals und hatte sich die Baseballkappe tief in die Stirn gezogen, sodass seine Augen kaum zu erkennen waren. Er stand mit ausgestreckten Armen da, die Handflächen gen Himmel zeigend, und genoss den Jubel der Menge. Er sah aus wie ein Gott, und die Menge war bereit, ihn anzubeten, denn Truman Vaughn war ein Genie. Er wusste, wie man den perfekten Spielzug ausführte.

Durch die Lautsprecher kam die Ankündigung, dass die Vaughn Foundation für den Touchdown fünftausend Dollar für Sportgeräte spenden würde. Der Pate des Football hatte seinen Status innerhalb der Gemeinschaft wieder einmal zementiert.

Der lauwarme Wodka Lemonade in meinem Magen fühlte sich auf einmal an wie Batteriesäure. Ich wollte kotzen. Ich wollte aus voller Kehle schreien, dass Truman Vaughn nicht der Mann war, für den er sich ausgab und für den ihn alle hielten. Doch ich tat es nicht. Ich stand nur da und ließ die Menge jubeln. Ich hoffte, dass sich Ellison Michaels am Montag für eine Seite entscheiden würde – und zwar für unsere.

7

Ellison Michaels war die erste Chefredakteurin, die der *Daily* je gehabt hatte, und darüber hinaus Empfängerin eines Vollstipendiums für die Garland University. Sie war klug genug, zu wissen, dass Mehri und ich auf der richtigen Spur waren.

Am Sonntag trafen wir uns mit ihr in ihrem Büro, um unseren Artikel einzureichen. Es war nicht das Porträt geworden, um das sie uns gebeten hatte. Die erste Hälfte beschrieb das universitätseigene Programm zur Prävention sexueller Belästigung, in der zweiten ging es um das, was wir aus dem Mund seiner Spieler über Vaughns unangemessene Bemerkungen in der Kabine gehört hatten.

»Das ist solider Journalismus«, sagte Ellison, wenngleich mit hörbarem Widerwillen.

»Dann druckst du ihn also?«, wollte Mehri wissen.

Ellison blätterte zur ersten Seite zurück und popelte mit einem Fingernagel an der Heftklammer herum. »Das wird der Uni nicht gefallen.« Sie starrte nachdenklich ins Leere. »Aber sie können schlecht mit dem Finger auf uns zeigen, wenn wir lediglich auf Unzulänglichkeiten des Programms hinweisen. Wenn es nicht effektiv ist – oder ein Beschäftigter seinen Nutzen untergräbt –, wäre das sogar eine gute Gelegenheit für ein bisschen PR.«

»Sie könnten eine große Sache daraus machen«, pflichtete ich ihr bei.

»Eine Frau innerhalb der Sportfakultät befördern. Ein paar Flyer über Einvernehmlichkeit und Sexismus drucken lassen. Eine bekannte Feministin zu einem Vortrag einladen.«

Ellison nickte, als wäre die Angelegenheit damit entschieden. »Wir bringen den Artikel.«

Nach der SMS von meiner Mutter (Felicidades *für DEINEN ARTIKEL,* mi compañera mi amor TE QUIERO *ich bin so stolz auf dich!!!*) und der E-Mail vom Dozenten meines Schreibseminars (*Hey, Leute, leider muss das Seminar heute ausfallen, mir wurde gestern Abend mein Auto gestohlen*) fühlte sich der Montagmorgen ein bisschen an wie Weihnachten. Und als ich aus dem Schlafzimmer kam, warteten doch tatsächlich meine zwei Lieblingselfen auf mich.

»Herzlichen Glückwunsch!«, rief Hanna und warf eine Handvoll Glitzerkonfetti in die Luft, das auf meinen Kopf niederregnete.

»Mann, ich habe gerade erst gefegt!«, beschwerte sich Andre.

Die zwei hatten dunkelgrüne Wimpel ins Küchenfenster gehängt und einen Strauß bunter Luftballons an die Rückenlehne eines unserer IKEA-Stühle gebunden. Auf dem Tresen stand eine Schachtel mit pinkfarben glasierten Donuts, und am Kühlschrank hing eine Zeitung.

»Ist das ...?«, begann ich, während mir Tränen in die Augen traten.

»Dein Artikel«, flüsterte Hanna und schob mich mit der Hand an der Schulter zum Kühlschrank. »Ich bin gleich heute früh zum Campus gelaufen, um eine Ausgabe zu kaufen. Hat eine Weile gedauert, bis ich eine gefunden habe, aber am Ende ist es mir gelungen. Euer Artikel steht auf Seite zwei.«

Ich fuhr mit dem Finger über die gedruckten Buchstaben und malte eine Linie zwischen der Seitenzahl und meinem Namen, der fein säuberlich neben Mehris stand.

Seite zwei. Wir hatten es geschafft.

Ich müsste lügen, wenn ich sagen würde, dass mich die bevorstehende Begegnung mit Bodie nicht nervös machte. Die

Vorstellung, dass er auch nur ein kleines bisschen sauer auf mich sein könnte, sorgte für ein unangenehmes Grummeln in meinem Magen, doch ich tröstete mich mit dem Wissen, dass ohnehin niemand den *Daily* las.

Außerdem vertraute ich darauf, dass er, sobald unsere Recherchen abgeschlossen waren, verstehen würde, warum ich ihn interviewt hatte. Er würde den Wert unserer Arbeit erkennen und mir verzeihen, dass ich ihm Fragen zu Vaughns Vorliebe für *Der Pate* gestellt hatte.

Der Fahrstuhl im Biologie-Gebäude war ohne einen eins fünfundneunzig großen Footballspieler deutlich geräumiger. Der Hörsaal im Untergeschoss war noch größtenteils leer, da nur wenige Kommilitonen vor mir gekommen waren. Sie saßen überall verstreut, die Köpfe wie zum Gebet über ihre Handys oder Laptops gebeugt. Ich ging die wenigen Stufen hinunter zu den zwei Plätzen in der drittletzten Reihe, auf denen Andre und ich seit dem ersten Tag saßen, ließ meinen Rucksack auf den Boden fallen und sank in den Sitz.

Noch acht Minuten bis Vorlesungsbeginn.

Während ich durch meinen Twitteraccount scrollte, trudelten immer mehr Studenten ein, und der Hörsaal füllte sich allmählich. Ich war tief in Retweets versunken – und hatte gerade die Knie zur Seite genommen, damit sich zwei Jungs an mir vorbeiquetschen und zu den letzten freien Plätzen weiter hinten in der Reihe gelangen konnten –, als mein Handy vibrierte, weil zwei weitere Nachrichten von meiner Mom eingegangen waren.

Die erste lautete: *Nicht böse sein!*

»O Gott«, murmelte ich.

Die zweite war etwas ausführlicher. *Ich habe deinen Artikel an deine* tía *geschickt. Sie hat ihn Mama vorgelesen und an Tony und Gloria weitergeleitet. Und sie hat mich daran erinnert, dass Alicia nächsten Monat ihre* Quinceañera *hat. Du musst sie unbedingt anrufen. Es würde Alicia viel bedeuten, von einer*

BERÜHMTEN JOURNALISTIN zu hören. Ay dio *SO stolz auf dich. TQM*

Neben mir fiel ein Rucksack zu Boden. Ich erschrak so heftig, dass ich einen Satz in die Luft machte. Gleich darauf ließ sich Andre auf seinen Sitz plumpsen. Er trug himmelblaue Shorts, die ihm bis knapp über die Knie reichten, und ein kurzärmeliges Hemd mit kleinen gestickten Ananas darauf. Sein Gesicht war frisch rasiert. Er sah aus, als hätte er am Morgen eine Menge Zeit gehabt und jede einzelne Minute davon auf sein Aussehen verwendet.

»Schau mal einer an!«, rief ich. »Kommst du gerade von einem Fotoshooting oder …«

»Danke«, fiel er mir ins Wort. Er klang sehr eindringlich und redete im Flüsterton. »Du solltest vielleicht wissen, dass das gesamte Team heute Morgen eine Mail von Coach Vaughn gekriegt hat. Er hat das Training abgesagt.«

Die nur unzureichend verschleierte Panik in seiner Stimme beunruhigte mich. »Hat er geschrieben wieso?«

»Äh«, sagte Andre gedehnt und wandte den Blick ab. »Hey, hast du zufällig Durst? Ich habe heute Morgen meine Gatorade nicht getrunken – normalerweise brauche ich die beim Training, aber …« Er griff nach seinem Rucksack.

Ich sah ihn mit strenger Miene an. »Andre.«

Er verzog das Gesicht. »Er meint, du und der *Daily* wollen einen Artikel über seine Alkoholprobleme schreiben. Die anderen im Gruppenchat sagen, das nächste Mal werdet ihr seinen Wohltätigkeitstrip im Sommer so darstellen, als wäre er auf einer Sauftour gewesen.«

Fassungslos zuckte ich zurück. »Warum denken sie das? Hat Vaughn denn Beweise dafür, dass es wirklich ein Wohltätigkeitstrip war?«

»So ist es nicht. Ich zeige dir die Nachrichten. Es sind bloß Fogarty und ein paar andere, die sich gegenseitig hochschaukeln. Ich hätte mich heute Morgen zu Wort melden sollen, bevor es zu krass wurde, aber sie haben mich erst letzte Woche in den Chat eingeladen, nach der Party im Baseball House, und ...«

Und er wollte nicht gleich wieder ausgeschlossen werden. Nicht nachdem es ihm gerade gelungen war, bei der A-Mannschaft einen Fuß in die Tür zu bekommen.

Ich drückte seine Hand. »Es ist nicht deine Aufgabe, dich mit ihnen anzulegen.«

Andre seufzte halb frustriert, halb verlegen. »Das sollte ich aber. Du bist meine Freundin, und es geht um deine Recherchen. Ich kenne dich, aber Fogarty und die anderen – sie glauben, dass jemand versucht, ihnen die Saison kaputtzumachen oder irgendeine ähnlich paranoide Scheiße. Sie sind davon überzeugt, dass der *Daily* sich das alles bloß ausgedacht hat – also du, Ellison und Mehri.«

»Sie glauben, wir haben uns das ausgedacht?«

Andre riss die Augen auf und deutete mit einer Kopfbewegung auf die andere Seite des Saals. Ich folgte seinem Blick. Kyle Fogarty, Scott Quinton (der Offensive Tackle mit Stiernacken und Engelsgesicht) sowie einige weitere Spieler der A-Mannschaft ließen sich zwei Reihen unter uns auf einigen freien Plätzen in der Mitte nieder. Sie sahen nicht in unsere Richtung, was bedeutete, dass sie meinen kleinen Ausbruch nicht bemerkt hatten. Aber sie wirkten angespannt. Aufgewühlt. Nervös.

Fogartys verkappter Irokese leuchtete neongrün im Saallicht, als er sich mit hörbarem Schnauben auf seinen Platz fallen ließ. Er drehte sich zu den anderen um und flüsterte leise und aufgebracht etwas, was ich nicht verstehen konnte. Ich rutschte auf meinem Sitz tiefer. Auf einmal war mir ganz kalt.

Sie glauben, ihr hättet euch das alles bloß ausgedacht.

»Warum sollten wir uns so was ausdenken?«, wisperte ich Andre zu. »Wir sind die Unizeitung. Was hätten wir denn davon, unsere eigene Footballmannschaft zu sabotieren?«

Andre strich mit den Fingern über die Rennstreifen oberhalb seiner Ohren, als würde ihn das beruhigen. »Sie haben Angst. Sie haben einfach nur Angst, und das macht sie dumm.«

Eine der zwei Doppeltüren oben im Saal öffnete sich, und Professor Nick trat ein. Trotz der brütenden Hitze draußen trug er seine übliche Kombo aus T-Shirt und Sakko. Er hatte sich seine Laptoptasche über die Schulter geschlungen und machte zwei Schritte in den Raum hinein, ehe er stehen blieb und den Arm ausstreckte, um jemandem hinter ihm die Tür aufzuhalten. »Bringen Sie ihn einfach nach unten«, sagte er.

Mein Magen krampfte sich zusammen, als Bodie St. James den Saal betrat. Er trug einen altmodischen Overheadprojektor – einen klobigen, schweren Plastikkasten mit einer Lichtquelle und einem Standspiegel, der das Bild an die Wand warf. Die dicken, sehnigen Muskeln an seinen Armen spannten sich unter den Ärmeln seines weißen Garland-University-T-Shirts, aber er hatte ein Lächeln im Gesicht, als wäre es das Highlight seines Tages, unserem schlaksigen Hipster-Prof behilflich sein zu dürfen. Seine dunklen Haare waren zerzaust, als hätte er an diesem Morgen länger geschlafen und sich nicht die Mühe gemacht, sie zu kämmen. Er wirkte ausgeruht. Gut gelaunt. Ahnungslos.

»Ja, genau hier, das ist perfekt«, sagte Nick, als Bodie den Projektor neben dem Pult auf dem Podium abstellte. »Tausend Dank, Bodie.«

»Gern geschehen«, sagte Bodie freundlich.

Wahrscheinlich hätte ich angesichts der Vertraulichkeit zwischen den beiden die Augen verdreht, wäre mir nicht so eiskalt gewesen vor Panik. Ich beobachtete Bodies Miene sehr aufmerksam, als er sich umdrehte und die Stufen hinauf zu Fogarty und den anderen ging. Er hatte die Daumen in die Träger seines Rucksacks gehakt wie ein Drittklässler auf dem Weg zur Schule. Ich sah, wie sein Lächeln ganz langsam einem verwirrten Stirnrunzeln wich, als er die finsteren Blicke und hochgezogenen Schultern seiner Mannschaftskameraden sah.

»Bodie hat es noch gar nicht gehört«, murmelte ich.

Andre schüttelte den Kopf. »Ich glaube, er hat den Gruppenchat nicht gelesen.«

Wir beide sahen zu, wie Bodie seinen Rucksack abnahm und langsam vor dem leeren Sitz direkt am Gang abstellte, als wäre er nicht ganz sicher, ob seine Kameraden ihn dort sitzen lassen würden. »Was ist los?«, fragte er und suchte Fogartys Blick. »Das Training heute Morgen ist doch ausgefallen, oder? Ich dachte, in der Mail stand ...«

Fogarty zückte sein Handy, tippte mehrmals übertrieben heftig auf das Display und reichte es dann wortlos an Bodie weiter.

Mierda, dachte ich.

Vorn auf dem Podium öffnete Nick seine PowerPoint-Präsentation, dann hob er den Kopf und ließ den Blick durch den Raum schweifen. Er blieb an Bodie hängen, der immer noch auf dem Gang stand und mit zusammengezogenen Brauen und halb geöffnetem Mund in fassungslosem Schweigen auf Fogartys Handy starrte.

»In Ordnung«, sagte Nick scherzhaft. »Warum setzen wir uns nicht alle hin, damit wir loslegen können.«

Gekicher und unterdrücktes Prusten schwappte durch den Saal. Bodie hob den Kopf, blinzelte kurz, als wüsste er nicht, wo er war und weshalb die Leute lachten, dann sah er zu Kyle Fogarty, der mit einer Bewegung seines Kinns auf den freien Sitzplatz deutete. Bodie stützte sich mit einer Hand auf der Rückenlehne ab, als hätte er Angst, seine Knie könnten unter ihm nachgeben, und ließ sich gehorsam darauf sinken.

»So«, sagte Nick, klatschte in die Hände und schenkte uns ein Lächeln, das angesichts des heutigen Vorlesungsthemas vielleicht etwas übertrieben fröhlich war. »Heute beginnen wir mit Lektion drei: sexuell übertragbare Krankheiten.«

Ich hörte kaum zu. Fogarty legte Bodie eine Hand auf die Schulter und beugte sich zu ihm, um auch ihm aufgebracht und hastig etwas zuzuraunen. Ich hatte das plötzliche Bedürfnis, meinen Druckbleistift nach ihm zu werfen – als könnte ich ihn daran hindern, Bodie irgendwelchen Mist zu erzählen, indem ich seinen bescheuerten grünen Iro mit einem winzigen Gegenstand aus Kunststoff und Grafit traf.

Bodie nickte halbherzig, während er weiterlas. Dann zuckte er auf einmal zurück, als hätte ihm jemand ins Gesicht geschlagen. Er drehte sich um und kniff die Augen zusammen. Sein Blick glitt durch den Raum, als hielte er nach jemandem Ausschau.

Mit einem sehr unguten Gefühl im Magen sah ich zu, wie er jede Sitzreihe des Hörsaals absuchte. Drei Reihen weiter unten saß ein Mädchen mit meiner Haarfarbe. Bodie stutzte kurz und reckte den Hals, doch als sich das Mädchen zufällig umdrehte und er sie im Profil sah, fuhr er mit seiner Suche fort. Ich stützte einen Ellbogen auf mein albernes kleines Klapppult und schirmte mit der Hand mein Gesicht ab. Da das alles andere als unauffällig war, faltete ich stattdessen die Hände im Schoß und versuchte so zu tun, als würde ich mit größter Aufmerksamkeit Nicks Ausführungen lauschen, der gerade eine PowerPoint-Folie über Genitalherpes zeigte.

Ich riskierte einen Blick zu Bodie, der sich immer noch auf seinem Sitz herumgedreht hatte. Sein Blick glitt in meine Richtung und blieb an mir hängen.

Gleich würde ich mich übergeben. Hier und jetzt, mitten in der Vorlesung, wie ein Erstsemester, der am Blackout Thursday zu sehr dem billigen Tütenwein zugesprochen hat.

Ich versuchte wegzusehen, war aber nicht schnell genug. Unsere Blicke trafen sich für einen Sekundenbruchteil – gerade so lange, dass ich sehen konnte, wie sich seine Miene veränderte. Bodie St. James hatte mich wiedererkannt. Unter anderen Umständen wäre dies vielleicht ein Grund zum Feiern gewesen. Ich hätte mit Hanna einen Pinot Noir geköpft, eine Playlist mit alten Hits aufgelegt und wäre vor Freude durch die Küche getanzt, weil ein gut aussehender Junge Notiz von mir genommen hatte. Stattdessen schluckte ich den Kloß in meinem Hals hinunter und kam zu der Erkenntnis, dass mich meine Unsichtbarkeit zum ersten Mal in meinem Leben im Stich gelassen hatte.

8

Ellison wohnte in einem Apartmentgebäude einen Straßenblock vom Rodeo entfernt – so nah, dass man an einem Samstagvormittag die Countrymusik aus dem Baseball House hören konnte. Ich erklomm die Stufen bis in den ersten Stock und erspähte Mehri Rajavi auf der offenen Galerie, wo sie zwischen ihrem Handy und den Nummern an den Wohnungstüren hin und her sah.

»Hat sie dich auch herbestellt?«, fragte ich.

Mehri hielt sich zum Schutz vor der Sonne die Hand über die Augen. »Sie schreibt ziemlich ominöse Nachrichten.«

Zusammen fanden wir das richtige Apartment und klopften an. Die Tür schwang auf, und unsere Chefredakteurin stand mit einem winzigen Partyglas voller Sekt in der Hand vor uns. Ich hatte sie noch nie in Leggings gesehen. Es war eine seltsame und unerwartete Erfahrung, die mich daran erinnerte, dass Ellison kein übernatürliches Wesen war, sondern eine Studentin wie wir.

»Hi, Ladys«, begrüßte sie uns. »Danke fürs Kommen.«

Ihre Wohnung sah genauso aus, wie ich sie mir vorgestellt hatte: peinlich sauber und dekoriert wie eine Seite aus einem Landhaus-Katalog, einschließlich der dicken Strickdecke auf der Couch und Sukkulenten auf dem Küchentresen. Auf ihrem Esstisch, der zweimal so groß war wie der, den Hanna und ich in unserer Küche stehen hatten, stapelte sich eine Unmenge von Pizzakartons.

»Komm schon, Cates«, sagte Ellison und lotste mich mit einer Hand an der Schulter ins Wohnzimmer, als hätte sie

Angst, ich könnte einen Fluchtversuch unternehmen. »Käse oder scharfe Salami?«

»Du hättest ruhig sagen können, dass es was zu feiern gibt«, brummelte ich. Ich hatte mich den ganzen Morgen lang in meinem Pessimismus gesuhlt, dabei hätte ich lieber den Müsliriegel zum Frühstück weglassen sollen, um meinen Körper auf die enorme Masse an Kohlenhydraten vorzubereiten, die hier auf mich warteten.

Ellison zuckte mit den Schultern. »Ich dachte mir, es wäre vielleicht eine schöne Überraschung. Wartet – ich hole euch ein Glas Sekt. Du siehst so aus, als könntest du eins vertragen.«

Sie verschwand in die Küche. Ich drehte mich um und beäugte die Pizzaschachteln. Die Aufregung am Morgen hatte mir den Appetit verdorben, aber auf keinen Fall würde ich ein kostenloses Essen verschmähen. Ich trat an den Tisch, öffnete eine der Schachteln, und der Duft von heißem Hefeteig, Käse und Tomatensoße stieg mir in die Nase. Es war schwer, mich zwischen Käse und Salami zu entscheiden, also nahm ich ein Stück von jeder Sorte und klappte sie Käse auf Käse übereinander. Ein Sandwich für Champions.

»Was feiern wir denn?«, wollte Mehri wissen, die sich vom kulinarischen Angebot nicht so leicht beeindrucken ließ.

Ich fasste mir mit der Hand unters Kinn, um einen geschmolzenen Käsefaden aufzufangen.

Ellison schürzte die Lippen. »Ich weiß nicht, ob ich es als Feiern bezeichnen würde.«

»Vaughn hat dem Footballteam gegenüber behauptet, wir würden seine Alkoholvergangenheit ans Licht zerren, um Aufmerksamkeit zu generieren«, warf ich ein. »Sie sind fest davon überzeugt, dass wir eine Schmutzkampagne gegen ihn starten wollen.«

»Ich weiß«, sagte Ellison. »Owens war stinkwütend wegen des Artikels. Ich habe versucht, ihm von deiner ursprünglichen Idee zu erzählen, aber er hat sofort sein Veto eingelegt. Er meinte, wir sollen die Finger von der Story lassen.«

»Oh.« Auf einmal lag mir die Pizza wie ein Stein im Magen.

»Er verbietet uns, weitere Nachforschungen anzustellen?«, fragte Mehri.

Ellison nickte. »Und er hat alle Mappen mit Hinweisen konfisziert, die ich in meinem Büro liegen hatte.«

»Du machst Witze«, sagte Mehri. »O mein Gott, das ist ja der reinste Albtraum.«

»Na ja, es *wäre* einer«, korrigierte Ellison sie, »wenn ich nicht vorher alles eingescannt und in Google-Drive meines privaten Mailaccounts gespeichert hätte. Aber deshalb habe ich euch nicht hergebeten. Etwa fünf Minuten nachdem Owens weg war, bin ich zur Sportfakultät gegangen und habe dort gesagt, dass Sterling ein paar Unterlagen benötigt.«

»Wieso denn das?«, fragte ich mit gerunzelter Stirn.

Ellison lächelte unsicher, ehe sie mehrere Blatt Papier auf den Esstisch legte. »Weil wir im Geheimen weiterrecherchieren werden«, verkündete sie. »Die Studentin, von der der Hinweis kam, dass Vaughn sie während einer Veranstaltung begrapscht hat, hat bei der Sportfakultät diese Beschwerde hier eingereicht. Eigentlich hätte sie an das Büro für Gleichstellungsfragen weitergeleitet werden müssen, aber das wurde versäumt.«

Mehri stieß ein halb schockiertes, halb entzücktes Keuchen aus. »Hast du den Bericht etwa *geklaut*?«

Ellison nickte. »Ich lasse nicht zu, dass die Hochschulverwaltung das unter den Teppich kehrt.«

»Dann verfolgen wir die Story also weiter?«, fragte ich.

»Ganz genau. Aber ab jetzt muss alles streng geheim ablaufen.« Obwohl wir uns in ihrer Wohnung befanden, wo uns niemand hören konnte, senkte Ellison die Stimme.

Mir war klar, dass eine Menge auf dem Spiel stand. Ellison war Chefredakteurin einer der ältesten Unizeitungen in ganz

Kalifornien. Sie hatte viel mehr zu verlieren als Mehri oder ich, selbst wenn ihr Platz an der Spitze der Hierarchie des *Daily* bedeutete, dass sie den Sturm vermutlich besser überstehen würde als zwei relativ unerfahrene Redakteurinnen. Ich sah von Ellison zu Mehri, und in meiner Brust breitete sich eine seltsame Wärme aus, die sich halb nach Stolz, halb nach Übelkeit anfühlte.

Ellison musste aufgefallen sein, dass ich so aussah, als müsste ich mich jeden Augenblick übergeben, denn sie schloss ihre Erklärung mit einem flammenden Appell. »Ich brauche euch dafür. Euch beide. Das kann richtig groß werden.«

»Ich bin dabei«, sagte Mehri sofort.

Sie und Ellison sahen mich an. Ich kam mir vor wie ein Dominostein in einer Reihe. Als würde alles ins Stocken geraten, wenn ich nicht umfiel. »Ich auch.«

Ellison drückte meine Schulter. Von ihr fühlte sich die Geste an wie eine Umarmung.

»Hatten die Frauen im Country Club irgendwelche Beweise dafür, dass Vaughn an dem Wochenende, als der sexuelle Übergriff auf das Mädchen passiert ist, in San Diego war?«, fragte sie.

»Ich glaube, eine von ihnen hat gesagt, sie habe ein Selfie mit ihm gemacht.«

»Finde raus, was sie sonst noch haben – Videos, Fotos, Textnachrichten. Wir müssen ganz sichergehen, dass das, was wir drucken, absolut wasserdicht ist. Sobald die Geschichte draußen ist, werden die Leute anfangen, alles zu zerpflücken, um Vaughn zu schützen.«

Das Aufflackern von Panik in meinem Magen war beinahe schmerzhaft. »Warte mal. Bist du sicher, dass du – ich meine, Joaquíns Cousine hat mir noch nicht mal zurückgeschrieben. Vielleicht kommt am Ende gar nichts dabei raus.« Die Hinweise, die Mehri ausgegraben hatte, waren zwar eindeutig, aber mehr als fünf Jahre alt und stammten von anonymen Quellen.

»Wir schreiben den Artikel ja nicht gleich heute«, beharrte Ellison, ehe sie die Ellbogen auf den Tisch stützte und die Hände faltete. »Erst mal wird gründlich recherchiert. Nur nichts überstürzen, Cates. Im Moment musst du einfach auf Rückmeldung warten und die Frauen aus dem Country Club kontaktieren. Du solltest sie alle noch einmal interviewen, um sicherzustellen, dass sie bei ihrer Geschichte bleiben. Zeichne die Gespräche auf.«

»Wird gemacht«, sagte ich.

»Und du«, fuhr Ellison an Mehri gewandt fort, »musst die Studentinnen ausfindig machen, die uns damals die Hinweise geschickt haben. Ich weiß nicht, ob eine von ihnen im Gesundheitszentrum vorstellig geworden ist oder sich an das Büro für Gleichstellungsfragen gewandt hat ...«

»Das finde ich raus«, sagte Mehri. »Verstanden, Boss.«

Ellison nickte knapp. Ich bemerkte ein kurzes Aufflackern von Furcht in ihren Augen, ehe sie ihr Sektglas leerte und nach der erstbesten Pizzaschachtel griff.

Ich nahm zwei ganze Pizzen mit nach Hause. Vor lauter Aufregung (weil wir jetzt eine Mission hatten) und Hunger (weil sie sich vierundzwanzig Stunden lang von nichts als schwarzem Tee, Studentenfutter und Angst ernährt hatte) hatte Ellison es mit der Bestellung etwas übertrieben. Sie war froh, ein paar Schachteln loszuwerden, damit sie nicht ihren gesamten Kühlschrank blockierten.

Mein Fußmarsch nach Hause kam mir vor wie eine Szene aus einem Musikvideo. Der Himmel war wolkenlos blau, und jeder gemähte Rasen und jede alte Eiche leuchtete grün im Sonnenschein. Die warme Nachmittagsluft war erfüllt von Vogelgezwitscher und dem Lachen der Studenten. Trotz der zwei großen Pizzen hatte ich das Gefühl zu schweben. Na ja, das hatte wahrscheinlich auch mit den zwei Gläsern billigem Sekt zu tun, die ich auf ex getrunken hatte.

Zu Hause traf ich Andre und Hanna in der Küche an. Andre stand traurig vor dem geöffneten Kühlschrank, und Hanna war auf die Arbeitsplatte geklettert, um in den oberen Regalen unserer Hochschränke nach etwas Essbarem zu stöbern. Kaum dass ich die Schwelle überschritten hatte, schnupperte sie erregt wie ein Drogenspürhund vom Zoll, der fünfzig Pfund Koks gewittert hatte.

»Wo hast du die Pizza her?«, fragte sie anklagend.

Andre knallte die Kühlschranktür zu. »O ja.«

Ich stellte die Schachteln auf unseren wackeligen Küchentisch, dann wich ich einen Schritt zurück, um nicht niedergetrampelt zu werden, als sich Hanna und Andre unter wildem Gelächter und lauten Jubelrufen darauf stürzten.

»Ich rufe meine Mom an«, verkündete ich und wischte mir mit einem Blatt Küchenpapier das Fett von den Fingern, das durch die Pappe gedrungen war. »Es dauert nicht lange.«

»Mmmkay«, nuschelte Hanna mit vollem Mund.

»Hebt mir ein Stück auf«, bat ich sie.

»Wir können nichts versprechen«, sagten sie und Andre im Chor.

Ich schlüpfte zur Tür hinaus und ging zum Hinterausgang. Unser Apartmentgebäude hatte keine Garage, nur einige Parkplätze im Schatten des vorspringenden ersten Stocks entlang der Zufahrt in die Seitenstraße. An diesem Nachmittag waren alle sechs Stellplätze belegt.

Das hässlichste Auto war meins. Zu meinem sechzehnten Geburtstag hatten mir meine Eltern einen weißen 2014er Corolla mit dreißigtausend Meilen auf dem Tacho geschenkt. Sie hatten ihn unseren Nachbarn abgekauft – einem älteren Ehepaar, das in ein schönes Seniorenheim mit zuverlässigem Shuttleservice umziehen wollte. Meine Eltern hatten sich Sorgen gemacht, dass mir das Auto nicht gefallen könnte, weil es gebraucht war und definitiv nicht schön aussah und außerdem nach alten Leuten roch, aber ich hatte mich so sehr darüber gefreut, dass ich angefangen hatte zu heulen.

Ich liebte meine alte Kiste. Und ich kannte alle ihre Macken – zum Beispiel, dass man erst bis drei zählen musste, nachdem man sie aufgeschlossen hatte, denn wenn man die Tür zu schnell öffnete, geriet sie in Panik und die Alarmanlage ging los. Außerdem war sie ein großartiger Ort, wenn ich einen Moment für mich brauchte. Ich hatte schon in diesem Auto geweint und meine Hausaufgaben gemacht, aber am allerliebsten zog ich mich hierher zurück, um mit meinen Eltern zu telefonieren. Ich machte es mir auf dem Fahrersitz bequem, schaltete das Handy ein und scrollte durch meine Kontaktliste, bis ich *Madre* gefunden hatte.

Sie nahm beim zweiten Klingeln ab. »Laurel! Dein Vater sitzt neben mir. Warte, ich stelle dich auf Lautsprecher.«

Es folgten jede Menge Rascheln und Gemurmel auf Spanisch, ehe sie herausgefunden hatte, was sie tun musste.

»Hey, *mija*!«, rief mein Dad gut gelaunt wie immer.

Mee-dscha. Patrick Cates konnte sich anscheinend keine vernünftige spanische Aussprache angewöhnen, ganz egal wie viele Telenovelas wir ansahen oder wie oft er sich mit den Verwandten meiner Mutter unterhielt. Das Sprachtalent dieses Mannes war praktisch nichtexistent.

»Hi, Dad«, sagte ich. »Passt es euch gerade?«

»Es passt«, gab er zurück. »Deine Mutter und ich hatten eben einen gemeinsamen Business-Lunch in einem sehr noblen Restaurant.«

»Wir waren bei *Subway*«, klärte mich meine Mutter auf. »Was treibst du so, *mi amor*?«

Ich lächelte ungläubig, weil ich niemals gedacht hätte, dass ich meine Eltern mit solchen Neuigkeiten anrufen würde. »Ich wollte euch bloß sagen, dass meine Chefredakteurin mich und eine andere Studentin gebeten hat, ein spezielles Feature zu schreiben. Ich glaube, wir könnten es damit sogar auf die Titelseite schaffen.«

»Laurel«, sagte Mom in heiligem Ernst. »Wir sind sehr stolz auf dich.«

Ich lachte, dann wischte ich mir die feuchten Augen mit dem Ärmel meiner Jeansjacke ab. »Hör auf, sonst muss ich weinen.«

»Den Intellekt hast du von deiner Mutter geerbt, das steht mal fest«, meinte Dad und ignorierte meine Bitte. »Ich wäre niemals in der Lage gewesen, die Zusammenhänge herzustellen.«

Ich lachte unter Tränen. »Mag sein. Aber wer von uns kann beim Auto das Öl wechseln?«

Da musste auch Dad lachen. Und weil er mein Dad war, fragte er als Nächstes: »Wie geht's dem Auto? Macht die Klimaanlage wieder Probleme? Ich kann gern am Wochenende kommen und sie mir ansehen …«

»Nicht jetzt, Patrick«, wies Mom ihn zurecht.

»Schon gut, schon gut. Aber schreib mir wegen der Klimaanlage.«

»*Te quiero mucho!*«, rief Mom.

»Ja!«, pflichtete Dad ihr bei. »*Te quiero mucho,* Kiddo.«

Tee quayro moo-chow.

Ich schüttelte lächelnd den Kopf. »Ich habe euch auch lieb.«

9

Am Donnerstagmorgen überredete ich mich selbst dazu, Sexualität des Menschen ausfallen zu lassen. Der Teppich in meinem Zimmer war ein einziger Haarmagnet. Im Kühlschrank roch es eigenartig. Der Spiegel im Bad war voller Wasserflecken. Deshalb war es absolut gerechtfertigt – mehr noch: es war notwendig –, dass ich zu Hause blieb, um mich diesen überaus dringenden Problemen zu widmen. Der Entschluss hatte rein gar nichts damit zu tun, dass sich das gesamte Footballteam wegen unseres Artikels auf dem Kriegspfad befand.

»Ich kann für dich mitschreiben«, hatte Andre mir am Abend zuvor angeboten. »Aber ich glaube nicht, dass sie was machen würden, Laurel. Das ist alles bloß Gerede.«

Ich hatte keine Angst. Ich musste einfach nur die Wohnung putzen. Wenigstens war das der Plan – bis Andre mir fünfzehn Minuten vor Vorlesungsbeginn folgende Nachricht schrieb: *Okay, Fogarty meinte eben, Nick hätte St. James gesteckt, dass es heute einen unangekündigten Test zur Lektüre gibt.*

Mit einem wüsten Fluch riss ich mir die Gummihandschuhe von den Fingern. Zum Umziehen war keine Zeit mehr, also behielt ich die ausgeleierten Leggings und das alte oversized Shirt meines Vaters an, die ich mir heute früh übergeworfen hatte. Ich schnappte mir meinen Rucksack und machte mich im Laufschritt auf den Weg zum Campus. Unterwegs wünschte ich mir die ganze Zeit, ich wäre eins dieser Kinder, die kein Problem damit hatten, ihre Eltern zu enttäuschen.

Der Hörsaal war bereits gut gefüllt, als ich hinter zwei blonden Studentinnen, die sich lautstark über eine schlecht ausgefallene Chemieklausur beschwerten, durch die Doppeltüren trat. Sofort nahm ich Kurs auf meinen üblichen Platz – dritte Reihe von hinten, zweiter Platz vom Gang aus gesehen – und knallte Collegeblock und Druckbleistift aufs Pult, ehe ich mich argwöhnisch umsah. Nick stand vorn am Podium und sortierte seine Aufzeichnungen. Fogarty und ein paar andere aus der A-Mannschaft saßen in der Mitte des Saals und unterhielten sich in gedämpfter Lautstärke. Sie waren deutlich weniger lärmig, als man es von ihnen gewohnt war. Von Bodie fehlte jede Spur.

Ich holte mein Handy heraus und schrieb eine schnelle Nachricht an Andre. *Okay hab's geschafft.*

Seine Antwort kam prompt und enthielt viel zu viele Satzzeichen. *Typografie hat länger gedauert!! Bin in 5 min da!! Halt mir meinen Platz frei!!*

Ich klappte das kleine Pult am Gangplatz aus, damit niemand ungefragt den Sitz beanspruchte. Dann legte ich mein Telefon in meinen Schoß und scrollte durch Instagram, während ich darauf wartete, dass Andre kam, um meinen menschlichen Schutzschild zu spielen.

Ich steckte sechs Monate tief in einem Meme-Account, als ich hörte, wie das Klapppult neben mir zurück zwischen die Sitze geschoben wurde. Gleich darauf landete ein Rucksack neben meinen Füßen. Ich hob den Kopf und war drauf und dran, Andre zu warnen, er solle bloß keinen Kommentar dazu abgeben, wie furchtbar ich aussah, sonst würde ich Mehri erzählen, dass er mal in sie verknallt gewesen war, bevor wir erfahren hatten, dass sie auf Frauen stand.

Doch es war nicht Andre. Es war Bodie St. James. Im Anzug.

Er trug keine Krawatte, lediglich ein gebügeltes weißes Hemd, dessen Kragenknopf offen war. Seine dunklen Haare waren perfekt zurückgekämmt, was nahelegte, dass er die

Krawatte mit Absicht weggelassen hatte. Er sah aus wie das Titelbild einer *Sports Illustrated.* Groß, attraktiv, scheinbar unerschütterlich. Der Lieblingssohn eines Multimillionen-Dollar-Sportimperiums.

Er stand einen Moment lang auf dem Gang und blickte auf mich herab, als wäre ich eine Kakerlake in der Toilettenkabine im Erdgeschoss der Buchanan Library. Als wollte er mich unter seinem Schuh zerquetschen, hoffte jedoch insgeheim, dass ich davonkrabbeln würde und er so tun konnte, als hätte er mich nie gesehen. Unser Blickkontakt dauerte entweder eine halbe Sekunde oder fünfundzwanzig Jahre. Für mich fühlte es sich definitiv wie Letzteres an. Mein ganzer Körper war starr vor Angst wie ein neugeborenes Rehkitz im Scheinwerferlicht eines Sattelschleppers.

Nach einer Weile atmete Bodie tief ein. Ein Muskel an seinem Kiefer zuckte, und er ließ sich wortlos auf den Sitz neben mir fallen. Doch damit nicht genug. Einige Reihen entfernt drehte sich Kyle Fogarty auf seinem Platz nach hinten um. Als er seinen Mannschaftskameraden entdeckte, grinste er und hob gleichzeitig fragend die Brauen. Bodie nickte abgehackt. Fogarty legte zwei Finger an die Schläfe, dann machte er eine Bewegung mit dem Kinn, wie um zu sagen: *Du schaffst das schon, Bruder.*

Mir behagte diese nonverbale Kommunikation gar nicht. Ich spielte mit dem Gedanken, meinen Rucksack zu nehmen und zu fliehen (scheiß auf den Test – ich würde Nick eine Mail schreiben, dass ich eine Lebensmittelvergiftung hätte, und ihn bitten, Gnade vor Recht ergehen zu lassen), aber Bodies absurd lange Beine versperrten mir den Weg. Ich wollte ihn nicht bitten, mir Platz zu machen. Und ich würde erst recht nicht versuchen, mich an ihm vorbeizuquetschen oder über seinen Schoß zu klettern, auch wenn selbiger in der marineblauen Anzughose durchaus einladend aussah.

Seine Hände zitterten. Das fiel mir erst auf, als er sich bückte, um etwas aus seinem Rucksack zu holen, und dann noch einmal, als er sich aufsetzte und zwischen unsere Sitze griff, um sein Pult mit einem heftigen Ruck wieder auszuklappen. Die winzige Platte aus Holznachbildung rastete mit einem hohlen *Klonk* ein, das so laut war, dass ich vor Schreck zusammenfuhr.

»Sorry«, brummte er. Dann atmete er scharf aus. Auf seinen Wangen brannten zwei rote Flecken, als er sich zu mir umdrehte. »Hi, Laurel.«

»Hi«, krächzte ich.

Ich wappnete mich für eine wie auch immer geartete Folgebemerkung, doch Bodie presste lediglich die Lippen zu einem dünnen Strich zusammen, ehe er sich wieder nach vorn drehte und mit großem Interesse die blaue Fehlermeldung unten auf den Bildschirmen betrachtete, die in blinkenden Buchstaben darauf hinwies, dass kein HDMI-Input erkannt worden war.

Auch der obere Rand seiner Ohren war gerötet.

Das war's schon?, fragte ich mich.

Am Rande meines Blickfelds nahm ich wahr, wie ein sehr groß gewachsener Student kurz vor unserer Reihe stehen blieb und dann weiterging. Es war Andre. Er entschied sich für eine Reihe weiter unten auf der anderen Seite des Mittelgangs und drängelte sich, Entschuldigungen murmelnd, an den Sitzenden vorbei, um zu einem freien Platz zu gelangen. Sobald er saß, drehte er sich um, sah mich mit weit aufgerissenen Augen an und formte lautlos die Worte *Was zum Teufel?* mit den Lippen.

Sehr gute Frage. Allerdings hatte ich keine Zeit, sie zu beantworten, denn vorn auf dem Podium räusperte sich Nick und begann mit der Einleitung.

»Wir haben heute drei Doktoranden in unserer Vorlesung«, verkündete er und deutete mit einer Armbewegung auf ein Trio von Mittzwanzigern in der ersten Reihe, die sich daraufhin nach hinten umdrehten und verlegen winkten. »Sie werden mir ein bisschen unter die Arme greifen. Beginnen wir mit ...« Er hielt einen Stapel Blätter in die Höhe. »... einem Test zur Lektüre!«

Diese Ankündigung wurde mit lautem Stöhnen, Kraftausdrücken und aufgeregtem Getuschel vonseiten der Studierenden begrüßt.

»Es sind nur fünf Fragen«, fuhr Nick ein bisschen pikiert fort. »Es gibt einen Punkt pro Aufgabe. Die Fragen sind wirklich ganz einfach, Leute. Das meiste haben wir am Dienstag in der Vorlesung durchgenommen.«

Die drei Doktoranden gingen die Gänge hinauf und teilten in jeder Reihe einen Stapel Testbögen aus. Als eine von ihnen unsere Reihe erreichte, schenkte Bodie ihr ein verkniffenes Lächeln, nahm ein Blatt vom Stapel und gab den Rest an mich weiter, ohne mich anzusehen.

»Danke«, sagte ich. Meine Stimme war eine Oktave höher, als das menschliche Ohr wahrnehmen konnte. Ich zückte meinen Druckbleistift, strich mir das Haar hinter die Ohren und versuchte mich auf den Test zu konzentrieren – was ein bisschen schwierig wurde, als Bodie anfing, dermaßen heftig mit dem Knie zu wippen, dass mein Stuhl davon bebte.

Die erste Frage war leicht. *Nennen Sie eine Geschlechtskrankheit, deren Übertragung durch den Gebrauch von Kondomen (sofern korrekt angewendet) verhindert werden kann.* Ich räusperte mich und beugte mich tief über mein Pult, in der Hoffnung, dass meine Haare mir Deckung geben würden. Aus irgendeinem Grund war es mir unfassbar peinlich, das Wort *Genitalherpes* zu schreiben, während Bodie St. James so dicht neben mir saß, dass ich seinen Pfefferminzatem riechen konnte. *Welche Verhütungsmethoden können beim Oralverkehr benutzt werden, um die Beteiligten vor einer Ansteckung mit Geschlechtskrankheiten zu schützen?*

Ich kritzelte meine Antworten in einer deutlich kleineren, kompakteren Version meiner üblichen Handschrift aufs Blatt. Auch die letzten drei Fragen waren kein Problem. Nach nicht mal einer Minute war ich fertig. Ich drehte das Blatt um, lehnte mich auf meinem Stuhl zurück und drehte Däumchen.

Neben mir hörte ich Bodie stöhnen. Diskret schielte ich auf sein Blatt. Außer seinem Namen hatte er noch nichts hingeschrieben. Es war nur ein kleiner Test, der lediglich fünf Punkte brachte, und Bodie war selbst schuld, dass er nicht gelernt hatte, obwohl er von Nick vorgewarnt worden war. Trotzdem war er ein nervöses Wrack. Er wippte immer noch mit dem Knie und machte keine Anstalten, irgendeine der Fragen zu beantworten. Stattdessen starrte er nach vorn zu seinen Mannschaftskollegen auf der anderen Seite des Saals.

Wahrscheinlich hatte er eine schwierige Woche hinter sich – so wie das gesamte Team. Allerdings war nur Bodies Name im Artikel genannt worden. Es war Pech, dass er, neben all dem Lob für Vaughn, versehentlich etwas Negatives über ihn gesagt hatte. Ob Vaughn böse auf ihn war? Bei dem Gedanken wurde mir ganz unwohl zumute.

Es war eine unselige Kombination aus Mitgefühl und schlechtem Gewissen, die mich dazu verleitete, zum allerersten Mal in meinem Leben bei einem Test zu schummeln. Ich setzte mich kerzengerade auf und hob mein Blatt hoch, als wollte ich noch einmal meine Antworten durchlesen, wäre aber plötzlich kurzsichtig geworden. Bodie sah kurz zu mir rüber, dann wandte er den Blick wieder ab.

Komm schon, du überkorrekter Vollidiot, dachte ich. *Es sind nur fünf Punkte. Du hast mir wichtige Infos gegeben, dafür gebe ich dir meine Antworten. Dann sind wir quitt.*

Ich legte meinen Test mit der Schrift nach oben aufs Pult. Dann tat ich so, als müsste ich mich strecken, und wischte – scheinbar ganz zufällig – mit der Hand über das Blatt, sodass es ein Stück in Bodies Richtung rutschte.

Er sah nicht hin.

Aber warum hätte er mein Angebot auch annehmen sollen? Wahrscheinlich hielt mich Bodie St. James für ein Mädchen, das anderen Leuten die Fahrstuhltüren vor der Nase zuschlug. Ein Mädchen, das Leute interviewte und ihre Worte dann dazu benutzte, um Menschen, die ihnen wichtig waren, durch den Dreck zu ziehen. Ein Mädchen, das kein Problem damit hatte, bei Tests zu betrügen. Auf einmal verspürte ich den überwältigenden Drang, etwas zu sagen. Mich zu ihm umzudrehen und ihm zu erklären, dass es um viel mehr ging als nur um ein paar sexistische Sprüche.

Als einer der Doktoranden herumging, um unsere Testbögen einzusammeln, warf ich erneut einen Blick auf Bodies Blatt (das immer noch leer war bis auf seinen Namen, den er in sauberen Druckbuchstaben oben links in die Ecke geschrieben hatte). Ich rutschte auf meinem Sitz tiefer und fing an, die kleinen Papierreste aus der Spiralbindung meines Schreibblocks zu zupfen. Vorn wartete Nick, bis unsere Tests eingesammelt waren, dann schaltete er den Beamer ein. Die Worte *Lektion 3: sexuell übertragbare Krankheiten* erschienen auf dem Bildschirm.

»Okay, Leute«, sagte er und nahm den Stapel Testbögen in die Hand, um ihn zu begradigen. »Ich möchte die heutige Vorlesung gern damit beginnen, dass Sie sich mit Ihren Sitznachbarn über einige der gängigen Mythen in Bezug auf Geschlechtskrankheiten austauschen.«

Vielen Dank auch. Lieber kriege ich Syphilis und sterbe, war mein erster Gedanke. Mein zweiter Gedanke war, dass ich mir wahrscheinlich jemanden suchen sollte, der nicht Bodie St. James hieß, um mit ihm oder ihr über das Thema Geschlechtskrankheiten zu diskutieren. Das Pärchen neben mir, ein zierlicher Junge mit perfekt frisierten schwarzen Haaren und ein Mädchen mit Lockenmähne und buschigen Augenbrauen, war bereits in eine Unterhaltung vertieft, allerdings schienen die Gesprächsfetzen, die ich von ihnen aufschnappte, eher privater Natur zu sein und hatten herzlich wenig mit dem Unterrichtsstoff zu tun. Nicht einmal in meiner Notlage war ich mutig genug, sie zu unterbrechen.

Ich riskierte einen Blick auf Bodie. Weil der immer noch zu seinen Teamkollegen sah, nahm ich mir eine halbe Sekunde Zeit, unverhohlen sein Gesicht zu betrachten, den markanten Linien seines Profils zu folgen und die sonnengebräunte Haut an seinen Wangen und seiner Stirn zu bewundern. Dann folgte ich seinem Blick und sah, wie Kyle Fogarty einmal energisch nickte, ehe er mir einen verächtlichen Blick zuwarf und sich auf seinem Sitz nach vorn drehte. Finster starrte ich die Rückseite seines dämlichen grünen Pseudo-Irokesen an. Ich ärgerte mich über die Tränen, die in meinen Augen brannten, aber niemals zuvor hatte mich jemand so verächtlich angesehen und es nicht ironisch gemeint.

Endlich kam wieder Leben in Bodie. Ich spürte die Hitze seiner Blicke auf mir – auf dem Loch am rechten Knie meiner Leggings, auf meinem viel zu großen T-Shirt, auf meinen ungekämmten Haaren – und kam mir klein und schäbig vor. Doch ich erwiderte seinen Blick mit trotzig vorgerecktem Kinn. Seine Hand, die auf dem Pult lag, ballte sich zur Faust, dann erschlaffte sie wieder, und er streckte die Finger.

»Warum machst du das?«, fragte er.

»Was?«

»Warum versuchst du, Vaughns Alkoholsucht wieder aufzuwärmen? Er ist trocken. Du hast kein Recht, ihn für etwas an den Pranger zu stellen, das er seit zehn Jahren hinter sich gelassen hat.«

»Es geht nicht um seine Alkoholsucht. Wir ...« Ich presste die Lippen aufeinander und überlegte, wie ich Bodie alles erklären konnte, ohne ihm zu viel zu verraten. »Wenn der *Daily* Anlass hat zu glauben, dass Vaughns Verhalten besorgniserregend ist und genauer unter die Lupe genommen werden sollte, dann tun wir das. Und wenn wir nichts finden, wird es auch keinen Artikel geben.«

Bodie betrachtete mich forschend. »Geht es um Geld?«

»Nein«, fauchte ich. »Es geht darum, das Richtige zu tun.«

Er zuckte zurück, als hätte ich ihn geschlagen. »Du ...«, setzte er an, ehe er geräuschvoll den Atem ausstieß, was sich fast wie ein höhnisches Lachen anhörte. »Den Namen eines Mannes durch den Schmutz zu ziehen, damit deiner auf der Titelseite einer Zeitung steht – das ist das Richtige?«

Die Bemerkung hätte mich nicht so sehr verletzen sollen. Vielleicht lag es daran, dass ich mich insgeheim fragte, ob er womöglich recht hatte. Ich hatte mich doch immer schon danach gesehnt, im Rampenlicht zu stehen, nicht wahr? Ich war so stolz gewesen, als Ellison mich in ihr streng geheimes Investigationsteam eingeladen hatte. Ich hatte meine Eltern angerufen und mich damit gebrüstet. Ich wollte, dass meine Stimme gehört wurde. Das plötzliche Aufkommen solcher Selbstzweifel war wie ein Fausthieb in die Magengrube. Dementsprechend fiel meine Reaktion vielleicht ein klein wenig übertrieben aus.

»Fick dich ins Knie, St. James.«

Was auch immer er als Antwort von mir erwartet hatte, das war es definitiv nicht. Der Fairness halber muss ich gestehen, dass mein Ausbruch auch für mich überraschend kam. Es war, als hätte vorübergehend der Geist einer hitzköpfigen, Whiskey trinkenden Matriarchin aus einer Telenovela von mir Besitz ergriffen. Eine andere logische Erklärung dafür, dass ich urplötzlich den Mut entwickelt hatte, einem Footballspieler der A-Mannschaft zu sagen, er solle sich, Zitat, ins Knie ficken, gab es nicht.

Bodie errötete von den Haarwurzeln bis zum Hemdkragen. »Ernsthaft? So soll das zwischen uns laufen?«

Ich hatte genau zwei Freunde, verfügte über die Oberkörperkraft eines abgelaufenen Erdnussflips und war gekleidet, als wäre mein nächster Kurs ein Proseminar zum Thema Containern. Ich war nicht in der Position, Streit mit jemandem anzufangen – schon gar nicht mit einem Quarterback. Trotzdem war ich wild entschlossen, mich nicht bei ihm zu entschuldigen, auch wenn ich am liebsten in Tränen ausgebrochen wäre. Ich wollte mir nicht von Bodie St. James vorwerfen lassen, ich hätte Vaughn nur deshalb aufs Korn genommen, weil ich selbst Bekanntheit erlangen wollte. Mir war nicht klar gewesen, dass dies einer meiner Schwachpunkte war, bis er den Finger in die Wunde gelegt hatte.

»Hast du den *Daily* überhaupt jemals gelesen?«, wollte ich wissen.

»Natürlich habe ich ihn gelesen«, sagte er dermaßen indigniert, dass man meinen könnte, ich hätte ihn des Analphabetismus bezichtigt.

»Okay, dann weißt du ja, dass wir unsere Arbeit sehr ernst nehmen. Wenn wir einen Artikel abdrucken, wurde alles, was darin steht, vorher hundertmal auf seine Richtigkeit überprüft. Im Moment recherchieren wir noch. Wir haben einige Hinweise und einen anonymen Informanten aus dem Footballteam, der schwere Anschuldigungen gegen Vaughn wegen sexistischer Äußerungen in der Kabine erhoben hat. Wenn du Probleme damit hast, kannst du gern der Chefredakteurin eine E-Mail schreiben, aber ich bin nicht ...«

»Bullshit«, zischte er. »Du hast meine Aussagen total aus dem Zusammenhang gerissen.«

Ich öffnete den Mund, um ihm zu widersprechen, aber dann schnappte ich einige Worte einer Unterhaltung in der Reihe hinter uns auf – es ging um Gonorrhö –, und mir fiel wieder ein, dass wir in einer Vorlesung saßen.

»Ich diskutiere das jetzt nicht mit dir«, beschied ich Bodie.

Er lehnte sich über sein Pult, sodass er mit mir auf Augenhöhe war. »Laurel, bitte. Ich will einfach nur reden.«

Der Hauch von Verzweiflung in seiner Stimme ließ mich zögern.

Es wäre so leicht gewesen, so zu tun, als wäre Bodie St. James ein Neandertaler, dessen Kopf viel zu tief in seinem eigenen privilegierten Arsch steckte, als dass er in der Lage gewesen wäre, die Welt so zu sehen, wie sie wirklich war. Aber er bewunderte seinen Coach. Das hatte er mir während des Interviews gesagt. Er hatte darauf vertraut, dass Vaughn ein guter Trainer und ein guter Mensch war. Natürlich glaubte er ihm, dass die Anschuldigungen aus der Luft gegriffen waren. Die Alternative wäre zu schrecklich.

»Pass auf«, sagte ich und streckte die Hand gerade so weit aus, dass meine Fingerspitzen den Ärmel seines Sakkos berührten. Sein Blick wanderte zu meiner Hand. »Wir recherchieren, weil wir es müssen, okay? Nicht weil wir es wollen.«

Bodie sah mich fragend an. Und dann wurde seine Miene auf einmal ganz weich und mitfühlend. »Hat Notre Dame euch dazu angestiftet?«, fragte er leise. »Wenn sie euch erpressen, weil sie uns aus den Play-offs haben wollen, kannst du es ruhig sagen, Laurel. Ich kann euch helfen.«

Bodie suchte nach einem Feindbild. Nach jemandem, der boshaft lachte, während er den Untergang seiner Mannschaft inszenierte, und der ein eindeutiges Motiv hatte, Lügen über Vaughn zu verbreiten. Er wollte, dass ich ihm sagte, dass es eine solche Person gab – einen klassischen Schurken, den er hassen konnte. Aber das entsprach nicht der Wahrheit.

»Niemand zwingt uns, das zu schreiben«, sagte ich. »Das weiß ich, weil ich die Story selbst vorgeschlagen habe. Ich habe sie vorgeschlagen, und ich habe den Artikel geschrieben. Bodie, wir …« Ich senkte die Stimme zu einem Flüstern. »Wir glauben, dass du vielleicht recht haben könntest. Mit dem, was du mir inoffiziell über die Spendengelder erzählt hast. Möglicherweise ist es noch viel, viel schlimmer, als wir geahnt haben.«

Bodie entzog mir seinen Arm. Alle Farbe wich ihm aus dem Gesicht, und er drehte sich wieder nach vorn. Abermals zuckte der Muskel an seinem Kiefer. Er ballte im Schoß die Fäuste, und sein Atem ging stoßweise. Ich glaubte zu sehen, wie er kurz die Augen schloss, doch im selben Moment dimmte Nick das Licht im Saal, weil er uns einen Film des

Gesundheitsministeriums zeigen wollte, und es war zu dunkel, um wirklich etwas zu erkennen.

»Ich muss tun, was richtig ist.« Ich versuchte noch einmal, Bodies Aufmerksamkeit zu erregen, ehe das Video begann. »Wir wissen nicht, ob es stimmt oder nicht, aber wir müssen der Sache nachgehen. Deshalb wäre ich dir sehr dankbar, wenn du noch mal mit mir reden könntest.«

Er rührte sich nicht. Es war, als hätte er mich gar nicht gehört. Den Rest der Stunde sah er mich nicht an. Ich verschränkte die Arme vor der Brust und zahlte es ihm mit gleicher Münze heim.

Nach der Pollock-Party des Art House im ersten Semester war ich voller Schwarzlichtfarbe in meinem Wohnheimzimmer aufgewacht und hatte die drei darauffolgenden Stunden über der Kloschüssel im Gemeinschaftsbad gehangen. Es war der schlimmste Kater meines noch jungen Lebens gewesen. Drei Tage lang hatte ich mich fiebrig und schwach gefühlt. Jetzt ging es mir ganz ähnlich. Erst der Adrenalinkick und dann der jähe Absturz. Warum hatte ich ihm all das anvertraut? Was, wenn er es Vaughn erzählte? Was, wenn Vaughn es Sterling sagte und Sterling die Zeitung dichtmachte?

Als Nick endlich bei der Folie mit den Quellenangaben angelangt war, die das baldige Ende der Vorlesung signalisierte, zitterte ich am ganzen Körper. Meine Mitschrift war nicht zu gebrauchen. Ich hatte lediglich meinen Namen, das Datum und »Lektion 3: sexuell übertragbare Krankheiten« aufgeschrieben. Ein rascher Blick auf Bodies Pult verriet, dass er noch weniger zustande gebracht hatte als ich. Unten auf der ansonsten leeren Seite seines Collegeblocks befand sich lediglich eine kleine Ansammlung gekritzelter Sonnenblumen. Mit einem abgrundtiefen Seufzer rieb er sich die Augen.

Aber Nick war noch nicht fertig mit uns.

»Okay, wir haben noch etwa fünf Minuten, die möchte ich gern nutzen, um mit Ihnen über das Semesterprojekt zu sprechen.«

Überall im Saal hielten die Studenten inne, ehe sie marginal langsamer fortfuhren, ihre Sachen zusammenzupacken – als wäre das weniger unhöflich. »Wie ich zu Beginn bereits erwähnt habe, als wir den Inhalt der Vorlesung besprochen haben, wird die Semesterarbeit aus einer fünfzehnseitigen Hausarbeit und einem dreißigminütigen Vortrag bestehen. Ich weiß, einige von Ihnen haben Freunde hier, mit denen Sie gern zusammenarbeiten würden, zumal es sich um ein Projekt handelt, das Sie in Vierergruppen realisieren sollen ...«

Ich sah es schon kommen. *Tu das nicht, Nick*, dachte ich. *Nicht heute.*

»Aber ich bin mal so frei und teile Sie entsprechend Ihrer Sitznachbarn ein. Unsere wunderbaren Doktoranden werden gleich die Reihen entlanggehen und sich Ihre Namen aufschreiben. So gehen wir sicher, dass jeder eine Gruppe hat.«

Das war doch wohl ein schlechter Scherz. Das konnte nur ein schlechter Scherz sein.

Neben mir stopfte Bodie hastig seinen Collegeblock in seinen Rucksack und klappte das Pult zurück. Doch er war nicht schnell genug.

»Hey. Bodie, richtig?« Es war der dünne Junge neben mir mit den perfekt frisierten schwarzen Haaren, die so aussahen, als käme er gerade von einem Casting für die nächste One-Direction-Kopie. Er hatte sich vorgebeugt, um an seiner zwischen uns sitzenden Bekannten vorbeisehen zu können, die gerade eine sehr lange Textnachricht tippte. Ihre Bewegungen waren so aggressiv, dass ich heilfroh war, nicht die Empfängerin dieser Nachricht zu sein.

»Du bist der, äh ...« Der Boyband-Verschnitt tat so, als würde er einen Football werfen.

»Ja, der bin ich«, bestätigte Bodie mit einem Lächeln. Noch einmal machte er Anstalten, aufzustehen.

»Ich bin Ryan! Schön, dich kennenzulernen, Bro. Ich bin ein großer Fan. Das hier ist eine Freundin von mir ...« Er warf einen Blick auf das Mädchen zwischen uns, das seine ellenlange Textnachricht abschickte und dann ihr Handy mit dem Display nach unten aufs Pult knallte.

»Hi! Hi. Sorry«, stieß sie hervor. »Olivia.«

»Laurel.«

Olivia trug ein langärmeliges Bohokleid und braune Ankle Boots – ein Outfit, das man bei kühler Witterung zum Coachella-Festival getragen hätte. Man sah ihr an, dass sie von der Auseinandersetzung, die sie auf dem Handy geführt hatte, noch aufgewühlt war, aber sie vermochte es gut zu überspielen.

»Toll, dich kennenzulernen, Laurel«, sagte sie, ehe sie an mir vorbeilangte, um auch Bodie die Hand zu schütteln. »Tut mir leid, ich schaue kein Football. Auf welcher Position spielst du?«

Ich unterdrückte ein Schnauben, wenngleich nur mit Mühe.

»Quarterback«, antwortete Bodie, der auf der äußersten Kante seines Sitzes saß.

»Sollen wir uns gegenseitig bei Insta folgen?«, schlug Ryan vor. »Dann können wir uns kontaktieren und einen Termin für das Projekt ausmachen.«

Bodie schürzte die Lippen, als versuchte er, sich eine Ausrede einfallen zu lassen, ohne Ryan allzu sehr zu enttäuschen. »Okay«, sagte er schließlich gepresst. »Klar.«

Also tauschten wir unsere Namen und Instagram-Handles aus. Ich wusste, dass das eine reine Formsache war. Bodie würde garantiert zu Nick gehen und verlangen, dass dieser ihn einer anderen Gruppe zuwies, und irgendjemand, der heute nicht da war, würde seinen Platz einnehmen. Aber das wusste Ryan natürlich nicht. Er stellte Bodie Fragen über die anstehende Partie an der University of Washington am nächsten Wochenende. War Quintons Knöchel verheilt? Würde er spielen können? Wie gut war die Defense ohne Greene und McNeil?

Ich öffnete Intragram, um die beiden Follow-Anfragen von Olivia Novak (@onovakphotography) und Ryan Lansangan (@ryanlasagna) anzunehmen.

Als die Studenten allmählich den Hörsaal verließen, lächelte Ryan verlegen und wünschte dem sichtlich ruhelosen Quarterback neben mir viel Glück beim Spiel. Bodie, der es gar nicht abwarten konnte, endlich von uns wegzukommen, schenkte ihm und Olivia noch ein letztes Lächeln, ehe er aufstand, sich seinen Rucksack über die Schulter schwang und auf den Gang hinaustrat. Statt sich dem Strom der Studenten anzuschließen, die in Richtung Ausgang drängten, ging Bodie nach unten in Richtung Podium.

Wusste ich's doch. Ich sprang auf und eilte hinterher. »St. James.«

Er warf mir über die Schulter einen argwöhnischen Blick zu, blieb jedoch stehen, damit ich ihn einholen konnte.

»Wenn du nicht mit mir zusammenarbeiten willst, verstehe ich das«, sagte ich. »Aber Ryan freut sich so, von daher ... sag Nick einfach, er soll mich in eine andere Gruppe stecken oder so.«

Bodie blickte auf mich herunter. Wieder zuckte der Muskel in seiner Wange. Dann nickte er.

Ich machte auf dem Absatz kehrt und suchte Andre, der mit vor der Brust verschränkten Armen und sichtlich besorgter Miene auf dem Gang stand. »Alles klar?«, fragte er und musterte mich kurz von oben bis unten. Er trug einen Pulli, den ich nicht ausstehen konnte – ein weites Sweatshirt mit vertikalen Streifen in knalligem Petrol, Magenta und Orange, in dem er aussah wie der Prinz von Bel Air. Ich hätte mich darüber lustig machen können. Ich hatte genug angestauten Frust, den ich loswerden musste, und wahrscheinlich hätte es mir eine kranke Genugtuung verschafft. Aber Andre hatte das verbale Höllenfeuer, das ich zu entfesseln in der Lage war, nicht verdient.

»Können wir bitte einfach gehen?«, murmelte ich stattdessen und marschierte an ihm vorbei.

»Wollen wir uns was bei *Pepito's* holen?«, fragte er, hinter mir hereilend.

Ich sagte Ja, weil ich nicht wollte, dass er sich zu viele Sorgen machte, doch in Wahrheit war mir der Appetit vergangen.

10

Der Garland Country Club war eine grüne Insel inmitten einer endlosen verdorrten Hügellandschaft. Er verfügte über zwei olympische Schwimmbecken, eine Wasserrutsche, drei Whirlpools sowie eine ganze Reihe von Tennis-, Badminton- und Basketballplätzen. In der Mitte stand das Clubhaus, ein im Mission-Stil aus Kunststein und weißem Lehm erbautes Ungetüm mit einem Dach aus Tonziegeln.

Der Club war eine Oase, ein Spielplatz für Freizeitsportler und Angehörige der gehobenen Gesellschaft. Noch wichtiger: Er lag eine zehnminütige Autofahrt vom Campus entfernt. Die Distanz erlaubte es mir, so zu tun, als müsste ich nicht bis Mittwoch die Hausarbeit für mein Schreibseminar abgeben. Hier konnte ich die Flut an Instagram-Nachrichten von Ryan und Olivia ignorieren, die versuchten, einen Termin für unser Gruppenprojekt zu finden, und ich konnte vorübergehend vergessen, dass mich die gesamte Footballmannschaft hasste. Der Club war mein Paradies – und mein ganz persönliches Fegefeuer.

»Tori, beweg deine lahmen Füße!«

Die Real Housewives of Garland hatten alle eins gemeinsam: Sie waren stinkreich. Die Zwillinge hatten zusammen acht Millionen Follower auf Instagram und eine Modelinie für Badebekleidung. Dianas Familie besaß Tausende Hektar Ackerland im Central Valley und war Mehrheitseigner einer großen Firma für Bioprodukte. Jessica gehörte zu jener Sorte reicher Frauen, die Kellner anfauchten, wenn sie ihre Aufmerksamkeit erregen wollten, und war bereits zweimal Opfer von Weinfälschung geworden. Sie kamen aus ganz unterschiedlichen Familien und gingen verschiedenen unternehmerischen Tätigkeiten nach, aber was sie einte, war, dass sie sich alle gern das Wochenende für sportliche Aktivitäten frei hielten, um ihre aufgestauten Aggressionen auf gesunde Weise abzureagieren. Und ich respektierte das. Wirklich. Aber es war Samstag. Garlands Auswärtsspiel gegen die University of Washington hatte um elf Uhr begonnen. Inzwischen war es kurz vor zwei, und ich musste immer noch Tennisbällen hinterherlaufen. Nun ja, falls die vier sich bereit erklärten, sich nach ihrem Match für ein weiteres Interview mit mir hinzusetzen, würde ich ohnehin das komplette Spiel verpassen.

»Break!«

Tori stöhnte, als sie einen Ball in die Höhe warf und aufschlug. Der Ball landete im Netz. Auf der anderen Seite johlten Jessica und Diana vor Lachen und klatschten sich triumphierend ab.

»Fang gar nicht erst an, Cheryl!«, kreischte Tori.

Cheryl und Tori Lasseter waren Schwestern. Was ich bei unserer ersten Begegnung sofort geahnt hatte, war endgültig bestätigt worden, als ich miterlebt hatte, wie sie übergangslos zwischen Schimpfen und Lachen hin und her wechselten.

»Okay, Laurel«, rief Diana. »Ich glaube, es wird Zeit für eine kleine Pause.«

Was für ein glücklicher Zufall. Auch ich konnte eine Pause brauchen.

Während die Real Housewives ihre farblich auf ihre Outfits abgestimmten Sporttaschen und Wasserflaschen holten, sammelte ich die letzten Tennisbälle ein und brachte den Korb weg. Danach trafen wir uns auf der schattigen Terrasse, wo ich die vier zu ihrem Lieblingstisch geleitete und sie nach ihren Getränkewünschen fragte. Alle vier sprachen gern schon tagsüber dem Alkohol zu.

Die Zwillinge bestellten jeweils ein Hard Seltzer, Diana bat um ein IPA und Jessica wollte ein Glas ihres bevorzugten Pinot Grigio, garniert mit einer einzelnen gefrorenen Traube.

Ich eilte ins Gebäude. Das alljährliche Benefiz-Golfturnier des Country Club würde erst in mehreren Wochen stattfinden, aber die Veranstaltung erforderte ein enormes Maß an Planung, Organisation und Detailarbeit. In der Lobby standen Schachteln voll mit unechten Kerzen und ausladende Blumenarrangements herum, uniformierte Angestellte liefen durch die Gänge und sprachen hektisch in Walkie-Talkies. Aus den Tiefen des Ballsaals hörte ich, wie meine Chefin Rebecca einen Mitarbeiter anherrschte, sämtliche Tischtücher abzunehmen, jede für das menschliche Auge sichtbare Falte auszubügeln und sie anschließend draußen im Abfallcontainer zu verbrennen, weil sie eindeutig von jemandem ausgewählt worden seien, der die Bezeichnung »legere Eleganz« nicht einmal dann verstünde, wenn er sie mit seiner Frau im Bett erwischen würde.

Ich huschte an den Türen zum Ballsaal vorbei und begab mich ins wahre Herz des Clubhauses: die Bar. Sie war leer bis auf drei ältere Herren in Pullovern und Khakihosen, die eine Runde Old Fashioned geordert hatten und College-Basketball auf einem der Fernseher ansahen, die oberhalb der Regale mit den Spirituosen angebracht waren, die pro Flasche wahrscheinlich mehr kosteten, als ich in einer Woche verdiente. Hinter der Bar stand eine zierliche rothaarige Frau. Meine Lieblingskollegin PJ (kurz für Parker Jane, aber so durfte nur ihre Mutter sie nennen) war ein paar Jahre älter als ich und eine ehemalige Schönheitskönigin, was bedeutete, dass sie sehr geübt darin war, falsche Wimpern anzukleben und freundlich zu lächeln, während ihr andere Leute dämliche Fragen stellten.

»Wie geht es den Real Housewives?«, erkundigte sie sich bei mir.

»Cheryl hat sich von ihrem Freund getrennt. Das ist die aus Silicon Valley. Sie lässt es an ihrer Schwester aus. Sie wollen alle das Übliche.«

PJ salutierte und machte sich an die Arbeit.

Kurz darauf kehrte ich mit einem Tablett voller Alkohol an den Tisch zurück.

»In Ordnung«, sagte Diana, nachdem sie einen großzügigen Schluck von ihrem Bier getrunken hatte. »Stell deine Fragen.«

Ich sah mich auf der den Tennisplätzen zugewandten Seite des Clubhauses nach meiner Chefin um, ehe ich mein Handy zückte. »Ich zeichne unsere Unterhaltung auf«, erklärte ich den Housewives und zeigte ihnen die App, die ich dafür benutzte. »Können Sie mir sagen, wann und wo genau Sie Truman Vaughn gesehen haben?«

»Er war im *Alvarado Resort*«, antwortete Tori.

»Und Sie sagten, er habe so gewirkt, als stünde er unter Alkoholeinfluss?«

»Er war völlig breit«, warf Cheryl ein. »Ich bin mir hundertprozentig sicher.«

»Und er hat Sie auf sein Boot eingeladen?«

»Auf seine Yacht«, korrigierte mich Tori. »Ja. Er hat alle weiblichen Gäste im Resort eingeladen.«

»Haben Sie gesehen, ob jemand mitgegangen ist?«

»Nein«, sagte Cheryl. »Aber er hat vielen Frauen seine Nummer gegeben. Würde mich nicht wundern, wenn irgendeine tatsächlich hingegangen wäre.«

»Haben Sie auch beobachtet, wie er junge Frauen angesprochen hat? Frauen in meinem Alter?«

»Nennst du uns etwa *viejo?*«, fragte Diana in gespielter Empörung.

Ich lachte. »*Claro que no.*«

»Und? Wie geht es uns hier drüben?«, erklang plötzlich eine Stimme hinter mir.

Als ich mich umdrehte, sah ich, wie meine Chefin von der anderen Seite der Terrasse auf uns zusteuerte. Rebecca war erst Anfang dreißig, arbeitete aber schon seit fast zehn Jahren im Country Club, was ihre wohldefinierten Waden und scharfen Bräunungslinien bezeugten. Sie herrschte über ihr Reich mit eiserner Hand. PJ und ich beklagten uns oft darüber, wie anspruchsvoll und herablassend sie sein konnte, aber irgendwie verstand ich sie auch. Sie musste sich in einem von Männern dominierten Metier behaupten. Das machte eine Frau auf Dauer mürbe.

Trotzdem schaltete sich bei ihrem Anblick sofort mein Kampf-oder-Flucht-Reflex ein. Selbst wenn ich mich tadellos benahm, legte Rebecca bei mir einen Tonfall an den Tag, bei dem ich mir vorkam wie ein Kind, das ins Büro des Schulleiters zitiert worden war, weil es geschwänzt oder Schließfächer demoliert hatte. Und heute hatte ich tatsächlich mehrere ihrer Regeln gebrochen: Ich hatte mein Handy bei mir (erster Minuspunkt), während ich bei den Gästen saß und mich mit ihnen unterhielt (zweiter Minuspunkt) – noch dazu (dritter Minuspunkt) auf Spanisch.

Ich entschied mich für Flucht. »Tausend Dank, Diana. Ich bin gleich wieder da und bringe Ihnen die Servietten, um die Sie gebeten haben.«

Ich schlüpfte davon, bevor Rebecca mich zur Rede stellen konnte; so viel zu meinem Interview.

In der Bar erklomm ich einen Hocker und stützte die Ellbogen auf die Theke aus dunklem Holz. PJ schob mir ein Kristallglas mit Sprite hin und steckte eins der winzigen Strohhalm-Rührstäbchen hinein, die ich so schön fand.

»Rebecca hat schon wieder mitbekommen, wie ich spanisch gesprochen habe«, grummelte ich. »Ich bin so doof.«

»Inwiefern?«, fragte PJ. »Du sprichst zwei Sprachen, das ist doch cool.«

»Erinnerst du dich noch an die E-Mail, die sie letztes Jahr rumgeschickt hat, in der es darum ging, dass wir während der Arbeitszeit ausschließlich Englisch sprechen sollen?«

In meinen ersten zwei Wochen im Club, damals im ersten Semester, war Rebecca noch nachsichtig mit mir gewesen. Sie hatte geduldig gelächelt, wenn ich in ihr Büro kam, um viermal am Tag dieselben Fragen zu stellen, und sie hatte mir erlaubt, sonntags früher zu gehen, damit ich genügend Zeit hatte, meine Hausaufgaben zu erledigen. Ich konnte den exakten Moment bestimmen, in dem sich unser Verhältnis verändert hatte. Es war der Nachmittag gewesen, an dem sie zufällig Zeugin geworden war, wie ich mich mit zwei Männern der Reinigungsbrigade auf Spanisch unterhielt. Später am Tag hatte sie mich gefragt, wie viele Jahre lang ich Spanischunterricht gehabt hätte. Ich hatte ihr geantwortet, dass ich alles von meiner mexikanischen Mutter aufgeschnappt hätte. Stirnrunzelnd hatte Rebecca daraufhin gemeint, sie hätte mich die ganze Zeit für eine Weiße gehalten. Ich hatte gelacht und erwidert, dass das ja auch stimme. Damals hatte ich gar nicht weiter über ihre Bemerkung nachgedacht. Viele Menschen hatten Schwierigkeiten damit, ethnische Herkunft, kulturelle Wurzeln und Nationalität auseinanderzuhalten.

Mein Dad erzählte immer, dass er mich eigentlich nach meiner Großmutter mütterlicherseits Maria Fernanda hätte nennen wollen. Er liebte den Namen, aber meine Mom hatte ihr Veto eingelegt. Sie hatte auf Laurel bestanden, weil man diesen Namen sowohl englisch als auch spanisch aussprechen konnte. Da sie zu dem Zeitpunkt im achten Monat schwanger gewesen war, hatte sie die Auseinandersetzung gewonnen. Gewissermaßen als Kompromiss hatten sie mich Laurel Maria getauft – beides Namen, die englisch sprechenden Menschen keinerlei Probleme bereiteten.

Erst später, nachdem Rebecca angefangen hatte, mich für jeden kleinen Fehler zu rügen, und eine Rundmail an alle Mitarbeiter schickte, in der sie uns anwies, während der

Arbeitszeit ausschließlich Englisch zu sprechen, wurde mir klar, dass Mom etwas wusste, was Dad nicht gewusst hatte.

PJ schnaubte und wrang ein nasses Geschirrtuch aus. »Ich war vielleicht nicht auf der Uni«, sagte sie. »Aber selbst ich weiß, dass es nicht rechtens ist, seinen Angestellten zu verbieten, eine bestimmte Sprache zu sprechen.«

Ich nippte seufzend an meiner Sprite.

»Na ja, wenigstens hast du das katastrophale Spiel verpasst«, scherzte sie, ehe sie erschrocken die Augen aufriss. »Mist. Wolltest du es dir noch ansehen? Scheiße. Tut mir leid, es war ein langer Tag, und dann all die Vorbereitungen für heute Abend und …«

Ich winkte ab. »Hanna hätte mir sowieso das Ergebnis verraten.« Ungeschickt beugte ich mich vor, um an dem winzigen Strohhalm in meiner Sprite zu saugen, und fragte: »Wieso war es denn eine Katastrophe?«

Jeder, der auch nur das Geringste von College-Football verstand, hatte gewusst, dass Garland gegen Washington gewinnen würde. Wir waren schlicht und ergreifend die stärkere Mannschaft. Unsere Defense zählte zu den fünf besten im Land, und unsere Offense war das athletische Äquivalent eines Justin-Bieber-Songs: von vielen als überbewertet und nervig verschrien, aber gefeiert von all jenen, die etwas von wahrer Genialität verstanden.

Außerdem war Washingtons Quarterback ein Erstsemester mit schwachen Knöcheln und miserabler Tiefenwahrnehmung. Und wir hatten Bodie St. James.

Doch selbst die beste Mannschaft hatte mal einen schlechten Tag, und wenn man bedachte, wie aufgewühlt und wütend einige unserer Spieler wegen der Vaughn-Geschichte waren, hätte es mich doch sehr gewundert, wenn sich das nicht auf ihre Leistung beim Spiel ausgewirkt hätte. Aber bestimmt hatten wir trotzdem gewonnen. Eine Niederlage wäre der Aufreger der Saison gewesen.

Deshalb verschluckte ich mich fast an meiner Sprite, als PJ sagte: »Ach, Süße, wir wurden vernichtet.«

Ich presste mir die Faust an den Mund und hustete. Tränen schossen mir in die Augen, und Kohlensäure geriet an Stellen, wo sie nichts zu suchen hatte.

»Rebecca hat es nicht besonders gut aufgenommen«, flüsterte PJ laut hinter vorgehaltener Hand.

Rebecca hatte zehn Jahre zuvor ihren Abschluss an der Garland University gemacht und erinnerte jeden daran, dass sie mit mindestens vier Spielern, die später von der NFL rekrutiert worden waren, gut befreundet gewesen war (als ob sie dadurch mehr Rechte hatte, die Mannschaft anzufeuern als ich, eine eingeschriebene Studentin). PJ war gar nicht aufs College gegangen, stattdessen hatte sie vergeblich versucht, als Schauspielerin Fuß zu fassen, nachdem sie bei Miss Iowa Teen den fünften Platz belegt hatte. Aber sie hatte Garlands Mannschaft gewissermaßen adoptiert, selbst wenn sie nicht viel von Football verstand.

»Wie kann es sein, dass wir verloren haben?«, fragte ich, noch immer fassungslos. »Hat sich jemand verletzt?« Mir kam der Gedanke, dass meine durch Wut befeuerten Tagträume, wie jemand Bodie St. James einen Stollenschuh in den Schritt rammte, womöglich wahr geworden waren – eine Vorstellung, die mich erfreute, aber zugleich auch Schuldgefühle in mir weckte.

»Nein, Gott sei Dank nicht«, erstickte PJ meine Hoffnung. »Niemand hat sich verletzt. Wir waren einfach nur grottenschlecht. Als ich gehört habe, dass Vaughn nicht im Stadion ist, dachte ich mir schon, dass es schwer werden würde – aber Mann, es tat richtig weh, sich das anzusehen. Ich wünschte wirklich, ich würde öfter Nachrichten schauen. Weißt du zufällig was über dieses Gerede von studentischen Aktivisten, die versuchen, ihn wegen eines angeblichen Alkoholproblems fertigzumachen? Ich dachte, das Thema wäre seit zehn Jahren vorbei?«

Zum zweiten Mal in weniger als einer Minute kam ich der unangenehmen Situation gefährlich nahe, einen Mundvoll Sprite durch die Nase einzuatmen.

»Hier!«, sagte PJ und griff nach der Fernbedienung für einen der Fernseher hinter der Theke. »Lass mich mal sehen, ob – da ist es! ESPN bringt die Analysen. Sieht aus wie ein Zusammenschnitt der Höhepunkte. Vielleicht sagen sie auch was über Vaughn?«

Sie regelte die Lautstärke hoch. Es war weniger ein Zusammenschnitt der Höhepunkte als ein Mixtape der Missgeschicke. Jeder Ausschnitt war schlimmer als der vorherige. Zweimal stießen Mitglieder unserer Offense zusammen, weil sie die Orientierung verloren hatten. Kyle Fogarty musste einen Hechtsprung machen, um einen Pass zu erreichen, der eigentlich kein Problem für ihn hätte darstellen sollen. Es war wenig mehr als eine Ballübergabe, und dass sie misslang, bewies zweierlei: Erstens, dass Fogarty sich nicht an der richtigen Position befand, und zweitens, dass Bodie St. James nach dem Snap nicht ausreichend Zeit gehabt hatte, um zu erkennen, dass der geplante Spielzug nicht funktionieren würde.

Und dann waren da noch die Sacks unseres Quarterbacks. Diese wurden in Zeitlupe gezeigt, damit die Zuschauer genau sehen konnten, wann die Defense von Washington die Line of Scrimmage durchbrach und Bodie zu Boden riss. Ich wollte lachen, als wäre das alles bloß eine Slapsticknummer, aber jeder Tackle war brutaler als der vorangegangene – so brutal, dass Helme schepperten und Knochen knirschten. Und jedes Mal, nachdem er zu Boden gegangen war, brauchte Bodie ein wenig länger, um sich wieder aufzurappeln.

»Garlands Quarterback St. James«, ertönte die Stimme eines der Kommentatoren, »hat diese Woche eine Stellungnahme zur Verteidigung von Coach Truman Vaughn abgegeben, dem in einem vernichtenden Artikel der Unizeitung der

Gebrauch sexistischer Sprache in der Kabine vorgeworfen wurde.«

Ehe ich mich innerlich darauf vorbereiten konnte, erschien Bodie vor einem schwarzen Hintergrund mit ESPN-Logo am Bildschirm. Er sah frisch und unglaublich attraktiv aus, und es dauerte einen Moment, ehe ich erkannte, dass er denselben dunkelblauen Anzug trug wie am Donnerstag zur Vorlesung. Er musste die Stellungnahme aufgezeichnet haben, ehe er in den Hörsaal gekommen war und sich neben mich gesetzt hatte.

»Wir als Mannschaft«, sagte Bodie mit ruhiger, routinierter Stimme in die Kamera, »stehen zu einhundert Prozent hinter unserem Coach. Wir sind dankbar für alles, was er für uns getan hat, und dafür, wie hart er für unseren gemeinsamen Erfolg kämpft. Die Anschuldigungen, die gegen ihn erhoben wurden, sind verletzend und unwahr, und wir werden nicht dulden, dass sein Charakter in Zweifel gezogen wird.«

Dann tauchte wieder der Kommentator im Bild auf. Er hatte den Mund zu einem dünnen Strich zusammengepresst und runzelte ernst die Brauen. »Im fraglichen Artikel wurde auch St. James zitiert. Angeblich soll er Folgendes über Vaughn gesagt haben: ›Manchmal sagt er Sachen, die Reporterinnen lieber nicht hören sollten‹. Ein weiterer Informant, ein Spieler, der anonym bleiben möchte, wurde noch konkreter.«

Der Kommentator gab einige von Vaughns Äußerungen wieder. Währenddessen wurden Bilder von Washington-Fans gezeigt, die vor lauter Freude über den Sieg, auf den sie niemals zu hoffen gewagt hätten, das Spielfeld stürmten. Die Kameras fingen Bodie ein, der durch das Gedränge in Richtung Seitenauslinie stapfte. Als er den Kopf in den Nacken legte, um zur Anzeigetafel hinaufzusehen, fiel das Sonnenlicht einen Moment lang durch das Gitter seines Helms auf seine Augen, ehe er den Kopf hängen ließ.

Später, als ich mit geöffneten Fenstern und bis zum Anschlag aufgedrehten Billiglautsprechern in meinem Corolla nach Hause fuhr, musste ich erneut an Bodie denken. Ich dachte daran, wie er auf dem Spielfeld ausgesehen hatte, humpelnd und voller Grasflecken, die Schultern wie zum Schutz vor den johlenden Zuschauern, die sein Scheitern feierten, hochgezogen. Ich dachte an den langen Rückflug aus Washington State und daran, dass er nicht wusste, was ihn bei seiner Rückkehr erwartete. Und irgendwie hasste ich Truman Vaughn noch ein bisschen mehr als zuvor.

11

Am Montag überhörte ich das Klingeln meines Weckers. Kaum dass ich die Augen aufschlug, wusste ich, dass ich zu spät zu meinem Schreibseminar kommen würde. Es war zu hell im Zimmer und zu warm vom Sonnenschein, der durchs Fenster hereinfiel.

Als ich es in die geisteswissenschaftliche Fakultät geschafft hatte (die Haare noch nass von der schnellsten Dusche meines Lebens), belief sich meine Verspätung auf fünf Minuten. Ich zog mir die Kopfhörer aus den Ohren, wobei ich weiterhin die Lippen zu dem Song bewegte, den ich extralaut gehört hatte, damit ich mich beeilte, und schob mir die Sonnenbrille hoch, die sich prompt in meinen feuchten Haaren verhedderte.

Der Gang im Erdgeschoss war leer, bis auf zwei Mädchen, die gegenüber der Toiletten vor einem gläsernen Schaukasten mit Plakaten standen, auf denen verschiedene Kunst- und Literaturveranstaltungen beworben wurden. Die beiden waren auf beinahe komödiantische Weise gegensätzlich – eine groß und drahtig wie eine Läuferin, die andere klein und kurvig. Trotzdem beachtete ich sie nicht weiter, bis die größere der beiden mich über die Schulter ihrer Freundin hinweg erspähte. Nachdem sie einander zugenickt hatten, drehten sich die beiden um, sodass sie nun Schulter an Schulter in der Mitte des Ganges standen.

Unsicher kam ich vor dieser menschlichen Barrikade zum Stehen.

»Hi!«, sagte die Kleinere. Ihr metallicroter Nagellack funkelte im Licht, als sie ihren Kaffeebecher von einer Hand in die andere wechselte.

»Hi«, echote ich, ein wenig atemlos nach meinem Gewaltmarsch über den Campus.

»Bist du Laurel Cates?«, wollte die Größere wissen.

Ich brauchte einen Moment, bis mir klar wurde, dass die Antwort auf diese Frage *Ja* lautete. Zu meiner Verteidigung muss gesagt werden, dass ich immer noch damit beschäftigt war, die Sonnenbrille aus meinen Haaren zu befreien. Außerdem war ich es nicht gewohnt, dass Leute mich kannten – erst recht keine Leute, die ich noch nie gesehen hatte. Deshalb brachte mich die ganze Situation ein wenig aus dem Konzept.

»Äh«, sagte ich nach einer viel zu langen Pause. »Ja, die bin ich.«

Die Mädchen tauschten einen Blick.

»Wir haben eine Botschaft für dich«, sagte die kleinere. »Von Bodie St. James.«

»Eine was?«

Wenn ich aufmerksamer gewesen wäre, hätte ich vielleicht bemerkt, dass beide zwar entschlossen, aber zugleich ein bisschen nervös und fahrig wirkten. Und wenn ich die Situation früher durchschaut hätte, wäre ich womöglich misstrauisch geworden, als die kleinere den weißen Plastikdeckel von ihrem Kaffeebecher nahm. Leider erkannte ich erst, was sie vorhatte, als es schon zu spät war.

Der instinktgesteuerte Teil meines Gehirns befahl meinem Körper, sich gegen das Brennen der heißen Flüssigkeit auf meiner Haut zu wappnen. Es war fast eine Erleichterung, als ich feststellte, dass der Kaffee nur noch lauwarm war – als hätte er sich schon eine Stunde im Becher befunden. Erst danach sickerte es zu mir durch – im wahrsten Sinne des Wortes: Die beiden hatten mich mit Kaffee überschüttet. Zwei Mädchen, denen ich noch nie begegnet war, hatten im *Star-*

bucks auf dem Campus vier Dollar ausgegeben und wer weiß wie lange vor meinem Seminarraum ausgeharrt, nur um mir ein Getränk übers T-Shirt zu kippen – als wäre so eine Aktion für sie nicht mit viel mehr Unannehmlichkeiten verbunden als für mich. Das ist vermutlich auch der Grund, weshalb ich in dem Moment angespannten Schweigens nach der Tat das seltsame Bedürfnis verspürte zu lachen.

Die kleinere setzte den Deckel wieder auf ihren Becher und lächelte mich an, als hätte sie mich nicht gerade fünf Meter von der Tür meines Schreibseminars entfernt tätlich angegriffen, sondern lediglich mit mir vereinbart, dass wir uns gegenseitig unsere Seminar-Mitschriften zur Verfügung stellen würden. »Go, Lions!«, rief sie. Dann machten die beiden kehrt und eilten durch den leeren Gang davon, wobei sie aufgeregt tuschelten, als könnten sie nicht glauben, dass sie die Sache tatsächlich durchgezogen hatten.

Mit vor Entsetzen weit aufgerissenem Mund blickte ich ihnen nach, bis sie um die nächste Ecke verschwunden waren. Fast hätte ich glauben können, dass ich mir das alles nur eingebildet hatte, doch als ich an mir herunterschaute, sah ich die sehr reale Kaffeepfütze vor mir auf dem Linoleumfußboden.

Rasch zog ich mich auf die Damentoilette zurück. Die Kabinentüren standen sperrangelweit offen, die schmutzig weißen Toiletten wirkten schäbig und fast bedrohlich im harschen Neonlicht. Es war ein schwacher Trost, dass meine Angreiferinnen mich nicht in der Pause erwischt hatten, wenn die Schlangen vor dem Klo bis nach draußen reichten und Hunderte Studentinnen und Studenten auf dem Weg zur nächsten Lehrveranstaltung die Gänge bevölkerten. Niemand hatte den Kaffee-Angriff beobachtet.

Ich trat ans Waschbecken und betrachtete mich einen Moment lang im Spiegel. Ich war vom Hals bis zu den Zehen voller Kaffee. Er sickerte aus meinen Haarspitzen auf mein hellrosa T-Shirt und die Riemen meines Rucksacks. Einige dünne Rinnsale liefen mir die Arme hinunter, kitzelten die Innenseiten meiner Ellbogen und tropften von meinen Fingerspitzen. Warum hatte sie nicht auf mein Gesicht gezielt? Das kam mir wie eine verschenkte Gelegenheit vor.

Ich zog ein Papierhandtuch aus dem Spender, hielt es unter den Wasserhahn und betupfte den Fleck vorn an meinem Shirt. Als ich erneut mein Spiegelbild inspizierte, stieg ein schrilles Lachen in meiner Kehle hoch, das von den gefliesten Wänden widerhallte.

»So eine Scheiße«, sagte ich laut.

Auf einer leeren Toilette Selbstgespräche zu führen kam mir übertrieben theatralisch vor, andererseits: Es war wirklich scheiße. Woher hatten die beiden überhaupt gewusst, wo sie mich finden konnten? Hatten sie den Kaffee allen Ernstes nur deshalb gekauft, um mich damit zu überschütten? Ich hatte eine Menge organisatorische Fragen.

Und dann war da noch die Einleitung der Kleineren: *Wir haben eine Botschaft für dich. Von Bodie St. James.*

Bodie hatte sie also geschickt. Ich hätte ihm niemals zugetraut, dass er zu so einer Gemeinheit fähig wäre. War er nicht angeblich so wahnsinnig nett? So viel also dazu. Er hatte gewollt, dass ich mit heißem Kaffee übergossen wurde, und zwei seiner Untertaninnen entsandt, um die Tat auszuführen – wahrscheinlich weil er sich selbst nicht die Finger schmutzig machen wollte. Was für ein Feigling.

Ich machte ein zweites Papierhandtuch nass und rieb weiter an meinem Shirt herum, wodurch sich der Kaffeefleck ausbreitete wie eine von Mehris Aquarellblumen. Er war vielleicht ein bisschen blasser geworden, aber dafür immer größer. Übersehen konnte man ihn jedenfalls nicht.

Meine Nase fing an zu laufen. Ich schniefte heftig und übte beim Reiben noch mehr Druck aus, aber dann musste ich kurz aufhören, um mir mit der trockenen Ecke des Papierhandtuchs die tränenfeuchten Augen abzuwischen. Als ich erneut zu lachen versuchte, klang es jämmerlich und heiser.

»Was zum Fick?«, krächzte ich.

Ich zog noch drei weitere Handtücher aus dem Spender, ehe ich es aufgab. Das Shirt war nicht mehr zu retten – und mein Morgen auch nicht, da ich wohl kaum zu meinem Schreibseminar gehen konnte, ohne erstens mein Zuspätkommen und zweitens meinen feuchten Zustand zu erklären.

Es war Zeit, den Rückzug anzutreten.

Der Gang war immer noch leer. Wenigstens war es meinen Angreiferinnen nicht gelungen, mich zum Gespött zu machen, wie sie es zweifellos geplant hatten. Mit gesenktem Kopf und hochgezogenen Schultern, für den Fall, dass mich jemand durch die Glasscheiben der Seminarräume sah, lief ich zurück zum Eingang. Mir war klar, dass mich mein Glück früher oder später verlassen würde. Ich hatte nur gehofft, dass es wenigstens bis zum Ende des Ganges anhalten würde. Doch das Schicksal war ein eiskaltes Miststück, denn gerade als ich dachte, dem Ort meiner Demütigung ohne Zeugen entkommen zu können, trat eine menschliche Gewitterwolke durch die Eingangstüren. Sie war ganz in Schwarz gekleidet (T-Shirt, Jogginghose, Nike-Sneaker), hatte einen Rucksack über der Schulter und eine Garland-Footballjacke über dem Arm.

Bodie.

Knapp zehn Meter vor der Eingangshalle blieb ich stehen. Jeder Muskel in meinem Körper schrie nach einer Konfrontation. Aber Bodie sah nicht auf. Er bog mit gesenktem Kopf und zu Boden geheftetem Blick um die Ecke und begann, die Treppe in den ersten Stock hinaufzusteigen.

Meine Füße bewegten sich wie von selbst. Ehe ich einen klaren Gedanken fassen konnte, war ich am Fuß der Treppe angelangt. Mein Kampf-oder-Flucht-Instinkt hatte offenbar beschlossen, dass heute der geeignete Tag für einen Smackdown war. Bodie war bereits auf halbem Weg die Stufen hinauf. Seine Bewegungen hatten etwas Fahriges – eine Rastlosigkeit, die mir vielleicht zu denken gegeben hätte, wäre ich nicht so durchnässt und von ungezügeltem Zorn erfüllt gewesen.

»St. James!«, brüllte ich.

Es war extrem befriedigend zu sehen, wie er so heftig zusammenzuckte, dass er fast auf der Treppe hingefallen wäre. Doch zu meiner Enttäuschung bewahrte er das Gleichgewicht. Gerade noch rechtzeitig streckte er den Arm aus und packte das Geländer. Ich sah, wie sich die Muskeln unter seinem T-Shirt anspannten, und plötzlich erinnerte ich mich daran, wie ihn die Defense der University of Washington am Samstag fast zu Brei geschlagen hatte. Er litt Schmerzen.

Ich ballte die Fäuste. Kein Erbarmen.

Bodie wandte sich um, weil er sehen wollte, wer da wie ein Wikinger vor der Schlacht seinen Namen gebrüllt hatte. Er wirkte sichtlich verblüfft, als er mich mit lodernden Augen am Fuß der Treppe sah. »Laurel«, seufzte er und ließ die Schultern hängen. Es klang wie: *O nein, nicht die schon wieder.* Sein Blick wanderte weiter zu meinem Shirt, und die kleine Falte zwischen seinen Augenbrauen vertiefte sich. »Warum bist du andauernd so feucht?«

Ich war dermaßen abgelenkt davon, wie das Sonnenlicht, das hinter ihm durch die Fenster fiel, einen goldenen Schimmer um seine braunen Haare zauberte, dass mir die Doppeldeutigkeit der Frage beinahe entgangen wäre. Aber nur beinahe. Auch Bodie schien bewusst zu werden, was ihm da über die Lippen gekommen war, denn seine Ohren wurden feuerrot.

»Nicht im Sinne von ... Ich meinte, wie im Fahrstuhl ...«

»Ich weiß, was du meintest«, knurrte ich. »Pfeif gefälligst deine Kampfhündinnen zurück.«

Er runzelte die Stirn. »Was?«

»Deine Kampfhündinnen, die du geschickt hast, damit sie mich mit Kaffee überschütten. Du hättest wenigstens nicht so ein feiges Würstchen sein und es selbst machen können.«

Im ersten Moment sah Bodie mich nur verständnislos an, aber dann wurde ihm klar, was ich meinte. Er wusste genau, von wem ich sprach.

»Ich habe ihnen nicht gesagt, dass sie das machen sollen.« Er zeigte auf mein T-Shirt.

»Okay. Dann hast du es eben angedeutet.«

»Nein! Ich – Scheiße. Ich habe mich einfach mit ihnen über den *Daily* unterhalten, und sie meinten, sie würden versuchen, dich zur Vernunft zu ...« Er brach abrupt ab und kniff die Augen zu, als würde er erst jetzt begreifen, was diese Formulierung bedeutete.

»Mich zur Vernunft zu bringen?«, beendete ich den Satz in einem Tonfall, der sagte: *Ist das dein Ernst, du Vollidiot?*

»Ja, okay«, brummte Bodie. »Okay, das war mein Fehler. Aber ich habe nicht ...«, begann er, ehe er genervt stöhnte und sich mit einer Hand über das Gesicht rieb. »Ich wollte nicht, dass sie so was machen.«

Ich verschränkte die Arme vor der Brust, was ich jedoch sofort bereute, als ich spürte, wie mein kaltes, nasses Shirt an meinem Bauch klebte.

Bodies Blick wanderte kurz nach unten, dann sah er mir rasch wieder ins Gesicht. Keine Ahnung, wer von uns beiden heftiger errötete. Der Moment verflog, als Bodie sich räusperte. Seine Miene verhärtete sich. »Hör zu«, sagte er unwirsch. »Ich bin echt spät dran ...«

Wider Willen zuckte ich zusammen. Seine abweisende Art brannte viel mehr als der Kaffee.

»Dann geh doch«, fauchte ich und machte eine wegwerfende Handbewegung. »Ich ... ich komme schon klar. Wir sind hier sowieso fertig.«

Bodie runzelte die Stirn, und am liebsten hätte ich mit etwas nach ihm geworfen. Wie konnte er es wagen, mich so anzusehen, als wüsste er, dass ich soeben zehn Minuten im Bad verbracht und versucht hatte, mir einzureden, dass ein Heulkrampf nur mein Make-up ruinieren würde?

»Nimm meine Jacke.« Bodie hielt sie mir hin wie ein überteuertes, wasserabweisendes Friedensangebot. »Bitte«, fügte er etwas leiser hinzu.

Ich reckte das Kinn und setzte mit einer resoluten Bewegung meine Sonnenbrille auf. Wegen der Tonung konnte ich nicht mehr viel erkennen, und bestimmt sah ich aus wie der letzte Trottel, aber ich war fest entschlossen, einen denkwürdigen Abgang hinzulegen. Ich ließ Bodie auf der Treppe stehen und rauschte mitsamt den letzten Resten meiner kaffeebesudelten Würde davon.

12

Die Krönung meines höllischen Vormittags kam in Form einer defekten Klimaanlage. Als ich zu Hause ankam, war der Kaffeefleck auf meinem T-Shirt von dem langen Fußmarsch in der sengenden Sonne getrocknet. Erst hatten mich zwei Fremde (denen die NCAA-Meisterschaft wichtiger zu sein schien als Gerechtigkeit für Opfer sexueller Übergriffe) mit lauwarmem Kaffee begossen, dann noch mein verbaler Schlagabtausch mit Bodie. Ich hatte bisher – und das ist eine vornehme Untertreibung – einen ziemlich beschissenen Tag gehabt.

Als ich daher die Wohnungstür aufschloss und direkt in eine Wand aus stickiger Luft hineinlief, war das, als würde mir das Leben einen Fußtritt in die Rippen verpassen, obwohl ich bereits am Boden lag und die weiße Fahne schwenkte.

Ich ließ meinen Rucksack fallen und ging schnurstracks zum Thermostat. Es stand wie immer auf 19°C, das hieß, weder Hanna noch ich waren aus Versehen dagegen gekommen und hatten es verstellt. Ich stellte mich auf die Zehenspitzen und hielt eine Hand vor die Lüftungsschlitze über der Tür zum Schlafzimmer.

Nichts.

In der Hoffnung auf Durchzug riss ich das Küchenfenster auf, aber draußen war es genauso drückend wie drinnen. Über dem Asphalt der Tankstelle gegenüber flimmerte die Luft – es waren dieselben wabernden Hitzewellen, wie sie aus dem Toaster aufstiegen, wenn ich meine Pop Tart mal ein bisschen zu lange drin ließ.

Hanna kam zehn Minuten später, während ich vor dem geöffneten Kühlschrank auf dem Boden saß. Ich hörte das Klimpern ihrer Schlüssel und das Knarren unserer verzogenen Tür, gefolgt von einem erstaunten »Was ist denn hier los?«.

Ich lehnte mich zurück und reckte den Kopf an der Kühlschranktür vorbei. »Klimaanlage ist kaputt.«

Hanna, die ihre Laufshorts und ein durchgeschwitztes Tanktop trug, fummelte sich die Kopfhörer aus den Ohren und strich einige Strähnen ihrer glatten schwarzen Haare zurück, die sich aus ihrem Minipferdeschwanz gelöst hatten.

»Was machst du überhaupt hier?«, fragte sie und sah mich verwundert an. »Ich dachte, du bist im Seminar.«

Ich seufzte. Dann schloss ich den Kühlschrank, stand vom Boden auf und stemmte demonstrativ die Hände in die Hüften.

Hanna lachte schnaubend. »Laurel, du Tollpatsch! Ist das Kaffee?«

Ich wünschte, ich hätte auch darüber lachen können. Stattdessen schnaubte ich verächtlich, ehe ich ihr die Geschichte von den Mädchen erzählte, die im Gang auf mich gelauert hatten, um mir Kaffee übers T-Shirt zu kippen. Falls Hanna auffiel, dass meine Gelassenheit bloß gespielt war, ließ sie sich nichts anmerken. Allerdings lief sie vor lauter Empörung rot an.

»Wie sahen die beiden aus?«, wollte sie wissen. »Ich finde sie auf Social Media und reiche bei der Uni Beschwerde ein. Ach was – ich schreibe ihren Müttern auf Facebook. Wer macht denn so was? Das ist so … so …«

»Hanna.«

Sie verschränkte die Arme vor der Brust. In ihren dunklen Augen glänzten Tränen. »Ich bin so wütend«, flüsterte sie.

Ich breitete die Arme aus. Hanna nahm die Einladung an und vergrub ihren verschwitzten kleinen Kopf in meiner Halsbeuge.

»Ich bin okay«, beteuerte ich. »Der Kaffee war nur lauwarm.«

»Es geht nicht um den Kaffee.«

Sie hatte recht. Es ging nicht um den Kaffee, und es ging auch nicht um den Fleck auf meinem T-Shirt, den ich mit dem richtigen Mittelchen bestimmt rauswaschen konnte. Es ging darum, dass zwei Wildfremde wegen unserer Recherchen wütend genug gewesen waren, um mich ausfindig zu machen und ihre völlig fehlgeleitete Form von Selbstjustiz an mir zu verüben.

Ich drückte Hanna ganz fest.

»Können wir zu Andre gehen?«, fragte sie, während sie das Gesicht immer noch an meine Schulter presste. »Es ist so bullenheiß hier drin, ich habe das Gefühl, dass ich gleich umkippe. Außerdem – und das klingt angesichts deiner Situation wahrscheinlich ziemlich unsensibel – können wir uns unterwegs vielleicht einen Eiskaffee holen? Tut mir leid. Aber du riechst echt gut.«

Hanna und ich duschten nacheinander, zogen uns frische Sachen ohne Kaffee- beziehungsweise Schweißflecken an und stiegen in mein Auto. (Als meine nackten Schenkel das heiße Plastikpolster berührten, zuckte ich zusammen, und Hanna stieß einige saftige Flüche aus, als sie mit dem Ellbogen zufällig die glühend heiße Metallschnalle ihres Sicherheitsgurts streifte.)

Am Drive-in-Fenster vom *McDonald's* am Ende des Rodeo bestellten wir drei große schwarze Eiskaffees, ehe wir auf Hannas Bitte hin noch bei *Smart & Final* hielten, damit sie eine Büchse gesüßte Kondensmilch kaufen konnte – die Geheimzutat für vietnamesischen Kaffee. Als sie zurückkam, hatte sie eine Konservendose in der einen sowie eine Riesentüte Flaming Hot Cheetos in der anderen Hand. Die Cheetos, erklärte sie mir, als ich ihr einen missbilligenden Blick zuwarf, hätten direkt an der Kasse gelegen. Was hätte sie denn tun sollen, sie einfach ignorieren?

Mit eingebrachter Ernte fuhren wir weiter zu Andre. Er teilte sich mit drei anderen Mannschaftskameraden eine Wohnung im Palazzo, einem Apartmentkomplex, in dem ein Großteil der Footballmannschaft wohnte, weil man von dort aus schnell zum Sportzentrum oder zum Rodeo kam – und weil er, so wie es sich für das Footballteam in Garland gehörte, unfassbar nobel war. Es gab Springbrunnen im Innenhof, drei verschiedene Fitnessräume, eine Kletterwand und ein Café, das rund um die Uhr geöffnet hatte und eine Auswahl an Biosalaten, glutenfreien Sandwiches und frisch gepressten Säften anbot. Wer auch immer den Komplex entworfen hatte, hatte auf die Ästhetik einer italienischen Villa abgezielt, war jedoch mit den unzähligen Simsen, eingetopften Palmen und auf alt gemachten Kronleuchtern ein wenig übers Ziel hinausgeschossen. Das Ergebnis sah so aus, als gehörte es auf den Strip in Las Vegas, nicht ins Umfeld einer der besten Privatuniversitäten Kaliforniens.

Andres Mutter arbeitete als Kardiologin, sein Dad war Immobilienmakler in San Diego. Geld spielte für die Shepherds keine Rolle. Und nie spürte ich die finanzielle Kluft zwischen uns so deutlich, wie wenn ich in Plastik-Flipflops und mit abgeplatztem Lack auf den Zehennägeln in der marmornen Lobby seines Gebäudes stand und der Frau am Empfangstresen meinen Namen buchstabierte, damit sie einen Besucherausweis für mich anfertigen konnte.

Hanna und ich besuchten Andre nicht oft, hauptsächlich weil seine Mitbewohner ständig das Wohnzimmer in Beschlag nahmen, um Videospiele zu zocken, aber auch weil eine Stippvisite im Palazzo – angefangen vom Besucherparkhaus bis hin zum Sicherheitscheck – immer mit Aufwand verbunden war. Als Andre in Jogginghosen und Adiletten in die Lobby kam, um uns nach oben zu begleiten, lümmelten Hanna und ich vor dem über zwei Meter hohen Fake Kamin auf den Sofas herum und genossen die Kühle einer erstklassigen Klimaanlage.

»Puh. Endlich«, stöhnte Hanna. »Ich brauche deinen Dosenöffner.«

Im ersten Moment runzelte Andre die Stirn, ehe ich ihm den großen Eiskaffee hinhielt, den wir für ihn gekauft hatten.

Seine Augen begannen zu leuchten. »Ist das *Cà phê sữa đá*?«, fragte er und rieb sich die Hände.

»Eine leicht abgewandelte Version«, bestätigte Hanna, ehe sie sich grunzend herumwälzte, aufstand und sich die Jumbotüte Cheetos unter den Arm klemmte, als wäre sie ein Kissen, das sie zu einer Übernachtungsparty mitgebracht hatte. Sie räusperte sich. »Aber vorher müssen wir reden.«

Andre blinzelte, trank einen winzigen Schluck von seinem Kaffee und runzelte die Stirn.

»Was habe ich gemacht?«

»Euer Quarterback«, sagte Hanna und setzte sich auf den Rand der Couch, auf der ich saß, damit sie mir ihren freien Arm um die Schultern legen konnte, »hat unsere liebe Laurel mit Kaffee überschüttet.«

Andres Kopf zuckte zurück. Seufzend schüttelte ich Hannas Arm ab.

»Er hat mich nicht mit Kaffee überschüttet«, brummelte ich und spielte mit einer Ecke des Besucheraufklebers, den ich schon zur Hälfte von meinem Shirt geknibbelt hatte. »Er hat zwei Mädchen gesagt, dass sie es machen sollen. Aber aus Versehen. Alles halb so schlimm …«

»Das ist nicht halb so schlimm«, sagte Andre. »Vaughn ist sauer, und St. James lässt das an dir aus.«

»Was meinst du?« Auf einmal war mir kalt. Ich stellte meinen großen Eiskaffee zu meinen Füßen ab und drückte mir ein Zierkissen mit Quasten an die Brust. »Es hat mit dem Artikel zu tun, stimmt's? Mit dem, was Bodie im Interview gesagt hat.«

Andre nickte ernst. »Vaughn lässt es ihn nicht direkt spüren, aber ihr habt das letzte Spiel ja gesehen – St. James war in miserabler Form. Wenn's hoch kommt, hat er es auf zehn

Passing Yards gebracht. Ich glaube, Vaughn hat vorher mit ihm gesprochen, und seitdem kann St. James es ihm im Training nicht mehr recht machen. Egal was er tut, es ist immer falsch. Er war diese Woche jeden Abend im Fitnessstudio. Ich glaube, Gordon versucht zu vermitteln, damit sich Vaughn wieder ein bisschen beruhigt, aber die Stimmung ist nicht gut.«

»Chester Gordon?«, fragte ich. »Der Assistenztrainer?«

»Ist das der Typ, mit dem sich Vaughn letztes Jahr bei der Partie gegen Notre Dame diesen lauten Streit geliefert hat?«, fragte Hanna. »Den liebe ich. Absoluter Ehrenmann.«

Wieder sah Andre mich an und schüttelte den Kopf. »Aber das spielt alles keine Rolle. So was hätte St. James nicht machen dürfen. Das war übertrieben.«

Er war es ja gar nicht, wollte ich sagen. Doch mein Gehirn war bereits mit einem viel größeren Problem beschäftigt: Truman Vaughn terrorisierte meinen Informanten, und ich hatte keine Ahnung, wie ich das unterbinden sollte.

Später saßen Andre und ich nebeneinander auf seinem Bett – wir hatten uns irgendeine Detox-Aktivkohle-Maske ins Gesicht geschmiert, von der er schwor, sie würde Wunder für meine Poren wirken – und schauten einen Film auf seinem Laptop, den wir schon hundertmal gesehen hatten. Hanna war auf den Fußboden verbannt worden, bis sie ihre Cheetos aufgegessen hatte, weil Andre keine neonroten Krümel auf seiner reinweißen Bettwäsche haben wollte.

Fast hätte ich es nicht gemerkt, als mein Telefon aufleuchtete. Ich hatte eine neue Benachrichtigung auf Instagram erhalten. Eine Follow-Anfrage von Bodie St. James.

Mein erster Gedanke war: *Das muss ein Fan-Account sein.* Ich glaubte erst, dass die Nachricht von ihm persönlich kam, als ich auf den Gruppenchat klickte, den Ryan eingerichtet hatte (und den er liebevoll *Gruppensex* getauft hatte) und sah, dass Bodie keine zehn Minuten zuvor Olivias Nachricht über ein Brainstorming-Treffen nächste Woche in der Buchanan

Library geliked hatte. Ehe ich mich eines Besseren besinnen konnte, tippte ich auf Annehmen und folgte ihm ebenfalls. Dann legte ich mein Handy mit dem Display nach unten beiseite und versuchte nicht darüber nachzugrübeln, weshalb er Nick nicht gebeten hatte, mir eine andere Gruppe zuzuweisen.

»Ups«, murmelte Hanna vom Fußboden aus.

»Wenn du was fallen lässt, musst du staubsaugen«, fauchte Andre.

»Ich weiß, ich weiß!«

Sobald ich sicher sein konnte, dass Andre sich wieder dem Film zugewandt hatte und Hanna darauf konzentriert war, den Teppich nach Cheetokrümeln abzusuchen, nahm ich erneut mein Telefon in die Hand, öffnete Bodies Profil und begann zu scrollen. Ich scrollte. Und scrollte.

Auf der Highschool war er noch nicht so fit gewesen wie jetzt. Extrem beliebt, den zahlreichen Mitschülern und Freunden nach zu urteilen, die auf beinahe jedem seiner Fotos in die Kamera lachten oder Grimassen schnitten, aber deutlich kräftiger und ein bisschen unbeholfen – wenigstens bis zum Sommer vor der zwölften Klasse. Im Footballcamp (in dem sich alle Jungs in einem mir unverständlichen Freundschaftsritual die Haare abrasiert hatten) während der Sommerferien schien er fast fünfzehn Kilo abgespeckt zu haben. Kurz danach kam ein Bild von ihm, wie er mit einer Garland-Baseballkappe auf dem Kopf an einem Tisch saß und grinste, während er seinen Vertrag unterzeichnete. Hinter ihm stand Coach Vaughn. Er hatte eine Hand auf Bodies Schulter gelegt und lächelte hochmütig. Der Anblick löste ein unangenehmes Kribbeln in meinem Nacken aus.

Im nächsten Moment erschien oben auf meinem Display eine Benachrichtigung. Jemand hatte mir geschrieben. Zunächst dachte ich, es wäre Ryan oder Olivia, dann fragte ich mich mit einem plötzlichen Adrenalinschub, ob es womöglich eine Nachricht von Bodie sein konnte. Doch wie sich herausstellte, kam sie von keinem der Mitglieder meiner Projektgruppe. Stattdessen hatte sich Joaquíns Cousine Gabi de Hostos zurückgemeldet.

Ihre Nachricht war kurz und bündig:

Wir wollen nicht mit der Presse reden. Bitte kontaktieren Sie mich künftig nicht mehr.

13

Im Medienzentrum herrschte an einem Montagmorgen ungefähr so viel Betrieb wie im Juli in Disneyland. Im Gang vor Ellisons Büro wartete eine Schlange nervöser Studenten. Jeder hatte Seiten voll mit Rotstiftkorrekturen in der Hand – zweifellos das Werk unserer geliebten Chefredakteurin. Ich gesellte mich zu ihnen, doch Ellison, die mit verschränkten Armen im Türrahmen stand, erspähte mich und zog die Brauen zusammen.

»Cates! Zu mir.«

Ich spürte die Blicke der anderen, als ich mich an den Wartenden vorbeischob. Ellison bat mich in ihr winziges, vollgestelltes Büro und schloss die Tür hinter uns – direkt vor der Nase eines verzweifelten Erstsemesters.

»Guten Morgen«, sagte ich betont herzlich.

»Hast du die Abschriften?«, fragte sie, ohne sich mit Small Talk abzugeben.

»Hier.« Ich reichte ihr eine laminierte Mappe mit Blättern, die den Weg zum Campus zum Glück knitterfrei überstanden hatten. »Ich habe die Aussagen von allen vier Frauen aus dem Country Club. Die Audioaufzeichnungen habe ich dir heute Morgen auch per Mail geschickt, zusammen mit den Abschriften.«

»Ausgezeichnet.«

»Und Joaquíns Cousine hat sich zurückgemeldet«, fuhr ich fort und verzog das Gesicht, als ich meine Instagram-Seite öffnete, um Ellison Gabis Antwort zu zeigen. »Kein durchschlagender Erfolg.«

»›Wir wollen nicht mit der Presse reden‹«, las Ellison laut vor. »Das klingt doch verdächtig. Scroll mal kurz hoch. Was für eine Nachricht hattest du ihr gesendet?«

»Ich habe Josefinas Namen nicht erwähnt, sondern nur geschrieben, dass ich Joaquin kenne und er meinte, sie habe eventuell etwas über das Resort zu erzählen. Ihres Wissens nach könnte ich auch einen Artikel über schöne Urlaubsziele schreiben. Aber ihre Antwort klingt so, als wüsste sie, worum es geht, findest du nicht? Warum sollte sie so was schreiben, wenn an der Sache nichts faul ist?«

Ellison nickte. »Schreib den anderen Freundinnen. Viel leicht beißt eine von ihnen an.«

»Aber Gabi hat mich ja nicht einfach nur abgewimmelt. Sie hat ›wir‹ geschrieben. Damit sind doch wohl auch ihre Freundinnen gemeint, oder? Zumindest hat sie für Josefina gesprochen.«

»Ich weiß nicht, wie oft ich meinen Leuten schon gesagt habe, sie sollen sich nicht mit dem zufriedengeben, was eine sekundäre Quelle sagt, bis sie versucht haben, den Kontakt zur primären Quelle herzustellen«, sagte Ellison. »Du musst Josefina Gelegenheit geben, für sich selbst zu sprechen.«

»Aber es kommt mir irgendwie unsensibel vor, sie wegen …« Ich verstummte betreten.

Ellison seufzte. »Laurel, du wirst in deinem Leben noch vielen Leuten begegnen, die alle Journalisten für neugierige, manipulative Arschlöcher halten. Aber ich kenne dich. Und du kennst dich auch. Du bist kein Arschloch. Du wirst Josefina nichts schreiben, was in irgendeiner Weise taktlos oder übergriffig ist, und du wirst sie auch nicht weiter bedrängen, wenn sie schreibt, dass sie nicht mit dir reden will. Aber du musst ihr die Chance geben, diese Entscheidung selbst zu treffen.«

Ich hasste es, wenn Ellison recht hatte.

Ich brauchte mehrere Anläufe, auf dem Campus einen geeigneten Sitzplatz zu finden, da alle Bänke, die im Schatten der Bäume standen, voller Vogelkacke waren und die anderen sich von der Sonne aufgeheizt hatten. Schließlich entdeckte ich einen Platz, an dem ich eine Viertelstunde sitzen konnte, während ich auf das Ende von Andres Typografie-Seminar wartete, damit wir zusammen zu Sexualität des Menschen gehen konnten. Ich schrieb ihm eine kurze Nachricht, damit er wusste, wo er mich finden konnte: an einem schmalen, von Hecken gesäumten Fußweg zwischen zwei Backsteingebäuden in der Nähe der Architektur-Fakultät. *Bin gleich da, muss nur noch dieses verdammte Unterschneiden hinbekommen.*

Zuversichtlich, dass ich mehr als genug Zeit hatte, bis der perfektionistische Andre mit seiner Unterschneidung zufrieden war, öffnete ich Instagram und tippte Josefinas Namen ein. Ihr Account war immer noch auf privat geschaltet. Ich konnte ihr eine Nachricht schreiben, aber die würde bei ihren Nachrichtenanfragen landen – wo Josefina sie womöglich mehrere Tage, wochen- oder sogar monatelang nicht sehen würde. Nein. Ich musste sie auf anderem Weg kontaktieren. Vielleicht über Facebook. Benutzten Leute in unserem Alter überhaupt noch Facebook? Oder LinkedIn. Sie hatte doch bestimmt ein LinkedIn-Profil.

Ihr Name war nicht gerade ungewöhnlich, aber mit ein wenig Detektivarbeit gelang es mir, eine Josefina Rodriguez zu finden, die Kommunikationswissenschaft an der University of California in San Diego studierte. Sie hatte ihre Uni-Mailadresse angegeben.

Am Ende meiner Nachricht nannte ich meine Handynummer, meine Mailadresse, meine private Mailadresse, mein Instagram-Handle, mein Snapchat, die Adresse des Büros meiner Chefredakteurin und meine Wohnadresse. Ich schloss mit den Worten: *Mit freundlichen Grüßen Laurel Cates.* Dann starrte ich die Floskel an. Sie klang so schrecklich steif. So unpersönlich und distanziert. Einem spontanen Impuls folgend, fügte ich noch einen Nachsatz hinzu. *PS: Du bist nicht allein.*

Ein leises *Whoosh*, und die Nachricht war versendet.

Ich atmete auf und klickte mich zurück zu meiner Inbox. Zwischen zwei Spammails wartete eine ungelesene Nachricht von Diana Cabrera, deren Betreffzeile ein Sonnenbrillen- und ein Martini-Emoji enthielt. Es waren die Fotos von ihrem Abend in San Diego. Sie waren allesamt mit Blitzlicht in einer schummrigen Bar gemacht worden, und ich musste die Augen zusammenkneifen, um auf den verschwommenen Aufnahmen überhaupt etwas zu erkennen. Tori und Cheryl, die grinsend ihre Cocktailgläser präsentierten. Jessica mit einem Schnapsglas in jeder Hand. Ein Spiegel-Selfie von Diana, das dem Anschein nach auf einer überfüllten Damentoilette geschossen worden war. Am Waschbecken drängelte sich eine Gruppe jüngerer Frauen, von denen ich jedoch keine aus Gabis Social-Media-Präsenz wiedererkannte. Ich scrollte zum nächsten Foto. Es war ein Gruppenbild der vier Frauen. Zwischen ihnen in der Mitte stand ein breit grinsender Mann mit rotem Gesicht und glasigen Augen. Truman Vaughn. Vorn auf seinem blauen Hemd prangte ein nasser Fleck, weil er vermutlich etwas verschüttet hatte, und auf seiner Stirn glänzten Schweißperlen.

»Igitt«, sagte ich laut.

Es war das letzte Foto.

Ich schaltete mein Telefon aus, legte es neben mich auf die Bank und zählte meine Atemzüge. Als das nicht gegen das Druckgefühl in meiner Brust half, wühlte ich mich durch meinen Vorrat an Notfallsnacks, den ich immer im Rucksack bei mir trug. Natürlich wusste ich, dass Nahrung das seltsame Brodeln in meinem Magen nicht lindern würde. Das war kein Hunger. Es war Angst.

Ich biss zweimal von meinem Müsliriegel ab, ehe mir übel wurde. Seufzend blickte ich vor mir auf das Pflaster und dann zu den Hecken, die die gegenüberliegende Seite des Weges säumten. Blätter raschelten. Aus dem Gebüsch tauchte ein Eichhörnchen auf. Sein Schwanz zuckte, und seine kleinen schwarzen Knopfaugen waren aufmerksam auf mich gerichtet. Ich brach ein Stückchen von meinem Riegel ab und warf es ihm hin.

Als Andre einige Zeit später kam, traf er mich im Schneidersitz auf meiner Bank an, wo ich pflichtschuldig Bröckchen meines Müsliriegels an eine Bande von vier Eichhörnchen verteilte, die mich umkreisten wie pelzige Haie auf der Jagd.

»Was ist denn das für eine Schneewittchennummer hier?«, wollte er wissen.

»Das ist nicht lustig! Sie lassen mich gar nicht mehr in Ruhe.«

»Weil du sie fütterst, du Hohlbirne.« Andre nahm mir die letzte Hälfte des Müsliriegels weg und biss herzhaft hinein, ehe er mit dem Fuß aufstampfte. Die Eichhörnchen ergriffen die Flucht.

»Hat sich deine Gruppe schon für ein Projektthema entschieden?«, erkundigte er sich, als wir uns auf den Weg zum Biologie-Gebäude machten, während er zufrieden meinen Riegel kaute.

»Nein. Ihr?«

»Ich denke, wir machen was über die Sextoy-Industrie.«

Es war schon schlimm genug, dass ich mit Bodie in einer Gruppe war. Nicht auszudenken, wie es wäre, die nächsten paar Monate mit ihm über Vibratoren diskutieren zu müssen.

Wir nahmen die Treppe ins Untergeschoss. Der Hörsaal war erfüllt von Gesprächen über die vergangenen Lehrveranstaltungen, als wir uns zu unseren üblichen Plätzen in der drittletzten Reihe begaben. Andre machte es sich bequem und drehte seine viel zu langen Beine in meine Richtung, damit seine Knie nicht gegen die Rückenlehne des Vordersitzes stießen. Ich ließ meinen Rucksack von den Schultern gleiten und stellte ihn neben Andre auf dem Boden ab. Ehe ich mich allerdings niederlassen konnte, rief jemand meinen Namen.

»Yo, Laurel!«

Es war Ryan Lansangan, der Mann der tausend geschmacklosen Gruppenprojekt-Witze. Er und Olivia saßen auf zwei Gangplätzen ein paar Reihen weiter unten. Neben ihnen stand Bodie, beide Hände an den Riemen seines Rucksacks, den Mund zu einem grimmigen Strich zusammengekniffen. Er trug wieder mal ein schwarzes T-Shirt und schwarze Jogginghosen und hatte eine hautfarbene Kompressionsmanschette am linken Handgelenk. Unsere Blicke trafen sich. Nachdem ich mir seine Fotos von früher angesehen hatte, nahm ich sein Gesicht anders wahr. Unter den markanten Zügen entdeckte ich noch Spuren des Kindes, das er einmal gewesen war.

Während meiner schlaflosen Nacht hatte ich eine Theorie nach der anderen entwickelt, weshalb Bodie unsere Gruppe doch nicht verlassen hatte. Alle waren dermaßen peinlich in ihrer Unplausibilität, dass sie mir normalerweise erst nach einer halben Flasche Wein eingefallen wären. Seit unserer Begegnung im Fahrstuhl, als wir beide nass geregnet zu spät zur Vorlesung gekommen waren, war er neugierig auf mich. Obwohl wir auf unterschiedlichen Seiten standen, hatte diese Neugierde nicht nachgelassen, weshalb er die gemeinsame Arbeit an unserem Gruppenprojekt als Gelegenheit nutzen wollte, mit mir über alles zu reden und unsere Differenzen beizulegen.

Doch all meine Theorien lösten sich in Luft auf, als ich merkte, wie unangenehm es ihm war, mich zu sehen. Er vermittelte nicht den Eindruck, als wollte er irgendetwas mit mir bereden. Auch nicht, als wollte er nur ein einziges Wort mit mir wechseln.

Ich drehte mich zu Andre um, der es sich offenbar zur Aufgabe gemacht hatte, Bodie mit Blicken aufzuspießen. Vermutlich wollte er bedrohlich wirken, aber so, wie er die Augen zusammenkniff, sah es so aus, als hätte er vergessen, seine Kontaktlinsen einzusetzen.

»Bin gleich wieder da«, murmelte ich.

Ich marschierte nach unten zu meiner Gruppe. Ryan und Olivia sahen mich kommen, aber Bodie schaute gerade in eine andere Richtung – worüber ich froh war, weil etwas an seiner Miene mir jeden Schritt erschwerte.

Nick hatte Bodie in seine bereits volle Vorlesung aufgenommen und war bereit gewesen, über eine fünfzehnminütige Verspätung hinwegzusehen, deshalb konnte ich mir beim besten Willen nicht vorstellen, dass unser Dozent dem Goldjungen von Garland den Wechsel in eine andere Projektgruppe verwehrt hätte. Womit nur noch eine Möglichkeit blieb: Bodie hatte gar nicht darum gebeten, die Gruppe zu wechseln.

»Du siehst hübsch aus heute, Laurel«, sagte Olivia zu mir, als ich bei ihnen stehen blieb, wobei ich darauf achtete, dass zwischen mir und Bodie mindestens eine Armlänge Abstand blieb. »Tolles Kleid.«

»Oh.« Auf Komplimente war ich nicht gefasst gewesen. »Danke! Es hat Taschen.« Wie um dies zu demonstrieren, steckte ich die Hände hinein. Gleich darauf kam ich mir dumm vor. Ein rascher Blick in Bodies Richtung bestätigte, dass er meine kleine Vorführung verfolgt hatte. Er atmete geräuschvoll aus und richtete den Blick wieder auf die andere Seite des Raumes, wo seine Mannschaftskameraden auf ihren üblichen Plätzen saßen.

Ich wünschte, er würde mal wieder lächeln.

»Was gibt's denn?«, fragte ich, nahm die Hände aus den Taschen und strich die Vorderseite meines Kleides glatt.

»Okay.« Olivia setzte sich abrupt in ihrem Sitz auf wie ein Korken, der aus einer Sektflasche ploppt. »Ich habe mal eine Zeit lang in einem mexikanischen Restaurant in Hollywood gekellnert, das richtig coole Drag-Karaoke-Abende veranstaltet. Und da dachte ich mir, wir könnten unser Gruppenprojekt doch über Drag Culture machen. Wisst ihr? Die Geschichte des Drag in Los Angeles, Gender Performance, Identität und so weiter. Das Restaurant ist ziemlich weit weg, aber ich könnte Interviews mit dem Manager und einigen Künstlern klarmachen. Dann hätten wir erstklassige Primärquellen.«

»Das ist perfekt!«, sagte ich begeistert. Im Grunde war ich einfach nur heilfroh, dass jemand aus unserer Gruppe die Dinge in die Hand nahm. Alles, was Ryan bislang zu unserem Projekt beigetragen hatte, waren geschmacklose Witze in unserer Facebook-Gruppe, und was Bodie betraf ... na ja, immerhin war er hier.

»Ziemlich coole Idee, oder?«, fragte Ryan strahlend.

»Wir könnten uns auch eine Drag-Show in einem Club ansehen oder so«, fügte Olivia eifrig hinzu. Dann wandte sie sich an Bodie und mich. »Seid ihr schon einundzwanzig?«

Bodie nickte. Keine Ahnung, wieso mich das überraschte. Ich wusste ja, dass er in seinem ersten College-Jahr noch nicht bei Spielen angetreten war, insofern war es nur logisch, dass er ein Jahr älter war als ich. Trotzdem konnte ich mir irgendwie nicht vorstellen, wie er in einer Bar stand und ganz legal ein alkoholisches Getränk konsumierte, das nicht in einem Plastikbecher serviert wurde. Vielleicht lag es auch daran, dass ich gestern Abend geschlagene anderthalb Stunden damit verbracht hatte, mir Fotos aus seiner Highschool-Zeit anzusehen.

»Ich bin erst zwanzig«, gestand ich.

»Kein Problem.« Olivia winkte ab. »Bestimmt finden wir auch Clubs ab achtzehn.«

Die Türen auf unserer Seite des Hörsaals gingen auf, und Nick betrat mit einem »Guten Morgen!« den Saal, von dem ich genau wusste, dass es eigentlich *Bitte seid leise, ihr ungewaschenen kleinen Banausen* heißen sollte. Ich machte einen Schritt zur Seite, um ihn auf dem Weg zum Podium vorbeizulassen. Im selben Moment trat Bodie vor, damit sich ein Mädchen in Ryans und Olivias Reihe quetschen konnte, und unsere Schultern stießen gegeneinander. Beziehungsweise: Meine Schulter stieß gegen seinen (sehr harten) Oberarm. Aber das war ein Detail, das mir gar nicht weiter auffiel. Ich war viel zu sehr damit beschäftigt, vom Schlüsselbein bis zum Haaransatz zu erröten.

»Entschuldigung«, stieß ich hervor.

Bodie räusperte sich und wich einen sehr großen Schritt zurück. Das tat weh.

»Wir könnten uns morgen Nachmittag treffen«, sagte Olivia rasch. Sie war so auf den baldigen Beginn der Vorlesung fixiert, dass sie die hölzerne Interaktion zwischen mir und Bodie nicht bemerkt zu haben schien. »Ich kann uns einen Gruppenraum in der Buchanan reservieren. Passt euch drei Uhr?«

Wir sahen einander fragend an, ob einer von uns verhindert war oder sonst irgendwelche Einwände hatte. Irgendwie hatte das kurze Aufflackern von Teamgeist zur Folge, dass Bodie und ich einander direkt in die Augen sahen und nickten.

»Passt mir«, sagte er.

Ich verkniff mir ein Schmunzeln. »Mir auch.«

Morgen würde Bodie St. James mit mir reden müssen, ob er wollte oder nicht.

14

Ellison Michaels wandte sich vom Fensterbrett in ihrem Büro ab, wo sie eine violette Orchidee gegossen hatte, die nur wenig dazu beitrug, den abgelebten Raum aufzuwerten, und sah mich stirnrunzelnd an. Es war Mittwochnachmittag. In den Räumen der Studentenvereinigung war es relativ still, bis auf das unablässige Gelächter einer Gruppe Jungs, die versuchten, mit einem der Sitzsäcke Hackysack zu spielen.

»Ich will, dass du beim nächsten Spiel auf der Medientribüne sitzt«, sagte sie.

»Haben wir nicht Leute, die über Football berichten?«, fragte ich und fummelte am Ärmelknopf meiner Jeansjacke herum. »Ich möchte niemandem ... auf die Zehen treten ...« Ellison glaubte doch nicht wirklich, dass etwas Gutes dabei herauskommen würde, wenn sie mich mit fünfundachtzig riesigen, von Adrenalin aufgeputschten Jungs, die mich hassten, auf einen Rasen stellte, oder?

»Du bist nicht allein. Mehri kommt mit. Sie hat schon mal Fotos bei Footballspielen gemacht, sie kennt die Regeln für Pressevertreter.«

»Ich glaube wirklich nicht ...«

Ellison ließ sich auf ihren universitätseigenen Schreibtischstuhl plumpsen. Sie hatte ihn mit einem Bezug aus Schaffellimitat aufgewertet, doch man sah ihm an, dass er alt und ein bisschen wackelig war, und er knarrte unter ihrem Gewicht. »Laurel«, sagte sie. »Du schaffst das schon.«

»Sie werden nicht mit mir reden wollen. Wie soll ich einen Artikel über die Partie schreiben, wenn das Team keine meiner Fragen beantwortet?«

»Sie werden reden. Sie sind daran gewöhnt, Fragen zu beantworten. Und wenn dein Interview mit St. James ein Indikator ist, bist du ziemlich gut darin, die richtigen Fragen zu stellen.«

»Das war ...«

Ellison kam mir zuvor. »Das war kein Glück. Du verfügst über einen guten Instinkt. Du wusstest, welche Fragen du ihm stellen musstest, und als es nötig wurde, hast du improvisiert.«

Meine Augen wurden schmal. »Du machst das nur, weil mein Name jetzt mit der Vaughn-Sache in Verbindung steht«, sagte ich anklagend. »Wenn ich genug Material für einen Artikel zusammenbekomme, kriegst du jede Menge Klicks auf der Website. Wenn ich von einem Linebacker getackelt werde und Mehri ein Foto meines leblosen Körpers schießt, kriegst du auch jede Menge Klicks auf der Website.«

»Du wirst nicht ...«, begann Ellison, ehe sie stöhnte und sich an die Nasenwurzel kniff. »Mein Gott, Cates. Im schlimmsten Fall zeigen sie dir die kalte Schulter, und du musst in deinem Artikel ohne Zitate auskommen. Aber was auch immer du schreibst, wird ihre Aufmerksamkeit erregen, ob es darin nun ausdrücklich um Vaughn geht oder nicht. Und ich weiß, du stehst nicht gern im Mittelpunkt der Aufmerksamkeit, aber was willst du tun? Einfach aufhören zu schreiben?«

Ich fuhr mit der Zungenspitze über meine Schneidezähne. Es war mir peinlich, zuzugeben, dass ich tatsächlich darüber nachgedacht hatte. Ich liebte das Schreiben, aber ich vermisste schon jetzt das beruhigende Gefühl, zu wissen, dass niemand meine Texte las. Sicher, früher hatte ich keine Anerkennung für meine Arbeit bekommen. Dafür hatte mir auch niemand aus Rache Kaffee über die Klamotten geschüttet.

»Wir kommen mit unserer Recherche nur voran, wenn wir schamlose Neugier an den Tag legen«, fuhr Ellison in milderem, beinahe schwesterlichem Ton fort. »Ich brauche jemanden, der es versteht, die richtigen Fragen zu stellen. Und du bist meine Frau dafür.«

»Du bist meine Frau dafür.« Ganz billige Nummer. Natürlich sprang ich trotzdem darauf an. »Ich komme schon klar.«

»Gut«, sagte Ellison mit einem triumphierenden Lächeln. »Weil ich nämlich so frei war, dir für nächste Woche eine Presseakkreditierung zu beantragen. Bis Samstag müsste sie abholbereit sein. Du musst nur deinen Studentenausweis im Kommunikationsbüro des Athletikzentrums vorzeigen. Mehri kann dir erklären, wie ihr durch den Presseeingang ins Stadion kommt, und ich schreibe ein paar Fragen auf, die du den Spielern stellen kannst, damit du weißt, wie du den Einstieg findest.«

In dem Moment wurde mir klar, dass Ellison mich nur der Form halber gefragt hatte, ob ich über das Spiel berichten wollte. Im Grunde hatte die Entscheidung bereits festgestanden. Der Rest war unvermeidlich gewesen.

Ellisons Handy vibrierte geräuschvoll auf der hölzernen Platte ihres Schreibtischs. Sie warf einen Blick auf das Display und seufzte, obwohl sie immer noch lächelte. »Ich muss da rangehen. Warum kommst du nicht morgen Nachmittag vorbei?«

Ich stand auf, salutierte und wandte mich zum Gehen.

»Ach so, Cates?«

Mit einer Hand am Türknauf blieb ich stehen.

»Dein Make-up heute sieht phänomenal aus«, sagte Ellison. »Im Ernst. Deine Augenbrauen sind so symmetrisch, dass sie aussehen, als wären sie gephotoshoppt.«

Unwillkürlich hob ich die Hand ans Gesicht, aber dann fiel mir wieder ein, dass Hanna mir eingeschärft hatte, mit meinen dreckigen Fingern ja nicht in die Nähe des von ihr geschaffenen Meisterwerks zu kommen, weil ich unweigerlich etwas verschmieren würde. Eyeliner, Lidschatten, Konturen, Augenbrauen. Es gab viel, was ich hätte ruinieren können.

»Danke«, sagte ich verlegen. »Das hat meine Freundin gemacht.«

Ellison gab ein nachdenkliches Brummen von sich. »Irgendein besonderer Anlass?«

»Nein. Einfach nur so.«

Im ersten Stock der Buchanan Library stank es nach Textmarkern, Energydrinks und Verzweiflung. Am hinteren Ende des großen Raums, von den Fahrstühlen durch ein Labyrinth aus Arbeitsnischen und Tischen voller Bücher und leerer Kaffeebecher getrennt, lagen die Gruppenräume. Diese waren im Grunde nichts weiter als glorifizierte Besenkammern mit Glastüren (die Studenten davon abhalten sollten, die Räume für gewisse andere Aktivitäten zu nutzen, die nicht akademischer Natur waren).

Der Raum, den Olivia für uns reserviert hatte, war kaum groß genug, dass ein runder Tisch und ein paar Stühle hineinpassten. Sie selbst saß zu meiner Linken, hatte die dunkelblonden Haare zu einem unordentlichen Pferdeschwanz zurückgebunden und die buschigen Brauen zusammengezogen, während sie auf das Display ihres Handys starrte. Die unzähligen zarten Ringe an ihren Fingern blinkten im Licht der Leuchtröhren, als sie wieder einmal eine sehr lange Nachricht an jemanden tippte, dessen Kontaktname *Fahr zur Hölle* lautete. Rechts von mir saß Ryan, der zu einem zwanglosen nachmittäglichen Arbeitstreffen eine seidene Bomberjacke mit Blumendruck und weiße Wildlederboots angezogen hatte.

Aber es stand mir wohl kaum zu, ihn dafür zu kritisieren. Schließlich hatte ich Hanna gebeten, mich so zu schminken, als wollte ich um vier Uhr beim Miss-Universe-Wettbewerb antreten.

So kam es, dass ich mit meinem Schwalbenschwanz-Lidstrich, champagnerfarbenem und schokobraunem Glitzerlidschatten und falschen Wimpern (ein ungewohntes Gewicht, an das ich mich, so hatte Hanna mir versichert, schon bald gewöhnen würde) auf den freien Stuhl auf der anderen Seite des Tischs starrte.

»Es ist Viertel nach drei«, murmelte Olivia und legte ihr Telefon mit dem Display nach unten auf den Tisch.

Bodie würde nicht kommen. Ich musste es nicht aussprechen. Wir alle dachten es. Deshalb hatte er nicht um einen Gruppenwechsel gebeten. Er versuchte es mir heimzuzahlen, indem er unser Projekt sabotierte. Er würde sich verweigern und uns zwingen, seinen faulen Arsch mit über die Ziellinie zu schleifen, wenn wir nicht alle durchfallen wollten.

Nur damit keine Missverständnisse aufkamen: Ich war sauer, weil er die Gruppe im Stich ließ. Nicht weil mein schönes Make-up umsonst war. Definitiv nicht.

»Wahrscheinlich hat er noch Verpflichtungen mit der Mannschaft«, sagte Ryan achselzuckend.

Dass er Bodie einen Vertrauensbonus gewährte, brachte für mich das Fass zum Überlaufen. Was hatte St. James an sich, dass die Menschen ihm alles durchgehen ließen? Er kam eine Viertelstunde zu spät in die Vorlesung, und Nick war bereit, die Namensliste zu verbrennen, um jeglichen Beweis seiner Unpünktlichkeit zu vernichten. Er ließ uns bei unserem Gruppentermin hängen, und Ryan nahm dies mit vollendeter Gelassenheit auf. Er bezichtigte mich, das Leben seines Coachs mit aus der Luft gegriffenen Vorwürfen zerstören zu wollen, und beauftragte (wenngleich unabsichtlich) zwei Mädchen damit, einen Kaffee-Anschlag auf mich zu verüben, und alles, woran ich denken konnte, war, dass sein bandagiertes Handgelenk hoffentlich nicht allzu stark schmerzte, weil er es im Moment schon schwer genug hatte.

War es das unaufdringliche Selbstvertrauen? Der Bizeps? Sein jungenhaftes Lächeln, das einem den Eindruck vermittelte, er würde einen mit nur einem Blick lesen und alles an einem mögen, von der ersten Zeile bis zum letzten Kapitel?

»Was auch immer«, knurrte ich. »Lasst uns einfach ohne ihn den Kriterienkatalog durchgehen und die Arbeit aufteilen.«

Falls den anderen Mitgliedern meiner Arbeitsgruppe auffiel, dass ich meinen Collegeblock mit etwas zu viel Schwung auf den Tisch knallte und die Mine meines Druckbleistifts abbrach, als ich das Datum aufschreiben wollte, gaben sie keinen Kommentar dazu ab.

Allerdings sagte Olivia: »Ich mag deinen Eyeliner, Laurel.«

Nachdem wir in der Buchanan Library fertig waren, beschloss ich, da ich nun schon einmal auf dem Campus war, gleich auch noch den Presseausweis abzuholen, den Ellison freundlicherweise für mich beantragt hatte. Mein Make-up sah fantastisch aus. Es war wichtig, dass möglichst viele Leute es zu sehen bekamen.

Das Athletikzentrum war ein palastartiger Schrein der Geltungssucht. Es bestand aus einem dreistöckigen Gebäude mit Büros, zwei Trainingsplätzen und einem brandneuen Fitnessstudio. Letzteres war ausschließlich den Sportlern vorbehalten und durch mehrere Drehkreuze gesichert, die man nur mit einem Ausweis passieren konnte. Die Normalsterblichen waren auf den allgemeinen Fitnessraum angewiesen, wo die Kombination aus hohem Besucherandrang und unzureichend gewarteten Geräten dazu führte, dass man eine halbe Stunde anstehen musste, nur um einen quietschenden Stepper benutzen zu dürfen.

Der Türhüter dieses Teils des fünfzig Millionen Dollar teuren Tempels der sportlichen Glanzleistungen war ein Student mit Polohemd, blondierten Haaren und einem gigantischen Pickel am Kinn. Ich durchquerte das Foyer, auf dessen schwarzem Marmorboden die Sohlen meiner Sneaker unangenehme Geräusche machten, während ich an goldgerahmten Porträts alter weißer Männer und Vitrinen mit verschiedenen Pokalen, Rosetten und Medaillen vorbeiging und schließlich am Empfangstresen stehen blieb.

»Hi, ich komme vom *Daily* und wollte meinen Presseausweis abholen.«

Der Junge hinter dem Tresen drückte eine Taste an seinem Computer, das Drehkreuz neben mir öffnete sich, und ich wagte mich kühn ins Unbekannte.

Der Architekt, der das Athletikzentrum der Garland University entworfen hatte, musste ein Fan von Sci-Fi-Filmen gewesen sein, denn der Komplex sah aus wie eine Kulisse von *Star Wars*. Die Wände bestanden aus glattem dunklem Beton, und die Böden aus schwarzem Marmor glänzten so stark, dass man sich darin spiegelte. Ich kam mir vor wie in einer dieser Rummelplatzattraktionen voller optischer Illusionen und Zerrspiegel. Auch wenn es eine sehr, sehr teure Rummelplatzattraktion war. Je tiefer ich in das Labyrinth aus Gängen und Trainingsräumen vordrang, desto lächerlicher fühlte ich mich. Irgendwann fand ich mich auf einem Gang wieder, dessen eine Seite komplett aus bodentiefen Fenstern bestand, die Ausblick auf ein Footballfeld eine Etage tiefer boten. Der Kunstrasen leuchtete neongrün unter den Flutlichtern. Zwei Trainerassistenten und eine Handvoll Spieler waren auf dem Platz und machten Sprintübungen. Bodie war nicht unter ihnen.

Ich ging weiter, bis ich zu einer Kreuzung und einer Nische mit zwei Trinkbrunnen kam. Warum hingen in diesem Irrgarten nicht an jeder Ecke Lagepläne?

Durch die Wand des Büros neben den Trinkbrunnen drang eine Stimme an mein Ohr. *Gordon* lautete der Name auf dem Schild an der Tür. Der Trainerassistent. Immer noch nicht das Kommunikationsbüro, insofern war mein Interesse begrenzt – bis ich eine zweite Stimme hörte: die von Bodie.

»Na ja, offensichtlich denken Sie anders.«

Ich wusste, dass es nicht richtig war, ein Gespräch zu belauschen, das ganz offensichtlich privater Natur und noch dazu recht hitzig war. Außerdem durfte ich ohnehin nichts von dem, was Gordon bei geschlossener Tür in seinem Büro sagte, für meine Recherchen verwenden, weil ich damit sein Recht auf Privatsphäre verletzt hätte. Ich hatte also wirklich keinen Grund, länger zu verweilen. Es wäre das Klügste gewesen, einfach zu gehen. Zumindest hätte ich den Trinkbrunnen einschalten, meinen Rucksack fallen lassen oder auf andere Weise auf mich aufmerksam machen sollen, damit den Personen im Büro bewusst wurde, dass sich jemand in Hörweite befand (und dass Gordon gut daran täte, sich entweder eine dickere Tür zu besorgen oder leiser zu sprechen). Aber ich war noch nie ein leuchtendes Beispiel für solide Entscheidungsfindung gewesen. Ich versteckte mich in der Nische, damit mich keiner sah, falls jemand aus dem Büro kam, und lehnte mich mit der Schulter an die Wand zum Trainerbüro.

»Das habe ich so nicht gesagt«, hörte ich Gordon sagen. »Ich finde einfach, dass du dich momentan überforderst, verstehst du? Du bist beim Training unkonzentriert. Gegen Washington konntest du ums Verrecken keinen präzisen Pass werfen ...«

»Ich hatte einen schlechten Tag«, gab Bodie zurück. »Seit wann darf ich nicht auch mal einen schlechten Tag haben?«

Eine dritte Stimme mischte sich ins Gespräch. »Du bist drauf und dran, in der Vorlesung durchzufallen, in der ich dir extra noch einen Platz besorgt habe.«

Vaughn. Ein Schauer lief mir den Rücken hinauf.

Schweigen trat ein. Ein langes, sehr unangenehmes Schweigen. Es war fast eine Erleichterung, als Bodie wieder das Wort ergriff. »Wir hatten noch nicht mal die Zwischenprüfung. Ich kann gar nicht durchfallen.«

»Ach nein?«, konterte Vaughn. »Dein Professor hat eine Mail an den gesamten Trainerstab geschrieben. Du hast in einem Lektüretest null Punkte bekommen. Er meinte, er mache sich Sorgen, dass du dieses Semester möglicherweise nicht die akademischen Anforderungen für das Athletikprogramm erfüllst.«

Gordon seufzte müde. Bodie schwieg.

»Für mich ist diese Diskussion beendet«, verkündete Vaughn.

Die Tür schwang auf, und schwere Schritte erklangen auf dem Flur. Ich erstarrte vor Angst, dass Vaughn sich umdrehen und mich sehen könnte, doch er marschierte in die andere Richtung davon.

Nachdem er verschwunden war und mein Herzschlag sich wieder einigermaßen beruhigt hatte, hörte ich Bodie sagen: »Ich wollte die Vorlesung überhaupt nicht belegen.«

»Warum hast du es dann gemacht?«, fragte Gordon.

»Vaughn hat gehört, dass der Prof großzügig benotet.«

Wieder seufzte Gordon. Dann raschelte etwas – es klang nach dem steifen, wasserabweisenden Material, aus dem die Teamjacken gefertigt waren –, als er sich auf seinem Stuhl bewegte. Sein Bürosessel war definitiv besser als der von Ellison, denn statt des schrecklichen Quietschens und Ächzens rostigen Metalls hörte man lediglich das gedämpfte Knarren von Leder.

»Wenn es dir mit dem Hauptfachwechsel wirklich ernst ist«, sagte Gordon in versöhnlicherem Ton, »musst du dafür sorgen, dass deine Noten besser werden. Wir können dir natürlich einen Tutor besorgen, aber ich finde, du solltest erst mal versuchen …«

»Ich will mein Hauptfach nicht wechseln«, fiel Bodie ihm ins Wort.

»Nein?« Gordon klang überrascht.

»Ich habe mit Vaughn gesprochen. Er hält das für keine gute Idee.«

»Aber wie denkst du darüber?«

Eine Pause folgte. »Ich glaube, er hat recht«, sagte Bodie irgendwann. »Sie beide haben recht. Im Moment kann ich mir unmöglich noch mehr zumuten.«

Wieder ein langes Schweigen. Dann: »Bodie, falls du irgendwas gehört hast ...«

»Komme ich damit zu Ihnen.« Die Antwort kam mit großem Nachdruck und ohne Zögern.

»Nein«, widersprach Gordon. »Wenn du was hörst, kommst du damit nicht zu mir. Du gehst zu niemandem in dieser Fakultät, sondern direkt zur Polizei. Hast du mich verstanden? Sei nicht dumm, St. James.«

Das war eine sehr unglückliche Wortwahl.

»Ich bin nicht dumm.«

»Das weiß ich. Das wollte ich auch gar nicht andeuten.«

»Sie können mich nicht auf die Bank verbannen, nur weil ich bei irgendeinem bescheuerten Test durchgefallen bin. Mir geht es gut. Ich habe alles im Griff, ich – Scheiße. Ich will doch einfach nur, dass alles wieder so ist wie früher.«

Jetzt wünschte ich wirklich, ich wäre nicht stehen geblieben, um zu lauschen. Am liebsten hätte ich die Zeit zurückgedreht, damit ich Bodies Frust, seine Scham und das verzweifelte Beharren darauf, dass alles in Ordnung war, nicht hören musste.

Als Bodie das Büro verließ, schlug er die Tür so heftig hinter sich zu, dass die Wand, an der ich lehnte, erzitterte. Mit angehaltenem Atem horchte ich auf ein Anzeichen dafür, dass er womöglich um die Ecke kommen und den Trinkbrunnen benutzen würde. Ich hörte ein frustriertes Stöhnen und dann, so leise, dass ich es fast nicht bemerkt hätte, ein Schniefen. Noch lange nachdem das Geräusch seiner Schritte verklungen war, stand ich in der Nische, ehe ich mich hervorwagte, um meine Suche nach dem Kommunikationsbüro fortzusetzen.

15

»Ich liebe dich«, sagte Hanna, »aber wenn du nicht endlich deinen kleinen Finger still hältst, breche ich ihn dir ab.«

Ein Handmodell zu sein war gar nicht so einfach. Das war mir nicht bewusst gewesen, als ich mich freiwillig gemeldet hatte. Ich wollte einfach, dass Hanna aufhörte zu lamentieren, dass sie in Figürlichem Zeichnen durchfallen und ihre Eltern, die sie immer in ihren Bestrebungen als Künstlerin unterstützt hatten, obwohl die Jobaussichten alles andere als rosig waren, bitter enttäuschen würde. Fünf Minuten nachdem ich mich hingesetzt hatte, während Hanna eine Seite nach der anderen aus ihrem Skizzenbuch riss und Radiergummikrümel überall auf unserem Teppich verstreute, kam Andre (gähnend und mit trüben Augen, weil er nach dem Abendessen ein Nickerchen gemacht hatte) und fragte, ob er mitmachen dürfe. Hanna lieh ihm einige Kohlestifte und einen ihrer riesigen Zeichenpapierbögen, dann rutschte sie zur Seite, damit wir alle drei auf dem Fußboden zwischen unseren Betten Platz hatten.

»Ich hätte nichts dagegen, wenn du bald eine Pause machen möchtest«, teilte Andre mir mit und schob sich mit dem Handrücken die Brille auf der Nase nach oben. »Ich muss nur noch ein bisschen schattieren.«

»Wie schön für dich«, brummte Hanna, ehe sie erneut nach ihrem Radierer griff. Sie wollte gerade ihren siebten Zeichenversuch beginnen, als Andres Handy, das neben ihm auf dem Teppich lag, klingelte. Er sah erst seine kohleverschmierten Hände, dann mich und dann Hanna an. Die knallte stöhnend ihr Skizzenbuch hin und griff über Andres Schoß hinweg, um für ihn einen Blick auf das Display zu werfen. »Im Baseball House gibt es heute Abend eine Party«, verkündete sie.

»Ich kann nicht«, sagte Andre, ohne aufzublicken. »Fogarty hat gesagt, er will heute Abend feiern gehen. Wenn er morgen einen Kater hat, stellt der Coach vielleicht mich auf.«

»Was ist mit morgen Abend?«, fragte Hanna.

»Oh, die Afterparty findet nach wie vor statt. Die Jungs und ich feiern im Palazzo. Wir haben ungefähr fünfundzwanzig große Flaschen Svedka. Wenn wir gewinnen, lassen wir es krachen. Und wenn wir verlieren ... dann haben wir fünfundzwanzig große Flaschen Svedka.«

Hanna drehte sich mit einer hochgezogenen Augenbraue zu mir um. Ihr Lächeln behagte mir gar nicht.

»Was ist?«, fragte ich.

»Du wolltest doch mit Bodie sprechen, oder?«

In Hannas Latzkleid aus Cord fühlte ich mich, als hätte ich versehentlich etwas aus der Kinderabteilung gekauft. Es saß ziemlich eng um die Hüften und reichte mir gerade mal bis zur Mitte der Oberschenkel, wie sehr ich mich auch bemühte, es weiter herunterzuziehen. Aber es war schwarz. Wenn ich mir für den Abend schon etwas aus Hannas Kleiderschrank borgte, dann sollte es etwas Schmutzabweisendes sein, für den Fall, dass wieder jemand auf die Idee kam, mich mit einem Getränk zu überschütten. Denn anscheinend musste ich von nun an auf solche Eventualitäten vorbereitet sein.

Das Baseball House lag in der Mitte des Rodeo, groß und imposant, mit umlaufender Veranda und einem Lautsprechersystem, das so viel Power hatte, dass ich die Bässe in den Gehwegplatten unter meinen Füßen spürte. Zwei hünenhafte Eishockeyspieler bewachten als Türsteher den Eingang. Einen Sekundenbruchteil lang malte ich mir aus, wie sie mich in der Schlange der Wartenden entdeckten und mir sagten, ich solle mich gefälligst verpissen. Doch als wir die oberen Verandastufen erreichten, empfingen sie die amtierende Beerpong-Meisterin mit High Fives. Gleich darauf waren wir drinnen. Noch nie war ich mir so cool vorgekommen.

Die Häuser am Rodeo stammten alle aus Viktorianischer Zeit, aber das Baseball House sah so aus, als hätte jemand einen Eiskugelportionierer genommen, um damit Zimmer für Zimmer auszuhöhlen und dann den Inhalt eines modernen Möbelkatalogs, frische Farbe und nagelneue Parkettböden darin auszukippen. Hanna lotste mich durch das schummrig beleuchtete Wohnzimmer mit seinen schwarzen Ledersofas in die moderne Küche, die ich nur von dem unscharfen Snapchat her kannte, das Andre mir am Abend von Bodies Partyeinladung geschickt hatte. Mitten im Gewimmel aus schönen Menschen und Sportlern thronte eine Kücheninsel mit Granitplatte, auf der mindestens vierzig Flaschen Wein standen. Glasflaschen. Und nicht mit Schraubverschluss. Mit Korken.

»O mein Gott«, hauchte ich ehrfurchtsvoll. »Okay, lass uns nach ihm suchen.«

»Ich sehe ihn nicht«, sagte Hanna. »Ich sehe keinen der Footballspieler.«

Ein schneller Rundumblick offenbarte, dass sie recht hatte.

»Scheiße«, sagte ich. Ich hatte dieses Outfit völlig umsonst angezogen. »Okay. Dann lass uns nach Hause gehen.«

Hanna verschränkte die Arme vor der Brust und reckte das Kinn vor. »Nein.«

»Was soll das heißen – nein?«

»Jetzt sind wir schon mal hier. Du hast so hart an dem Artikel gearbeitet, da hast du dir einen freien Abend redlich verdient.«

Widerwillig lenkte ich ein. Nicht weil ich auch der Ansicht war, einen freien Abend verdient zu haben, sondern weil ich ganz selbstsüchtig ein paar Stunden lang nicht an Vaughn denken wollte.

»Ich gehe mal rum und suche mir ein paar Loser, die ich zu einer Runde Beerpong herausfordern kann«, verkündete Hanna.

Während sie sich auf den Weg machte, nahm ich mir die umfangreiche Weinauswahl vor. Ich holte mir einen roten Plastikbecher und goss mir einen Schluck aus der nächstbesten offenen Weißweinflasche ein. Er schmeckte sauer und streng. Ich trank ihn trotzdem. Nachdem ich den Becher geleert hatte, gab ich ein nachdenkliches »Hmmmm« von mir (als hätte ich auch nur die geringste Ahnung, worauf ich bei einem Wein achten musste, außer dass er weniger als fünf Dollar kostete), ehe ich mit einer apricotfarbenen Flasche mit verschnörkelter Schrift auf dem Etikett weitermachte. Rosé.

Ich bewegte den Schluck in meinem Mund hin und her und überlegte, ob ich damit gurgeln sollte. Dann rief ich mir ins Gedächtnis, dass ich mich auf einer Party befand, und besann mich eines Besseren.

Als Nächstes kamen die Rotweine dran. Der erste, den ich mir eingoss, war tief dunkelrot – eine Farbe, die einen Schauer freudiger Erwartung durch meinen Körper sandte. Ich steckte die Nase in den Becher und atmete mehrmals tief ein, ehe ich trank.

Dios mio. Sie schmeckten alle ziemlich übel. Aber sie waren gratis, und sie erfüllten ihren Zweck. Ich kippte noch etwas Rotwein in meinen Becher, dann nahm ich zwei andere Flaschen und goss ein bisschen aus jeder dazu, bevor ich alles gründlich miteinander vermischte. »Wein oder nicht Wein?«, murmelte ich halblaut. Das hatte ich mal auf einem T-Shirt bei Target gelesen. Ich probierte einen Schluck meines selbst gemachten Mixgetränks. Wie viele Becher hatte ich jetzt schon gehabt? Andererseits waren es ja keine vollen Becher gewesen – eher Shots. Wein-Shots. Ich versuchte sie an einer Hand abzuzählen, gab es jedoch auf, als mir bewusst wurde, dass ich eine anstrengende Woche hinter mir hatte und dringend mal abschalten musste.

Ich fand Hanna im Wohnzimmer. Sie stand vor einem Klapptisch neben einem Steinkamin mit gläserner Umrandung. Auf der anderen Seite des Tisches standen zwei sehr große, sehr siegesgewiss wirkende junge Männer (dem breiten Kreuz und ausgeprägten Latissimus nach zu urteilen, handelte es sich um Schwimmer), die meine beste Freundin, das Beerpong-Genie, eindeutig unterschätzten.

»Mannschaftsbesprechung«, sagte ich. »Wie sieht unsere Strategie aus?«

»Ich werfe«, sagte Hanna. »Du musst einfach nur hübsch aussehen und dich amüsieren.«

Da sich diese zwei Dinge gegenseitig ausschlossen, entschied ich mich für Letzteres und begann mich zum wummernden Beat der Musik hin und her zu wiegen, bis ich mich allmählich zu einer kreisenden Hula-Hoop-Bewegung steigerte. Unsere Gegner betrachteten uns ganz offensichtlich nicht als ernst zu nehmende Bedrohung. Hanna reichte ihnen selbst in Plateauschuhen kaum bis zum Ellbogen, und ich tanzte wie mein Dad nach seiner Knie-OP. Die beiden lachten, während sie ihre Tischtennisbälle bereitlegten und ihre Becher aufstellten. Sie konnten es kaum erwarten, zuzusehen, wie zwei stark angeheiterte Mädchen lauwarmes Bier trinken mussten.

Entsprechend groß war meine Genugtuung, als Hanna sie mit nur vier Würfen besiegte. Während wir ausgiebig jubelten und uns über unseren noch vollen Bechern mit einem High Five gratulierten, kam der größere der beiden Verlierer auf unsere Seite und streckte uns die Hand hin.

»Gutes Spiel«, meinte er zu Hannah.

»Ihr habt euch bemüht«, erwiderte sie.

Der Schwimmer sah süß aus, und ich war absolut dafür, dass Hanna ihren kiffenden Lover Danny aus dem Art House durch Mr. Ehrenhafter Verlierer ersetzte. Mit anderen Worten: Es wurde Zeit, mich zu entschuldigen und die beiden sich selbst zu überlassen.

»Ich hole mir noch einen Wein«, flüsterte ich, tätschelte Hannas Schulter und zwinkerte ihr demonstrativ zu. Sie kniff mich in die Seite. Lachend wich ich ihr aus und tauchte in der Menge unter.

Zurück an der Kücheninsel, schnappte ich mir eine weitere Flasche und überflog das Etikett, als hätten die Angaben darauf irgendeine Relevanz für mich. Während ich mir einschenkte, dachte ich, dass es vielleicht gar nicht so schlimm war, dass meine Pläne durchkreuzt worden waren. Hanna und ich rockten beim Beerpong, sie war kurz davor, einen sexy Schwimmer aufzureißen, und trotz meines viel zu kurzen Kleids fühlte ich mich angenehm unsichtbar – eine willkommene Abwechslung zu den letzten zwei Wochen voller Paranoia, seit Vaughn der Footballmannschaft gegenüber behauptet hatte, dass wir vom *Daily* es auf ihn abgesehen hätten. *Das hier*, dachte ich, *ist genau das, was ich gebraucht habe.*

»Was geht ab, Bitches?«, grölte plötzlich jemand aus dem Wohnzimmer – jemand, der es mit dem Vorglühen eindeutig übertrieben hatte.

Fast wäre mir der Wein zur Nase wieder rausgekommen. Aus dem Schutz des Durchgangs zwischen Küche und Wohnzimmer heraus beobachtete ich, wie Kyle Fogarty hereingetorkelt kam. Seine Haare – die nun, da sich die Tönung teilweise rausgewaschen hatte, ein zugegebenermaßen ganz hübsches Pastellgrün angenommen hatten – waren verdächtig nass, genau wie die linke Seite seines Shirts. Vielleicht hatte er sich an einem Tornado versucht und dabei dummerweise seinen Mund verfehlt. Allerdings galt meine Sorge weniger Fogartys mangelhaften koordinatorischen Fähigkeiten als vielmehr der Person, die hinter ihm den Raum betreten hatte.

Bodie St. James folgte Fogarty mit vor der Brust verschränkten Armen und der stoischen Miene eines Leibwächters – oder einer überarbeiteten alleinerziehenden Mutter, deren kleines Kind beschlossen hatte, mitten im Supermarkt einen Trotzanfall zu bekommen. Aus seiner Flanellpyjamahose, dem ausgeleierten weißen T-Shirt und seinem unverkennbar nüchternen Zustand schloss ich, dass Bodie nicht ins Baseball House gekommen war, um die Sau rauszulassen. Er spielte Fogartys Aufpasser.

Während dieser und ein Eishockeyspieler sich mit einem Oberkörpercheck begrüßten, der so schwungvoll war, dass die Wohnzimmerwände davon wackelten, sah ich, wie Bodie schicksalsergeben einen Schlüssel in die Tasche seiner Schlafanzughose steckte. Offenbar hatten sie nicht vor, so bald wieder zu gehen.

Hanna tauchte im Türrahmen auf, packte mich am Latz des schwarzen Cordkleids und zog mich zurück in die Küche.

»Bodie ist hier«, sagte ich viel zu laut.

»Habe ich gesehen. Wir müssen los.«

»Wieso? Wir können jetzt nicht gehen. Das ist meine Chance, mit ihm zu reden.« Vielleicht war es der Wein oder vielleicht auch die Gewissheit, dass Ellison Michaels stolz auf mich sein würde. So oder so, ich war wild entschlossen, meinen ursprünglichen Plan durchzuziehen.

»Mach das nicht«, flehte Hanna.

»Ich mache es auf jeden Fall.«

Hanna seufzte, dann presste sie sich an die Wand und spähte diskret wie eine Geheimagentin um die Ecke ins Wohnzimmer.

»Siehst du sie?«, fragte ich. »Was machen sie gerade?«

»Sie begrüßen die anderen.« Hanna rümpfte angewidert die Nase. »Fogarty geht ja wohl gar nicht. Ich kann nicht glauben, dass ich mal scharf auf den war.«

»Jeder macht mal Fehler.«

»Ja, aber sieh dir seine Haare an. Ich hätte es wissen müssen.«

Ich trank noch einen Schluck aus meinem roten Becher und schmatzte genüsslich mit den Lippen. »Wenn es dir damit besser geht: Er wird morgen wahrscheinlich auf der Bank sitzen, weil er heute hergekommen ist.«

Apropos: Ich stellte meinen Becher auf dem Tresen ab und tastete nach meinem Handy. Ich wollte Andre wenigstens Bescheid sagen, dass Garlands Tight End morgen früh aller Voraussicht nach den Kater seines Lebens haben würde. Meine Daumen bewegten sich im Zeitlupentempo über das Display. *Du drfst morgn spülen!!! Kyle ist total docht!!! Glückwunsch*

Er würde schon wissen, was ich meinte.

»Quietschfidel wird er morgen definitiv nicht sein«, stimmte Hanna mir zu. »Aber St. James scheint noch nüchtern zu sein. Er muss sich am Abend vor einem Spiel wahrscheinlich zurückhalten.«

»Ja. Nur dass er …«, begann ich, brach jedoch mitten im Satz ab, als mir einfiel, dass ich nur wusste, dass Vaughn vorhatte, Bodies Spielzeit einzuschränken, weil ich das Gespräch in Gordons Büro belauscht hatte.

»Nur dass er was?«, fragte Hanna.

Ich gab ein unbestimmtes Brummen von mir.

»Egal«, meinte sie kopfschüttelnd. »Lass uns von hier abhauen.«

Sie steuerte auf den zweiten Ausgang der Küche zu – eine Tür, durch die man auf den Flur gelangte, der von der Haustür bis nach hinten einmal quer durchs Haus verlief.

Ich hielt sie am Arm fest. »Ich meine es ernst, Hanna. Ich will mit ihm reden. Kannst du Kyle solange ablenken?«

Hanna sah mich an. *Was ist bloß in dich gefahren?*, sagte ihr Blick. Die Antwort lautete: Alkohol. Jede Menge Alkohol. »Dann habe ich aber was gut bei dir«, brummelte sie, ehe sie sich ins Getümmel stürzte.

Ich streckte – deutlich weniger unauffällig als Hanna kurz zuvor – den Kopf um den Türrahmen herum, um sie zu beobachten. Zum Glück waren unsere Zielpersonen gerade anderweitig beschäftigt und durchschauten unseren Angriffsplan nicht. Bodie unterhielt sich mit drei Mädchen aus der Fußballmannschaft, während Fogarty hinter seinem Rücken am Boden kniete und den Kopf in den Nacken legte, damit zwei Basketballer ihm eine zu einem Drittel volle Flasche Grey Goose in die Kehle gießen konnten. Als sich Bodie umdrehte und die peinlichen Komasaufbemühungen seines Freundes sah, reagierte er, noch ehe sich Hanna zu ihnen durchgedrängelt hatte.

Es geschah ganz schnell. In einem Moment war er auf den Flur verschwunden, sodass ich ihn nicht mehr sehen konnte, im nächsten stand er plötzlich vor mir in der Küche, nahm einen unbenutzten roten Becher vom Tresen und trat zur Spüle, um ihn mit Leitungswasser zu füllen.

Ich folgte ihm. »Hey, Arschgesicht«, lautete meine Begrüßung. Bodie erschrak nicht. Er schloss einfach nur seufzend die Augen. Sobald der Becher voll war, drehte er sich zu mir herum und sah mich halb resigniert, halb genervt an.

»Laurel«, sagte er tonlos. Er hatte offenbar genug von meinem kindischen Verhalten.

Lass dir nicht anmerken, dass du betrunken bist, ermahnte ich mich im Stillen. »Das ist mein Name«, sagte ich. So viel dazu.

Bodie ließ die Arme hängen. Ich räusperte mich und versuchte meine zerzausten Haare zu ordnen, wobei mir beinahe mein Smartphone in den Weinbecher gefallen wäre.

»Was machst du hier?«, fragte er.

»Weinprobe«, sagte ich und tippte mit dem Fingernagel gegen den roten Becher in meiner Hand. »Guter Stoff. Napa Valley Cabernet …«

Bodie fasste sich an die Stirn. »Hör zu, Kyle ist im Moment ziemlich krass drauf. Du gehst besser, bevor er dich sieht.«

Etwas an der Art, wie er »Du gehst besser« sagte – als wäre ich eine Mücke, die das Familiengrillfest störte –, machte mich wütend.

»Du schmeißt mich raus?«, fragte ich und zog eine Augenbraue hoch. Ich hoffte, dass meine Mimik Fassungslosigkeit ausdrückte und nicht so wirkte, als hätte ich von zu viel Wein einen Schlaganfall erlitten. »Dazu hast du nicht das Recht. Du wohnst ja nicht mal hier.«

Bodie hob den Zeigefinger. »Also, erstens will ich dich gar nicht rausschmeißen. Ich versuche nur ...«

»Du bist nicht zum Treffen unserer Projektgruppe gekommen.«

Überrumpelt von meinem abrupten Themenwechsel stutzte Bodie, dann presste er die Zunge gegen die Innenseite seiner Wange.

»Mir ist was dazwischengekommen«, antwortete er deutlich leiser als zuvor.

Ich verspürte den Impuls, etwas Gemeines zu erwidern, da ich genau wusste, was ihm dazwischengekommen war. Aber dann meldete sich mein Gewissen. Ich wollte Bodies akademische Probleme nicht gegen ihn verwenden. Das wäre unfair gewesen.

Ich funkelte ihn über den Rand meines Bechers hinweg an und wünschte, ich wäre weniger weichherzig.

»St. James!«, blökte Fogarty aus dem Wohnzimmer.

Bodie rieb sich mit der Hand die Augen. Er hatte sehr schöne Hände. Groß und sonnengebräunt, mit langen Fingern. An den Knöcheln war die Haut ein bisschen abgeschürft, aber ansonsten ...

Oh, ich bin betrunken, dachte ich. *Ich bin so was von betrunken.*

»Du solltest wirklich besser gehen«, sagte Bodie noch einmal. »Ich will nicht, dass Kyle dich sieht.«

»Meinetwegen«, keifte ich. »Lass mich nur kurz meinen ...«

»St. James!«, rief Fogarty erneut, und seine Stimme klang viel näher als zuvor.

Bodie fackelte nicht lange. Er nahm mir den Becher aus der Hand, stellte ihn oben auf den Kühlschrank und drehte sich danach wieder zu mir um, ehe ich auch nur vor Entrüstung schnauben konnte.

»*Tu tientes* wirklich Nerven – *pinche pendejo* …«

Unbeeindruckt von meinem Protest legte Bodie mir eine Hand zwischen die Schulterblätter und schob mich durch den Türdurchgang auf den Flur, der mir irgendwie schmaler und düsterer vorkam als bei Betreten des Hauses. Er versuchte mich nach rechts in Richtung Haustür zu lotsen, aber ich bewegte mich nicht von der Stelle. Seufzend ließ Bodie die Hand sinken. ich drehte mich zu ihm um und rollte die Schultern, um dieses seltsame Kribbeln loszuwerden, das dort entstand, wo seine Hand gewesen war.

»Schieb mich nicht rum«, fauchte ich ihn wutentbrannt an.

»St. James! Was zum Fick!«, kam Fogartys Stimme aus der Küche.

Bodie blickte zur Zimmerdecke empor. »Das ist wie Flöhe hüten.«

Er stützte eine Hand gegen die Wand, damit ich nicht abhauen konnte. Dann lehnte er sich zur Seite, um in die Küche sehen zu können. Er kam mir so nah, dass ich den Duft seines Deos riechen konnte. »Kyle! Eine Minute, okay? Ich komme gleich.«

Ein längeres Schweigen folgte. Dann sagte Fogarty: »Machst du gerade ein Mädel klar, oder was?«

Ich erwartete, dass Bodie erröten würde. Das schien ja so etwas wie sein Markenzeichen zu sein. Umso mehr staunte ich, als er schlagfertig entgegnete: »Das würde länger dauern als eine Minute, du Penner.«

Ich versuchte mir ein Lachen zu verkneifen, doch es bahnte sich als Schnauben einen Weg aus meiner Kehle. Bodie sah mich von der Seite an, als wollte er sagen: *Reiß dich zusammen.* Ich räusperte mich und zog den Kopf ein. Dabei stieß meine Nase gegen Bodies sehr warme, sehr feste Brust.

»Sorry«, flüsterte ich.

»Ernsthaft«, rief Bodie seinem betrunkenen Mannschaftskameraden zu. »Bau schon mal das Beerpong auf.«

»Wenn du in fünf Minuten nicht hier bist, komme ich dich holen!«, drohte Kyle.

»Ich komme gleich.« Bodie nahm den Arm von der Wand und seufzte. »Ja. du musst jetzt wirklich gehen, Laurel.«

Ich legte den Kopf in den Nacken und sah zu ihm auf. »Wieso?«, fragte ich. »Hast du Schiss, dass dein bester Freund ...«

»Er ist nicht mein bester Freund.«

»... das Falsche sagen könnte? Oder dass er mir was antut?«

»Er würde dir nie was antun«, sagte Bodie hastig, allerdings klang er nicht hundertprozentig überzeugt.

»Ich weiß nicht«, meinte ich und sah ihm fest in die Augen. »Wenn Leute zu tief ins Glas geschaut haben, tun sie manchmal schlimme Dinge. Selbst jemand, von dem du glaubst, ihn zu kennen, kann sich völlig verändern, wenn er betrunken ist.«

Bodie verzog das Gesicht. »Du solltest gehen«, wiederholte er noch einmal. Es klang regelrecht flehentlich.

»Wir waren aber zuerst hier. Und eigentlich dürftest du heute Abend gar nicht Party machen. Also.«

Bodie zog die Brauen zusammen. »Woher weißt du ...«, begann er, dann seufzte er abermals. »Ich vergesse immer wieder, dass du mit Shepherd befreundet bist.«

Ich richtete mich kerzengerade auf. »Wer – wer ist Shepherd?«

Keine Ahnung, weshalb ich log, aber bei der Vorstellung, jemand aus der Footballmannschaft könnte meine Freundschaft mit Andre gegen mich verwenden, wurde mir ganz unbehaglich zumute.

»Der Typ, neben dem du immer in der Vorlesung sitzt«, sagte Bodie trocken. Etwas zögerlicher setzte er hinzu: »Er ist deine anonyme Quelle, stimmt's? Der Footballspieler, der dir von Vaughns sexistischen Sprüchen erzählt hat.«

Mein Magen krampfte sich zu einem Seemannsknoten zusammen. »Das war nicht Andre«, sagte ich mit vor Panik gepresster Stimme.

»Ist schon gut«, fiel Bodie mir ins Wort. »Shepherd ist ein guter Kerl. Ich bin nicht sauer auf ihn.«

»Weil er die Wahrheit gesagt hat?«

Ein Muskel in Bodies Wange zuckte. »Ich will jetzt nicht darüber reden.«

»O doch«, spie ich. Mein Frust wurde durch die Tatsache, dass ich ein wenig lallte, nur noch größer. »Mir ist scheißegal, ob Vaughn die Sachen, die er sagt, ernst meint oder ob er nur Spaß macht. Das spielt keine Rolle. Worte sind nicht harmlos. Gedanken werden zu Worten werden zu Taten. Das hat mal jemand gesagt. Margaret Thatcher! Nein. Scheiße. Kanye? Ich weiß es gerade nicht mehr. Aber es stimmt.«

»Hör zu«, sagte Bodie mit einem abgrundtiefen Stöhnen. »Ich verstehe, dass es schlimm ist. Okay? Ich widerspreche dir ja gar nicht. Ich meinte nur, dass wir nicht alle tumbe Idioten sind, die rumsitzen und Frauen beleidigen.«

»Das weiß ich doch«, sagte ich ungehalten. »Dir ist schon klar, dass ich mit Andre befreundet bin, oder? Ich weiß, dass nicht jeder im Team ein Arschloch ist. Nicht jeder – und ich sage ganz bewusst nicht ›nicht jeder Mann‹, weil ich dieses Argument verabscheue ... nicht jeder Spieler in eurer Mannschaft ist ein mieser Sexist. Das ist mir klar. Aber euer Cheftrainer macht ungestraft sexistische Bemerkungen, und das bedeutet, dass ihr ihm entweder zustimmt oder Angst habt, den Mund aufzumachen. Das ist ein Problem. Ein Problem, das ihr in den Griff kriegen müsst.«

Bodie fuhr sich mit den Fingern durch sein dunkles Haar. »Was soll ich denn machen?«, fragte er. »So redet Vaughn nun mal. So haben schon seine Coaches mit ihm geredet. Was soll ich tun, wenn da hundert Typen in der Kabine sitzen und alle lachen? Ich kann nicht einfach aufstehen und …«

»Doch, kannst du«, sagte ich. »Du bist der gottverdammte Quarterback.«

»So einfach ist das nicht«, beharrte er.

»Weil du ein *Feigling* bist.« In dem kurzen Schweigen, das darauf folgte, war nur unser keuchender Atem zu hören. Ich musste ganz fest die Lippen aufeinanderpressen, um dem Drang zu widerstehen, mich bei ihm zu entschuldigen. Etwas Versöhnliches zu sagen. Einzulenken. »Du musst es ja nicht allein machen. Wir – der *Daily* …« Ich deutete vage auf mich und die Luft um mich herum. »Wir sind auch noch da.«

Bodie schüttelte den Kopf, als trüge er die Last der ganzen Welt auf seinen Schultern. »Was soll ich denn machen?«, fragte er noch einmal.

»Du könntest anfangen, indem du mir sagst, was du über die Vaughn Foundation weißt.«

»Das war inoffiziell.« Bodie wurde rot. »Außerdem ist da vielleicht gar nichts.«

»Aber vielleicht ist da auch nicht gar nichts«, sagte ich. Ich konnte dem Wein die Schuld an dieser alles andere als poetischen Formulierung geben. »Du hast mir doch nicht ohne Grund von den Büchern erzählt. Irgendwas ist da faul, das spürst du auch. Du kannst unser Whistleblower sein, Bodie, ich werde dich schützen. Und du hast keine Ahnung, wie vielen Frauen du damit hilfst.«

Scheiße. Zu viel. Ich hatte zu viel gesagt.

Bodies Augen wurden schmal. »Welchen Frauen?«

»Ich kann keine Details aus unseren Recherchen nennen. Das würde … äh, die … Integrität … von allem … kompromittieren.«

»Dann ist es zwecklos. Diese ganze Diskussion. Ich verstehe schon. Du hasst mich und hältst mich für einen schlechten Menschen, weil ich nicht mit Fackeln und Mistgabeln vor

Vaughns Haus ziehe. Ich sage es dir klipp und klar, so was mache ich nicht. So was kann ich nicht machen.«

»Mal auf der Bank sitzen zu müssen ist nicht das Ende der Welt«, sagte ich leise.

Bodie sah mir in die Augen, als hoffte er, die Flammen der Hölle darin lodern zu sehen, damit er endgültig Gewissheit hatte, dass ich auf die Erde geschickt worden war, um ihn zu quälen. Ich erwiderte seinen Blick. Ich starrte in seine grauen Gewitterwolkenaugen und fragte mich, ob ich womöglich etwas mehr Geduld mit ihm haben sollte. Würde ich damit Stärke oder Schwäche zeigen? Ich verschränkte die Arme vor der Brust und klemmte mir die Hände unter die Achseln. Auf einmal fühlte ich mich sehr elend und sehr betrunken.

»St. James!« Bodie und ich zuckten zusammen und drehten uns gleichzeitig um. Hanna kam den Flur entlang auf uns zumarschiert. Sie zwängte sich zwischen uns und musterte mich von oben bis unten, ehe sie herumwirbelte und St. James, der sie (obwohl sie Plateau-Sneaker trug) um mehr als dreißig Zentimeter überragte und zweimal so breit war wie sie, angriffslustig fixierte.

»Hanna«, sagte Bodie mit einem freundlichen Nicken.

Stimmt. Sie waren sich ja auf der letzten Party im Baseball House begegnet. Sie hatte ihn beim Beerpong fertiggemacht.

»Lass meine Freundin in Ruhe«, warnte Hanna.

Bodie seufzte. »Das versuche ich ja. Du musst sie hier rausschaffen, bevor Fogarty sie sieht. Ich will einfach verhindern, dass er irgendwelchen Mist baut.«

Enttäuscht ließ Hanna die Schultern hängen. Sie hatte sich auf einen Streit gefreut. »Na schön«, murmelte sie. Dann fragte sie mich: »Alles klar bei dir?«

Bei mir war nicht alles klar, aber ich nickte trotzdem. Hanna streckte mir die Hand hin. Ich ergriff sie und ließ mich zur Tür ziehen. Bodie kam mit und bildete mit seinem Körper eine schützende Wand zwischen mir und dem Wohnzimmer. Zu dritt quetschten wir uns an den Eishockeyspielern vorbei und traten nach draußen auf die Veranda. Die Abendluft war erstaunlich kühl. Auf dem Rasen standen noch einige Leute in Grüppchen zusammen, aber die Schlange derjenigen, die Einlass begehrten, war deutlich kürzer geworden. Ohne die Reizüberflutung aus wummernder Rapmusik, schlechtem Licht und Alkoholgestank fühlte ich mich leer und wacklig auf den Beinen. Ich hatte eindeutig zu viel getrunken. Die Veranda schwankte unter mir.

»Tut mir leid, Hanna«, wisperte ich undeutlich, weil die Worte in meinem Mund durcheinandergerieten.

»Sei still.« Sie drückte meine Hand. Dann warf sie einen Blick zurück. »Pass ja auf, St. James«, sagte sie.

Ich glaubte zu sehen, wie Bodie nickte.

Hanna hakte sich bei mir unter und führte mich die Stufen hinunter auf den Gehweg. Ich torkelte brav neben ihr her. Ich konnte keinen klaren Gedanken mehr fassen, hoffte aber, dass Bodie St. James uns nachschaute, weil mein Arsch in Hannas kurzem Kleid absolut bombastisch aussah.

Später, als ich auf dem kalten Fliesenboden unseres Badezimmers über der Klobrille hing und Hannas Finger auf meiner Kopfhaut spürte, während sie die Haare mit einem Zopfgummi zusammenband, erinnerte ich mich daran, dass morgen ein Spiel war. Ich würde Bodie St. James in der Kabine begegnen.

16

Mein Samstagmorgen begann mit einer Kopfschmerztablette, einer halben Flasche Gatorade und einer halben Scheibe ungetoastetem Weißbrot.

Noch nie war es mir nach zu viel Alkohol so schlecht gegangen. Während Hanna sich ins Art House aufmachte, um sich dort mit einer Bekannten aus ihrem Zeichenseminar, der ich mein Studententicket übertragen hatte, damit meine geliebte Mitbewohnerin nicht allein auf der Tribüne sitzen musste, auf das Spiel einzustimmen, versuchte ich mir meinen Kater nicht anmerken zu lassen. Ellison Michaels erwartete einen ESPN-würdigen Artikel über die Partie, und bei Gott, sie würde ihn bekommen, selbst wenn ich dabei draufging. Was, so dachte ich, während ich über den Campus stapfte, durchaus im Rahmen des Möglichen war.

Mir war nie klar gewesen, wie hell die Sonne schien (gleißend, trotz Sonnenbrille) oder wie laut Tausende von Menschen sein konnten, wenn sie um zehn Uhr früh mit dem Trinken angefangen hatten (ohrenbetäubend).

Ich befand mich auf dem Hauptweg des Campus, als Garlands Blasorchester draußen vor dem Gebäude der Studentenvereinigung seine Marschmusik anstimmte. Spontan kam ich zu dem Schluss, dass unser Mannschaftssong die grässlichste Melodie war, die je ein Mensch komponiert hatte.

Ich hasste diese Uni. Ich hasste jeden einzelnen Studenten. Ich würde nie wieder Alkohol anrühren.

Mehri wartete vor dem Presseeingang auf der rückwärtigen Seite des Stadions auf mich. Sie hatte eine riesengroße

Nikon-Kamera in der Hand und ein Schlüsselband mit ihrem Presseausweis um den Hals. Ich gesellte mich zu ihr, wohl wissend, dass ich aussah wie etwas, das man aus einer öffentlichen Toilette gefischt hatte.

»Hey, Mehri«, sagte ich und schob mir die Sonnenbrille ins Haar.

Sie taxierte mich. »Hast du deine Akkreditierung?«

Ich hatte alle meine Sachen in eine rot-weiße Mehrweg-Tragetasche von Target gestopft. Jetzt bereute ich dies, da unser Gegner Stanford dieselben Mannschaftsfarben trug. Außerdem bot eine Einkaufstüte keinerlei organisatorische Vorteile, was bedeutete, dass ich unangenehm lange darin wühlen musste, bis ich meinen Presseausweis gefunden hatte.

»Hab ihn«, murmelte ich triumphierend. Ich hängte mir den Ausweis um den Hals. Das Band blieb an meinem Pferdeschwanz hängen, was mich zu einem halblauten Kraftausdruck veranlasste.

»Alles in Ordnung mit dir?«, fragte Mehri.

»Mir geht es gut«, sagte ich brüsk. Dann gestand ich: »Nein, ich bin total nervös. Und ich habe einen Kater.«

»Das«, meinte Mehri mit einem trockenen Lächeln, »ist der Grund, weshalb ich rauche.«

Ich war sowohl neidisch auf als auch froh über Mehris klaren Kopf, als sie mich durch den Sicherheitscheck leitete und mir erklärte, was für Notizen ich mir während des Spiels machen sollte und wann wir runter aufs Spielfeld durften, um mit den Spielern und Trainern zu reden.

Im Eingangsbereich nahmen wir einen der Fahrstühle und gingen an der VIP-Loge vorbei bis zu dem lang gestreckten verglasten Raum hoch über dem Stadion – der Pressetribüne. Ich war noch nie hier gewesen. Bei den meisten Heimspielen saß ich mit Hanna im Studentenblock und schätzte die Pressetribüne vor allem deshalb, weil sie während der brutalen Hitze der Nachmittagsspiele angenehmen Schatten spendete. Mehri teilte mir mit, dass hier oben, weit entfernt vom gemeinen Volk, etwas andere Regeln galten. Parteinahme und lauter Jubel waren verpönt. (Dagegen hatte ich angesichts meines Brummschädels nichts einzuwenden.)

Mehri und ich mussten am Eingang unsere Ausweise vorzeigen, dann durften wir eintreten. Die Pressetribüne war annähernd zwei Etagen hoch, mit Fenstern, die vom Boden bis zur Decke reichten, und drei Reihen Schreibtischen, wo man Laptops, Unterlagen und Kaffeebecher abstellen konnte. Jede Sitzreihe war doppelt so breit und doppelt so hoch wie bei den normalen Stadionplätzen, sodass man durch die Reihen gehen konnte, ohne den dahinter Sitzenden die Sicht zu nehmen.

Überall um uns herum wimmelte es von Journalisten und Kommentatoren. *Los Angeles Times, Bleacher Report, Sports Illustrated, CBS, NBC, Badger Sports* – alle namhaften Medien, die über Collegesport berichteten, waren vertreten. Als Journalistikstudentin befand man sich hier im Networking-Himmel.

Auf einmal kam ich mir unzulänglich vor. Alle anderen im Raum verfügten über Berufserfahrung. Im Vergleich zu ihnen war ich ein unbeschriebenes Blatt. Selbst die Kollegen vom *Daily* – vier ältere Studenten, die wie Mehri seit dem ersten Semester über Sportveranstaltungen an der Garland berichteten – gaben mir das Gefühl, ein Kind zu sein, das sich lediglich als Erwachsene verkleidet hatte.

Als Mehri und ich uns in die zweite Reihe begaben und neben die anderen Leute vom *Daily* setzten, spürte ich Blicke im Rücken. Die Leute starrten mich an.

»Sehe ich so verkatert aus?«, flüsterte ich und wischte mir die Hände an der Brust meiner dunkelgrünen Bluse ab, die ich heute anstelle meines normalen Spieltags-Outfits angezogen hatte. (Die Überlegung dahinter war gewesen, dass ein schweißfleckiges Trikot nicht unbedingt Professionalität ausstrahlte.)

Mehri warf einen Blick nach hinten und registrierte offenbar mehrere Leute, die uns aufmerksam beäugten. »Mach dir keinen Kopf. Die sind nur neugierig wegen der Vaughn-Recherchen.«

Ich hatte das Gefühl, mich übergeben zu müssen, wusste aber nicht genau warum: weil ich verkatert war, oder weil ich mir wie ein Insekt unter dem Mikroskop vorkam? Ich richtete meine Aufmerksamkeit auf den Rasen. Die Spieler erwärmten sich gerade und machten Dehnübungen. Es war alarmierend, wie schnell ich Bodie in der Masse identisch angezogener Spieler ausgemacht hatte. Als ich seine Rückennummer sah, versank ich unwillkürlich tiefer in meinem Sitz. Ich wollte nicht an den vergangenen Abend denken, es war zu peinlich. Sobald ich gehört hatte, wie Fogarty das Baseball House betrat, war mir klar gewesen, dass es besser wäre, nach Hause zu gehen. Und trotzdem hatte ich nach Gründen gesucht, um bleiben zu können, kaum dass ich Bodie erspäht hatte. Ich hatte unbedingt mit ihm sprechen wollen, obwohl mir bewusst gewesen war, dass es nur zu Streitereien führen würde. Weil ich zu viel Wein gebechert hatte. Und eine Laurel, die zu viel Wein gebechert hatte, war ein sehr unentspannter Mensch.

Ich war geblieben, weil ich Streit gesucht hatte. Ich hätte es nicht so persönlich nehmen dürfen, dass Bodie mir nicht glaubte – der Großteil des Footballteams glaubte mir nicht. Und auf gar keinen Fall hätte ich so viel mentale Energie darauf verschwenden sollen, darüber nachzugrübeln, wie ich ihn davon überzeugen konnte, dass es mir ernst war: dass ich wirklich nur das Richtige tun wollte. Er war alles so unfassbar frustrierend.

»Gleich geht's los«, sagte Mehri.

Die Unbeteiligten verließen das Spielfeld. Es war Zeit für den Kick-off. Ich beugte mich über mein Klemmbrett und beschriftete die Spalten meiner Statistiktabelle. Da ich so gut wie keine Erfahrungen als Sportreporterin hatte, würde ich heute besonders große Aufmerksamkeit auf formelle Kleinigkeiten richten. Ich würde mir jeden Spielzug aufschreiben. Kein Detail würde mir entgehen.

Ein Raunen der Verwunderung ging durch die Pressetribüne.

Scheiße. Ich hatte schon etwas verpasst.

»Was ist passiert?«, fragte ich und blickte zwischen meinem *Daily*-Kollegen Joey und dem Spielfeld hin und her, wo einer unserer Startspieler sowie ein Spieler von Stanford für den Münzwurf an der Fünfzig-Yard-Linie standen.

Joey schüttelte wortlos den Kopf. Er war ganz auf das Geschehen auf dem Rasen konzentriert. »Fogarty wurde nicht aufgestellt«, murmelte er. »Und St. James auch nicht.«

Stattdessen hatte Gordon Andre (guter Junge!) und Copeland, den Quarterback der B-Auswahl, aufgestellt – einen Drittsemester, der bisher immer nur gespielt hatte, wenn Bodie entweder verletzt oder zu erschöpft gewesen war. Er war schnell, allerdings waren seine Pässe nicht annähernd so präzise wie Bodies.

Gordon hat Bodie auf die Bank verbannt, weil seine Noten so schlecht sind. Die Worte lagen mir auf der Zunge, doch im Namen der journalistischen Integrität verkniff ich sie mir. Es stand mir nicht zu, jemandem von Bodies akademischen Schwierigkeiten zu erzählen. Er, Vaughn und Gordon hatten sich im Privaten darüber unterhalten. Außerdem mussten wir uns auf die Partie konzentrieren.

Stanford gewann den Münzwurf. Wir würden in der Offense beginnen.

Als Andre beim ersten Down einen Pass fing und zwölf Yards Raumgewinn schaffte, musste ich mir ins Gedächtnis rufen, dass wir nicht jubeln durften. Beim zweiten Down wurde Copeland gesackt, und beim dritten gelang Stanford eine Interception von Copelands Pass, der zu einem Touchdown aus der Defense heraus führte. In diesem Augenblick sah ich bereits voraus, wie das Spiel weitergehen würde. Es war, als würde ich einen Film schauen, dessen Inhaltszusammenfassung ich zuvor auf Wikipedia gelesen hatte. Stanford würde uns vernichten.

Zu Beginn des dritten Viertels stellte Vaughn endlich Bodie auf, der das Spielfeld im Sturm eroberte. Seine ersten Pässe segelten noch über die ausgestreckten Hände seiner Receiver hinweg ins Seitenaus. Er war so aufgeputscht, dass er seinen Arm nicht im Griff hatte. Das vierte Down kam und ging, und Stanford war auf dem besten Weg, einen weiteren Touchdown zu landen. Da sah ich, wie Gordon am Spielfeldrand Andre am Schulterpolster nahm und etwas zu ihm sagte. Mir war nicht klar, was er plante, bis wir erneut in der Offense spielten.

Unmittelbar nach dem Hike, bei dem der Center den Ball durch die Beine nach hinten an Bodie weitergab, rannte Andre los. Auch diesmal ging Bodies Pass zu weit, aber Andre war zur Stelle. Er fing den Ball und schaffte es bis in die Endzone. Es war sein erster Touchdown in einem regulären Spiel. Ich gab einen erstickten Laut von mir, den ich als Husten zu kaschieren versuchte.

Leider war es trotz seines heroischen Einsatzes bereits zu spät. Das Spiel war so gut wie gelaufen. Selbst mit Andres Touchdown fehlten Garland noch mehr als dreißig Punkte bis zum Ausgleich. Ich hörte, wie ein Kommentator von ESPN zu seinem Kollegen meinte, dass dies der größte Rückstand sei, den unser Team in mehr als sieben Jahren erlitten habe.

Mehri tippte mir auf die Schulter. »Komm, lass uns runtergehen, dann sind wie die Ersten am Tor, wenn sie die Presse in die Kabine lassen.«

Ellison hatte mir zwei Seiten mit Fragen gegeben, die ich nach der Partie stellen sollte. Eine Seite trug die Überschrift *Wenn wir gewinnen*, die andere *Wenn wir verlieren*. Darüber hinaus hatte sie die Fragen noch in verschiedene Kategorien eingeteilt – Offense, Defense, für die Trainer. Unauffällig sortierte ich die *Wenn-wir-verlieren*-Seite nach oben.

Zusammen mit einigen anderen Reportern zwängten Mehri und ich uns in den Aufzug. Unter ihnen war auch eine junge Journalistin mit Stanford-rotem Lippenstift, die mich und meinen Presseausweis die ganze Zeit in der Spiegelung der Fahrstuhltüren beobachtete. Ich zog den Kopf ein und versuchte mich hinter Mehri zu verstecken.

»Gehe ich einfach zu ihnen hin?«, fragte ich leise. »Und was sage ich? Hey, ich bin Laurel vom *Daily*?«

»Ich glaube, sie wissen, wer du bist«, sagte Mehri.

Ich seufzte gequält. »Was, wenn sie nicht mit mir reden wollen?«

Ich war keine Sportreporterin, deshalb kannte ich, anders als Joey und die übrigen Kollegen, außer Bodie keinen der Spieler persönlich. Selbst wenn einem von ihnen nicht auffiel, dass ich zu den Frauen gehörte, von denen Vaughn behauptet hatte, sie wollten seine Karriere zerstören, würden sie mir bestimmt keine erstklassigen O-Töne geben.

Mehri schien meine Gedanken lesen zu können. »Angeblich hat Vaughn dem ganzen Team eingeschärft, ja nicht zu viel zu erzählen«, sagte sie. »Sie sind alle sehr routiniert – wenn man sie fragt, was hinter den Kulissen vor sich geht, legen sie eine richtige Wagenburg-Mentalität an den Tag. Was im Team passiert, bleibt im Team. Aber du sorgst für Kontroversen. Ja, okay, einige der Jungs werden dich wahrscheinlich nicht mal mit dem Hintern angucken – aber einen von ihnen wirst du schon knacken.«

Ich schnaubte. Das erschien mir sehr unwahrscheinlich.

»St. James hast du auch geknackt«, fuhr Mehri fort. »Er hat dir in seinem Interview mehr verraten als irgendjemandem zuvor.«

Keine Ahnung, weshalb ich errötete.

»Hier ist das Aufnahmegerät«, sagte Mehri und gab mir ein rechteckiges Plastikding, das aussah wie ein Überbleibsel aus den Neunzigern. »Für die Interviews. Du brauchst Audioclips von den Spielern, für den Fall, dass du später was transkribieren musst.«

»Kann ich nicht einfach mein Handy nehmen?«

»Die Klangqualität ist nicht gut genug. Es kann sehr laut werden in der Kabine.«

Hervorragend. Nicht dass ich brutale Kopfschmerzen gehabt hätte oder dergleichen.

Hanna hatte mir auf Youtube mal eine Kompilation von Menschenmassen gezeigt, die am Black Friday die Geschäfte stürmten. Ich weiß nicht, weshalb sie es lustig fand, anderen Menschen dabei zuzusehen, wie sie jeden Rest Würde und Mitgefühl über Bord warfen, oder warum es bei Walmart besonders oft zu solchen tumultartigen Szenen kam. Aber als Mehri und ich zusammen mit den unzähligen anderen Journalisten, Fotografen und Kameraleuten darauf warteten, als Erste in die Kabine gelassen zu werden, musste ich sofort an dieses Video denken. Die Tür schwang auf, und wir setzten uns in Bewegung – einhundert ehrgeizige, ungeduldige Menschen mit Ellbogenmentalität, die alles taten, um möglichst schnell zu den Spielern und Coaches vorzudringen.

Ich entdeckte Bodie in der Menge. Er hatte einen großen Grasfleck hinten am rechten Oberschenkel, und seine nackten Arme waren schweißbedeckt. Neben ihm stand die rotlippige Reporterin aus Stanford mit einem Mikrofon und grinste, während ein Typ mit einer Kamera auf der Schulter sie filmte.

Als Mehri und ich uns in ihre Richtung durchkämpften, schnappte ich Bodies letzte Worte auf.

»... in zwei Jahren wird er ein toller Führungsspieler für das Team sein.«

»Bodie?«

Keine Ahnung, wie er mich bei dem Tumult hören konnte, doch in dem Moment, als mir sein Name über die Lippen kam, schnellte sein Kopf herum. Seine Augen verdunkelten sich, und er kniff die Lippen zu einem dünnen Strich zusammen. Ihm war anzusehen, dass er am liebsten die Flucht ergriffen hätte.

»Darf ich dir ein paar Fragen für den *Daily* stellen?«, fragte ich in einem Tonfall, der deutlich machte, dass ich ihn notfalls in Gegenwart des Teams, des gesamten Trainerstabs und einer ganzen Armee von Reportern tackeln würde, ehe ich ihn ohne ein Interview entkommen ließ.

Sein Blick wanderte nach unten zu meiner Brust. Es dauerte einen Sekundenbruchteil, bis mir einfiel, dass ich einen Presseausweis um den Hals trug. Er hatte es nur auf meine Akkreditierung abgesehen.

»Okay«, lenkte er ein. Seine Stimme klang heiser, als hätte er die letzten drei Stunden aus vollem Hals geschrien.

»Wie würdest du Copelands Leistung heute beschreiben?« Die Frage ging in einem plötzlichen Aufschrei von der anderen Seite der Kabine unter.

»Was?«, rief Bodie, senkte den Kopf und drehte mir sein Ohr zu.

Ich stellte mich auf die Zehenspitzen und versuchte den Geruch nach Gras und Schweiß zu ignorieren, den er verströmte. Aus unerfindlichen Gründen wurde mein Gesicht ganz warm.

»Wie hat Copeland deiner Meinung nach gespielt?«, fragte ich mit piepsiger Stimme.

»Er ist ein Erstsemester«, antwortete Bodie und trat einen Schritt von mir zurück, während er scheinbar gelangweilt den Blick durch die Menge schweifen ließ. »Er hat alles gegeben. Ich bin stolz auf seine Leistung. In zwei Jahren wird er ein toller Führungsspieler sein.«

Er speiste mich mit derselben vorgefertigten Antwort ab, die er bereits der Reporterin aus Stanford gegeben hatte.

»Was ist mit Gordons Coaching?«, hakte ich nach. »Bist du der Ansicht, dass seine Offensivstrategien gegen ein defensiv so gut aufgestelltes Team wie Stanford aufgegangen sind?«

Natürlich war er nicht der Ansicht, dass Gordons Offensivstrategien aufgegangen waren – er hatte den Großteil der Spielzeit auf der Bank gesessen und das katastrophale Versagen seiner Mannschaft hilflos mit ansehen müssen. Genau deshalb hatte ich mich für diese Frage entschieden. Ich sah das Blitzen in Bodies Augen, ehe er es unterdrückte.

»Unser Trainerstab gibt immer einhundert Prozent«, sagte er.

Die Antwort klang dermaßen einstudiert, dass ich mit den Zähnen knirschte. Ich warf einen Blick auf meine Liste und suchte nach einer Frage, die ihn aus der Reserve locken würde, damit er aufhörte, sich wie ein Roboter zu verhalten. Aber es ging nicht. Ich brachte es einfach nicht übers Herz, ihn in die Mangel zu nehmen. Er hatte ein beschissenes Spiel und einen beschissenen Monat hinter sich, und abgesehen von meinem perversen Wunsch, ihn herumdrucksen zu sehen, gab es keinen Grund, ihn weiter zu bedrängen.

Also log ich. »Du hast wirklich gut ausgesehen da draußen.«

Bodie erstarrte.

»Ich meine ... du hast gut gespielt. Hast kluge Pässe gemacht.« Das entsprach nicht der Wahrheit. Bis auf den einen Pass für Andres Touchdown hatte er grauenhaft gespielt.

Zu meiner Überraschung lachte Bodie verdattert auf. »Ich war scheiße.«

»Okay, ich will ehrlich sein, perfekt lief es nicht, aber wenn du mehr als ein Viertel Spielzeit gehabt hättest, hättet ihr vielleicht noch einen Sieg eingefahren.«

Es sollte versöhnlich klingen, doch stattdessen wurde Bodie wütend. »Das ist nicht meine Schuld. Gordon ist sauer wegen ...«

Wie auf ein Stichwort tauchte Chester Gordon aus der Menge auf. Seine sommersprossige Nase war sonnenverbrannt, und einzelne Strähnen seines kupferfarbenen Haars waren durch die vielen nachmittäglichen Trainingseinheiten fast weiß gebleicht.

»Sie kommen vom *Daily*«, unterbrach er schamlos mein Interview. Es war nicht als Frage formuliert, trotzdem verspürte ich den Drang zu nicken. »Gott. Okay, also ...« Seufzend kratzte er sich im Nacken. »Ich glaube, es ist keine so gute Idee, dass Sie hier sind.«

»Ich habe eine Akkreditierung«, sagte ich und hob wie zum Beweis meinen Presseausweis hoch.

Gordon zog die Brauen zusammen und blickte sich um. »Ich weiß, ich weiß. Ich werfe Sie ja auch nicht raus. Wenn ich Sie nur dazu bewegen könnte, an einen Ort zu wechseln, wo Sie etwas mehr Privatsphäre haben ...«

Doch aus seinem Vorschlag wurde nichts, denn die nächste Person, die auf uns zukam, war Truman Vaughn. Was ihm an Körpergröße fehlte, machte er mit markanten Gesichtszügen und seinem stechenden Blick wieder wett. Ich hatte vergessen, wie verstörend es war, wenn er einen so ansah. Ich kam mir vor wie eine Gazelle, die einem Leoparden gegenübersteht. Als wäre ich seine Beute.

»Störe ich?«, fragte er im Näherkommen mit einem betont aufgeräumten Lächeln.

Gordon ließ seine Schultern kreisen. »Ich habe den Damen vom *Daily* lediglich den Weg zum Ausgang gewiesen.«

»Eigentlich«, sagte ich scharf und maß Vaughn mit festem Blick, »interviewe ich gerade Ihren Quarterback.«

»O Gott«, murmelte Gordon halblaut.

Vaughn lachte gänzlich unbekümmert. »So sind sie, die Journalisten.« Seine Stimme hatte einen leicht herablassenden Unterton – nicht so offensichtlich, dass ich mir hundertprozentig sicher war, dass er sich absichtlich wie ein Arsch benahm, aber deutlich genug, dass man ihn unmöglich ignorieren konnte. Er lachte noch einmal, dann legte er Bodie eine Hand auf die Schulter. »Was sagen Sie zu seiner Leistung da draußen? Teilen Sie uns Ihre Einschätzung mit.«

»Ich meinte gerade zu Bodie, dass ich es schade finde, dass er nur ein Viertel spielen durfte.«

»Er muss seinen Muskeln auch mal Erholung gönnen. Der Junge hat in letzter Zeit viel Krafttraining gemacht. Er muss Körperfett abbauen. Er ist ein brillanter junger Spieler, aber in diesem Semester hat er sich ein bisschen vom Studium ablenken lassen. Wir wollen, dass er sich darauf konzentriert, das zu polieren, was glänzt.«

Das polieren, was glänzt. Er meinte, dass Bodie den Football über sein Studium stellen sollte – seine Stärken über seine Schwächen. Vaughn hatte den jungen Mann davon überzeugt, dass sein einziger Wert in seiner Kraft, seiner Schnelligkeit und Ausdauer lag. Dass er dumm war.

Aber Vaughn irrte sich.

»St. James ist ein brillanter Spieler«, pflichtete ich ihm bei. »Darüber hinaus ist er auch ein guter Mensch.«

Ich bemerkte ein winziges Funkeln in Vaughns Augen. »Wir haben ein ausgezeichnetes Team«, sagte er. »Und einen erstklassigen Trainerstab.«

»Würden Ihre weiblichen Mitarbeiter diese Einschätzung teilen?«

Vaughn starrte mich lange wortlos an. Dann machte er eine Kopfbewegung in Gordons Richtung und sagte, immer noch lächelnd: »Ruf den Sicherheitsdienst.«

Von jetzt auf gleich begann mein Puls zu rasen. »Ich habe eine Akkreditierung«, sagte ich durch zusammengebissene Zähne. »Ich darf hier sein.«

Vaughn seufzte, als würde meine bloße Existenz ihm schreckliche Unannehmlichkeiten bereiten. »Dies hier ist meine Kabine. Wenn Sie sich danebenbenehmen, dann werfe ich Sie raus.«

»Sie müssen doch nicht gleich den Sicherheitsdienst rufen«, meldete sich Bodie zu Wort und lachte. Es war absurd, dass sein Cheftrainer derart drastische Maßnahmen ergriff, um jemanden loszuwerden, der eine so geringe physische Bedrohung darstellte wie ich. »Sie macht nur ihren Job.«

»Du kannst zurück zu deinen anderen Interviews gehen«, sagte Vaughn zu ihm. »Wir holen den Sicherheitsdienst. Der *Daily* schickt uns seine Spione auf den Hals, das kann keiner von euch Jungs gebrauchen.«

»Ich bin kein Spion«, sagte ich eher genervt als verängstigt. »Ich bin Journalistin, verdammt noch mal.«

Vaughn räusperte sich und legte mir eine schwere Hand auf die Schulter. »Es gibt keinen Grund für Sie, meinen Quarterback weiter zu belästigen. Wenn Sie sich nicht wie eine ernst zu nehmende Berichterstatterin verhalten können, haben Sie hier nichts zu suchen. Das hier ist keine gottverdammte Studentinnenverbindung.«

Ich warf noch einen letzten Blick hinter mich, als Mehri und ich von einem Ordner zum Ausgang geführt wurden. Bodie war rot angelaufen. Seine Augen waren weit aufgerissen, und er hatte die Hände zu Fäusten geballt. Unsere Blicke trafen sich. Einen Sekundenbruchteil lang hatte ich das seltsame Gefühl, dass er drauf und dran war, hinter uns herzukommen und mit uns die Kabine zu verlassen. Aber dann packte Vaughn ihn mit der Hand im Nacken und schob ihn in Richtung der ESPN-Reporterin. Hinter uns schlugen die Sicherheitsleute die Türen zu.

Mehri drehte sich zu mir um. »Eines Tages werde ich dieses Stadion abfackeln«, sagte sie.

17

Ich entschied mich dazu, die Afterparty sausen zu lassen. Hanna, die sich freiwillig gemeldet hatte, um bei den Vorbereitungen zu helfen, schickte mir mehrere Snapchats aus Andres Apartment, versuchte aber nicht, mich zum Kommen zu überreden. Ich glaube, sie verstand, dass es besser war, wenn ich fernblieb. Außerdem hatte ich mich immer noch nicht ganz von meinem Kater erholt und war weder mental noch körperlich dazu in der Lage, den Geruch von Alkohol zu ertragen. Somit blieben mir nur zwei Optionen: Ich konnte entweder den ganzen Abend in der Wohnung sitzen und auf Netflix alte spanische Serien schauen (und dabei unweigerlich vier Jahre tief in Yon González' Instagram-Account versinken), oder ich konnte ins Auto steigen und mit meinem Abend etwas Nützliches anfangen, wie zum Beispiel meinen Müsliriegelvorrat aufzustocken und Nagellack zu kaufen, den ich ein einziges Mal benutzen und dann vergessen würde.

Ich wählte Tor Nummer zwei. Todschick gekleidet in meinen Hausputz-Leggings und einem weißen Sweater, der so stark fusselte, dass es so aussah, als hätte ich einen Ringkampf mit einem Eisbären gewonnen, schnappte ich mir meinen Autoschlüssel und sprang in meinen weißen Corolla. Die alte Ariana-Grande-CD, die im Player steckte, seit ich sechzehn war, schaltete sich automatisch ein. Ich ließ die Scheiben herunter und machte mich auf den Weg zu meinem üblichen Ziel, wenn ich Zeit totschlagen und Snacks kaufen wollte: Target.

Es dunkelte bereits, als ich den Wagen in eine Lücke ganz hinten auf dem vollen Parkplatz manövrierte, sodass er Stoßstange an Stoßstange mit einem schwarzen Tesla X stand, in dem lauter Jungs in Sportklamotten saßen.

Der Fahrer des Wagens war Kyle Fogarty. Unsere Blicke trafen sich.

»Scheiße«, sagte ich laut.

Er konnte mich unmöglich gehört haben – wir saßen beide noch in unseren Autos, und die Bässe seiner Musik wummerten –, doch wahrscheinlich hatte er mir das Wort von den Lippen abgelesen. Ich zog den Kopf ein und tat so, als würde ich etwas in der Mittelkonsole suchen. Ich fand Servietten. Meinen Ziplockbeutel mit Kleingeld und einen geschmolzenen Lippenpflegestift. Den hatte ich tatsächlich gesucht. Tja.

Drüben verstummte die Musik. Autotüren gingen auf und wurden wieder zugeschlagen. Halb rechnete ich damit, dass jemand bei mir ans Fenster klopfen würde. Stattdessen hörte ich Gelächter und angeregte Gespräche, die langsam leiser wurden. Als ich aufschaute, sah ich gerade noch, wie das Rudel muskulöser Körper durch die gläsernen Automatiktüren im Laden verschwand.

Zuerst wollte meine Hand den Zündschlüssel wieder ins Schloss stecken, aber dann hielt ich inne. Ich hatte bereits auf genug verzichtet, um der Footballmannschaft heute Abend aus dem Weg zu gehen. Ich würde mich nicht noch kleiner machen, nur damit sie sich ungestört fühlten – erst recht nicht, da Target so groß war wie ein Stadtstaat. Nein. Ich würde wie geplant meine Einkäufe erledigen.

Ich stieg aus, holte drei Einkaufsbeutel aus dem Kofferraum und schnappte mir einen Einkaufswagen, den jemand an der dafür vorgesehenen Sammelstelle abgestellt hatte. Hocherhobenen Hauptes marschierte ich in den Laden. Aber ich war nicht dumm. Da Footballspieler in der Nähe waren, hielt ich mich ausschließlich in solchen Abteilungen auf, in die sie sich vermutlich nicht verirren würden: Hautpflege und Badeprodukte. Ich kaufte Gesichtsreinigungstücher und nahm mir Zeit, die Deckel von nicht weniger als acht Shampooflaschen zu öffnen, ehe ich mich für eins mit Kamillenduft entschied, weil es mich an das Shampoo erinnerte, das meine *abuelita* in ihrem Bad stehen hatte.

Als ich den Einkaufswagen in den nächsten Gang lenkte, summte das Handy in meiner Brusttasche. Die Nummer auf dem Display war mir unbekannt, was bedeutete, dass es entweder ein Werbeanruf war oder einer meiner blöden Freunde in Schwierigkeiten steckte und ein fremdes Telefon hatte borgen müssen.

»Hallo?«, meldete ich mich, während ich eine Schachtel Tampons aus dem Regal nahm.

»Hi. Ist da Laurel Cates?«, fragte eine junge Frau.

»Ja, die bin ich.« Sollte ich gleich zwei Schachteln mitnehmen? Hanna vergaß immer, Nachschub für sich zu besorgen.

»Ich bin Josie Rodriguez. Du hast mir vor etwa einer Woche geschrieben?«

Die Tampons fielen mir aus der Hand.

»Josefina! O mein Gott. Hi.« Als ich davon geträumt hatte, einen Informanten als Primärquelle für meine erste große Story zu gewinnen, hatte ich mir nicht vorgestellt, dass dies geschah, während ich mich bückte, um eine Schachtel mit Hygieneprodukten von einem staubigen Linoleumboden aufzuheben. »Danke für deinen Rückruf. Es tut mir leid, falls meine Nachricht ein bisschen forsch war.«

»Nein! Nein, sie war ...« Josefina machte eine kleine Pause. »Ich bin froh, dass du mich kontaktiert hast.«

»Okay, gut. Ich hatte mir schon Sorgen gemacht. Bei deiner Freundin Gabi hat es sich so angehört, als wolltest du nicht mit Journalisten sprechen. Was ich absolut verstehen könnte. Ich wollte dich trotzdem noch mal persönlich fragen.«

Am anderen Ende war es still.

»Wie geht es dir?«, platzte ich heraus. »Geht es ... geht es dir gut?«

»Also«, sagte Josefina mit zitternder Stimme. »Nein, ich glaube nicht.«

Prompt überkamen mich heftige Schuldgefühle. Ich war so aufgeregt gewesen, endlich den Kontakt zu einer Quelle hergestellt zu haben, dass mir der Grund der Kontaktaufnahme glatt entfallen war. Der Grund, weshalb es überhaupt eine Story gab.

»Josie«, sagte ich rau. »Es tut mir so leid. Wenn du nicht reden möchtest, dann ...«

»Doch, ich will reden«, sagte sie fest.

»Also gut.« Ich fuhr mir mit den Fingern durch die Haare und blickte zu den Regalreihen voller rosa- und lilafarbener Schachteln empor. »Pass auf, ich bin gerade im Target und habe meinen Einkaufswagen voll mit Shampoo und Tampons. Ich möchte dieses Gespräch auf keinen Fall zwischen Tür und Angel führen. Wir sollten uns treffen. Vielleicht auf einen Kaffee? Ich habe ein Auto. Ich kann zu dir kommen.« Ich redete viel zu schnell. »Hast du morgen Zeit? Am Nachmittag? Vormittags muss ich arbeiten, aber ich kann um ...«

»Ich weiß nicht, inwieweit ich dir weiterhelfen kann«, stieß Josefina hervor.

»Wie meinst du das?«, fragte ich vorsichtig.

»Ich kann mich nicht mehr an alles erinnern. Ich war – ich hatte ziemlich viel getrunken.«

»Das ist überhaupt kein Problem«, sagte ich mit Nachdruck. »Ernsthaft. Ich bin keine Anwältin, und du stehst nicht vor Gericht. Und ich habe gestern Abend ungefähr zwei Flaschen Wein getrunken und einen partiellen Blackout gehabt, insofern gibt es null Kritik von meiner Seite, okay? Wir setzen uns einfach hin und reden. Mehr will ich gar nicht, versprochen.«

Josefina zog die Nase hoch. »Wenn wir reden, ist das dann ... schreibst du dann einen Artikel darüber?«

»Nur wenn du mir deine Einwilligung dazu gibst.«

Sie schwieg lange. Ich presste das Handy ans Ohr, hielt mit weißen Knöcheln den Einkaufswagen umklammert und hoffte, dass wir einander helfen konnten.

»Okay«, sagte sie schließlich. »Ich schicke dir meine Adresse.«

Ich atmete erleichtert auf. »Super. Dann bis morgen.«

Josefina legte als Erste auf. Ich hielt noch einen Augenblick lang das Telefon am Ohr und sammelte meine Gedanken, ehe ich Ellisons Nummer wählte, um ihr die Neuigkeit mitzuteilen.

»Cates«, sagte sie, ehe ich auch nur ein Wort sagen konnte. »Rajavi hat mir erzählt, was heute in der Kabine passiert ist. Alles in Ordnung mit dir?«

»Jaja, mir geht es gut. Ich habe ziemlich lebhafte Fantasien darüber, wie ich Truman Vaughn die Faust ins Gesicht ramme ...« Ellison brummte zustimmend. »Aber ansonsten ist alles in Ordnung. Und ich habe gute Neuigkeiten! Josefina Rodriguez hat gerade angerufen. Sie sagt, sie will sich morgen mit mir treffen.«

Ellison und ich besprachen Strategien für mein Gespräch mit Josefina, während ich weiter durch die Gänge wanderte. Als wir uns endlich verabschiedeten, war es schon sehr spät. In der Zwischenzeit hatte ich mehrere Snapchats von Hanna erhalten, von denen das neueste knapp eine Stunde alt war – eine Nahaufnahme von Andres linker Augenbraue mit einem Scheißhaufen-Emoji. Ich schickte ihr ein Selfie von der Schlange an der Kasse, wo die Kassiererin mir gähnend mitteilte, dass der Preis meiner Einkäufe sich umgerechnet auf schätzungsweise fünfeinhalb Stunden Arbeit belief.

Als ich ins Freie trat, war die Abendluft angenehm frisch. Die meisten Autos waren inzwischen weg; mein Corolla stand einsam am anderen Ende des Parkplatzes. Ich schob meinen Einkaufswagen über den Asphalt. Die Gummiräder rasselten so laut, dass sie sogar mein schiefes Summen übertönten.

Josefina Rodriguez wollte mit mir reden. Ich hatte eine Primärquelle. Wir würden es schaffen – wir würden uns gegenseitig helfen. Eine Journalistin und ihre Informantin, die zusammenarbeiteten, um die Welt ein kleines bisschen besser zu machen. Flüchtig spielte ich mit dem Gedanken, mich hinten auf meinen Einkaufswagen zu stellen und bis zu meinem Auto zu surfen.

Aber dann blieb ich plötzlich wie angewurzelt stehen. Es war dunkel an dieser Stelle des Parkplatzes, die nächste Laterne stand ein bisschen zu weit weg, als dass ihr orangener Schein mein Auto noch erreicht hätte. Aber mein Corolla war weiß, und die Buchstaben auf der Motorhaube sahen so aus, als wären sie mit einem dicken schwarzen Filzstift geschrieben worden. Nur dass es kein Filzstift war. Jemand hatte das Wort tief in den Lack gekratzt, acht riesengroße, eckige Buchstaben.

LÜGNERIN

Einen Moment lang stand ich einfach nur da. Mein Kopf war vollkommen leer. Dann schob ich den Einkaufswagen zum Kofferraum, verstaute meine Tüten und zückte mein Handy, um *Was tun, wenn jemand einem das Auto zerkratzt hat* zu googeln. Schritt eins: den Schaden dokumentieren. Das ergab Sinn – die Polizei würde Beweise sehen wollen. Ein paar Fotos mit Blitz, ein paar ohne, vielleicht auch noch ein Video mit einem Schwenk vom Target bis zu der Stelle, an der ich geparkt hatte. Ich konnte der Filialleitung eine Mail schreiben und um Herausgabe des Materials der Überwachungskameras bitten.

Ich bin mir nicht sicher, warum ausgerechnet das der Gedanke war, bei dem es mir vor Angst die Kehle zuschnürte.

Aber irgendjemand musste es gewesen sein. Jemand hatte es gezielt auf mein Auto abgesehen. Auf mich.

Ich drehte mich einmal um mich selbst und ließ den Blick suchend über den Parkplatz wandern, sah jedoch nur ein paar verlassene Einkaufswagen. Einige Stellplätze entfernt lag ein zerquetschter Kaffeebecher.

In der Stille meines Autos, mit dem Handy voller Bilder und bei verriegelten Türen, schloss ich ganz fest die Augen und versuchte nachzudenken. Jemand hatte das getan. Wer waren die Verdächtigen? Nun ja: Fogarty hatte mich gesehen. Er wusste, dass es mein Auto war. Er war ein grünhaariger Vollidiot, aber war er zu so etwas Widerlichem fähig?

»Scheiße«, fluchte ich laut.

Ich hantierte ungeschickt mit meinem Schlüssel herum und schaffte es erst beim dritten Anlauf, ihn ins Zündschloss zu stecken, weil meine Hände so sehr zitterten. Als der Motor endlich lief, leuchteten die Anzeigen am Armaturenbrett auf, und Ariana Grande erklang aus den Boxen. Die vertrauten Anfangsakkorde des sechsten Songs auf dem Album waren zugleich tröstlich und vollkommen deplatziert.

Durch die Windschutzscheibe konnte ich die krakeligen Linien auf der Motorhaube sehen. Meine Eltern würden wissen, wie man das reparierte. Sie würden wissen, was ich tun musste, um Anzeige zu erstatten und den Schadensfall bei der Versicherung zu melden. Aber dann würde ich ihnen beichten müssen, dass jemand auf einem nahezu leeren Target-Parkplatz das Wort LÜGNERIN in die Motorhaube des Autos ihrer Tochter geritzt hatte. Nein. Ich würde ihnen nichts sagen. Ich würde das allein regeln. Aber vorher würde ich heulen wie ein Baby. Ich spürte es schon kommen – das Stechen in den Augen, die Enge in der Kehle.

Als mein Telefon in der Tasche meines Hoodies vibrierte, war dies daher eine willkommene Ablenkung. Auf dem Display stand Andres Name. Ich streckte die Hand nach dem Lautstärkeregler am Armaturenbrett aus, zog einmal beherzt die Nase hoch und räusperte mich, während ich die Musik leiser drehte. »Ja?«, meldete ich mich.

»Yo«, kam Andres Stimme mit einer halben Sekunde Verzögerung aus der Leitung, als hätte ihn, gleich nachdem er meine Nummer gewählt hatte, irgendetwas abgelenkt.

»Was gibt's?«, fragte ich mit quietschiger Stimme. Zum Glück war Andre betrunken, deshalb merkte er nichts von meinem Elend.

»Kannst du ...« Er brach ab und sagte etwas Unverständliches zu jemand anderem. »Bist du zu Hause?«

»Nein«, sagte ich. »Nein, ich bin ... ich war bei Target und wollte gerade losfahren.«

»Perfekt. Kannst du herkommen?«

»Was? Wieso?«

»Hanna geht es nicht gut. Sie ist seit fast einer Stunde im Bad. Ich habe ihr gesagt, sie kann sich in mein Bett legen, aber sie will lieber nach Hause. Ich kann ihren Schlüssel nicht finden.«

Ich schloss die Augen und presste die Stirn gegen das Lenkrad. »Hast du sie gebeten, in ihrem BH nachzusehen?«, murmelte ich.

»Ja. Sie hat ihn ausgezogen. Der Schlüssel war nicht drin. Kannst du sie abholen? Meine Mitbewohner sind schon ins Bett gegangen. Hier übernachten noch drei oder vier andere. Fogarty ist nicht dabei. St. James ist zwar noch da, aber der sorgt nur dafür, dass Quinton und Torres Wasser trinken, ehe bei ihnen die Lichter ausgehen. Wahrscheinlich geht er in fünf bis zehn Minuten. Es wäre einfach gut, wenn du sie nach Hause fahren könntest.«

Hanna trank nie zu viel Alkohol. Das letzte Mal, als sie nach einem gemeinsamen Abend gekotzt hatte, waren wir noch im ersten Semester gewesen. Wir hatten uns bei *Pepito's* die Bäuche vollgeschlagen und uns dann ein Uber nach Hause genommen, weil wir zu müde zum Laufen gewesen waren. Sie würde sich morgen beschissen fühlen, egal ob ich sie abholen kam oder nicht. Aber in Andres Wohnung mit einer Horde Footballspieler aufzuwachen, würde das Ganze für sie nur noch unangenehmer – oder vielmehr: noch peinlicher – machen.

Hanna hatte mich nach Hause geschleift, als ich ein betrunkenes Wrack gewesen war. Jetzt war es an der Zeit, mich zu revanchieren.

»Halte durch«, sagte ich zu Andre, während ich den Sicherheitsgurt anlegte. »Ich bin schon unterwegs.«

Weil ich nicht wollte, dass Andre oder Hanna mein Auto sahen, parkte ich auf der zweiten Ebene eines universitätseigenen Parkhauses auf der anderen Straßenseite. Es diente als Zusatzparkhaus fürs Palazzo, deshalb gab es Überwachungskameras und jede Menge Autos, die für potenzielle Diebe und Autoknacker attraktiver waren als mein alter weißer Corolla. Vor allem jetzt, da man meiner geliebten Karre das Wort LÜGNERIN in die Motorhaube geritzt hatte. Heute Abend konnte ich nichts mehr dagegen unternehmen. Ich musste Hanna nach Hause bringen, meine Einkäufe wegräumen und mich schlafen legen. Und es hatte auch keinen Sinn zu jammern, bis ich wusste, wie viel die Reparatur kosten würde. Trotzdem spürte ich das Brennen von Tränen, als ich die Wendeltreppe ins Erdgeschoss hinunterging, und alles verschwamm vor meinen Augen.

Wie sollte ich das meinen Eltern beibringen?

Ich blieb auf dem Gehsteig vor dem Parkhaus stehen und kniff mich in die Nasenwurzel. »*No llores, no llores*«, murmelte ich halblaut.

Ich hatte keine Zeit für Selbstmitleid. Hanna brauchte mich.

Im Foyer des Palazzo herrschte mehr Betrieb als bei Target um zwanzig Uhr an einem Samstagabend. Es war kinderleicht, mich unter die Bewohner zu mischen und die Sicherheitskontrolle zu umgehen. Ich stieg zusammen mit vier

Mädchen in den Aufzug, die – zumindest ihren zerzausten Haaren und dem verschmierten Make-up nach zu urteilen – einen tollen Abend gehabt hatten. Eine von ihnen trug eine Pappschachtel mit Pizza, die ihren Duft nach geschmolzenem Käse im gesamten Fahrstuhl verbreitete. Eine andere hatte sich ihre hochhackigen Ankle Boots ausgezogen und trug nur noch beigefarbene Socken mit pinknasigen Mopsgesichtern an den Füßen. Ich hörte zu, wie sich die vier leise kichernd über die Bar unterhielten, in der sie gewesen waren (die irgendwo zwischen hier und Los Angeles liegen musste, so wie sie sich über das viel zu teure Uber beklagten), und über die Jungs und Mädchen, mit denen sie getanzt und denen sie falsche Telefonnummern gegeben hatten.

Als sich die Türen auf Andres Etage öffneten, schlüpfte ich hinaus und machte mich auf den Weg durch das Labyrinth mit weichem Teppich ausgelegter Flure, bis ich bei Wohnung 352 ankam. Ich klopfte zweimal, und kurz darauf wurde mir von Andre geöffnet. Er hatte glasige Augen, und sein Partyhemd (das mit den gestickten Ananas) war vollständig aufgeknöpft, sodass man sein Sixpack sehen konnte. Er trug eine Kette aus grünen Kunststoffperlen um den Hals, wie man sie an Mardi Gras geschenkt bekam.

»Ich liebe dich«, sagte er mit Inbrunst. »Du bist eine gottverdammte Heilige.«

»Ich weiß«, entgegnete ich und schob mich an ihm vorbei in die Wohnung. »Wo ist sie?«

Die Party war vorbei, nur einige Nachzügler waren noch übrig.

Aus zwei teuren Lautsprecherboxen in der Ecke des Wohnzimmers kam noch Musik – die allerdings so leise war, dass man sie kaum hören konnte –, und auf dem Couchtisch vor dem schwarzen Ledersofa, wo Scott Quinton lag und schnarchte, stand ein kleines Heer aus leeren Flaschen. Über einer Ecke des Flachbildfernsehers hing ein BH. Einen Sekundenbruchteil lang bekam ich schreckliche Panik, ehe mir klar wurde, dass die Körbchengröße für meine Mitbewohnerin zu groß war.

»Stilvoll«, sagte ich und deutete mit einem Kopfnicken auf die neue Deko. »Wo ist Hanna?«

»Badezimmer«, antwortete Andre.

Ich ging in den Flur.

Im selben Moment tauchte Bodie St. James auf. Er hatte sich eine halb leere Flasche unter den Arm geklemmt, und diesmal trug er keinen Flanellpyjama, sondern dunkle Jeans, die sich um seine Oberschenkel schmiegten, und ein schwarzes Langarmshirt mit Knopfleiste, das seine Schultern exzellent zur Geltung brachte.

Als er mich sah, blieb er abrupt stehen. Dann, als wäre ihm plötzlich wieder eingefallen, dass er und ich nicht die einzigen Personen im Raum waren, wandte er sich an Andre. »Ich habe Torres ins Bett gebracht. Er hat einen Müllbeutel, falls er wieder kotzen muss.«

»Danke, Mann«, sagte Andre.

Bodies Blick glitt zurück zu mir. Bei unserer letzten Begegnung hatte er sich auf die Seite seines Trainers gestellt. Aber das war mittlerweile acht Stunden her, und in diesen acht Stunden war viel passiert.

»'tschuldigung«, murmelte ich, als ich mich an ihm vorbeidrückte. Die Badezimmertür war nur angelehnt, und ein einzelner Lichtstreifen fiel auf den Holzfußboden des Flurs.

»Hanna?«, rief ich und versuchte, genauso zu klingen wie sie, wenn sie nüchtern war. »Alles gut, Babe?«

Es war nicht alles gut. Das wurde klar, sobald ich die Tür aufgeschoben hatte und sie neben der Toilette auf dem Boden kauern sah. Mit ihrer winzigen Hand umklammerte sie ein Stück des Duschvorhangs aus Plastik. Ihr Lidstrich war verschmiert, und sie hatte unerklärlicherweise einen Fleck Mascara auf der Stirn. Sie schlug ein Auge auf und murmelte etwas Unverständliches.

Andre tauchte mit einem Handtuch neben mir auf. Ich bedankte mich, dann ging ich neben Hanna auf die Knie, um mich um ihr verschmiertes Make-up zu kümmern und ihr das Erbrochene vom Kinn zu wischen.

»Ich habe versucht, ihre Haare in Sicherheit zu bringen«, sagte Andre. Das erklärte den schiefen Pferdeschwanz, der anscheinend mit Kinesiotape zusammengebunden war, mit dem Sportler verstauchte Knöchel oder Handgelenke stabilisierten.

»Das hast du gut gemacht«, sagte ich.

Andre schüttelte den Kopf. »Das ist alles meine Schuld. Wir haben meinen Touchdown gefeiert.«

»Weil der verdammt geil war«, erwiderte ich. »Und wir ihn noch bis zum Ende des Semesters feiern werden, kapiert? Das hier ist nicht deine Schuld. Ihr habt es beide übertrieben. Das kommt in den besten Familien vor. Denkst du, wir können sie jetzt bewegen? Wann hat sie das letzte Mal gebrochen?«

»Sie hat vor einer Viertelstunde aufgehört. Ich glaube, wir können es versuchen. Ich kann sie runter zu deinem Auto tragen …«

Scheiße.

»Äh«, sagte ich und versuchte zu improvisieren. »Ich schaffe das schon.« Wahrscheinlich konnte ich sie notfalls huckepack nehmen und zu Fuß nach Hause tragen. Sie wog ja nicht viel – ein Muskelpaket, aber klein und zierlich. Ich sagte doch immer, dass ich mehr Sport machen müsste. Dies war meine Gelegenheit. Leg Day.

»Hanna, Süße«, sagte ich leise. »Zeit, nach Hause zu gehen.«

Sie stieß ein leises Wimmern aus, dann hob sie den Kopf und sah mich an. »'tschuldige, Laurel.«

»Sei still«, sagte ich und streichelte ihr Haar. »Komm, wir bringen dich nach Hause.«

Ich bedeutete dem im Türrahmen wartenden Andre, herzukommen und mir dabei zu helfen, sie aufzurichten. Als er ins Bad kam, wurde mir bewusst, dass Bodie hinter ihm im Flur gestanden hatte. Ich wusste nicht genau, wie lange er schon dort war, aber er hatte besorgt die Stirn gerunzelt.

Andre und ich zogen Hanna auf die Füße. Sie konnte kaum stehen, und Andre war keine große Hilfe, weil er selbst ein wenig schwankte.

Bodie räusperte sich. »Braucht ihr Hilfe?«

»Es geht schon«, beschied ich ihm unwirsch. »Na komm«, sagte ich zu Hanna. »Du springst einfach auf meinen Rücken, okay? Eins, zwei – *uff.* Scheiße. Okay. Es geht schon. Es geht schon.«

Es ging nicht. Meine Oberschenkelmuskeln schrien, und ich musste mich mit einer Hand an der Wand abstützen, als ich zurück ins Wohnzimmer ging, während Hanna mir die Arme um den Hals und die Beine um die Hüften schlang.

Bodie kam, um uns die Wohnungstür aufzuhalten. Seine Miene war angespannt, als wollte er uns unbedingt helfen. Ich stolperte an ihm vorbei auf den Hausflur.

»Schreib mir, wenn ihr zu Hause seid!«, rief Andre mir nach.

Ich war zu sehr damit beschäftigt, nicht umzufallen, deshalb konnte ich keine Antwort geben und zeigte ihm lediglich das Peace-Zeichen, ohne mich umzudrehen.

Durch einen unerhörten Kraftakt meiner Oberschenkel gelang es mir, während der Fahrt nach unten aufrecht stehen zu bleiben. Doch sobald die Türen aufgingen und ich das große Foyer vor mir sah, wusste ich, dass mein Unterfangen zum Scheitern verdammt war. Wir schafften die halbe Strecke, dann ging nichts mehr, und ich musste stehen bleiben.

»Hanna«, ächzte ich, während meine Oberschenkelmuskeln krampften. »Ich muss kurz … ich muss dich mal eben … abstellen …«

Sie rutschte von meinem Rücken. Kaum dass ihre nackten Füße den Boden berührten, kippte sie zur Seite. Ihre Schulter streifte die Blätter einer künstlichen Geigen-Feige, ehe sie gegen die Wand sackte, an der sie immer weiter nach unten rutschte, bis sie schließlich in Embryonalstellung am Boden kauerte.

Die beiden Sicherheitsleute vorn am Empfang druckten gerade einen Besucherausweis für eine Hälfte eines Pärchens aus, das zu meinem großen Ärger die Finger nicht voneinander lassen konnte. Deshalb war ihnen noch nicht aufgefallen, dass meine Freundin versuchte, auf dem Fußboden der Lobby ein Nickerchen zu machen.

»Hanna!«, zischte ich.

»Nein.«

»Komm schon. Es sind nur ein paar Blocks. Das geht ganz schnell vorbei.«

Hanna ließ den Kopf gegen die Wand sinken und schloss die Augen.

»Bin so müde«, lallte sie. »Lass ... mich einfach hier sitzen.«

»Hanna.«

Ich blinzelte heftig. Ich würde nicht in dieser geschmacklosen Hölle voller Kunstpflanzen und Lehmziegelimitat anfangen zu weinen. So tief wollte ich wirklich nicht sinken. Aber was sollte ich jetzt machen? Sie an den Füßen nach Hause schleifen?

Auf der anderen Seite des Foyers gingen die Fahrstuhltüren auf. Ich war nur mittelmäßig erstaunt, als Bodie St. James aus der Kabine trat. Einen Moment lang hegte ich die Hoffnung, dass er auf dem Heimweg war und schnurstracks an uns vorbeilaufen würde. Das Schlimmste, was passieren könnte, war, dass er gerade lange genug stehen blieb, um mir viel Erfolg zu wünschen. Doch als er mich sah, wusste ich sofort, dass er damit gerechnet hatte, uns so vorzufinden, und genau deshalb nach unten gekommen war.

Ich verschränkte die Arme vor der Brust und kaute auf der Innenseite meiner Wange herum. Hoffentlich sah ich so aus, als hätte ich einfach nur die Nase voll von Hannas Verhalten, und nicht so, als wäre ich zwei Sekunden von einem Heulkrampf entfernt.

»Hey«, sagte Bodie.

»Hey«, krächzte ich. »Sie macht nur eine kleine Pause.«

Bodie nickte. Ich hatte den Eindruck, dass er mich total durchschaute.

Ich machte ihm Platz und sah zu, wie er neben Hanna in die Hocke ging.

»Hey, Champ«, sagte er zu ihr. »Bist du bereit für den Heimweg?«

Nein, mach das nicht, wollte ich sagen. *Ich versuche dich zu hassen.*

Hanna brummte etwas, das nach widerwilliger Zustimmung klang.

Bodie schob einen Arm unter ihre Knie, und mit der anderen stützte er ihren Rücken, ehe er aufstand und sie hochhob. Augenblicklich legte Hanna ihm die Arme um den Hals wie eine müde Prinzessin, die sich an ihren Retter klammerte. Ich fragte mich, ob Bodie auch stark genug wäre, mich zu tragen.

Das war ein dummer Gedanke. Keine Ahnung, wie ich darauf gekommen war.

»Geh vor«, sagte Bodie zu mir.

»Ich habe mein Auto nicht dabei. Aber ich könnte uns ein Uber rufen.«

»Wie weit wohnst du weg?«

»Vier Blocks.«

»Dann können wir laufen.«

»Bist du dir sicher?«

Bodies Mundwinkel zuckten, als fände er es drollig, dass ich überhaupt fragen musste, ob er, ein Leistungssportler, dessen Bizeps so dick war wie mein Hals, meine sehr zierliche, sehr schlappe Freundin tragen konnte.

»Ich bin mir sicher«, sagte er mit einem sanften Nicken.

Ich biss mir einen Moment lang unentschlossen auf die Lippe.

»Okay. Gut. Dann lass uns gehen.«

Die vier Blocks zwischen Andres Wohnung und unserer waren mir noch nie so lang vorgekommen. Dass es ein Uhr morgens war und es keine Passanten und auch keinen nennenswerten Verkehr gab, machte es nicht besser. Die Stille um uns herum war unheimlich, man hörte nur unsere Schritte, unseren Atem und Hannas leises Schnarchen. Alle dreißig Sekunden blickte ich hinter mich, um nach Bodie zu sehen. Er hatte natürlich keinerlei Probleme. Er schwitzte nicht einmal. Keine Ahnung, warum ich mich immer wieder umdrehte.

Erst als ich den Schlüssel aus der Tasche geholt und in die Eingangstür unseres Gebäudes gesteckt hatte, setzte bei mir die Verlegenheit ein. Unser Zuhause war der krasse Gegensatz zum Palazzo. Ich fragte mich, ob es Bodie auffiel – die gusseisernen Gitter vor den Fenstern im Erdgeschoss, der fleckige Teppichboden, die knarrenden Türen und der Gestank nach Gummi, der von der Tankstelle nebenan herüberwehte. Ich hatte mich noch nie für unsere Wohnung geschämt, aber als ich Bodie die Treppe hinauf in den ersten Stock führte, flüsterte eine bösartige kleine Stimme in meinem Kopf, dass meine Scham gerechtfertigt war.

»Wir wohnen im ersten Stock«, sagte ich und wischte mir die Handflächen an meinen Leggings ab. »Erste Tür links.«

»Ich bin direkt hinter dir«, sagte er.

Ich stapfte die Treppe hoch und sagte mir, dass Bodie viel zu sehr auf seine Füße achten musste – und zu sehr Gentleman war –, um meinen Hintern anzustarren, selbst wenn er ihn direkt vor der Nase hatte. Oben angekommen, schloss ich unsere Wohnung auf, schlüpfte hinein, schaltete das Licht in der Küche ein und verzog das Gesicht, als ich die Unordnung auf der Arbeitsplatte sah, ehe ich weiter zum Schlafzimmer ging.

»Ihr Bett ist das auf der rechten Seite«, wies ich ihn an.

Und es war das reinste Chaos. Ich sammelte auf, was ich konnte – eine auf links gedrehte Jeans, eine Tüte Hot Cheetos, ein dickes Lehrbuch mit dem Titel *Einführung in den abstrakten Expressionismus* –, und warf alles auf meinen Schreibtisch, wobei ich einen Stapel schlampig gefalteter Wäsche umwarf, den ich schon seit Tagen wegräumen wollte.

Ein Slip von mir (beigefarbener nahtloser Hipster) segelte zu Boden. Einen Fluch knurrend, kickte ich ihn unter mein Bett. Als ich mich umdrehte, stand Bodie in der Tür. Falls er gesehen hatte, wie ich meine Unterwäsche aus dem Weg befördert hatte, sagte er nichts dazu. Er schwieg andächtig, als er das Zimmer betrat – seitwärts, damit Hanna sich nicht Kopf oder Füße am Türrahmen anstieß – und sie behutsam auf die Matratze legte. Die Federn quietschten, als sie sich flach auf dem Rücken ausstreckte. Ich ging zu ihr und drehte sie auf die Seite.

Neben mir dehnte Bodie seine Handgelenke. Es war das einzige Anzeichen dafür, dass es ihn ein Minimum an Kraft gekostet hatte, Hanna vier Blocks weit zu tragen.

Und jetzt stand er in meinem Schlafzimmer. Was für eine verrückte Wendung. Andre war der einzige Junge, den Hanna und ich je bei uns zu Besuch hatten, und er nahm nie so viel Platz ein wie Bodie. Es war, als stünde man neben einem Lagerfeuer – die Wärme war angenehm, aber zugleich hatte ich das Gefühl, mich übel verbrennen zu können, falls ich ihn versehentlich berührte.

Ich sah zu ihm empor. Mein Blick wanderte die markante Linie seiner Augenbrauen und die Kontur seiner Nase entlang. Ich gebot mir Einhalt, ehe ich bei seinem Mund ankam – ein Glück, denn er wählte diesen Moment, um sich vollständig zu mir umzudrehen. Wortlos deutete ich mit einem Nicken in Richtung Tür.

Wir gingen in die Küche. Hanna mochte schlafen, doch ihr Schnarchen erinnerte mich daran, dass ich nicht wirklich mit Bodie allein war. Weil ich das Gefühl hatte, diese passive Form der Aufsicht zu brauchen, ließ ich die Schlafzimmertür einen Spaltbreit offen stehen. Ich wusste nicht, ob ich sonst womöglich etwas Dummes sagen würde.

Als ich mich umdrehte, sah ich, wie Bodie die Galerie von Post-it-Zetteln am Kühlschrank betrachtete – kleine hingekritzelte Nachrichten, die Hanna und ich einander hinterließen, wenn etwas in der Wohnung in Ordnung gebracht oder eingekauft werden musste oder eine von uns ein paar Worte der Aufmunterung brauchte. Aus unerfindlichen Gründen kam mir das intimer vor als der Slip auf meinem Fußboden.

»So«, sagte ich ein bisschen zu laut.

Bodie fuhr herum. Seine Ohren waren rot.

Ich zog mir die Ärmel meines Hoodies über die Hände und klemmte sie mir unter die Achseln. »Danke«, sagte ich. »Dass du sie getragen hast.«

»Kein Ding«, sagte Bodie. Nach einem kurzen Schweigen stieß er hervor: »Es tut mir leid, wie ich mich gestern Abend im Baseball House dir gegenüber verhalten habe.«

Eine Entschuldigung war das Letzte, womit ich gerechnet hatte. »Ist schon gut«, murmelte ich reflexartig.

»Nein, ist es nicht. Du arbeitest beim *Daily*. Ich weiß nicht, weshalb ich dachte ...« Er brach ab und schüttelte den Kopf. »Ich ... manchmal hasse ich es einfach, dass du Reporterin bist.«

Für jemanden, dessen Leben ich auf den Kopf gestellt hatte, war Bodie bemerkenswert empathisch. Es kam mir nicht so vor, als würde er mich hassen. Wenigstens nicht so sehr wie diejenigen, die mein Auto beschädigt hatten. Aber es war einer seiner Freunde gewesen. Jemand, mit dem er in der Kabine lachte, mit dem er zum Mittagessen ins *Chipotle* ging und neben dem er saß, wenn sie zu Auswärtsspielen flogen, hatte gesehen, wie ich mein Auto geparkt hatte, und beschlossen, sich die Zeit zu nehmen, acht Buchstaben in die Motorhaube zu ritzen.

»Ich verstehe das schon«, sagte ich. »Du kannst nach Hause gehen. Ich kümmere mich um Hanna.«

Ich nickte in Richtung Wohnungstür. Doch Bodie ging nicht. Er blieb, wo er war. Er wirkte unsicher.

»Vaughn hätte dich nicht rausschmeißen dürfen.«

»Nein. Hätte er nicht. Aber wir wissen ja bereits, dass er keine Frauen in seiner Kabine haben will.«

Bodie nickte. Dann sagte er: »Ich packe aus.«

»Was?«

»Ich rede mit dir über die Stiftung. Aber ich will anonym bleiben, so wie Andre.«

Ich wartete darauf, dass er es zurücknehmen würde – dass er mir ins Gesicht lachte. Doch sein Blick war fest. Er meinte es ernst.

»Du willst wirklich mein Whistleblower sein?«, fragte ich.

»Ja. Ich bin mir der Risiken bewusst. Aber ich will trotzdem das Richtige tun. Wenn in der Vaughn Foundation irgendwas Illegales vorgeht, ist das den Kids gegenüber nicht fair. Und den Spendern gegenüber auch nicht. Oder den Freiwilligen oder allen anderen, die irgendwie involviert sind. Wenn du immer noch willst ...« Er schluckte. »... dann rede ich. Gib mir nur ein paar Tage Zeit, um all meine Screenshots zu ordnen.«

Ich sah ihn mit zusammengekniffenen Augen an. Bodies Wangen war rot geworden, aber er wand sich nicht, und er nahm seine Zusage auch nicht zurück. Also streckte ich ihm die Hand hin.

»Wenn wir uns die Hand darauf geben«, warnte ich ihn, »kannst du keinen Rückzieher mehr machen.«

Bodie ergriff meine Hand und schüttelte sie. Es war wirklich nicht in Ordnung, dass er so groß war – ein absoluter Brocken von einem Jungen, mit Händen, neben denen meine aussahen wie eine Miniversion. Doch sein Händedruck war sanfter, als ich es von jemandem vermutet hätte, der einen Football siebzig Yards weit werfen konnte.

In meiner Brust löste sich ein Knoten, und meine Schultern entspannten sich vor lauter Erleichterung.

»Ist das ein ungünstiger Zeitpunkt, um dich darauf hinzuweisen, dass ein Handschlag juristisch nicht bindend ist?«, fragte er.

»Ganz ungünstiger Zeitpunkt.«

»Tut mir leid. Ich kann einfach nicht aus meiner Haut. BWLer.«

Ich wollte nicht lächeln. Ich wollte es wirklich nicht. Mein Abend war eine einzige Achterbahnfahrt der Beschissenheit gewesen, und laut Google musste ich eine Anzeige bei der Polizei aufgeben. Aber Bodie St. James stand in meiner Küche, und zum ersten Mal seit unserem Interview hatte ich das Gefühl, dass wir auf derselben Seite waren.

»Gute Nacht, Laurel«, sagte er leise.

»Nacht.«

Er ging und schloss die Tür hinter sich. In seiner Abwesenheit war die Küche so leer und still, dass mein Lächeln verflog. Ich ließ mich gegen den Küchentresen sinken und presste mir die Handballen auf die Augen, sodass unter meinen Lidern bunte Lichtpunkte tanzten wie bei einem Kaleidoskop.

In etwas mehr als zwei Stunden hatten mir zwei wichtige Informanten ein Interview in Aussicht gestellt. Das war eine beachtliche Leistung, die ich zu gern gefeiert hätte – wäre da nicht die Sache mit meinem Auto gewesen.

18

Als ich am nächsten Morgen die Augen aufschlug, war mein erster Gedanke, dass ich unbedingt den Glockenturm-Klingelton an meinem Handy deaktivieren musste, ehe Hanna davon wach wurde. Das löste eine wahre Lawine von Erinnerungen aus: Hanna, wie sie über Andres Kloschüssel hing, die Haare wirr, die Augen halb geschlossen. Bodie St. James, der sie nach Hause trug. Die geschmeidige Bewegung seiner Armmuskeln unter dem schwarzen Shirt. Wie er endlich, endlich einwilligte, mir zu sagen, was er wusste. Wie ich ihn aus der Wohnung geworfen hatte, damit ich einen Moment allein sein und um mein ... Auto trauern konnte.

Ich zog mir noch einmal die Decke über den Kopf und vergrub mich tief in der nach Waschmittel duftenden Dunkelheit. Ich wollte schreien, doch der moderne Kapitalismus ließ einem keine Zeit für emotionale Zusammenbrüche. Meine Garland-Country-Club-Uniform lag in einem unordentlichen Haufen auf dem Boden meines Kleiderschranks. Nachdem ich die meisten Falten glatt gestrichen, mir die Zähne geputzt und die Haare geflochten hatte, schickte ich PJ eine schnelle Nachricht, um sie zu fragen, ob sie vorbeikommen und mich zur Arbeit mitnehmen konnte.

Mein Auto hat einen Platten, log ich und fügte noch einen Stirnrunzel-Emoji hinzu, damit das Ganze ein wenig unbeschwerter wirkte.

Ihre Antwort kam wenige Sekunden später. *Klar doch, Süße. Bin in fünfzehn min da.*

Sie hatte ihre Nachricht mit einer Sternschnuppe und einem Daumen-hoch-Emoji versehen. Nun, da meine Mitfahrgelegenheit geklärt war, zog ich mir meine Sneaker an, schloss die Schlafzimmertür hinter mir und ging in die Küche. Ich steckte mir gerade Müsliriegel in beide Vordertaschen meiner Jeansjacke, als die Tür aufging. Hanna sah aus wie ein kleiner verkaterter Kobold, der aus seiner Höhle gekrochen kam. Sie hielt sich eine Hand vor die Augen, um sie vor dem Licht in der Küche zu schützen.

»Guten Morgen«, flüsterte ich.

»Wie schlimm war ich?«, fragte sie mit heiserer Stimme. Die Hälfte ihrer Haare war immer noch mit Tape zum Pferdeschwanz gebunden, die andere Hälfte klebte ihr in einem verknoteten Nest seitlich am Hals.

»Andre hat als Einziger gemerkt, dass es dir schlecht ging«, sagte ich.

Keine Ahnung, ob das stimmte, aber ich wollte lieber lügen und ihr die Peinlichkeit ersparen, als riskieren, dass sie den ganzen Vormittag lang Panik schob, weil sie sich ausmalte, wie ihr das gesamte Footballteam der Garland University beim Reihern zuhörte.

»Hat er mich nach Hause getragen?«, fragte sie. »Ich weiß noch, dass mich jemand nach Hause getragen hat.«

»Nein, das war Bodie.«

»Bodie St. James?«

»PJ ist da, ich muss los, wir reden später.« Mit diesen Worten schlüpfte ich zur Tür hinaus. »Immer schön Wasser trinken!«

An Sonntagen wurde der Garland Country Club vor allem von Rentnern frequentiert, was bedeutete, dass PJ auf dem Parkplatz besonders vorsichtig fahren und geschlagene drei Minuten anhalten musste, während ein uralter Mann versuchte, seinen Audi in eine Lücke zu manövrieren, in die problemlos ein Wohnwagen gepasst hätte. Schließlich fanden wir einen freien Stellplatz auf dem Mitarbeiterparkplatz direkt neben Rebeccas schickem Lexus (schwarz und glänzend wie ein Flusskiesel und mit einem Garland-University-Aufkleber an der Heckscheibe). Der bloße Anblick hatte zur Folge, dass ich mich auf dem Beifahrersitz reflexartig kleiner machte.

»Ich hoffe, du bedienst heute«, sagte PJ, während sie im Rückspiegel ihren Lippenstift überprüfte und ihre Haare aufschüttelte. »Ich hatte am Freitag ein absolut grauenhaftes Blind Date. Du würdest nicht glauben, was für Typen ich bei Tinder anlocke.«

Mir die Irrungen und Wirrungen von PJs Dating-App-Aktivitäten anzuhören, erschien mir als die ideale Beschäftigung, damit ich wegen meines Autos nicht im Kummer versank. Allerdings gab es auch noch andere Dinge, über die ich mir dringend Gedanken machen musste – zum Beispiel, welche Fragen ich Josefina heute Nachmittag stellen wollte.

»Ich glaube, Rebecca hat es auf mich abgesehen«, sagte ich. »Sie teilt mir immer nur die sinnlosesten Aufgaben zu.«

»Süße, die hat es auf jeden abgesehen«, meinte PJ lachend. »Ich habe sie letzte Woche zufällig am Telefon mit dem Besitzer gehört. Sie hat sich darüber beschwert, dass ich keinen Uni-Abschluss habe. Als müsste ich was über internationale Beziehungen wissen, um Leuten Drinks hinzustellen.«

»Internationale Beziehungen?«

»Das war ihr Hauptfach. Habe ich auf LinkedIn nachgesehen. Ich bin ein nachtragender Mensch, Laurel, das weißt du doch. Rebecca ist einfach neurotisch. Sie wird dich nicht feuern, solange du keinen ernsthaften Mist baust.«

Ich seufzte. »Ich habe das Gefühl, als wäre heute ein Tag zum Mistbauen.«

»Dann verstecke ich dich unter der Bar«, sagte PJ.

Und genau das tat sie auch drei Stunden später, nachdem Rebecca mir eine Reihe ganz wundervoller Arbeiten aufgetragen hatte, wie zum Beispiel die Toiletten in der Herrenumkleide zu putzen oder Schlammspritzer von den Golfmobilen zu wischen. Ich brauchte dringend fünfzehn Minuten Pause, deshalb setzte ich mich hinter der Theke auf den Boden, während PJ Gläser abwusch, genoss die Brise der Klimaanlage und aß geröstete Mandeln.

»Ich glaube, ich kriege Bräunungslinien von den Bermudashorts«, sagte ich und zog die Hosenbeine hoch, um ihr die deutlich blasseren oberen Hälften meiner Oberschenkel zu zeigen.

»Ich habe Selbstbräuner, falls du welchen brauchst«, bot PJ mir an. »Und Babe, du brauchst ihn.«

Ich schnaubte entrüstet und warf mit einer Mandel nach ihr. PJ wich lachend aus, wurde dann jedoch blitzschnell ernst und räusperte sich.

»Hi, Rebecca«, sagte sie mit übertrieben lauter Stimme. »Wie geht es Ihnen?«

Ich verhielt mich mucksmäuschenstill.

»Gut«, sagte Rebecca brüsk. »Hast du Laurel gesehen?«

»Nein, Ma'am«, antwortete PJ seelenruhig. »Ich glaube, sie macht gerade Pause.«

Ich hatte noch eine Mandel im Mund, wagte aber nicht, sie zu zerkauen – das Knacken hätte mich womöglich verraten.

»Wenn du sie siehst, könntest du ihr bitte sagen, dass die Windschutzscheiben der Golfwagen streifig sind?«

Bullshit. Ich hatte sie extra mit den flauschigen Garland-Country-Club-Handtüchern trocken gewischt. Rebecca behauptete von sich, ein umgänglicher Mensch zu sein, aber das war definitiv eine Lüge. Sie suchte ständig nach Dingen, die sie kritisieren konnte. Sie wollte mich loswerden.

»Ich werde es ihr ausrichten«, sagte PJ großmütig.

Eine Pause entstand. Ich hörte keine Schritte.

»Gibt es ... äh, kann ich sonst noch was für Sie tun?«

»Ich sehe nur fern«, gab Rebecca zurück. Mein Blick zuckte zu dem Fernsehbildschirm über der Bar, auf dem – aus meiner Perspektive nur verzerrt sichtbar – jede Menge Gestalten vor einem grünen Hintergrund herumliefen. »Kam heute Morgen schon was über Football? Ich habe gehört, ESPN hat immer noch Vaughn im Visier. Es ist eine absolute Farce, was sie diesem Mann antun. Sie sollten sich schämen.«

Ich öffnete den Mund, um meiner Chefin zu widersprechen, und biss stattdessen heftig auf meine Mandel.

»Aber er hat doch wirklich ein paar ziemlich herabwürdigende Sachen gesagt, oder?«, meinte PJ, während sie mich mit dem Fuß anstieß, wie um zu sagen: *Wehe, du gibst auch nur einen Laut von dir.* »Ich finde es richtig, Sexismus zu thematisieren. So was muss doch für weibliche Reporter und Moderatoren total unangenehm sein. Und wenn sich sogar schon Spieler darüber beklagen, ist das nicht ein klares Zeichen dafür, dass es auch dem Team schadet?«

Rebecca seufzte – wie über jede Frage, die PJ ihr stellte.

»Ich sage ja nur, dass man ihm erlauben sollte, seine Mannschaft so zu trainieren, wie er es für richtig hält. Die Kabine muss ein Safe Space für Männer sein. Manchen Leuten gefallen solche starken, traditionell maskulinen Persönlichkeiten nicht, aber so ist Vaughn nun mal. Er sagt, was er denkt, und er hat Erfolg. Man sollte ihn in Ruhe seinen Job machen lassen.«

PJ nickte lächelnd.

»Wie dem auch sei. Ich muss mit der Floristin wegen des Wohltätigkeitsturniers telefonieren. Wenn du Laurel siehst – die Golfmobile.«

Ich wusste, dass sie fort war, als PJ schnaubend verkündete: »Ich kann sie nicht ausstehen.«

»Ich habe dir doch gesagt, sie will mich loswerden«, wisperte ich.

PJ nahm mir die Jumbotüte Mandeln aus der Hand und stellte sie außerhalb meiner Reichweite auf die Theke. »Geh und kümmere dich schnell um die Golfmobile«, sagte sie. »Ohne dich halte ich es hier nicht aus.«

Ich war mir nie zu stolz für einen Gehaltsscheck gewesen. Zwar beklagte ich mich oft über die alltäglichen Ärgernisse, die mein Job mit sich brachte – und von denen die meisten ursächlich mit dem Stock zusammenhingen, den Rebecca in ihrem Arsch stecken hatte –, aber im Endeffekt überwogen die Vorteile. Ich mochte den Country Club. Ich mochte PJ. Ich mochte sogar die Real Housewives. Und ich mochte das Geld, das ich verdiente. Rebecca würde mir diesen Job nur über meine Leiche wegnehmen. Ich würde nicht weichen, ehe ich genug zusammenhatte, um mein Auto reparieren zu lassen.

Egal wie oft ich meine Google-Suche aktualisierte oder das Schlagwort änderte, es gab keine direkte Busverbindung von Garland nach San Diego. Somit blieb mir keine andere Wahl: Ich stieg in meinen Wagen und recherchierte eine Route zu der Adresse, die Josefina mir geschickt hatte. Bei helllichtem Tag in meinem frisch getauften LÜGNERIN-Mobil durch die Gegend zu fahren war noch hundertmal schlimmer als die Nacht, in der es passiert war.

Andres Sonnenbrille war mein einziger Trost. Natürlich wusste ich, dass die Leute trotzdem noch mein Gesicht sehen konnten, und sie änderte auch nichts an der Existenz des Wortes auf meiner Motorhaube. Aber die getönten Gläser kamen mir vor wie ein Schutzschild, der mich nicht nur vor UV-Strahlen, sondern auch vor einer öffentlichen Demütigung bewahrte.

Anderthalb Stunden und jede Menge Ariana-Grande-Songs später war ich in San Diego angekommen und fuhr an unzähligen Blocks mit Studentenwohnungen vorbei.

Josefina wohnte in einem kastenförmigen grauen Apartmentgebäude mit zwei Etagen und einer Front voller großer Glastüren, die auf von Palmen beschattete Balkone hinausführten. In natura sah es kleiner aus als in der Broschüre, auf die ich im Netz gestoßen war, als ich die Adresse recherchiert hatte. Der Haupteingang bestand aus einer einfachen Glastür mit einer gepflasterten Terrasse davor.

Auf einer niedrigen, mit Gräsern bewachsenen Mauer saß Gabi de Hostos. Sie trug ein gestreiftes T-Shirt-Kleid, das ich bereits von einem ihrer Instagram-Bilder kannte, und hatte eine frappierende Ähnlichkeit mit ihrem Cousin Joaquín. Als ich auf dem kleinen Parkplatz anhielt und aus meinem Auto stieg, beobachtete sie mich mit zusammengekniffenen Augen.

»Bist du die Journalistin?«, rief sie mir zu. Sie hielt sich nicht mit Höflichkeitsfloskeln auf.

Ich nickte. »Und du bist Gabi?«

Sie ignorierte meine Gegenfrage und deutete stattdessen mit einer Bewegung ihres Kinns zu meinem Auto. »Was ist denn da passiert?«

»Jemandem gefiel mein Artikel nicht. Wahrscheinlich zu viele Adjektive.«

Gabi lachte nicht. Ich nahm es ihr nicht übel.

Als ich bei den Stufen zur Terrasse ankam, sprang sie von der Mauer und öffnete die Eingangstür mit ihrem Studentenausweis. Wir durchquerten eine kleine Lobby, stiegen eine Feuertreppe hinauf und gingen dann einen kurzen Flur entlang bis zu einer unverschlossenen Wohnungstür, die Gabi mit der Hüfte aufschob.

»Sie ist da«, rief sie laut.

Ich folgte ihr in die Wohnung. Mein Blick wanderte von den modernen Schränken und dem makellos sauberen Küchenfußboden zu dem gigantischen L-förmigen Sofa im Wohnbereich. Das Gebäude selbst hatte die leblose Atmosphäre eines Neubaus – alles war ein bisschen zu steril, ein bisschen zu kalt –, aber die Mädchen hatten ihre Räume mit einer bunten Mischung von Dekorationsgegenständen wohnlich gestaltet. Leere Alkoholflaschen standen wie Trophäen oben auf den Küchenschränken aufgereiht, am Sofa lehnte eine Gitarre, und an der Wand über dem Fernseher hingen zwei Filmplakate (eins von *Stolz und Vorurteil*, das andere von *Deadpool 2*). In der Küchenspüle stand eine Hydro Flask Sportflasche mit drei griechischen Buchstaben darauf. Dieselben griechischen Buchstaben waren auch vorn auf ein Sweatshirt aufgestickt, das über der Rückenlehne eines Hockers an der Kücheninsel hing.

»Laurel?«

Ich drehte mich um, als Josefina Rodriguez aus ihrem Zimmer trat. Sie war größer, als ich erwartet hatte – fast so groß wie ich. Sie hatte sich die dunklen Haare zu einem Pferdeschwanz gebunden, und ihre nackten Beine, die in bequemen Laufshorts steckten, waren gebräunt und muskulös.

»Hi, Josie«, sagte ich. »Danke, dass ich herkommen durfte.«

Wir gaben einander die Hand.

»Wir können uns hierhin setzen.« Sie legte ihr Telefon auf die Kücheninsel und deutete auf die Hocker. »Ich fülle nur kurz mein Wasser auf. Möchtest du auch was trinken? Kaffee? Tee?«

»Wasser ist gut.«

Während Josefina ihre Hydro Flask auffüllte und ein Glas aus dem Schrank holte, stand Gabi wie eine Türsteherin mit vor der Brust verschränkten Armen da.

»Danke, dass du sie hochbegleitet hast, Gab«, meinte Josefina zu ihrer Freundin. *Du kannst jetzt gehen*, sagte ihr Tonfall.

»*Si me necessitas* ...«, flüsterte Gabi und tippte auf Josefinas Handy.

»*Puedo manerjarlo*«, entgegnete Josefina mit ruhiger Miene.

Gabi warf mir noch einen letzten Blick zu, ehe sie eine Strickdecke und das Sweatshirt vom Hocker nahm und in ein zweites Zimmer verschwand, dessen Tür sie fest hinter sich schloss.

»Sie hat dich doch nicht ausgefragt, oder?«, fragte Josefina.

»Vielleicht ein bisschen. Aber ich kann das gut verstehen. Ich wohne auch mit meiner besten Freundin zusammen. Wir passen aufeinander auf.«

Josefina nickte.

»Dein Spanisch klingt wunderschön«, fügte ich hinzu und hoffte, dass sie mir nicht anhörte, wie neidisch ich war. »Du hast denselben Akzent wie meine Mom. Sie stammt aus Mexico City.«

»Oh«, sagte Josefina. Ich sah ihr an, wie sie ihr Bild von mir im Kopf zurechtrückte. Sie musterte mich von oben bis unten, als sie um die Kücheninsel herumkam und sich auf den Hocker neben mich setzte. »Ja. Ich bin in Mexico City geboren und habe dort gelebt, bis ich acht war.«

»Wo genau?«

»Polanco.«

»Aha, im Nobelviertel«, sagte ich. Josefina lachte. »Ich war diesen Sommer erst da. Meine Cousinen gehen gern in den Chapultepec-Park.«

»O Gott, ich liebe die Gegend«, sagte Josefina. »Wie – o mein Gott, okay. Bei uns an der Ecke gab es einen Laden, da haben sie jeden Morgen riesige Tabletts mit frischen *Buñuelos* ins Fenster gestellt. Ich habe den Geruch heute noch in der Nase. Klar, hier gibt es auch richtig gutes Essen, weil wir so nah an der Grenze sind, aber Mann, das Essen in Mexico ist einfach noch mal was ganz anderes.«

Froh, eine Gemeinsamkeit gefunden zu haben, lächelten wir einander einen Moment lang an.

»Danke, dass du bereit warst, dich mit mir zu treffen«, sagte ich leise.

Josefina wurde steif und setzte sich ein wenig aufrechter hin. »Ich nehme an, du willst darüber reden, was passiert ist«, sagte sie. Ihr Lächeln, als sie mit ihrer Wasserflasche spielte, hatte etwas Verkniffenes. »Was hat Gabs Cousin dir erzählt?«

»Dass ihr am Freitagabend im *Alvarado Resort* gefeiert habt, und am Samstagmorgen warst du im Krankenhaus.«

»Ja, das ist …« Sie lachte matt. »Das fasst es ziemlich gut zusammen. Tja. Eine von Gabs Kolleginnen meinte, im Resort gebe es immer jede Menge Männer, die Frauen Drinks ausgeben, also haben ich, Gabs und einige unserer Freundinnen beschlossen, hinzugehen. Das Semester hatte ja noch nicht angefangen. Wir haben hier zu Hause vorgeglüht und uns dann ein Uber genommen. Als wir da waren, sind wir direkt an die Bar gegangen und haben eine Runde Shots bestellt. Zehn Minuten später kamen die ersten Typen und haben gefragt, ob wir was zu trinken möchten.«

»Waren das junge Männer? Oder eher ältere?«

»Größtenteils älter. Ein Typ, der mit Gab geflirtet hat, meinte, er sei Student an der San Diego State, aber größtenteils waren sie so um die dreißig, vierzig, fünfzig. Wir flirten also ein bisschen, wir trinken, und irgendwann kommt ein Mann auf mich zu und fragt: ›Hey, warst du schon mal auf einer Yacht?‹«

»O Gott.«

»Ich weiß. Ich hätte nicht mitgehen dürfen – das lernt man doch schon als Kind: Wenn dir ein fremder Mann Süßigkeiten anbietet, steigst du auf keinen Fall zu ihm ins Auto. Aber ich war betrunken. Und dumm. Ich habe nicht mal gemerkt, dass keins der Mädels, die sonst noch mitgekommen sind, aus unserer Gruppe war.«

»Es waren also auch andere Frauen auf dem Boot?«

»Ja. Keine Ahnung, wie die hießen. Ich glaube, später habe ich sie gar nicht mehr gesehen. Irgendwann bin ich unter Deck gegangen, um mich hinzusetzen. Es war echt ein verdammt großes Boot. Es gab eine Art Wohnzimmer mit einer riesigen Couch und einem Flachbildfernseher, und ich weiß noch, wie ich auf der Couch saß und plötzlich gemerkt habe, wie still es ist.«

»Du und der Mann – wart ihr die einzigen Leute auf dem Boot?«, fragte ich sehr leise.

»Ich weiß nicht. Ich kann mich nicht mehr an alles erinnern. Aber ich weiß, dass ich gerufen habe, und niemand hat mir geholfen. Insofern ...«

»Wie bist du wieder an Land gekommen?«

»Weiß ich nicht mehr. Wir waren auf dem Boot, und auf einmal wurde alles schwarz, und dann bin ich gegen vier Uhr morgens auf einer Bank am Hafen aufgewacht. Ich hatte meine Handtasche dabei und meine Klamotten an, aber mein Gürtel und meine Schuhe haben gefehlt. Ich habe Gabi angerufen. Sie hat mich abgeholt und mich ins Krankenhaus gefahren. Da hat man mich medizinisch untersucht und an den Tropf gelegt, weil ich so dehydriert war.«

»Warst du bei der Polizei?«

»Scheiße, nein.« Sie lachte. Es klang scharf und bitter.

Ich runzelte die Stirn. »Hast du irgendeine Ahnung, wer der Typ war?«

»Oh, ich weiß genau, wer er war«, sagte Josefina. »Deshalb habe ich ja keine Anzeige erstattet. Mit so jemandem möchte ich es nicht aufnehmen.« Sie zögerte und suchte meinen Blick. »Du musst das doch wissen, Laurel. Du hast einen Artikel über ihn geschrieben.«

Ein kalter Schauer kroch mir den Rücken hinauf. »Vaughn?«, fragte ich. »Du – du bist absolut sicher, dass er es war?«

Sie nickte. »Hundertprozentig.«

»Könntest du mir sagen, was er an dem Abend anhatte?«, fragte ich, weil ich an das Gruppen-Selfie dachte, das Diana Cabrera mir gemailt hatte.

»Blaues Hemd. Hochgekrempelte Ärmel.«

Ich stieß den Atem aus. »Scheiße.«

»Ich weiß. Was für ein Poser«, meinte Josefina grinsend und mit einem Augenrollen. Doch ich durchschaute die Geste. Sie versuchte es wegzulachen. Das, was ihr passiert war, kleinzureden, damit es sich nicht mehr ganz so beängstigend anfühlte. Ich konnte das nachempfinden, denn als ich aus dem Target gekommen war und mein zerkratztes Auto gesehen hatte, hätte ich am liebsten ganz fest die Augen geschlossen und so getan, als wäre es niemals passiert.

Aber es war passiert. Die Anzeige, die ich beim Garland PD aufgegeben hatte, war der Beweis dafür.

»Josie«, sagte ich. »Wir müssen zur Polizei gehen.«

Wieder lachte sie. »Nein, ganz sicher nicht.«

»Aber du …«

»Laurel, ich weiß nicht, ob es dir aufgefallen ist.« Josefina hielt sich die Hand ans Gesicht. »Aber ich sehe nicht so aus wie du. Ich habe braune Haut. Ich gehe ganz bestimmt nicht zur Polizei.«

Ich schnitt eine Grimasse.

»Außerdem bin ich in einer Studentenverbindung, deshalb gibt es ziemlich wilde Fotos von mir auf Social Media«, fügte sie hinzu. »Von mir beim Dosenstechen oder in kurzen, engen Kleidern und …«

»Die meisten Studenten gehen auf Partys.«

»Aber du weißt, dass solche Bilder rausgekramt werden, wenn Frauen behaupten, sie …« Ihre Stimme brach. Josefina lehnte sich auf dem Hocker zurück und griff nach ihrem Wasser. Ihre Finger zitterten. »Hör zu, ich rede mit dir, weil das, was ich sage, anderen Frauen vielleicht helfen kann. Aber ich werde nicht das Risiko eingehen, deshalb systematisch fertiggemacht zu werden. Das schaffe ich einfach nicht. Dieses Semester ist ohnehin schon die reinste Hölle für mich. Gabi ist der einzige Grund, weshalb ich nicht in sämtlichen Lehrveranstaltungen durchfalle oder das Studium hinschmeiße oder vom Dach der Bibliothek springe oder was weiß ich.«

Ich schluckte mühsam. Den letzten Satz schien sie nicht wirklich scherzhaft gemeint zu haben.

»Ich kann dich nicht bitten, damit an die Öffentlichkeit zu gehen, wenn du es nicht willst«, sagte ich.

»Ich will ja«, stöhnte Josefina und rieb sich über das Gesicht. »Das ist ja das Problem. Wenn ich nichts sagen – oder tun – wollte, hätte ich deine E-Mail gelöscht. Ich hätte es fast gemacht. Gabi findet, es wäre besser gewesen. Aber ich …« Sie ballte kurz die Hände zu Fäusten.

»Ich will dir helfen. Ich will, dass du den Vorfall meldest.«

»Tut mir leid, Laurel«, sagte sie. »Ich kann nicht.«

Ich fuhr ohne Musik zurück nach Garland und hielt nur einmal an, um zu tanken und mir eine Tüte M&Ms mit Erdnüssen zu kaufen. Die Frau an der Zapfsäule neben mir warf immer wieder verstohlene Blicke auf das Wort auf meiner Motorhaube. Aus Gründen, die ich selbst nicht recht verstand, belustigte es mich zu sehen, wie sie zwischen höflicher Zurückhaltung und krankhafter Neugierde schwankte. Als mein Tank zur Hälfte gefüllt und die Tüte M&Ms aufgegessen war, schrieb ich Ellison und Mehri eine Nachricht, um ein Treffen mit ihnen auszumachen.

Wir kamen in Ellisons Büro zusammen.

»Wie lief es mit Josefina?«, fragte sie von ihrem Stuhl aus. »Hat sie dir irgendwas Nützliches erzählt?«

»Ist dieses Resort so zwielichtig, wie wir dachten?«, fügte Mehri hinzu, die auf der Schreibtischkante saß.

Ich knetete meine Hände. »Vaughn hat sie vergewaltigt.«

Ein bestürztes Schweigen trat ein, während Ellison und Mehri verarbeiteten, was ich ihnen gerade offenbart hatte. Beide wirkten wie gelähmt.

»O Gott«, wisperte Ellison.

»Sie war betrunken«, fuhr ich fort, »aber an einige Bruchstücke kann sie sich noch erinnern. Und sie hat ein paar Snapchats auf seiner Yacht gemacht. Ich habe sie gefragt, was ihr Angreifer anhatte, und sie hat dasselbe Hemd beschrieben, das Vaughn auf dem Foto trug, das die Real Housewives mit ihm gemacht haben. Ich versuche, weitere Infos von Bodie zu bekommen.«

Mehri zog die Brauen zusammen. »St. James?«

»Wir haben uns gestern Abend unterhalten. Er hat sich bereit erklärt, ganz offiziell mit mir zu reden. Allerdings will er anonym bleiben.«

»Was könnte er denn wissen?«, fragte Ellison.

»Er hat den Verdacht, dass irgendwer aus Vaughns Stiftung Gelder veruntreut. Das ist alles.«

»Das ist alles?«, wiederhole Mehri skeptisch.

Ich nickte. »Ich vertraue ihm.«

»Ach du Scheiße«, sagte sie und vergrub das Gesicht in den Händen. »Du vertraust ihm.«

»Ich meine es ernst. Er hat Angst, aber er ist kooperativ. Er will helfen ...«

»Weil er dich hübsch findet!«, rief Mehri. »Er will dir an die Wäsche, Laurel! Seit wann vertrauen wir weißen Jungs? Und wann sind wir zu dem Schluss gekommen, dass einer der Typen, die am meisten von Vaughns Position als Cheftrainer profitieren, eine verlässliche Informationsquelle ist?«

»Dass er von der Situation profitiert, heißt doch nicht, dass ihm gefällt, wie die Dinge laufen«, hielt ich dagegen. »Er ist bereit, auszupacken.«

Mehri fuhr sich mit der Zungenspitze über die Zähne, während sie mit ihren Fingern einen hektischen Rhythmus auf die Armlehne von Ellisons Stuhl trommelte. »Das gefällt mir gar nicht.«

»Aber wir brauchen ihn, okay? Josie will im Moment nicht reden. Wenn sie jetzt an die Öffentlichkeit geht, werden die Leute denken, dass es dabei nur um die Sexismusvorwürfe gegen Vaughn geht. Sie werden sagen, dass sie lügt oder übertreibt ...«

»Und inwiefern hilft es uns weiter, wenn wir einen Fall von Veruntreuung in Vaughns Stiftung aufdecken?«

»Josie wurde auf derselben Yacht vergewaltigt, auf der Vaughn eine Party feierte, während er angeblich für seine Stiftung unterwegs war. Alles, was Vaughn mit diesem Trip in Verbindung bringt – mit dem Resort und mit der Yacht –, kann ihrem Fall helfen. Es geht hier nicht um uns. Es geht um Josie und um jede andere Frau, die Vaughn jemals belästigt hat. Je mehr Beweise wir gegen ihn finden, desto mehr Sicherheit können wir ihnen bieten.«

Noch während ich dies sagte, wusste ich, dass ich mir etwas vormachte. Wir konnten keiner dieser Frauen Sicherheit garantieren.

Aber wir konnten dafür sorgen, dass sie gehört wurden.

19

Am Dienstag, etwa fünfzehn Sekunden bevor Nick zu einem absolut fesselnden Vortrag über pornografische peruanische Töpferwaren und griechische Bordell-Wandgemälde ansetzte, betrat Bodie den Hörsaal. Ich rechnete damit, dass er nach unten zu seinen Teamkollegen gehen würde, doch stattdessen suchte er sich einen Platz direkt gegenüber von Andre und mir.

Es erschien mir wie ein unglaublicher Glücksfall, dass er sich für eine der hinteren Sitzreihen entschieden hatte. Ich musste dringend mit ihm über einen Termin für unser Interview reden. Leider machte Bodies Nähe – und das, was ich inzwischen über seinen Coach wusste – es mir schlichtweg unmöglich, mich auf die Vorlesung zu konzentrieren. Als Nick irgendwann den Beamer ausschaltete und seinen Laptop zuklappte, ehe er uns einschärfte, bis Donnerstag Kapitel achtzehn zu Ende zu lesen, fühlte ich mich, als hätte ich drei Tassen Kaffee intus: innerlich angespannt, zittrig, und ich musste ziemlich nötig aufs Klo.

»Verdammt«, murmelte Andre neben mir. »Was stand auf der letzten Folie? Ich habe Kalligrafie geübt.«

Ich warf einen Blick auf seinen Collegeblock, wo er in unfassbar schöner Handschrift *This class can kiss my ass* geschrieben hatte.

»Sorry. Ich habe komplett abgeschaltet.« Ich steckte meinen Collegeblock in den Rucksack, ehe Andre sah, dass ich während der letzten anderthalb Stunden nichts Substanzielles mitgeschrieben hatte.

Im selben Moment stand Bodie auf, trat auf den Gang und schnitt mir den Weg ab. Mein Herzschlag beschleunigte sich. *Los geht's.*

»Hey, Bodie, können wir uns kurz unterhalten?«

Hinter mir räusperte sich Andre. Ich rutschte zur Seite, damit er und alle anderen in unserer Reihe sich an mir vorbeizwängen konnten, doch stattdessen blieb er stehen und warf erst einen vielsagenden Blick auf Bodie, dann auf mich. Sein Lächeln gefiel mir gar nicht. Es war das Lächeln von jemandem, der zu viel in eine Situation hineininterpretierte.

»Man sieht sich später, Cates«, warf er mir im Davongehen zu.

»Ja, wir sehen uns ... bald«, stammelte ich.

»Wie geht es Hanna?«, erkundigte sich Bodie.

»Was? Ach so. Sie hat's überlebt. Hatte nur den schlimmsten Kater ihres Lebens. Wollen wir einen Termin für unser zweites Interview ausmachen?«

Hinter uns kamen Ryan und Olivia den Gang herauf. »Yo!«, sagte Ryan. »Die Gruppe ist vollständig versammelt.«

»Hey, Mann.« Bodie begrüßte ihn mit einem Faustcheck. »Tut mir leid, dass ich letzte Woche nicht da war. Ich hatte eine Besprechung mit meinem Coach und ...«

»Überhaupt kein Ding«, wiegelte Ryan ab.

Doch Bodies Miene war schuldbewusst. »Wollen wir uns morgen treffen? Vielleicht um fünf, wenn euch das nicht zu spät ist?«

»Das passt mir«, sagte Olivia. Auch Ryan nickte zustimmend.

Bodie sah mich mit hoffnungsvollen Augen an. »Und danach reden wir?«

Ich nickte. »Danach reden wir.«

Es war die Mitte des Semesters, diese frustrierend lange und amorphe Zeitspanne, die meiner bisherigen Erfahrung nach vom Ende der Einführungswoche bis zum Beginn der Semesterprüfungen andauerte. Dementsprechend ging es in der Buchanan Library zu wie in einer Outlet-Mall kurz vor Weihnachten. Es war die reinste Hölle. Als ich ankam, wartete eine doppelte Dosis unangenehmer Überraschungen auf mich: Erstens war ich die Letzte aus unserer Gruppe (alle anderen hatten bereits ihr Schreibzeug vor sich liegen), und zweitens war es in dem winzigen Arbeitsraum, den wir für den Abend in Beschlag genommen hatten, unangenehm warm.

»Ist es wirklich so heiß hier drin?«, fragte ich, ehe ich in einer schnellen Bewegung, die deutlich machte, dass es sich um eine rein rhetorische Frage handelte, Rucksack und Jeansjacke abwarf.

Olivia blickte von ihrem Schreibblock auf und nickte solidarisch.

»Bullenheiß«, pflichtete Ryan ihr bei.

»Tut mir leid«, sagte Olivia. »Es war der einzige Raum, der noch frei war.«

Ich ließ mich auf den Stuhl zwischen Ryan und Bodie fallen. Ich hatte das untrügliche Gefühl, dass Letzterer mich aufmerksam beobachtete, während ich meinen eigenen Collegeblock nebst Stiften hervorkramte. Der Arbeitsraum war ohnehin schon beengt, aber mit Bodie darin wirkte er geradezu winzig. Etwas befangen hob ich die Hand, um mir die Haare aus dem Gesicht zu streichen, und stellte fest, dass mir beim Jackeausziehen der Spaghettiträger meines Kleids von der Schulter gerutscht war. »Also«, begann ich, während ich den Träger diskret richtete. »Ich habe mir gedacht, dass wir vielleicht als Erstes die Gliederung besprechen sollten.«

Ich warf Bodie einen Blick zu, doch der sah beharrlich auf seinen Collegeblock. Vielleicht hatte ich mich geirrt, und er hatte mich eben doch nicht beobachtet. Er war ein bisschen rot im Gesicht, aber das lag wahrscheinlich an der Raumtemperatur. Er trug ein anthrazitfarbenes Langarmshirt. Zwar hatte er die Ärmel bis zu den Ellbogen hochgeschoben, trotzdem musste er fast vergehen vor Hitze.

»Ich habe sie gestern Abend durchgelesen«, sagte er. »Ich finde sie richtig gut. Ich übernehme auch gern alle Teile, die ihr nicht haben wollt.«

Die typische Antwort von jemandem, der es immer allen recht machen wollte.

»Oh.« Olivia war unfähig, ihr Erstaunen zu verbergen. »Das macht es einfach. Dann können wir ja gleich mit den Vorbereitungen für das *La Ventana* anfangen.«

La Ventana war ein mexikanisches Restaurant im Osten von Los Angeles, das vor allem für seine hausgemachte Guacamole und ein erfolgreiches Showprogramm mit verschiedenen Dragqueens bekannt war, die am Wochenende dort Karaoke sangen.

»Okay. Also. Auf jeden Fall sollten wir versuchen, vor achtzehn Uhr da zu sein«, las ich aus meinen Notizen vor. »Die Show beginnt um acht, und ich will genügend Zeit haben, vorher mit Carla Asada zu sprechen. Sie hat gesagt, sie steht für ein Interview bereit und würde extra eine Stunde früher kommen, um sich mit uns zu treffen.«

»Sollen wir ein Uber nehmen?«, fragte Ryan.

»Das Restaurant ist fast eine Stunde entfernt«, gab Olivia zu bedenken. »Deshalb fände ich es besser, wenn einer von uns fahren könnte. Ich selbst habe kein Auto, aber falls jemand eins hat …«

Ich dachte an meinen verunstalteten Corolla, den ich nach wie vor im Parkhaus des Palazzo versteckte, und rutschte auf meinem Stuhl ein wenig tiefer.

»Ich fahre«, meldete sich Bodie freiwillig. »Ich kann mir das Auto meines Mitbewohners leihen.«

Damit war es offiziell: Ich würde nie wieder darüber lästern, dass er es allen recht machen wollte. Nachdem die Frage des Transportmittels geklärt war, wandten wir uns dem nächsten Tagesordnungspunkt zu und fingen an, über mögliche Interviewfragen nachzudenken.

»Okay, Carla hat vor etwa zehn Jahren mit Drag angefangen und stammt ursprünglich aus ...« Olivia blätterte in ihren Notizen.

»Welche Pronomen benutzt Carla eigentlich?«, unterbrach Bodie sie.

»Sie/ihr, wenn sie als Carla auftritt, ansonsten dey«, antwortete sie.

Bodie notierte sich die Angaben und unterstrich sie zweimal. Während Olivia weiter aus der Biografie vorlas, die ich von Carlas Facebook-Seite kopiert hatte, beobachtete ich Bodie aus dem Augenwinkel. Abermals schrieb er etwas auf, dann begann er, am Rand seines Blatts kleine Muster zu malen, ehe er sich einen Ruck gab, den Stift hinlegte und Olivia seine ungeteilte Aufmerksamkeit widmete.

»Glaubst du, wir können fragen, was Carlas Eltern darüber denken, dass dey Drag macht?«, fragte Ryan. »Ich weiß ja nicht – vielleicht sind sie sehr konservativ oder so.«

»Ja, das könnte eine etwas heikle Frage sein.« Olivia zog die Nase kraus.

»Ich finde, das sollte Laurel übernehmen«, meldete sich Bodie zu Wort. Als ich ihn mit großen Augen ansah, fügte er hinzu: »Sie ist Journalistin. Sie kann so was richtig gut.«

Es klang nicht nach versteckter Kritik, sondern wie ein ehrlich gemeintes Kompliment.

»In Ordnung«, sagte Olivia. »Dann notiere ich Laurel für die Frage.«

Während Ryan und Olivia eine Diskussion darüber anfingen, was dafür beziehungsweise dagegen sprach, das Thema Religion anzuschneiden – Olivia meinte, es sei ein zu weites Feld, um es im Rahmen einer fünfzehnseitigen Arbeit zu beackern –, nahm ich mir vor, mir selbst auch ein paar Fragen auszudenken. Ich wollte mehr über Carlas Familie wissen, und Bodie hatte mir die perfekte Überleitung gewissermaßen auf dem Silbertablett serviert.

In dem Moment fing er an, so heftig mit dem Knie zu wippen, dass dadurch der ganze Tisch wackelte. Ich räusperte mich. Weil er den Wink nicht verstand, legte ich ihm – ohne darüber nachzudenken, wie intim diese Geste war – die Hand aufs Knie.

Von jetzt auf gleich war er still.

»Danke«, murmelte er verlegen.

Ich nahm die Hand zurück und ballte sie in meinem Schoß zur Faust. *Ich sollte ihm von Josefina erzählen.* Ich schob den Gedanken beiseite und versuchte mich wieder auf unsere Arbeit zu konzentrieren, doch Ryan und Olivia stritten sich inzwischen über ihren Ex. In den vergangenen Wochen hatte ich genug von der Sache mitbekommen, um zu wissen, dass er Lewis hieß und ein Arschloch war. Außerdem besaß er einen Riesenpenis, der auch der Grund war, weshalb Olivia sich noch nicht dazu hatte durchringen können, seine Nummer von ihrem Handy zu löschen.

»Man kann seine Probleme nicht einfach wegbumsen ...«, sagte Ryan gerade.

Bodie stieß mich sanft mit dem Ellbogen an. »Magst du eine Karotte?«

Der Plastikbeutel mit Babykarotten sah in seiner Hand so winzig aus, dass sich in meiner Brust etwas regte. Vielleicht war es Zuneigung. Mit einer Prise Herzschmerz. »Nein danke.«

»Geht es dir gut? Du bist so still.«

Ich heuchelte Verblüffung. *Wer, ich?* Sehr überzeugend war ich offenbar nicht, denn Bodie zog fragend eine Braue hoch. Abermals kam mir der Gedanke, dass ich ihn vielleicht wegen des Artikels vorwarnen sollte. Er hatte mich gebeten, ihn auf dem Laufenden zu halten. Ihm rechtzeitig Bescheid zu geben.

Stattdessen sagte ich: »Ich glaube, ich nehme doch eine Karotte.«

Nach drei Stunden beschlossen wir, Schluss zu machen. Olivia, die sich wieder auf ihre Rolle als Anführerin der Gruppe besonnen hatte – und sei dies auch nur, um *Fahr-zur-Hölle*-Lewis und seinen Monsterschwanz aus ihren Gedanken zu verbannen –, klärte mit uns noch einmal die wesentlichen Punkte der Präsentation ab, während wir zu den Fahrstühlen gingen. Sie riss drei Seiten aus ihrem Collegeblock und teilte sie aus. Auf der Seite, die ich bekam, stand oben in violettem Glitzerstift mein Name geschrieben. Darunter befand sich eine nummerierte Liste unserer PowerPoint-Folien, bei der einzelne markiert, unterstrichen und eingekringelt waren.

Als der Fahrstuhl endlich kam, drängten wir uns zu viert in die Kabine. Im zweiten Stock öffneten sich die Türen. Draußen wartete ungeduldig eine Horde Studenten. Ich machte ihnen Platz und presste mich dicht neben Bodie an die Wand. Der Handlauf war kalt in meinem Rücken, aber Bodies Arm fühlte sich warm an. Ich konnte nicht umhin, daran zu denken, dass wir, als wir das letzte Mal zusammen in einem Fahrstuhl gestanden hatten, noch Fremde gewesen waren.

Draußen war es bereits dunkel, als wir die Bibliothek verließen. Zu viert stolperten wir die Stufen hinunter und stöhnten, während sich unsere Augen langsam an das plötzliche Fehlen von grellem, fluoreszierendem Licht gewöhnten. Als wir den Gehweg erreichten, blieben wir unschlüssig stehen.

»Dann sehen wir uns morgen?«, sagte ich.

»Morgen«, bestätigte Olivia.

»Dope«, sagte Ryan. An Olivia gewandt fügte er hinzu: »Lass uns abrauschen.«

Er ließ sein Longboard aufs Pflaster fallen, stieg auf und stieß sich in derselben gekonnten Bewegung mit der Spitze seines Leopardenprint-Sneakers ab. Olivia schnaubte in gespielter Empörung, ehe sie ihm folgte. Er drosselte das Tempo, und als Olivia ihn eingeholt hatte, versetzte sie ihm einen Stoß gegen die Schulter, der ihn um ein Haar rückwärts von seinem Board katapultiert hätte. Er ruderte mit den Armen und kämpfte einen Moment lang um sein Gleichgewicht, ehe er sich mit einer Hand an Olivias Arm festhielt.

Ich sah zu, wie Olivia Ryan über den Platz zog, und auf einmal wurde mir bewusst, dass Bodie und ich ganz allein auf den Eingangsstufen der Buchanan Library standen.

»Wahrscheinlich sollten wir irgendwohin gehen, wo wir unter uns sind«, sagte Bodie.

»Wir können es bei mir machen«, bot ich ihm an. »Reden, meine ich. In meiner Wohnung.«

Nachdem ich in dieses Fettnäpfchen getreten war, drehten wir uns um und machten uns auf den Weg. Die Stille wurde nur vom Geräusch unserer Schritte (wo Bodie zwei machte, brauchte ich drei) und dem entfernten Sirren der Rasensprenger unterbrochen, die die Rosenbüsche entlang der Bibliothek wässerten.

Abends allein nach Hause zu gehen erforderte immer ein gewisses Maß an Wachsamkeit – Wertsachen sicher verstaut, keine Kopfhörer im Ohr, für den Fall, dass jemand versuchte, sich von hinten anzuschleichen, Schlüssel in der Faust, falls man sich wehren musste. Garland war eine relativ sichere Stadt, aber in meinem ersten Jahr hatte es eine Reihe von Vorfällen gegeben, in die ein Mann mit dem Spitznamen *Booty Bandit* involviert gewesen war. Der Name war nur so lange witzig gewesen, bis Hanna weinend bei mir im Wohnheimzimmer aufgetaucht war, weil ihr ein Dreißigjähriger auf einem Fahrrad im Vorbeifahren einen Klaps auf den Arsch gegeben hatte.

Seitdem passte ich immer extrem gut auf, wenn ich nach Einbruch der Dunkelheit über den Campus laufen musste. Nur wenn Andre bei mir war, konnte ich mich wirklich entspannen. Er war zwar ein unverbesserlicher Softie, aber die

Anwesenheit eines knapp eins fünfundneunzig großen Leistungssportlers reichte normalerweise aus, um potenzielle Räuber und hinternklatschende Angreifer abzuschrecken.

Bodies Gegenwart hatte eine ähnliche Wirkung. Es war, als hätte ich einen Leibwächter. Er hatte meine betrunkene beste Freundin nach Hause getragen und ein Gruppenmeeting organisiert, auf das er sich sehr gründlich vorbereitet hatte. Und er hatte sich bereit erklärt, mit mir zu reden.

»Danke«, sagte ich, während wir weitergingen, »dass du die Gruppe zusammengetrommelt hast. Es war gut, noch mal alles durchzugehen, bevor wir uns die Show ansehen.«

Bodie zuckte mit den Achseln. »Ich habe doch nichts Besonderes gemacht«, sagte er. »Olivia hat den Raum gebucht, Ryan hat die ganzen Folien erstellt, du hast die supergute Gliederung geschrieben …«

»So gut ist sie auch wieder nicht.«

»Besser, als meine es gewesen wäre.«

Er grinste auf seine selbstironische Art. Der Studiengang Betriebswirtschaftslehre war an der Garland bekanntermaßen voll mit Athleten und reichen Kids, die nur deshalb einen Abschluss machen wollten, damit es nicht ganz so sehr nach Vetternwirtschaft aussah, wenn ihre Eltern sie gleich nach dem Studium auf einem bequemen, gut bezahlten Posten in der eigenen Firma unterbrachten. Ich dachte an das Gespräch zwischen Bodie und Gordon, das ich im Sportzentrum belauscht hatte, und fragte mich, wie viele andere Footballspieler Vaughn sonst noch zu einem BWL-Studium überredet hatte.

Bodie schien mein Schweigen als Kritik aufzufassen. »Ich denke aber darüber nach, zu Kinesiologie zu wechseln.«

Daran, wie er die Hände aus den Taschen nahm und sie sich unter die Achselhöhlen klemmte, erkannte ich, dass nicht viele Menschen dies wussten. Gordon wusste offensichtlich Bescheid, genau wie Vaughn, der die Idee abgeschmettert hatte. Aber warum Bodie es ausgerechnet mir erzählte, konnte ich mir nicht erklären.

»Kinesiologie«, wiederholte ich.

»Das ist die Wissenschaft von Körperbewegungen. Eigentlich wollte ich schon immer Physiotherapeut werden. Na ja. Wahrscheinlich habe ich gar keine Zeit für einen Graduiertenstudiengang und das nötige Praktikum, wenn ich nach dem College weiter Football spielen will. Ich habe nur darüber nachgedacht.«

Natürlich wollte Bodie Physiotherapeut werden. Er wollte einen Beruf ergreifen, bei dem er anderen Menschen helfen konnte, sich besser zu fühlen. So war er nun mal.

»Nach ein paar Jahren in der NFL könntest du doch zurück an die Uni gehen«, schlug ich vor. »Verkleidet, damit dich keiner erkennt. So wie bei Hannah Montana.«

»*The best of both worlds*«, sang er.

Ich musste lächeln. Danach schwiegen wir lange.

»Danke«, flüsterte ich irgendwann, »dass du mit mir redest.«

Als wir bei meinem Apartmentgebäude ankamen, lief ich die drei Stufen bis zum Eingang hinauf. In der stillen Abendluft war das Summen der Halogenlampe über der Tür laut wie ein Wespenschwarm. Mit einem beherzten Herumdrehen des Schlüssels und unter Einsatz roher Gewalt öffnete ich die Haustür.

In der Wohnung setzten Bodie und ich uns auf die kleinen IKEA-Stühle an den wackligen Küchentisch. Ich legte mein Smartphone zwischen uns und startete die Aufzeichnung.

»Das ist nur für mich selbst«, erklärte ich ihm. »Dein Name wird nicht genannt, wenn du es mir nicht ausdrücklich erlaubst. Vielleicht fängst du an, indem du mir schilderst, was bei der Vaughn Foundation deine Aufgaben waren?«

»Ich habe den Sommer über als Praktikant im Büro gearbeitet. Ich habe mich um den Terminkalender und die Buchhaltung gekümmert.«

»Und was hast du während deiner Zeit dort gesehen, das in dir den Verdacht geweckt hat, Stiftungsmittel könnten für sachfremde Zwecke verwendet worden sein?«

Bodie griff in seinen Rucksack und holte eine Mappe mit Garland-Logo heraus. Man konnte diese Mappen im Campus-Buchladen kaufen, wo sie doppelt so viel kosteten wie ein billiger Zehnerpack bei Office Depot. Bodies Mappe war voll mit losen Blättern. Als er sie auf dem Tisch ausbreitete, wurde mir bewusst, dass es sich um seine Beweise handelte – Tabellen, Kontoauszüge und Screenshots von Online-Spendenportalen.

»Die hier«, sagte Bodie und schob mir eine Rechnung hin, »ist mir als Erstes aufgefallen. Es ist eine Zahlung von dreißigtausend Dollar an eine Beratungsfirma, über die ich im Internet keinerlei Infos gefunden habe – bis auf die Tatsache, dass sie ein Postfach in L. A. hat.«

»Kann ich mir kurz mal dein Handy ausborgen?« Ich tippte *Thomas Hagen Consulting Garland CA* in die Google-Suchmaske ein und scrollte durch die erste Seite mit Ergebnissen.

»Nichts. Obwohl, warte mal. Hier gibt es einen Tom Hagen.«

»Wer ist das?« Bodie rückte mit seinem Stuhl näher zu mir heran, um mitlesen zu können.

Die Seite, die ich anklickte, führte zu einem Blogbeitrag. »Er ist ... eine fiktive Figur.«

»Woher?«

Ich scrollte und scrollte. Dann hielt ich abrupt inne. »Aus *Der Pate*«, sagte ich gepresst. »Tom Hagen, Consigliere der Corleone-Familie.« Bodie und ich tauschten einen Blick und kamen zu der stummen Übereinkunft, dass keiner von uns wusste, was *consigliere* bedeutete. Nachdem ich die Definition gegoogelt hatte, wusste ich nicht genau, ob ich lachen oder Bodies Smartphone gegen die Wand werfen sollte.

»Dieser … dieser dreiste Sack! Das ist ein Berater. ›Die rechte Hand des Bosses einer kriminellen Vereinigung.‹ Mein Gott. Vaughn gibt sich nicht mal Mühe, diskret zu sein!«

Bodie war blass geworden. »Du glaubst, Vaughn ist derjenige, der Geld aus der Stiftung unterschlägt?«

»Wie willst du das sonst erklären? Eine Beratungsfirma ohne Onlinepräsenz, die rein zufällig denselben Namen hat wie eine Figur aus seinen Lieblingsfilmen?«

»Aber das ergibt keinen Sinn«, meinte Bodie kopfschüttelnd. »Vaughn hat doch genug Geld. Alle, die im Vorstand der Stiftung sitzen, sind reich. Warum sollte einer von ihnen Gelder aus einer wohltätigen Einrichtung klauen?«

Mein erster Impuls war zu sagen: *Weil Vaughn ein Arschloch ist.* Doch Bodies Einwand war nicht ganz von der Hand zu weisen.

»Vielleicht hat die betreffende Person es ja auch gar nicht geklaut«, überlegte ich. »Vielleicht hat sie es bloß verschoben. Die Vaughn Foundation hat viele große Spender, richtig? Leute, die Zehntausende Dollar spenden, um sie von der Steuer absetzen zu können. Vielleicht gibt es jemanden in der Stiftung, der ihnen dabei hilft, das Finanzamt zu betrügen?«

Bodie ließ sich gegen die Rückenlehne seines Stuhls sinken. Er hatte ein sehr merkwürdiges Schmunzeln im Gesicht.

»Was ist?«, fragte ich mit glühenden Wangen.

Er schüttelte den Kopf. »Du bist verdammt gut in so was. In solchen James-Bond-Aktionen.«

»Hör auf«, sagte ich verlegen und rieb mir über das Gesicht, um meine Röte zu kaschieren. Dann überflog ich die vor uns ausgebreiteten Unterlagen auf der Suche nach Auffälligkeiten. Mein Blick blieb an einem Kontoauszug der Wells Fargo Bank vom August hängen. »Was ist mit diesen Beträgen hier?«

»Die sind korrekt. Das war alles für die Geschäftsreise nach San Diego.«

»Weißt du irgendwas Genaueres über diese Reise?«

»Ich glaube, sie haben in irgendeinem Yachtclub übernachtet – warte kurz.« Bodie blätterte in seinen Notizen und zog schließlich eine Rechnung hervor, an die ein Kontoauszug angeheftet war. »Ja. Im *Alvarado Resort.* Vaughn hat drei Zimmer für vier Nächte gebucht. Ich glaube, er hat auch ein paarmal auf seinem Boot übernachtet.«

»Wer hat ihn begleitet? Leute aus dem Trainerteam?«

»Kann sein, dass einer der anderen Trainer mitgefahren ist. Er betreibt viel Netzwerkarbeit mit Schulen. Ansonsten waren es vermutlich Leute aus der Stiftung.«

»Was ist das hier? Zweihundertfünfundsiebzig, zweihundertneunzig … Wofür haben sie in dem Resort dreihundert Dollar pro Abend ausgegeben?«

Bodie zuckte mit den Schultern. »Vielleicht fürs Abendessen? Vielleicht gab es dort ein Restaurant.«

Und eine Bar, dachte ich. »Ist Vaughn nach wie vor trocken?«

»Ja. Seit sieben oder acht Jahren«, sagte Bodie. Er sah mich einen Moment lang an, ehe er leiser hinzufügte: »Warum?«

Ich trommelte mit den Fingernägeln auf den Küchentisch, während ich abwägte, wie viel ich ihm sagen sollte. Schließlich griff ich nach meinem Handy und rief Diana Cabreras Mail auf. »Ich habe ein paar Frauen interviewt, die am selben Wochenende in San Diego waren.« Ich öffnete das Gruppenfoto, das sie mir geschickt hatte, und zoomte näher heran, sodass man die Real Housewives nicht mehr sehen konnte und nur noch Vaughn in all seiner schweißglänzenden Pracht zu erkennen war.

Als ich Bodie das Display hinhielt, beugte er sich noch dichter zu mir. »Ach du Scheiße«, sagte er und verzog das Gesicht, als hätte er soeben mit angesehen, wie ein ahnungsloser Erstsemestler auf dem Parkway mit dem Fahrrad gestürzt war. »Er sieht aus, als wäre er …«

»Betrunken«, beendete ich den Satz.

»Voll bis zur Halskrause«, verbesserte mich Bodie. »Und das war diesen Sommer?«

Ich nickte. »Im *Alvarado Resort.* Die Frauen, mit denen ich gesprochen habe, sind ihm an der Bar begegnet. Er hat sie auf seine Yacht eingeladen. Anscheinend hat er dort eine Party gegeben.« Ich versuchte die nächste Aussage möglichst behutsam zu formulieren, weil ich wusste, dass die Situation schwierig genug für Bodie war. »Sie meinten, er sei sturzbetrunken gewesen. Vielleicht habe er auch Drogen genommen.«

Bodie rieb sich mit beiden Händen die Augen. Als er sich wieder nach vorn beugte, die Ellbogen auf die Knie stützte und den Kopf hängen ließ, wirkte er dermaßen erschüttert, dass ich um ein Haar die Hand nach ihm ausgestreckt und ihn gestreichelt hätte.

»Ich glaube, er muss in Therapie«, sagte er entschlossen.

Er muss ins Gefängnis, korrigierte ich ihn in meinem Kopf. Aber Bodie sah nur das Beste in Vaughn – in allen Menschen. Er wusste nicht, was ich wusste, und es stand mir nicht zu, es ihm zu sagen. Doch als er mich ansah, hatte ich für einen schrecklichen Moment lang das Gefühl, mir stünden meine Gedanken ins Gesicht geschrieben.

»Was hast du sonst noch gegen ihn in der Hand, Laurel?«, fragte er leise.

»Das kann ich dir nicht sagen.« Ich schüttelte den Kopf. »Noch nicht, es tut mir leid. Unsere Aufgabe – die Aufgabe der Medien – besteht darin, Fakten zu berichten, statt Dinge aufzublasen oder zu verzerren. Und im Moment kann ich dir diese Fakten noch nicht nennen. Du bist nicht die einzige Person, die ich schützen muss, verstehst du?«

Er atmete zitternd aus und nickte. »Okay. Ich vertraue dir.«

Ich vertraue dir.

Jetzt war nicht der richtige Zeitpunkt, um emotional zu werden. Falls überhaupt, hätte ich mir ein Beispiel an Ellison

Michaels, Königin der Kompetenz und Selbstbeherrschung, nehmen sollen. Doch mir brannten Tränen in den Augen, und der Kloß in meinem Hals machte es mir sehr schwer, einen kühlen Kopf zu bewahren.

Ich hatte nicht geahnt, was für eine Erleichterung – was für ein Riesentrost – es sein würde, Bodie St. James auf unserer Seite zu wissen.

20

Keine Ahnung wieso, aber ich war davon ausgegangen, dass wir in einem Pick-up zum *La Ventana* fahren würden. Wahrscheinlich dachte ich, dass ein Football spielender weißer Junge aus Texas in einem schlammbespritzten Ford F 150 durch die Gegend fuhr und bei offenem Fenster Countrymusik hörte. Daher war mein Schock umso größer, als ich stattdessen den mir vertrauten schwarzen Tesla sah.

Wir hatten uns auf einem kleinen Parkplatz vor einem der älteren und schäbigeren Erstsemester-Wohnheime verabredet. Auf dem Asphalt lagen Zigarettenstummel und – wie poetisch – ein benutztes Leuchtarmband. Auf dem Weg zum Campus war ich Ryan begegnet. Er erzählte mir, wie er sich einmal das Handgelenk gebrochen hatte, weil er versucht hatte, auf der Umrandung des Brunnens vor der Studentenvereinigung zu skaten. Allerdings hörte ich nur mit halbem Ohr zu. Ich war zu sehr damit beschäftigt, unser Transportmittel zu beäugen.

Bodie lehnte mit dem Rücken an der Fahrertür und scrollte mit gesenktem Kopf auf seinem Handy. Er hatte am Nachmittag Training gehabt. (Das wusste ich, weil Andre sich über die Konditionseinheiten beschwert hatte; ich war schließlich keine Stalkerin.) Seine Haare waren noch feucht von der Dusche, und er hatte einen leichten Sonnenbrand auf dem Nasenrücken.

Ich brauchte geschlagene vier Sekunden, ehe mir auffiel, dass Olivia neben ihm stand. Sie blätterte in ihrem Collegeblock und machte noch einige allerletzte Notizen.

Ryan kündigte unsere Ankunft mit einem lauten, gedehnten »Los geeeeeht's!« an.

Olivia hob den Kopf.

Bodie lächelte. »Wer wird denn eigentlich beerdigt?«

Aus unerfindlichen Gründen waren wir alle in Schwarz erschienen. Olivia sah wie immer so aus, als wäre sie auf dem Weg zu einem Musikfestival – nur dass es diesmal ein sehr feierliches Musikfestival war. Ryans Jeans saßen so eng, dass ich mich fragte, ob er seine Füße noch spürte. Die wiederum steckten in Sneakern aus unechtem Krokodilleder. Ich hatte mir wieder Hannas schwarzes Cordlatzkleid geliehen (langweilig), und Bodie trug schwarze Jeans und eine Denimjacke. Sein Outfit war keineswegs bemerkenswert. Es gab keinen Grund, ihn anzustarren. Absolut keinen.

Olivia seufzte. »Wenigstens passen wir zusammen.«

»Go Team!«, sagte ich.

»Shotgun!«, brüllte Ryan.

Selbstverständlich gab es auch keinen Grund, weshalb ich Ryan am liebsten aus dem Weg geschubst hätte, als er um den Wagen herum zur Beifahrerseite lief. Ich versuchte nicht weiter darüber nachzudenken, als Olivia und ich durch die dämlichen Flügeltüren des Tesla auf die Rückbank kletterten.

»Nette Karre«, murmelte ich.

»Die gehört Kyle«, erwiderte Bodie, während sich unsere Blicke im Rückspiegel trafen.

Ich weiß, dachte ich, als der Motor mit einem leisen, ökofreundlichen Brummen ansprang. Dass Fogarty ein E-Auto fuhr, änderte nichts daran, dass er ein Arschloch war. Die Sitze aus veganem Lederimitat waren butterweich. Am liebsten hätte ich sie mit meinen Fingernägeln aufgeschlitzt.

Je näher wir Los Angeles kamen, desto dichter wurde der Verkehr auf der I-10. Ryan war unser Navigator und Musikbeauftragter, was unserer Laune allerdings eher abträglich war, denn er hatte ein Faible für extrem nervige Technomusik und Sechzigerjahre-Songs. Ich war heilfroh, als wir endlich den Freeway verließen und in eine schicke Wohngegend voller Boutiquen und Möbelgeschäfte kamen. Wir fuhren an zwei Burgerläden und einem BBQ-Restaurant vorbei, ehe wir das *La Ventana* erspähten – ein Gebäude in sattem Sonnenuntergangs-Orange mit einem Dach aus Tonziegeln, die wie rote Schuppen aussahen, und einer teilweise hinter dicken Palmen verborgenen Veranda.

Eine freie Parklücke zu finden, stellte sich als reinster Albtraum heraus. Irgendwann entschieden wir uns dafür, das Auto am Straßenrand vor einem Fußballplatz fast fünf Straßenblocks vom Restaurant entfernt abzustellen. Der Platz leuchtete neongrün – wahrscheinlich Kunstrasen – und war von einem hohen, mit schwarzem Gummi ummantelten Drahtzaun eingegrenzt. Wir stiegen aus. Auf dem Fußballplatz kickten sich zwei Teenager einen Ball zu.

»Schieß mal mit dem links, du Feigling!«, rief der eine dem anderen auf Spanisch zu.

Ich musste lachen. Bodie sah mich von der Seite an.

Ryan beugte sich vor, um die Angaben auf der Parkuhr zu lesen, und verkündete, dass die Höchstparkdauer zwei Stunden betrug.

»Einer von uns kann später zurückkommen und neues Kleingeld einwerfen«, schlug Olivia vor, die sich bereits in Bewegung gesetzt hatte. »Aber jetzt lasst uns erst mal gehen. Ich will nicht, dass Carla vor uns da ist.«

Ryan fütterte den Automaten mit einigen Vierteldollarstücken, und wir machten uns auf den Weg. Ehe wir um die Ecke bogen, warf ich noch einen Blick zurück. Etwas am Anblick von Fogartys Tesla weckte den plötzlichen Drang in mir, zurückzugehen und mit der Faust gegen die Motorhaube zu schlagen. Doch ich tat es nicht.

Das *La Ventana* war gut besucht – weder zu leer noch unangenehm voll. Die quadratischen Terrakottafliesen auf dem Boden glänzten. An den mit Strukturputz bedeckten Wänden hingen bemalte Keramikteller und Sombreros neben einer Sammlung gerahmter und signierter Fotos verschiedener Künstler in Drag: riesige Perücken, falsche Wimpern, paillettenbesetzte Minikleider, geschminkte Münder und gespitzte Lippen. Die von der Decke hängenden farbenfrohen Banner aus *papel picado* flatterten im Luftzug der Klimaanlage.

Eine Kellnerin klemmte sich vier Speisekarten unter den Arm und brachte uns durch den Gastraum auf einen schmalen Flur, in dem die Toiletten lagen, und von dort aus weiter in ein Hinterzimmer, in dem eine niedrige Bühne mit Beamer-Leinwand und einem ausgefeilten Lautsprechersystem aufgebaut war. Hier war es dunkler als im Hauptraum. Die Fenster waren geschlossen, und auf den Tischen flackerten LED-Kerzen.

Ich wusste, dass wir uns in der Nähe der Küche befanden, weil mir vom Duft gerösteter Chilis und Jalapeños das Wasser im Mund zusammenlief und die Augen tränten.

Unser Tisch stand, von der Bühne aus gesehen, im hinteren Bereich des Raums. Olivia und ich schlüpften auf die gepolsterte Sitzbank an der Wand, während die Jungs auf den auf alt gemachten Holzstühlen Platz nahmen. Als Bodie nach vorn rückte, stießen wir unter dem Tisch mit den Knien zusammen. Ich tat so, als wäre ich in die Getränkekarte vertieft, obwohl ich aufgrund meines Alters gar nichts Alkoholisches bestellen durfte.

»Ooh«, sagte Olivia. »Hier gibt es Sangría in der Karaffe, falls wir Bock haben, uns den Schädel wegzusaufen.«

Das klang in der Tat sehr verlockend. Etwas an Bodie St. James im Schein der LED-Kerzen weckte in mir den Durst auf alkoholische Getränke. Die Footballmannschaft trainierte neuerdings nachmittags, und das sah man ihm an. Seine Haarspitzen hatten die Farbe von Whiskey angenommen, und sein Gesicht wurde unter dem Sonnenbrand allmählich braun. Außerdem sah er so aus, als hätte er sich erst vor wenigen Stunden rasiert. Ich fragte mich, ob sich seine Haut so glatt anfühlte, wie sie aussah.

Es war ein Segen, als die frisch gemachte Guacamole mit Tortilla-Chips kam. So hatte ich wenigstens etwas zu tun (und zu essen) und musste nicht die ganze Zeit an Bodies markante Kieferkontur denken. Die Gespräche am Tisch kamen zum Erliegen, weil wir uns alle auf das Essen stürzten. Guacamole war wirklich der beste Dip der Welt. Sogar Olivia ließ sich erweichen, ihre Notizen für einen Moment beiseitezulegen.

Wir brauchten nur sechzig Sekunden, dann war der Korb leer. Bodie winkte unserer Kellnerin und bestellte zwei neue. Auch diese aßen wir innerhalb kürzester Zeit auf.

»Oh, ich glaube, da ist Carla!«, rief Olivia.

Irgendwie hatte ich damit gerechnet, dass Carla Asada in Drag erscheinen würde – was dumm war, schließlich liefen Töpfer ja auch nicht die ganze Zeit mit tonfleckigen Schürzen herum. Außerdem hatte ich Fotos von Carla mit und ohne Kostüm gesehen. Irgendwie war dey in natura noch hübscher – mit perfekt gezupften Augenbrauen und einer Haut, die im warmen Lichtschein schimmerte.

Wir stellten uns vor und gaben Carla der Reihe nach die Hand. Die Begrüßung schwankte zwischen förmlicher Zurückhaltung (weil es sich um eine wissenschaftliche Exkursion handelte) und freundschaftlicher Lässigkeit (weil man nicht jeden Tag für Recherchen eine Drag-Show besuchte). Carla zog sich einen Stuhl vom Nachbartisch heran. Zum ersten Mal fiel mir auf, dass auf deren khakigrüner Jacke ein Flicken in Form eines Pfirsichs aufgebügelt war.

»Tausend Dank, dass wir mit dir reden dürfen«, begann Olivia überschwänglich.

»Keine Ursache«, sagte Carla und angelte sich einen Tortilla-Chip aus dem Korb. Mittlerweile waren wir beim vierten angelangt. »Macht es euch was aus, wenn ich mir ein bisschen Guac nehme? Ich hatte ein Casting in Santa Monica und stand danach im Stau. Ich hatte nichts als ein paar Mandeln im Wagen.«

»Bedien dich ruhig«, sagte ich und schob Carla das steinerne Gefäß hin.

Carla schob sich Guacamole in den Mund, während Olivia eine kurze Zusammenfassung unserer Vorlesung und unseres Projekts gab. Carla lehnte sich vor, wischte sich Tortilla-Chips-Krümel von den Fingern und war ganz Ohr.

»Also, zunächst mal: Wie gut kennt ihr euch mit Drag aus?«, begann dey. »Ich will euch nicht wie Erstklässler behandeln, aber es wäre ja blöd, wenn ihr kein Wort von dem versteht, was ich sage.«

Ich persönlich hatte praktisch keine Erfahrungen mit Drag. Im vierten Semester hatten Hanna und ich beide gleichzeitig die Grippe bekommen. Wir hatten uns eine ganze Woche lang mit Schnupfenmedizin zugedröhnt und *RuPaul's Drag Race* angesehen. Aber wenn ich an meine heiß geliebten Telenovelas dachte, musste ich einräumen, dass eine Fernsehserie wohl eher kein umfassendes oder gar ausgewogenes Bild einer gesellschaftlichen Gruppe zeichnete. Es war schwierig, die Komplexitäten einer Kultur allein durch visuelle Medien darzustellen.

»Wir haben ziemlich viel recherchiert«, sagte Bodie,

»Aber wart ihr schon bei der einen oder anderen Show?«, fragte Carla. »Habt ihr euch mit Künstlern getroffen?«

»Ich habe die *Rocky Horror Picture Show* gesehen«, sagte Ryan. »Zählt das?«

»Moment!«, rief Olivia, ehe sie sich zu mir umdrehte und feierlich sagte: »Dein App-Dings.«

»Wir würden das Gespräch gern aufzeichnen«, erklärte ich an Carla gewandt. Ich legte mein Smartphone auf den Tisch und drehte das Display so, dass dey die App sehen konnte. »Nur um sicherzugehen, dass wir dich nicht falsch zitieren.«

Carla lächelte. »Ich weiß, wie das abläuft.«

»Ah, perfekt.« Ich tippte die entsprechenden Einstellungen in der App an und regelte die Lautstärke. »Gibst du oft Interviews?«

»Erst seit ein paar Monaten«, räumte Carla verlegen ein. »Ich arbeite noch nicht lange in Vollzeit als Performerin. Dieses Jahr war ganz schön verrückt. Ich wurde zu einer Podiumsdiskussion auf der DragCon eingeladen, dann gab es einen Artikel über mich in der *L. A. Times*, und ich habe ein kleines Interview für die *Variety* gegeben. In dem Artikel kamen noch acht andere Drag-Künstler vor, aber trotzdem. *Variety.*«

»Krass«, sagte ich. »Herzlichen Glückwunsch.«

»Danke. Es ist trotzdem ein hartes Brot, als Künstler seinen Lebensunterhalt zu verdienen, aber wenn man meinen Namen bei Google eingibt, kommt meine Insta-Seite jetzt an erster Stelle – jedenfalls gleich nach ›Meinten Sie *carne asada*?‹«

Ich lachte. »Nachher möchte ich auf jeden Fall ein Autogramm.«

Neben mir blätterte Olivia hektisch in ihren Notizen. Sie hatte sich einen detaillierten Plan gemacht, und ich verstand ihr Bedürfnis, das Gespräch zu steuern, statt einfach abzuwarten, in welche Richtung es sich entwickelte. Sie wollte sichergehen, dass wir alle wichtigen Informationen bekamen.

Ich beschloss, ihr die Führung zu überlassen.

»In Ordnung. Wir zeichnen jetzt auf«, verkündete ich, ehe ich mich an Olivia wandte. »Fängst du an?«

Sie nickte und konsultierte ihre durchnummerierte Liste. »Könntest du dich vielleicht kurz vorstellen?«

»Ich bin Carla Asada, und ich bin Drag-Künstlerin, geboren und aufgewachsen in Irvine, Kalifornien.«

»Wie bist du auf deinen Namen gekommen?«

»Weil ich Fleisch unterm Rock habe, Baby.« Carla zwinkerte uns zu. »Der Name ist ein zentraler Bestandteil der

Marke eines Künstlers. Ich bin eine heiße Latina. Mein Name verrät dir, was du bei mir bekommst.«

»Wann hast du mit Drag angefangen?«

Carla stützte die Ellbogen auf den Tisch und tippte sich mit den in leuchtendem Sonnenblumengelb lackierten Fingernägeln gegen die Wange. »Inoffiziell? Sobald ich laufen konnte.« Carla lachte. »Früher durfte ich immer den Modeschmuck meiner Mom tragen und in ihren Schuhen herumlaufen. Ich glaube, so fangen viele von uns an – man betrachtet es gar nicht als Drag. Es ist nur … keine Ahnung. Eine Form kreativen Ausdrucks.«

»Du wusstest also schon als Kind, dass du Dragqueen werden wolltest?«, fragte Ryan.

»Drag-Künstlerin«, verbesserte Carla ihn und setzte sich aufrechter hin. »Ich weiß, viele Performer bezeichnen sich als Queens, und das ist auch vollkommen in Ordnung, aber für mich suggeriert der Begriff, dass wir alle schwule Männer sind. Dabei ist die Community viel größer. Ich weiß, dass der Begriff *drag* diese Konnotation beinhaltet, angeblich stammt er ja ursprünglich von der Abkürzung einer Regieanweisung bei Shakespeare – *dressed as a girl.* Und William Dorsey Swann nannte sich ›Queen of Drag‹, er war hier in den USA ein Pionier auf dem Gebiet. Aber ich persönlich finde das Wort zu eng gefasst. Für mich ist Drag jede performative Darstellung von Gender. Deshalb bezeichne ich mich lieber als Künstlerin, das finde ich zutreffender.«

Olivia nickte. »Klingt absolut plausibel.«

»Du kennst dich mit der Geschichte des Drag ja sehr gut aus«, warf ich ein.

Carla zuckte die Achseln. »Ich habe das Gefühl, dass ich weniger weiß, als ich eigentlich wissen müsste. Ihr habt recherchiert, deshalb ist euch ja sicher bekannt, dass Drag praktisch schon seit Ewigkeiten existiert. Im alten Ägypten, in der griechischen und hinduistischen Mythologie. Kabuki. Vaudeville. Es gibt so viele Beispiele. Und wenn man sich mit

Drag in West Hollywood beschäftigt, ist es so gut wie unmöglich, die historische Dimension zu ignorieren. Das hier ist L. A. Hier gab es den Cooper-Do-Nuts-Aufstand, das war ... o Gott, ich habe die Jahreszahl vergessen. Ende der Fünfziger? Ich weiß nur noch, dass es zehn Jahre vor den Stonewall-Unruhen war. Früher als Stonewall! Die LGBTQ+-Community hier hat eine ungemein reiche Geschichte – und viel davon hängt mit den darstellenden Künsten zusammen. Wenn man der Spur folgt, kommt man irgendwann zur *Rocky Horror Show*, die du ja eben erwähnt hast«, sagte Carla an Ryan gewandt, »und zu *RuPaul's Drag Race*, und auf einmal sind wir in der Gegenwart, und ich werde dafür bezahlt, dass ich in einem mexikanischen Restaurant Cher-Songs singe. Ich lebe meinen Traum.«

Olivia blickte stirnrunzelnd auf ihre Stichpunkte und versuchte verzweifelt, diejenigen zu finden, die wir bereits abgearbeitet hatten, damit sie sie durchstreichen konnte. Als sie sich einen Überblick verschafft hatte, fuhr sie fort, grundlegende Fragen zu Carlas Anfängen als Künstlerin zu stellen.

»Hauptsächlich waren es Theateraufführungen in der Schule. Ich habe erst mit Mitte zwanzig angefangen, Shows zu machen, und zu Beginn waren es noch kleine Gigs mit wenig Gage. Drag ist teuer: die Reisen, das Make-up, die Perücken. Und ich nähe alle meine Kleider selbst, es kommen also auch noch die Kosten für die Materialien und Hunderte von Arbeitsstunden hinzu, die nötig sind, bis ein Outfit fertig ist. Früher hat meine Mutter das meiste für mich genäht, aber sie sieht nicht mehr so gut, deshalb habe ich ihr gesagt, dass sie kürzertreten muss.«

Ich erkannte eine günstige Gelegenheit, die Frage einzuschieben, die Olivia an mich delegiert hatte. Während ich die Hand nach dem Tortilla-Korb ausstreckte, sagte ich: »Haben deine Eltern auch einen künstlerischen Hintergrund? Es klingt ja so, als wüsste deine Mom, wie man Kostüme näht.«

Bodie stützte den Ellbogen auf den Tisch und hielt sich die Hand vor den Mund, als müsste er sich ein Lächeln verkneifen. Ich versuchte mir das nicht zu Kopf steigen zu lassen.

»Na ja, die Stimme habe ich definitiv von meiner Mutter geerbt, allerdings singt sie nur in der Kirche oder beim Kochen. Das Nähen hat sie gelernt, weil sie es musste. Meine Eltern sind extrem traditionell. Mom kümmert sich um den Haushalt, Dad geht arbeiten und verdient das Geld. Die klassische Rollenaufteilung eines katholischen mexikanischen Ehepaars. Mein Vater ignoriert mehr oder weniger, was ich tue – er ist noch von diesem klassischen *machismo* geprägt, wisst ihr? Unfähig, über seine Gefühle zu reden, und so weiter. Aber meine Mutter mag die Musik und die Kostüme.«

»Dann … unterstützt sie dich also?«, fragte Olivia zögerlich.

»Oh, sie liebt, was ich mache«, sagte Carla. »Sie kommt zu meinen Shows, sooft sie kann.«

Ich warf einen Blick auf Bodie. Weil er Carla zuhörte, bemerkte er nicht, dass ich ihn beobachtete. Ich wartete darauf, dass er wieder anfangen würde, mit dem Knie zu wippen oder nervös mit den Händen herumzufuchteln, doch er saß ganz ruhig da und wirkte genauso hellwach und aufmerksam wie auf dem Spielfeld.

Ryan hatte inzwischen eine weitere Frage gestellt, die ich nicht mitbekommen hatte.

»Mein Ziel ist es, als Frau durchzugehen«, antwortete Carla. »Mir ist nicht wirklich wichtig, welches Pronomen die Leute verwenden, während ich in Drag bin – im Gegenteil, die Gratwanderung macht mir Spaß, weil die Leute dann erkennen, dass es nur deshalb Grenzen gibt, weil jemand sie gezogen hat. Das, was wir als weiblich oder männlich bezeichnen, ist letzten Endes doch willkürlich. Die Biologie ist nicht so eindeutig, wie die meisten glauben.«

»Denkst du, das verunsichert die Menschen?« Meinem Beispiel folgend, übersprang Olivia mehrere Fragen auf ihrer

Liste, um das Thema zu vertiefen. »Diese Gratwanderung, meine ich?«

»Oh, definitiv«, sagte Carla. »Manchen Menschen ... na ja, denen kommt es komisch vor, weil sie eine konkrete Vorstellung davon haben, was Geschlecht bedeutet. Ich bin eine eins neunzig große, Übergrößen tragende PoC, und dann stelle ich mich auch noch auf die Bühne und singe Balladen von Dolly Parton und Etta James. Manche sind nicht in der Lage, das alles miteinander zu vereinbaren. Sie kommen ins Grübeln. ›Bist du jetzt ein Mann oder eine Frau?‹ Manchmal sage ich ›Weder noch‹, und manchmal fordere ich sie auf zu raten.«

Bodie räusperte sich. »Wenn du dein Kostüm trägst – wenn du Carla bist«, sagte er und hielt einen Moment lang inne, um sich seine Worte gut zu überlegen, »hast du dann das Gefühl, jemand anders zu sein?«

Carla ließ sich die Frage durch den Kopf gehen. »Ehrlich gesagt, nein«, sagte dey schließlich. »Die Bühnenpersönlichkeit ist sowieso nie identisch mit dem, wie man jenseits der Bühne ist. Man füllt immer eine Rolle aus. Ich meine ... Olivia hat erwähnt, dass du Football spielst, stimmt das?«

Bodie machte ein verblüfftes Gesicht. »Ja.«

»Das ist doch auch eine Art Performance. Der Unterschied ist gar nicht so groß. Ich ziehe ein Kleid an und singe, und du ziehst deine Protektoren an, schlägst dir gegen die Brust und markierst den starken Mann. Aber im Grunde sind wir immer noch wir selbst. Ich habe das Gefühl, als wäre Carla ein Teil von mir. Ein Alter Ego. Ich glaube, das ist das Schöne an Drag. Die Freiheit, die es einem gibt, all die kleinen verborgenen Winkel der eigenen Persönlichkeit zu erkunden.«

»Man findet sich gewissermaßen durch Drag«, schlussfolgerte Ryan.

»Das kann man so sagen, ja. Aber ich will nicht behaupten, dass man dafür im Kleid auf der Bühne stehen und Cher singen muss. Ich weiß, so was ist nicht jedermanns Sache. Ich meine damit nur, dass man das Recht hat, ganz man selbst zu sein. Man kann das tun, was einen glücklich macht, auch wenn man denkt, dass die Menschen einen dann als weniger männlich oder weniger weiblich oder was auch immer betrachten.«

»Wahre Worte«, flüsterte Olivia ehrfürchtig.

»Sobald man das einmal getan hat, begreift man, dass alles eine Rolle ist. Jeder einzelne Tag. Man wacht auf und denkt darüber nach, was die anderen von einem halten. Ob man hübsch oder hässlich ist. Ob man auf die Menschen freundlich oder verschroben wirkt. Ob man zu viel Raum einnimmt. Es ist schwer zu beschreiben, aber Drag hat mir dabei geholfen, diesen ganzen Mist einfach … loszulassen.«

Wir saßen in andachtsvollem Schweigen da.

Schließlich stieß Ryan einen leisen Pfiff aus. »Krass«, sagte er.

Das war zwar nicht sonderlich eloquent, aber eine gute Zusammenfassung meiner eigenen Gedanken.

»Klang das nicht zu sehr nach einem T-Shirt-Spruch oder so?«, fragte Carla.

»Es klang wunderschön«, sagte Olivia und warf einen letzten Blick in ihren Collegeblock, ehe sie ihn zuklappte. »Und ich habe keine einzige Frage mehr. Das war großartig. Nochmals vielen, vielen Dank. Du bist echt ein Superstar.«

Carla legte die Hände auf den Tisch und schob den Stuhl zurück. »Perfektes Timing. Ich muss mich langsam fertig machen. Es dauert Ewigkeiten, dieses Gesicht in Form zu bringen. Es war toll, euch drei kennenzulernen. Und du.« Carla wandte sich an Olivia. »Bitte sag mir, dass du den Nichtsnutz endlich in die Wüste geschickt hast.«

»Habe ich«, sagte Olivia stolz.

»Und hast du seine Nummer gelöscht?«

Olivias Lächeln gefror.

Carla seufzte. »Tu es, Schwester. Später wirst du mir dafür noch danken.« Dann wandte dey sich an den Rest der Gruppe. »Es war wundervoll, mit euch zu reden. Ich hoffe, die Show gefällt euch.«

Bodie nickte. »Danke«, sagte er mit großem Ernst.

»Ja, vielen Dank«, fügte ich hinzu, während Ryan gleichzeitig sagte: »Hals- und Beinbruch oder so. Falls man das im echten Leben überhaupt sagt.«

Carla schnaubte belustigt, schnappte sich den letzten Tortilla-Chip und ging.

Ich nahm mein Handy vom Tisch und beendete die Aufzeichnung. Ryan, Olivia und ich begannen sofort eine Diskussion. Welche Zitate würden wir ganz bestimmt verwenden? Wie würden wir das, was Carla gesagt hatte, in unserer Projektarbeit präsentieren, ohne den Kontext oder Inhalt zu verkürzen?

Die Kellnerin kam, nahm unsere Bestellung auf und kehrte gefühlte sechzig Sekunden später mit vier vollen Tellern zurück. Olivia, die Vegetarierin unter uns, ging ihre Liste mit Stichpunkten durch, während sie mit der Gabel auf ihre Käse-Enchiladas einstach, und Ryan und ich taten mit dem Mund voller *Carne-Asada*-Tacos unsere Meinung dazu kund.

Nur Bodie, der einen Burrito in der Größe meines Schädels bestellt hatte, aß schweigend und ließ den Blick durch die Gegend schweifen. Ich spielte mit dem Gedanken, ihn unter dem Tisch mit dem Fuß anzustupsen, damit er sich nicht völlig in seinen Grübeleien verlor, doch im nächsten Moment trat unsere Kellnerin mit einem gigantischen Krug Sangría an den Tisch und verkündete, Carla Asada hätte ihn uns spendiert.

Meine Freude über den Alkohol wurde jäh erstickt, als die Kellnerin unsere Ausweise zu sehen verlangte. Ryan und Olivia reichten ihr ihre Führerscheine, während ich zusah, wie perfekte runde Orangenscheiben zwischen Eiswürfeln in der dunkelroten Flüssigkeit schwammen. *La Ventana* durfte mir kein Glas zur Verfügung stellen, doch als wir wieder allein waren und niemand hinsah, schob Olivia ihr Glas über den

Tisch, damit ich wenigstens einen Schluck probieren konnte. Die Sangría schmeckte wie der Sommer in Mexico City.

Wir aßen, lachten und unterhielten uns – sogar Bodie, der zwar nicht viel beitrug, aber über Ryans Witze schmunzelte. Das Hinterzimmer füllte sich allmählich, bis es auf einmal keinen einzigen freien Tisch mehr gab.

Zwischendurch trank ich immer wieder kleine Schlucke von Olivias Sangría. So schnell war mir Alkohol noch nie ins Blut gegangen. Ich lächelte häufiger als sonst, ich lachte zu laut, und ich sah dem Footballspieler auf der anderen Tischseite in die Augen. Angesichts der Tatsache, dass ich mich, als ich das letzte Mal betrunken gewesen war, mit Bodie St. James gestritten und übergeben hatte – Gott sei Dank nicht beides gleichzeitig –, erschien es mir klug, es langsam angehen zu lassen. Als Olivia mir daher den Rest aus ihrem Glas anbot, schüttelte ich den Kopf.

»Sicher? Du hast nur drei Schlucke getrunken. Sonst wird die Karaffe ja nie leer.«

»Danke, aber ich habe genug.«

Sie schenkte sich nach und trank weiter.

»Was für Musik sie hier wohl spielen?«, fragte Ryan, den Mund voller Tortilla-Chips.

Wie als Antwort auf seine Frage gingen cyan- und magentafarbene Scheinwerfer an, und Carla betrat die Bühne. Nur dass Carla eine völlig neue Frau war.

Sie trug ein schwarzes Bolerojäckchen und einen dazu passenden Sombrero mit breiter Krempe. Beides war aufwendig mit Goldfaden bestickt. Ihr Lippenstift und ihr Kleid waren rot wie das Tuch eines Matadors, und ihre falschen Wimpern warfen Schatten so groß wie die Flügel eines Raben.

Ein Moment andächtiger Stille trat ein, dann brach der Raum in Pfiffe und Jubel aus.

»*Bienvenidos a La Ventana*«, rief Carla ins Mikrofon. »Wir beginnen den heutigen Abend mit einem Tribut an die Königin des Tejano!«

Aus den Lautsprechern kamen die ersten Akkorde eines Songs, den ich seit Jahren nicht mehr gehört hatte. Auf einmal hatte ich einen Kloß im Hals. Es war ein Song von Selena Quintanilla, der Lieblingssängerin meiner Mom. Mir war nicht klar, dass ich den Text noch auswendig konnte, bis ich mich dabei ertappte, wie meine Lippen ganz von selbst die Worte mitsangen. Es war Ewigkeiten her, seit ich den Song zuletzt gehört hatte. Damals war ich noch in der Grundschule gewesen, wenn mich nicht alles täuschte, aber mein Gehirn hatte den Text abgespeichert, als hätte es gewusst, dass ich ihn irgendwann noch einmal brauchen würde. Als hätte es geahnt, dass ich eines Tages in einem mexikanischen Restaurant sitzen und eine Drag-Künstlerin auf der Bühne mein Herz berühren würde.

Als das Set zu Ende war, konnte ich nicht aufhören zu lächeln. Das leise Murmeln von Unterhaltungen erfüllte den Raum, als die Künstlerin von der Bühne ging, um das Kostüm zu wechseln.

»Ich sollte noch mal die Parkuhr füttern«, sagte Bodie.

Ich sah ihm nach, als er auf den schmalen Flur zwischen den Toiletten verschwand. Sobald er außer Sicht war, beugte sich Olivia zu mir und faltete auf dem Tisch die Hände, als hätte sie mich zu einer Vorstandssitzung eingeladen.

»Also«, sagte sie. »Was geht da zwischen dir und St. James?«

Ein Tortilla-Chip blieb mir im Hals stecken. Ich hustete und spülte ihn mit ihrer Sangría hinunter. »Wie bitte?«, röchelte ich.

»Da ist so eine komische – keine Ahnung … Spannung zwischen euch.«

»Sie hat doch diesen Artikel geschrieben«, sagte Ryan und überraschte mich damit. »Über Vaughn.«

»Das warst du?«, fragte Olivia, ehe sie in sich zusammensackte. »Mann. Also, zunächst mal: Ich liebe dich, weil der Artikel wirklich großartig war. Aber was für eine Enttäuschung! Ich hatte gehofft, das mit euch ist was Romantisches.«

Ich schnaubte. »Ha! Romantisch. Äh, nein. Definitiv nicht.«

Olivia neigte den Kopf zur Seite. »Er sieht dich an, Laurel.«

Sie sagte dies, als müsste ich wissen, was es bedeutete. Und vielleicht tat ich das auch. Trotzdem öffnete ich instinktiv den Mund – so wie die Hand vor einer heißen Pfanne zurückzuckt, wenn man sie auch nur flüchtig gestreift hat –, um ihr zu sagen, dass sie falschlag.

»Ehrlich, wir sind nur …«

Ich konnte den Satz nicht zu Ende bringen. Denn wir waren nicht einmal Freunde, oder? Nur eine Reporterin und ihr Whistleblower. Ein Whistleblower mit einem weichen, flauschigen, allzu treuen Herzen und Augen wie Gewitterwolken.

Meine Identitätskrise wurde von den Anfangsakkorden eines Cher-Songs unterbrochen. Während meine Gruppenmitglieder sich wieder dem Geschehen auf der Bühne zuwandten, schielte ich auf Olivias Glas. Wie viel Sangría hatte ich getrunken? Mir war irgendwie schwindlig.

Er sieht dich an.

Ich drehte und wendete Olivias Worte so lange in meinem Kopf, bis sie gar nicht mehr wie Englisch klangen. Der Cher-Song endete, aber mir fiel erst auf, dass die Musik verstummt war, als Ryan ein wenig zu schwungvoll sein Sangríaglas abstellte und verkündete: »Was zum Geier? St. James ist schon seit zehn Minuten weg.«

Genau genommen waren es dreizehneinhalb Minuten. Aber Ryan hatte nicht ganz unrecht. Es konnte doch nicht so lange dauern, ein paar Münzen in eine Parkuhr zu werfen. Ich bezweifelte, dass irgendwas Dramatisches passiert war – Bodie war kein Mensch, den man überfiel, sofern man nicht mit dem Gesicht nach unten auf dem Gehsteig landen wollte. Trotzdem machte ich mir Sorgen.

Vielleicht hatte etwas von dem, was Carla gesagt hatte, ihn aufgewühlt. Ehe ich mich eines Besseren besinnen und einen Rückzieher machen konnte, hatte ich meinen Stuhl zurückgeschoben.

»Ich sehe mal nach ihm«, verkündete ich, knüllte meine Serviette zusammen und legte sie neben meinen leeren Teller. »Bin gleich wieder da.«

Keiner der beiden sagte etwas, aber ich merkte, wie Olivia in ihr Glas schmunzelte, ehe ich in Richtung Ausgang strebte. So langsam hatte ich es satt, dass alle grinsten, als wüssten sie etwas, was ich nicht wusste.

21

Während wir drinnen gesessen und Sangría geschlürft hatten, war unbemerkt die Nacht hereingebrochen. Noch lag die Hitze des Nachmittags in der Luft, aber der Himmel war dunkel, als ich durch die Türen des Restaurants ins Freie trat und die Stufen der Veranda hinunterging. Lichtverschmutzung von der Stadt machte fast alle Sterne unsichtbar.

Seufzend verschränkte ich die Arme vor der Brust. Weit weg konnte Bodie ja nicht sein. Ich bog um die Ecke der Veranda und blieb stehen, als ich ihn über den Gehsteig auf mich zukommen sah. Eine Hand steckte in der Vordertasche seiner Jeansjacke, in der anderen hielt er eine Waffel mit Softeis.

Und ich hatte mir Sorgen gemacht, er könnte einen emotionalen Zusammenbruch erlitten haben.

»Hey«, rief er mir zu und sah verwirrt zwischen dem Restaurant und mir hin und her. »Was ist los?«

Eine Ausrede. Ich brauchte eine Ausrede.

»Du hast uns im Stich gelassen«, platzte ich stattdessen heraus.

Bodie blieb einen Meter von mir entfernt stehen, hob sein Softeis an den Mund und leckte einmal rundherum am Rand der Waffel entlang. Im allerletzten Moment erwischte er einen Tropfen, ehe ihm dieser auf den Daumen kleckerte. Selbstverständlich starrte ich nicht seine Finger an. Und es hatte auch absolut nichts Faszinierendes an sich, wie klein und niedlich die Eiswaffel in seinen starken Händen aussah.

»Sorry«, sagte Bodie, der meine schamroten Wangen nicht bemerkte. »Ich habe Geld in die Parkuhr geworfen. Es ist so schön draußen. Ich wollte ein paar Schritte gehen, um den Kopf frei zu bekommen.«

»Wo hast du das Eis her?«

»Ich habe auf dem Rückweg eine Abkürzung genommen und bin an einem *Fosters Freeze* vorbeigekommen. Ich hatte noch ein bisschen Kleingeld übrig, deshalb dachte ich mir, warum nicht?«

Ich war neidisch. Auf Bodie – nicht auf das Eis. *Fosters Freeze* wäre jetzt wirklich genial gewesen, außerdem hatte er die beste Sorte gewählt: Vanille mit Schokoladenüberzug.

»Habe ich was Gutes verpasst?«, fragte er.

»Wie bitte?« Es gelang mir, den Blick von seinem Softeis loszureißen. Bodie deutete mit einem Nicken in Richtung des Restaurants, aus dem gedämpft die Klänge einer Beyoncé-Nummer in der warmen Abendluft zu uns herüberwehten.

»Oh«, sagte ich. »Äh. Carla hat noch ein bisschen Cher gesungen.«

»Hmm«, machte Bodie und lehnte sich gegen eine Mauer. Er wollte offenbar allein sein. Was machte ich also noch hier? Was versprach ich mir davon, weiter hier herumzustehen? Und weshalb kam es mir so vor, als würde ich auf etwas warten? Ich versuchte auf meine eigene Stimme der Vernunft zu hören und den Rückzug anzutreten. *Geh wieder rein, Laurel.*

Ich rührte mich nicht vom Fleck. Bodie allerdings auch nicht. Wir standen nur da und sahen einander an, während sein Eis schmolz.

»Wieso kanntest du den Text von dem Song?«, fragte er aus heiterem Himmel. »Dem spanischen?«

Ich brauchte eine Sekunde, bis mir klar wurde, wovon er sprach, und eine weitere, um die Peinlichkeit zu verdauen, dass er mich beim lautlosen Mitsingen beobachtet hatte.

»Oh. Meine Mutter stammt aus Mexiko. Sie liebt Selena.« Bodie kniff die Augen zusammen. »Quintanilla«, stellte ich klar. »Nicht Gomez.«

»Ich weiß«, sagte er. Sein verlegener Tonfall verriet mir, dass er es nicht gewusst hatte. Meine Mom war Mitte der Siebzigerjahre in Mexico City geboren, und Selena war gewissermaßen ihre Ariana Grande gewesen – die Musik, die sie hörte, wenn sie Hausaufgaben machte oder bei voll aufgedrehtem Radio mit dem Auto meines *abuelito* durch die Gegend fuhr. Sie und ihre Schwester hatten alle Songtexte von ihr auswendig gekannt. Im selben Jahr, als Selena ermordet wurde, war sie zum Studieren in die USA gezogen – aber das wollte ich lieber niemandem erzählen, der gerade versuchte, sein Softeis zu genießen.

»Deshalb ist dein Spanisch so gut«, meinte Bodie und lächelte, als hätte er endlich das fehlende Eckteil eines Puzzles gefunden.

Ich legte den Kopf schief. Zum einen, weil das nicht stimmte. Mein Spanisch war bestenfalls mittelmäßig und schlimmstenfalls unverständliches Spanglisch. Und zum anderen: »Wo hast du mich denn Spanisch sprechen hören?«

Bodie zog scheu den Kopf ein. Es war wirklich ein Unding, wie dicht seine Wimpern waren.

»Du hast mich im Baseball House als Idioten bezeichnet. Ich habe Google Translate gefragt.«

Ich öffnete den Mund, um alles abzustreiten, aber dann kam mir die Erinnerung an das Wort *pendejo* in den Sinn, das mir herausgerutscht war, nachdem er meinen Weinbecher genommen und oben auf den Kühlschrank gestellt hatte, damit ich ihn nicht erreichen konnte.

»O mein Gott«, sagte ich. »Tut mir leid, ich hatte so viel getrunken …«

Bodie lachte. Es klang hell und klar und übertönte einen Moment lang das Dröhnen des Verkehrs.

»Du warst sauer, und ich habe ein paar Brocken Spanisch gelernt. Win-win-Situation.«

Er leckte an seiner Waffel. Ich erhaschte einen Blick auf seine rosige Zunge voller schmelzendem weißem Eis und stellte mir vor, wie seine Haare die Innenseiten meiner Schenkel kitzelten. Der Gedanke schoss mir so plötzlich in den Kopf, dass ich nicht wusste, wo er herkam oder wie ich damit umgehen sollte. Das musste die Sangría sein. Unter dem süßen, fruchtigen Geschmack verbarg sich eine gefährliche Menge Alkohol. Drei Schlucke, und mein Kopf landete in der Gosse.

Definitiv die Sangría.

Zum Glück verstand Bodie meine Blicke falsch. »O nein«, sagte er und brachte sein Eis in Sicherheit. »Besorg dir ein eigenes.«

Ich verdrehte die Augen und lehnte mich gegen die weiß gestrichene Lehmmauer, die die Terrasse eingrenzte. Und weil ich nicht länger über Bodies Zunge nachdenken wollte oder darüber, wozu sie theoretisch in der Lage war, fragte ich: »Woher kennst du den Text von diesem Beach-Boys-Song, den Ryan im Auto gespielt hat?«

»Zunächst mal«, sagte Bodie sehr ernst. Er schien sich kein bisschen zu schämen, dass ich ihn beim Mitsingen erwischt hatte. »Der Song ist ein Klassiker. Außerdem bin ich mit …«, er hielt inne und kniff nachdenklich die Augen zusammen, »… etwas veralteter Popkultur aufgewachsen. Meine Schwester ist zehn Jahre älter als ich. Und meine Eltern sind richtig alt.«

Ich schnaubte. »Na ja, sie sind Eltern. Gehört Altsein nicht zu ihrem Job?«

»Mein Dad ist siebzig.«

»Ach du Scheiße«, rutschte es mir ohne jedes Taktgefühl heraus.

Aber Bodie lachte bloß. »Ja, ich weiß. Ich war seine Midlife-Crisis.« Er sagte dies, als wäre es ein Witz, den er schon hundertmal erzählt hatte. Als würde er ihn immer dann einstreuen, wenn er über seinen Vater sprach, um den Leuten die Befangenheit zu nehmen und das beklommene Schweigen zu verhindern, während sein Gesprächspartner sich fragte, was er dazu sagen sollte außer »Und? Hat er schon seine dritten Zähne?«.

Auf einmal wollte ich Bodie alles sagen. Ich wollte ihm von meinen Eltern und meiner Heimatstadt im Central Valley erzählen, in der es immer nach Methan roch (wegen der Kühe an der landwirtschaftlichen Hochschule – irgendwann gewöhnte man sich dran), aber wo der Nachthimmel so übersät war mit Sternen, dass man das Gefühl hatte, man könnte hochspringen und sie pflücken. Ich wollte ihm erzählen, dass ich mich von Müsliriegeln und mexikanischem Essen ernährte und beim Autofahren Ariana Grandes drittes Studioalbum hörte, und dass ich mich, wenn er mich anlächelte, kein bisschen unsichtbar fühlte. Ganz im Gegenteil.

Stattdessen rutschte ich von der Mauer, stieß ihn mit dem Ellbogen an und sagte: »Du weißt schon, dass Eis besser schmeckt, wenn man es teilt, oder?«

Er betrachtete mich forschend über seine Waffel hinweg. »Klingt nach einer urbanen Legende.«

Ich schüttelte den Kopf. »Wissenschaftlich belegt.«

»Dazu müsste ich erst mal eine durch externe Fachleute geprüfte Studie sehen.«

Ich brauchte geschlagene drei Sekunden, bis ich begriff, dass er einen Witz gemacht hatte. Ich schnaubte vor Lachen. Bodie verbarg sein stolzes Lächeln hinter seiner Eiswaffel.

»Übrigens, danke fürs Fahren«, sagte ich und scharrte mit der Spitze meines Sneakers über das Pflaster, während ich versuchte, nicht an den grünhaarigen Besitzer des Tesla zu denken. »Und dass … ich weiß nicht. Dass du Sachen gemacht hast. Für das Projekt. Ich weiß, du hast im Moment viel um die Ohren.« Den letzten Satz sagte ich ziemlich leise.

Bodie verstand ihn trotzdem. »Kein Thema«, antwortete er heiser. »Tut mir leid, dass ich in den ersten Wochen so ein faules Gruppenmitglied war.«

Ich hörte deutlich die Schuldgefühle in seinem Ton, und das wurmte mich. »Bodie?«

»Hm?« Er hatte den Mund voller Eis. Dies war meine Chance für einen Monolog.

»Was auch immer aus unserem Artikel wird, ich glaube ...« Meine Worte klangen vernuschelt. Ich war wirklich nicht gut in so was. »Was auch immer Vaughn gemacht hat – nein, lass mich kurz ausreden ... Was auch immer er getan hat, es ist in Ordnung, wenn du deswegen enttäuscht oder wütend bist. Es ist okay, mal kurz innezuhalten und sich darüber klar zu werden, was man fühlt. Es ist absolut verständlich, wenn es dir nicht gut geht.«

Bodie starrte auf seine Eiswaffel und verzog das Gesicht, als wäre ihm plötzlich der Appetit vergangen. »Können wir über was anderes reden?«, fragte er. »Ich ... es tut mir echt leid, Laurel, aber ich will heute Abend einfach nicht darüber sprechen.«

Ich schon. Ich wollte nachhaken. Ihn zu einer Antwort drängen. Aber ich begriff, dass ich damit bloß Salz in die Wunde streute, und der Abend war zu schön gewesen, um ihn jetzt mit einem weiteren vorhersehbaren Streit zu ruinieren. Außerdem waren wir nicht auf dem Campus, das machte es leichter, alles zu vergessen – unsere Lehrveranstaltungen, unsere Verantwortung und die Recherchen, die unser beider Leben auf den Kopf gestellt hatten. Vielleicht tat es uns beiden gut, uns mal einen Abend freizunehmen.

Ich verschränkte die Arme vor der Brust. Ich war froh, es ausgesprochen zu haben, aber zugleich auch traurig, weil dadurch diese Befangenheit zwischen uns zurückgekehrt war. »Okay«, sagte ich. »Du hast recht.«

Du hättest wieder reingehen sollen, blöde Kuh.

Zwischen uns breitete sich ein extrem unangenehmes Schweigen aus. Bodie brach es, indem er sich seufzend zu mir herumdrehte und mir seine Eiswaffel hinhielt. Ein Friedensangebot mit Schokoladenüberzug.

»Nur einmal lecken«, sagte er in warnendem Ton, aber mit einem Lächeln auf den Lippen.

Ich weiß nicht genau, welcher Teufel mich ritt, als ich beide Hände um Bodies Handgelenk legte, um ihn und sein Eis festzuhalten, und mich an seinem muskulösen Arm abstützte, als ich mich auf die Zehenspitzen stellte. Der Happen, den ich von seinem Eis abbiss, war gigantisch und so kalt, dass mir davon die Schneidezähne wehtaten, aber als ich Bodies Augen mit einer Mischung aus Freude und Entrüstung aufleuchten sah, kam ich zu dem Schluss, dass sich die Schmerzen gelohnt hatten.

»Das ist jetzt nicht wahr«, sagte er.

Ich hielt mir die Hand unters Kinn, für den Fall, dass ich lachen musste und mir das Eis aus der Nase kam.

»Tut mir leid.« Das war gelogen.

Bodies Augen wurden schmal. Dann sagte er in ziemlich mittelprächtigem Spanisch: »*Pendejo.*«

In dem Moment wusste ich, dass ich der Sangría nicht die Schuld geben konnte. Ich war nicht betrunken, nicht mal ansatzweise. In einem plötzlichen Anflug wilder Kühnheit, die wahrscheinlich Fallschirmspringer empfinden, bevor sie sich aus Flugzeugen stürzen, hob ich die Hand und berührte mit den Fingerspitzen Bodies Schulter gerade fest genug, um nicht das Gleichgewicht zu verlieren. Erneut reckte ich mich auf die Zehenspitzen, als wollte ich ein zweites Mal von seinem Eis naschen.

Meine Lippen trafen seinen Kiefer – ein Missgeschick, kein strategischer Schritt in meinem nur unzureichend durchdachten Plan, ihm einen Kuss auf die Wange zu geben.

Bodie erstarrte, und ich bereute mein Handeln sofort. Nicht einmal ich hätte mir zugetraut, dass ich eine Sache so gründlich vermasseln konnte. Ich zog mich zurück und hatte bereits eine Entschuldigung auf den Lippen, während unsere Gesichter einander noch so nah waren, dass ich seine Wimpern hätte zählen können.

Aber dann hörte ich das Platschen von Eiscreme auf dem Pflaster, und Bodies Hände lagen an meinen Wangen. Mit den Fingern strich er über meine Wangenknochen, ehe er sie in meinem Haar vergrub. Er senkte den Kopf. Unsere Münder berührten sich. Seine Lippen waren noch kalt vom Eis, aber das Innere seines Mundes war heiß und schmeckte nach Schokolade und Vanille. Er war so groß, dass ich auf den Zehenspitzen stehen musste. Ein Muskel in meinem linken Spann fing an zu krampfen, aber das war mir egal. Ich schlang Bodie eine Hand um den Nacken, um einen besseren Halt zu haben, und spreizte die andere Hand auf seiner Brust. Sein Herz hämmerte unter meiner Handfläche. Ich verspürte den unerklärlichen Drang, laut loszulachen.

Irgendwo hinter uns – scheinbar meilenweit entfernt – ging die Tür des Restaurants auf, und Musik schwappte ins Freie. Schritte kamen die Stufen hinunter.

Gleich darauf ertönte, ungefähr so dezent wie ein Nebelhorn, der Ruf »Yo!«.

Bodie und ich lösten uns mit einem feuchten Schmatzen voneinander. Eine Weile sahen wir uns in einer Mischung aus Verwunderung und Schock an. Dann setzte mein Verstand wieder ein. Ich hatte meinen Informanten geküsst.

Bodie räusperte sich. »Hey, Ryan«, sagte er leise und rau und extrem genervt.

»Ich dachte schon, ihr wärt auf der Straße überfallen worden!« Ryan lachte. »Die Show ist zu Ende. Ihr habt das große Finale verpasst. Es war richtig gut, yo. Die haben einen verdammten Beyoncé-Tribute gesungen. Olivia hat die Rechnung übernommen, wir müssen ihr also einfach pro Nase ungefähr zwanzig Dollar per Venmo schicken. Cool?«

»Ja. Klar. Gut. Nach dir«, sagte Bodie mit einer seltsam förmlichen Geste.

Mit dem Sneaker blieb ich an der Kante der obersten Verandastufe hängen und stolperte.

Ryan schnaubte. »Keine Sangría mehr für dich«, sagte er scherzhaft.

Es hatte nichts mit der Sangría zu tun. *Er hat mich geküsst. Ich habe ihn geküsst. Wir haben uns geküsst.*

Auf dem dunklen Gang zwischen den beiden Gasträumen, unmittelbar vor der Tür zur Herrentoilette, warteten wir kurz, um zwei Frauen und einen Kellner mit einem Teller voller dampfender Fajitas passieren zu lassen, die aneinander vorbeimussten. Ich wusste, dass Bodie direkt hinter mir stand. Ich war hin- und hergerissen. Einerseits wollte ich mich zu ihm umdrehen und dafür entschuldigen, dass ich ihn überrumpelt hatte und sein Eis meinem Angriff zum Opfer gefallen war. Aber gleichzeitig wollte ich es wieder tun. Ich versuchte, daran zu denken, wie sich seine Lippen auf meinen angefühlt hatten, damit ich mich später noch gut daran erinnern würde. Ich hätte ihn richtig anfassen sollen, solange ich die Gelegenheit dazu gehabt hatte. Ich hätte ihm mit den Fingern durch die Haare fahren sollen – meine Nägel auf seiner Kopfhaut hätten sich bestimmt gut für ihn angefühlt. Hatte sich das, was ich mit meinen Händen gemacht hatte, gut für ihn angefühlt? Ich wünschte, ich hätte dem Moment mehr Aufmerksamkeit geschenkt. Ich fand es schade, dass ich keine Zeit gehabt hatte, jedes kleine Gefühl, jede einzelne Berührung abzuspeichern. Ich wollte nichts vergessen.

Ich wollte es noch einmal erleben.

Aber er war mein Informant. Das war ein ernst zu nehmender Interessenkonflikt.

Olivia beäugte mich, als ich wieder neben sie auf die Bank rutschte.

Ich räusperte mich. »Und?«, fragte ich betont beiläufig.

Einer ihrer Mundwinkel zuckte. »Dein Lippenstift ist verschmiert, Babe«, sagte sie.

Hastig griff ich nach einer Serviette. Als sich Bodie gegenüber von mir auf seinen Stuhl sinken ließ, stießen unsere Knie zusammen. Wir entschuldigten uns beide gleichzeitig.

Olivia strahlte. »So, Kinder«, sagte sie und klemmte sich ihren Collegeblock unter den Arm. »Es ist kurz vor elf, und ich habe morgen früh um sieben eine Barre-Stunde. Ich denke, wir sollten aufbrechen.«

Ich konnte Bodie nicht ansehen. Ich hatte die oberste Regel des Quellenschutzes gebrochen.

Die kühle Nachtluft rauschte durch die geöffneten Fenster von Fogartys Tesla, wehte uns die Haare ins Gesicht und übertönte Olivia, die mit lauter Stimme Ryans Neunzigerjahre-Playlist mitgrölte. Je näher wir dem Campus kamen, desto fester wurde der Knoten in meinem Magen. Ich wollte nicht in die Realität zurückkehren. Ich wollte auf den Terrakottafliesen im *La Ventana* schlafen und von Guacamole und Sangría leben, während Drag-Künstlerinnen für mich sangen. Am allermeisten wollte ich mit Bodie draußen vor dem Restaurant stehen und so tun, als gäbe es nichts außer uns – nicht Vaughn, nicht Josefina oder die Uni. Nichts davon.

Als Erstes brachten wir Olivia nach Hause. Als sich Bodie danach zu Ryan umdrehte und ihn nach seiner Adresse fragte, wurde mir bewusst, dass er mich für zuletzt aufsparen wollte. Auch er hatte offenbar Redebedarf. Ich war nicht sicher, ob ich erleichtert oder enttäuscht sein sollte, als Ryan darauf bestand, dass er weiter weg wohnte und es daher sinnvoller sei, wenn Bodie mich zuerst absetzte.

»Ich bin hundemüde«, gähnte Ryan, als wir in meine Straße einbogen. Kaum dass wir vor meinem Gebäude angehalten hatten, stieg ich durch die bescheuerte Flügeltür aus und rannte los.

Idiotin, Idiotin, Idiotin.

Das war mein Mantra, als ich die Eingangsstufen hinaufeilte und mit meinem Schlüssel kämpfte. Erst als ich die Eingangstür aufgestoßen hatte, hörte ich hinter mir auf dem Gehsteig rasche Schritte näher kommen. Ich dachte, es wäre jemand aus dem Gebäude, der die Tür noch erwischen wollte, also hielt ich sie auf.

Doch es war Bodie.

»Hey«, sagte er ein wenig atemlos.

Erst mit einiger Verspätung ging mir auf, dass er Leistungssportler war und über eine viel bessere Ausdauer verfügte als ich. Ich trat zur Seite, um ihm Platz zu machen, und er schlüpfte hinter mir ins Gebäude. Die Eingangshalle war schwach beleuchtet und roch nach thailändischem Essen. Einer meiner Nachbarn hörte John Mayer in einer Lautstärke, die für John Mayer streng genommen nicht angezeigt war, aber abgesehen davon war außer mir und dem schwer atmenden Bodie St. James niemand in der Nähe. Vermutlich war es seltsam, dass ich das als romantisch empfand.

»Brauchst du noch was, oder ...«, fragte ich kleinlaut.

»Es tut mir«, sagte Bodie, »so furchtbar leid.«

Ich blinzelte. »Was?«

»Ich habe keine Ahnung, wie man das macht«, stieß er hervor. Mit einem Arm hielt er weiterhin die Haustür auf und ließ die kühle Nachtluft herein. »Ich bin so unfassbar schlecht in solchen Dingen, Laurel. Ich mag dich. Es tut mir leid, dass ich dich geküsst habe, aber ich ...« Er seufzte. »Es tut mir leid. Ich hätte dich vorher fragen sollen.«

Ich hörte Mehris Stimme in meinem *Kopf. Weil er dich hübsch findet. Er will dir an die Wäsche, Laurel.*

»Hast du etwa nur in das Interview eingewilligt, weil du mich küssen wolltest?« Meine Stimme klang leise und kieksend und erbärmlich.

Bodie wich zurück, als hätte ich ihm die Faust gegen die Nase gedroschen. »Nein«, sagte er. »So war es überhaupt nicht.«

»Bodie, du bist mein Informant. Es ist meine Aufgabe, dich zu schützen und dafür zu sorgen, dass deine Anonymität gewahrt bleibt. Und es ist meine Aufgabe …«, ich rang hilflos die Hände, »dich nicht zu küssen. Ich wollte es, okay? Klar wollte ich es. Aber ich kann nicht …«

Bodies Lippen verzogen sich zu einem Grinsen. »Du wolltest es?«

Ich seufzte. »Natürlich. Das kommt davon. Hör zu, ich mag dich wirklich gern, aber wir dürfen das … wir dürfen das nicht machen.«

»Können wir denn trotzdem noch zusammen gesehen werden?«

Ich holte tief Luft und sagte: »Ich halte dir am Dienstag einen Platz frei.«

Er atmete auf, und die Anspannung fiel von ihm ab. Wieder sah er auf meine Lippen, und ich war mir ganz sicher, dass seine Finger an der Haustür zuckten. Und doch rührte er sich nicht. »Gute Nacht, Laurel«, flüsterte er.

Dann verschwand er in die Nacht. Die Tür fiel hinter ihm ins Schloss. Ich drehte mich um und lief die Treppe zu unserer Wohnung hinauf. Ich hatte nicht mal die Hälfte der Stufen zurückgelegt, als ein Lachen in meiner Kehle hochstieg – ein wildes, übermütiges Lachen.

Ich konnte immer noch sein Softeis auf meinen Lippen schmecken.

22

Hanna saß, ihr Gesicht in das mehrfarbige Leuchten ihres Laptopmonitors getaucht, zusammengesunken im Bett, als ich in unser dunkles Schlafzimmer schlüpfte. Sie setzte sich auf und knipste ihre Nachttischlampe an. Ich hielt mich an meinem Schreibtisch fest, um mir die Schuhe auszuziehen.

»Wie war's bei eurem Gruppenprojekt?«, fragte sie.

Mit einem Schuh am Fuß hielt ich inne. Wo sollte ich anfangen? Es gab fast zu viel zu erzählen. Ryans grauenhafter Musikgeschmack. Carlas Setlist und ihre Kostümwechsel. Das Essen, die Sangría, die Art, wie Bodies Hand sich in meinen Nacken schmiegte, als er mich geküsst hatte.

Ich kickte mir auch den zweiten Schuh vom Fuß und setzte mich zu Hanna auf die Bettkante. »Versprichst du mir, mich nicht zu kritisieren?«, fragte ich.

»Du hast mir letztes Wochenende Kotze aus den Haaren gewaschen, Laurel. Mein hohes Ross ist ungefähr so groß wie ein Zwergpony. War Drag-Karaoke schön? Ihr seid später zurückgekommen, als ich gedacht hätte. Scheiße. Hat St. James Ärger gemacht?«

»Nein.« Ich lachte. »Beziehungsweise ja. Er hat mich geküsst.«

»Er hat was?«

»Oder ich ihn. Obwohl – ich glaube, es beruhte auf Gegenseitigkeit.«

Hanna war völlig perplex. Abermals musste ich lachen, ehe ich mir die Hände vors Gesicht schlug. Als ich sie wieder sinken ließ, sah ich, dass sich meine beste Freundin nicht für mich freute. Im Gegenteil, in ihren Zügen spiegelte sich etwas, das verdächtig nach Besorgnis aussah.

»Was ist?«, fragte ich.

»Ich würde wirklich gern vor Freude ausrasten«, sagte sie sanft, »aber ... ist das ethisch vertretbar?«

»Gott. Natürlich nicht«, sagte ich spöttisch. »Aber ...«

Aber ich mag ihn. Wenn man es so formulierte, klang es unbedeutend. Kindisch. Als wäre ich ein Schulmädchen, das in einen Jungen aus dem Physikunterricht verknallt war, keine erwachsene Studentin, die einen ihrer wichtigsten Informanten geknutscht hatte. Das war alles andere als ethisch astrein. Es war kurzsichtig und egoistisch. Falls jemand herausfand, dass Bodie und ich durch Südkalifornien düsten und uns vor mexikanischen Restaurants küssten, konnte das die Glaubwürdigkeit unserer Recherchen gefährden. Dann wäre Ellisons, Mehris und meine Arbeit umsonst gewesen.

»Aber?«, wiederholte Hanna.

»Aber es wird kein zweites Mal passieren.«

Ich wusste nicht recht, ob sie mir glaubte.

Keine von uns sagte ein Wort, während ich meinen Schlafanzug anzog, mir das Gesicht wusch und die Zähne putzte. Hanna war zu dem Schluss gekommen, dass sie ihren Film nicht weiterschauen wollte, und legte ihren Laptop beiseite. Nachdem ich ins Bett gekrochen war, knipste sie das Licht aus, und es wurde dunkel im Zimmer. Die Stille war drückend. Ich wälzte mich unter meiner Decke hin und her und biss mir auf die Unterlippe, damit ich nicht aus Versehen etwas Dummes sagte. Etwas über Bodies Lächeln oder seine Hände oder die Eiswaffel, die das erste Opfer dessen geworden war, was auch immer sich da zwischen uns entwickelt hatte.

Ich wünschte, Hanna hätte mir Fragen gestellt. Ich wünschte, wir hätten bis spät in die Nacht aufbleiben und das Erlebnis bis ins letzte Detail analysieren können. Aber ich trug Verantwortung. Ich durfte es nicht versauen. Das war ich Josefina schuldig. Und Ellison und Mehri. Und Bodie. Und auch mir selbst.

Also drehte ich mich auf die Seite und versuchte einzuschlafen.

Am Dienstag passierte etwas, was niemanden, der mich kannte, überraschen konnte: Ich kam zu spät zu Sexualität des Menschen. Mit derselben ängstlichen Entschlossenheit, mit der man einen Kaltwachsstreifen abreißt, stieß ich die Doppeltür zum Hörsaal auf.

Es war wie die Szene aus einem Albtraum. Unten auf dem Podium unterbrach Nick seinen Vortrag. Alle Studenten im Saal drehten sich auf ihren Sitzen um, weil sie wissen wollten, was los war. Ich war los. Mit weit aufgerissenen Augen, versteinerter Miene und einer hellen Jeans, die vielleicht, vielleicht auch nicht am rechten Oberschenkel fünf kleine orangefarbene Flecken hatte, weil ich mir reflexartig die Hände daran abgewischt hatte, nachdem Hanna und ich uns ein aus ernährungsphysiologischer Sicht katastrophales Frühstück bestehend aus einer Tüte Cheetos gegönnt hatten.

»Hallo«, sagte Nick.

O Gott. Musste das wirklich sein?

»Hi«, sagte ich. Meine Stimme klang ungewöhnlich schrill.

»Wir haben vor zehn Minuten angefangen«, sagte Nick, der sich nicht im Geringsten dafür zu schämen schien, dass er mich einer öffentlichen Demütigung aussetzte. Heute trug er seine Haare nicht wie üblich zum Pferdeschwanz gebunden, sondern offen, aber ansonsten war seine Hipster-Ästhetik dieselbe wie immer: Opabrille, *Star-Wars*-T-Shirt, Tweedsakko.

»Entschuldigung«, sagte ich. Oder wenigstens versuchte ich es zu sagen. Vor lauter Angst versagten meine Stimmbänder, und ich bewegte lediglich die Lippen, ohne dass dabei ein Ton herauskam.

Nick atmete tief ein, strafte mich mit einem vernichtenden Blick, damit der gesamte Hörsaal verstand, dass er Unterbrechungen nicht duldete, und fuhr dann mit seiner Vorlesung fort. Ganz kurz spielte ich mit dem Gedanken, umzukehren und wieder zu gehen. Noch war es nicht zu spät, einen Kurs abzuwählen. Ich konnte eine schlechte Note akzeptieren. Oder gleich das Studium abbrechen. Meinen Namen ändern. Carlas Assistentin werden und mit ihr von einer Drag-Show zur nächsten tingeln.

»Laurel«, hörte ich jemanden flüstern.

Bodie. Wie zwei Magnete zog es unsere Blicke zueinander. Er saß in der dritten Reihe von hinten. In meiner Reihe. Auf dem Sitz direkt am Gang stand sein Rucksack. Er hatte mir einen Platz frei gehalten. Am liebsten wäre ich vor lauter Erleichterung in Tränen ausgebrochen, allerdings war ich zu sehr darauf konzentriert, nicht über meine Füße zu stolpern, als ich die Stufen hinabeilte. Bodie nahm gerade rechtzeitig seinen Rucksack hoch. Eine halbe Sekunde später ließ ich mich auf den freien Sitz fallen. Ich riss ein wenig zu fest am Klapppult, das mit einem lauten Geräusch einrastete, woraufhin sich abermals einige Köpfe zu mir umdrehten.

Was musste man für ein Arschloch sein, um seine Studenten vor hundert Leuten bloßzustellen? Ganz ehrlich. Vier Jahre Studiengebühren reichten aus, um sich in den meisten Bundesstaaten ein kleines Einfamilienhaus zu kaufen. Man hätte doch meinen müssen, dass Nick verstand, dass mein Zuspätkommen mich viel mehr kostete als ihn.

Erst als ich mich zurücklehnte und zitternd ausatmete, fiel mir der Pappbecher mit Kaffee auf, der sich auf meinem Pult materialisiert hatte. An der Seite stand mit schwarzem Filzstift *Buddy* geschrieben. Nun ja. Rein statistisch gesehen, musste es vermutlich mindestens einen Barista in Garland, Kalifornien geben, der sich nicht für Football interessierte.

»Ist der für mich?«, flüsterte ich.

Bodie zuckte die Achseln. »Ich schätze, du hast ihn nötiger als ich.«

»Jetzt schulde ich dir mein Erstgeborenes, was?«

Bodie räusperte sich. Zu spät wurde mir bewusst, dass dies eine recht doppeldeutige Bemerkung war, zumal vorn auf den beiden Bildschirmen die Worte *Lektion 7: Fruchtbarkeit, Schwangerschaft und Geburt* zu lesen waren. Ich hatte einen jähen Flashback zu Freitagnacht, als wir uns geküsst hatten, und verschluckte mich prompt an meinem Kaffee.

»Diese Farbparty, die das Art House jedes Jahr veranstaltet – die ist doch bald, oder?« Gott sei Dank wechselte Bodie das Thema. Er war ein echter Profi.

Scheiße. Ich hatte Pollock ganz vergessen. Ich musste meine weißen Shorts suchen – die, die ich mir im ersten Semester extra für die Party im Secondhandshop gekauft hatte. Hoffentlich passten sie noch. In diesem Semester hatte ich es mit den Tacos ein bisschen übertrieben.

»Ja, Freitag in zwei Wochen«, sagte ich. »Ich brauche noch ein weißes T-Shirt. Schöner Pulli übrigens.«

Ich wollte ihm nicht nur schmeicheln, Pullover standen Bodie wirklich gut. Natürlich errötete er trotzdem.

»Gehst du hin?«

»Na klar«, sagte ich. »Du auch? Hanna und ich wollten nämlich bei uns in der Wohnung ein bisschen vorglühen, und du ... du und Andre könntet dann zusammen vorbeikommen?«

Als ich Bodies Lächeln sah, wurde mir ganz warm ums Herz.

»Das wäre schön.«

»Cool«, sagte ich.

»Cool«, echote Bodie.

Und dann trank ich einen Schluck Kaffee, weil ich wirklich etwas brauchte, was mich davon abhielt, noch mehr dummes Zeug zu reden. Ich hätte ihn nicht zu Partys einladen dürfen. Ethisch mehr als fragwürdig.

Nick verkündete unterdessen, dass es Zeit sei für die erste Gruppenpräsentation des Tages. Auf der anderen Seite des Ganges standen Andre und drei deutlich kleinere Mädchen von ihren Plätzen auf und begaben sich nach unten zum Podium. Die Mädchen hatten Karteikarten in der Hand. Andre trug eine Mehrweg-Einkaufstasche von Target bei sich, die er aus meiner Kollektion geborgt (oder vielmehr: gestohlen) hatte.

»Weißt du, welches Thema Shepherd hat?«, fragte Bodie leise.

»Ja«, gab ich geistesabwesend zurück. »Sie machen was über ...«

O Gott. Die erste Folie einer PowerPoint-Präsentation mit dem Titel *Die Geschichte der Sexspielzeuge* erschien auf dem Bildschirm. *Dildos. Sie halten einen Vortrag über Dildos.* Ich umklammerte Bodies Kaffeebecher und sank in meinem Sitz tiefer. War es zu spät, um meine Sachen zu packen und weitere fünf Punkte Abzug von meiner ohnehin bereits grottenschlechten Anwesenheitsnote zu kassieren?

»Heute«, begann eine von Andres Partnerinnen, »nehmen wir euch mit auf einen historischen Streifzug zum Thema Sextoys.«

Neben mir fing Bodie an, mit dem Knie zu wippen.

Das Fegefeuer endete mit der letzten PowerPoint-Folie – eine geschmackvolle Schwarz-Weiß-Illustration des weltweit ersten Vibrators, der ursprünglich im 19. Jahrhundert in einem Pariser Hospital zur Behandlung unter *Hysterie* leidender Frauen verwendet worden war, deren Gebärmütter die Eigenschaft hatten, im Körper umherzuwandern wie orientierungslose Disneyland-Touristen auf der Suche nach dem Eingang zum Indiana Jones Adventure.

Das war nur ein Scherz. Natürlich handelte es sich um ganz normale Frauen, die einfach sexuell frustriert waren, Ängste hatten oder unter prämenstruellen Symptomen litten.

Männer hatten einfach keinen Plan.

»Wir hoffen, das ist ein angemessenes Happy End für unsere Präsentation«, sagte eins von Andres Gruppenmitgliedern kühn.

Aus der Menge war unterdrücktes Kichern zu hören. Ich war mir relativ sicher, dass ich die letzte halbe Stunde über kein einziges Mal geatmet hatte. Auch Bodie war still wie eine Statue.

Ein anderes Mädchen aus der Gruppe übernahm das Mikrofon und hielt eine Baseballkappe voller kleiner Zettelchen hoch. »Wir möchten uns bei allen bedanken, die an der Umfrage teilgenommen haben, die wir versendet haben«, sagte sie. »Als Zeichen unserer Anerkennung haben wir die Mailadressen derjenigen, die uns die Umfragebögen zurückgeschickt haben, hier in diesen Hut getan und werden jetzt drei Glückliche ziehen, die einen Preis gewinnen!«

Auf einmal war ich heilfroh, nicht an der Umfrage teilgenommen zu haben, obwohl ich Schuldgefühle gehabt hatte, weil ich von Andre immer wieder darauf angesprochen worden war. Aber wenigstens bedeutete das, dass sich mein Name nicht im Hut befand.

Der dritte Preis war ein handlicher violetter Bullet-Vibrator. Es mussten vier verschiedene Mailadressen gezogen werden, ehe ein Junge auf der anderen Seite des Hörsaals zur großen Erheiterung seiner Freunde nach unten ging, um den Preis entgegenzunehmen. Triumphierend hielt er ihn in die Höhe, als wäre er der kleine Löwe Simba, der einmal über das Königreich der Tiere herrschen würde. Seine Freunde konnten sich vor Lachen kaum noch halten.

Der zweite Preis war sogar noch schlimmer: ein riesiger Dildo im Leopardenmuster, der mir zu groß vorkam, als dass er irgendeinen praktischen Nutzen hätte erfüllen können. Trotz der Woge von Gelächter, die durch den Hörsaal schwappte, sah ich, wie einige Leute nervös wurden und sich auf ihren Plätzen möglichst klein machten. Ein Mädchen in der vierten Reihe jedoch jubelte vor Freude, als ihr Name vorgelesen wurde.

Der erste Preis befand sich in einer pinkfarbenen Schachtel.

»Dies hier«, verkündete eins der Mädchen aus der Gruppe, »ist der Casanova V4.« Sie trug die Leistungsstatistiken des Geräts vor, als wollte sie einen Luxussportwagen versteigern. Zehn verschiedene Geschwindigkeitsstufen. Wasserdichter Silikonmantel. Geschmeidiges Vibrationserlebnis. Ich warf Bodie aus dem Augenwinkel einen Blick zu und wünschte prompt, ich hätte es nicht getan. Ich hatte ihn noch nie so rot gesehen.

»Die Stunde der Wahrheit«, sagte Andre und rieb sich die Hände. Dann schloss er die Augen und griff in den Hut. Er zog ein Stück Papier heraus, faltete es auseinander und ließ den Blick durch die Menge schweifen. An mir blieb er hängen, und ich wusste mit absoluter Sicherheit, dass er im Begriff war, eine ganz miese Nummer abzuziehen.

»Lcates@garland.edu?«, las er mit gerunzelter Stirn, als hätte er diese Mailadresse noch nie im Leben gehört – was natürlich Blödsinn war, weil er mir im Laufe der Jahre mehrere Seminararbeiten zum Korrekturlesen geschickt hatte.

Und jetzt das. Welch bitterer Verrat.

Neben mir zog Bodie den Kopf ein. Seine Schultern bebten vor Lachen. Ich sank in meinem Sitz zusammen. Auf keinen Fall würde ich aufstehen und vor einem voll besetzten Hörsaal Besitzansprüche auf einen Vibrator anmelden. Ich war für heute schon genug erniedrigt worden. Noch mehr, und mein fragiles Selbstbewusstsein würde vollständig in sich zusammenbrechen.

»Haben wir hier irgendwo eine oder einen L. Cates?«, wiederholte Andre. Er musste sich ein Grinsen verkneifen.

Ich würde ihn erwürgen.

Ich war so sehr damit beschäftigt, mir zu überlegen, wie ich es ihm heimzahlen konnte, dass ich nicht ausreichend

Gegenwehr leistete, als Bodie plötzlich mein Handgelenk nahm.

»Nein, nicht ...«

Zu spät. Er reckte meinen Arm in die Höhe. Ich versuchte mich zu befreien, aber er hielt mich eisern fest.

»Hier ist sie!«, rief er.

Andre kam den Gang hinauf. Er feixte von einem Ohr zum anderen. Alle reckten die Hälse, um das Mädchen zu sehen, das den laut *Cosmopolitan* besten Vibrator des Jahres gewonnen hatte.

»Nein, nein, nein«, wimmerte ich und versuchte immer noch, Bodies Griff abzuschütteln.

Andre war bei unserer Reihe angelangt und ließ sich auf die Knie nieder, ehe er mir die Schachtel mit einer ausladenden Geste überreichte. »Viel Freude damit«, sagte er und besaß doch allen Ernstes die Dreistigkeit, mir zuzuzwinkern.

Die Leute lachten. *So witzig ist er doch gar nicht*, wollte ich schreien. Aber Andre lief bereits wieder die Stufen hinab in Richtung Podium. Ich starrte wütend seinen Hinterkopf an und überlegte, womit ich nach ihm werfen könnte.

Dann betrachtete ich die Schachtel in meinen Händen. An der Seite stand in widerlicher Schnörkelschrift *Casanova V4. Zehn Geschwindigkeitsstufen!*, hieß es daneben.

Bitte, jemand muss mich von meinem Elend erlösen, flehte ich im Stillen.

Bodie schnaubte gedämpft. Er beugte sich zu mir, um die Schachtel aus der Nähe zu inspizieren. Hastig drehte ich mich zur Seite und stopfte sie in meinen Rucksack, damit ich sie nicht mehr sehen musste, ehe ich Bodie wegen seiner Rolle in meiner gekonnt inszenierten öffentlichen Demütigung aufgebracht anfunkelte. Er streckte mir mit einem Lächeln die Hand hin, als wollte er, dass ich sie schüttelte.

»Herzlichen Glückwunsch«, sagte er. »Ich freue mich so unheimlich für d...«

Ich versuchte mir erfolglos ein Schmunzeln zu verkneifen.

»Leck mich am Arsch, St. James«, knurrte ich.

Wieder lachte er.

Er hielt mir immer noch seine Hand hin. Als ich sie mit dem Handrücken beiseiteschlug, fing er meine Finger ein und hielt sie einen Moment lang fest, ehe er sie wieder freigab.

Nach der Vorlesung sah ich, dass ich eine Sprachnachricht von Ellison erhalten hatte. Ich hatte ihren Anruf um vier Minuten verpasst. Die Nachricht, die sie mir hinterlassen hatte, war kurz und ominös, mit anderen Worten: typisch für Ellison. »Cates. Schreib mir, sobald du das abhörst. Ich habe hier jemanden in meinem Büro sitzen, den du garantiert treffen willst.«

Ihr Name lautete Sarah. Sie war sechsundzwanzig Jahre alt und eine ehemalige Garland-Studentin mit Hauptfach Wirtschaftswissenschaften. Extrem gut im Tischtennis, hoffnungslos schlecht in allen Formen kreativen Ausdrucks. Besaß zwei Hunde, einen neun Monate alten Sohn und eine Ehefrau, die zu Hause auf selbigen aufpasste. Sarah lebte mittlerweile in Michigan und schaute kein Football mehr. Sieben Jahre zuvor hatte sie ein Praktikum an der Sportfakultät gemacht und in diesem Zusammenhang für Mindestlohn auf einer Benefizveranstaltung gearbeitet, bei der Truman Vaughn ihr an den Hintern gefasst hatte. Einige Tage später hatte sie beim *Daily* einen anonymen Hinweis abgegeben. Sie hatte sich nicht anders zu helfen gewusst. Allerdings hatte damals niemand darauf reagiert. Und nun saß sie in Ellisons Büro, hatte einen Becher Kamillentee in den Händen und betrachtete mit ihren dunklen Augen und einer bittersüßen Mischung aus Stolz und Wehmut die Plakate studentischer Veranstaltungen, die an den Wänden hingen.

»Du bist Laurel«, sagte sie, als ich hereinkam. Ich war außer Atem, weil ich den ganzen Weg gerannt war.

»Ja. Ja, die bin ich.«

Ich entschuldigte mich für die Verspätung. Sarah versicherte mir, es sei kein Problem.

»Ich war ein bisschen erschrocken nach deiner E-Mail«, wandte sie sich an Mehri und wappnete sich erst einmal mit einem Schluck Tee. »Tut mir leid, dass ich nicht früher hergekommen bin. Ich wollte meine Frau anlügen und ihr sagen, dass es ein Ehemaligentreffen ist, aber …« Sie zuckte hilflos mit den Schultern. »Ich musste es ihr sagen. Ich sage ihr immer alles.«

Nur das hier nicht. Das hier hatte sie sieben Jahre lang für sich behalten. Sie hatte es tief in ihrem Innern vergraben, um die Menschen, die sie liebte, nicht damit zu belasten. Damit es ihnen nicht so wehtat, wie es ihr wehgetan hatte.

»Danke«, sagte Mehri. »Ganz im Ernst. Vielen, vielen Dank.«

Sarah nickte.

»Ich möchte helfen«, sagte sie. »Was immer ihr braucht …«

»Nur das, was du bereit bist zu geben«, sagte Mehri.

Sarah verzog das Gesicht. Ich nahm die Schachtel mit Papiertaschentüchern vom Tisch und hielt sie ihr wortlos hin.

»Mein Gedächtnis ist nicht besonders gut«, sagte Sarah, als sie zitternd und mit einer Hand ein Taschentuch aus der Schachtel zog, um ihren Becher nicht abstellen zu müssen. »Keine Ahnung, ob ich mich noch an alle Einzelheiten erinnere. Ich weiß …« Als sie Luft holte, blieb ihr der Atem im Hals stecken, doch sie sprach trotzdem weiter. »Ich weiß noch, dass die Veranstaltung an einem Samstag war, und ich glaube, es war März, aber … ich weiß nicht mehr, wer geehrt wurde. Ein Wasserballtrainer? Keine Ahnung …« Sie brach ab, als sie erneut mühsam Luft holte.

Mehri beugte sich vor, damit sie ihr in die Augen sehen konnte. »Sarah«, sagte sie. »Niemand erwartet von dir, dass du dich an alles erinnerst.«

»Aber funktioniert das nicht so?«, fragte Sarah, deren Atmung sich hörbar beschleunigt hatte. »Man muss in den Zeugenstand, und dann fragen sie einen, wo man war und wann und wieso und was für Lippenstift man an dem Tag getragen hat und welche Farbe das T-Shirt des Mannes hatte und ... und wenn man sagt, dass man das nicht weiß, dann ... dann ... Und es war ja auch keine große Sache. Er hat mir nur ... an den Hintern gefasst! Und vielleicht waren seine Finger – ich weiß auch nicht – zwischen meinen Beinen ... und vielleicht hat er sich auch an mir gerieben, und ich habe seinen ...« Sarahs Züge verhärteten sich. Es geschah so schnell, dass ich den genauen Moment nicht mitbekam. Als sie fortfuhr, hatte ich das seltsame Gefühl, dass sie uns etwas sagte, was sie sich selbst seit sieben Jahren einzureden versuchte. »Aber ich habe das Gefühl, das ist halb so schlimm. Es gibt Frauen da draußen, die werden vergewaltigt.«

»Was er gemacht hat, ist auch sexuelle Gewalt«, sagte Ellison. »Und wenn es sich für dich schlimm angefühlt hat, dann ist es schlimm. Punkt.«

Sarah stellte ihren Becher auf den Schreibtisch, um sich die Nase putzen zu können.

»Ich dachte, die Hinweise liest keiner«, gestand sie, nachdem sie ihr erstes Nasenloch befreit hatte. »Ich dachte, es wäre ... keine Ahnung ...« Sie machte eine Pause, um sich dem zweiten Nasenloch zu widmen. »Einfach nur ein Schrei ins Nichts.«

Ellison wartete, bis Sarah fertig war, dann sagte sie: »Wenn du damit nicht an die Öffentlichkeit gehen willst, musst du das auch nicht. Aber sei versichert, dass du nicht allein bist. Bei keinem Schritt.«

Sarahs Blick wanderte von Ellison zu Mehri zu mir und wieder zurück. Dann atmete sie stockend ein und warf ihr zerknülltes Taschentuch in Ellisons Papierkorb.

»Okay«, sagte sie. »Okay, wir machen es.«

Ellison nickte. »Wenn du dazu bereit bist, kann Mehri jetzt gleich ein offizielles Interview mit dir führen. Cates, du kommst mit mir. Wenn wir den Artikel in fünf Tagen fertig haben wollen, brauche ich mehr Koffein.«

Ellison Michaels besaß die Schlüssel, die Zahlenkombinationen und alle erforderlichen Ausweise, um sich auch außerhalb der Öffnungszeiten Zutritt zum Medienzentrum zu verschaffen. Wir drei hatten gemeinsam beschlossen, unseren Artikel nicht in der Papierausgabe des *Daily* herauszubringen, denn das hätte dem Fakultätsbetreuer Gelegenheit gegeben, ihn vorher zu lesen und Vaughn sowie den Vorstand seiner Stiftung zu warnen.

Um Mitternacht an einem Montag gingen wir ins Medienzentrum, um den Artikel im Internet zu posten. Darin listeten wir sämtliche Beweise auf, die unser anonymer Whistleblower über die Veruntreuung von Stiftungsgeldern der Vaughn Foundation gesammelt hatte, und zitierten sowohl die Aussagen der Real Housewives über Vaughns einwöchige Partytour in San Diego als auch Sarahs Schilderungen. Ein Gesicht kam mir in den Kopf – Gewitterwolkenaugen, jungenhaftes Lächeln, chronisch unordentliches Haar. Wenn Bodie am nächsten Morgen aufwachte, würde er hoffentlich erkennen, wie wichtig seine Aussage gewesen war. Wie vielen Menschen er damit geholfen hatte.

»Ladys«, verkündete Mehri. »Wir sind online.«

Ich schickte den Link zuallererst an Hanna. Sie schrieb sofort zurück. *Ich mach den Fireball auf, komm, betrink dich mit mir, nachdem ihr den Artikel gepostet habt, du Superreporterin, heute Nacht lassen wir die Korken knallen!!!*

Dann schickte ich den Link an Josefina Rodriguez. *Denk daran*, schrieb ich ihr. *Du bist nicht allein.*

23

Man hatte mich immer gewarnt, dass Garland ein trockener Ort war und schon ein einziger Funke ausreichte, um einen Waldbrand auszulösen, der alles in seinem Weg verschlang. Man musste die Glut sofort austreten, wenn man nicht wollte, dass der ganze Staat in Flammen aufging.

»Laurel. Laurel. Geh ans Telefon.« Wie durch einen Nebel hörte ich Hannas vom Kopfkissen gedämpfte Stimme und das Vibrieren des Handys auf meinem Nachttisch. Blind tastete ich, bis meine Finger das zerkratzte Plastik der Handyhülle berührten.

»Hallo?«, krächzte ich.

»Laurel«, sagte Mehri leise und gepresst. »Sie haben die Website vom Netz genommen.«

Ich setzte mich auf und rieb mir den Schlaf aus den Augen. »Welche Website?«

»Die vom *Daily*. Sie ist nicht mehr da.«

»Moment mal.« Mein Gehirn arbeitete noch mit verminderter Betriebsgeschwindigkeit. »Unser Artikel wurde gelöscht?«

»Laurel«, sagte sie langsam. »Sie haben die komplette Seite geblockt.«

Ich hatte den Platz vor der Studentenvereinigung etwa zur Hälfte überquert, als ein Mann mittleren Alters in grauer Anzughose und gebügeltem Hemd, der auf dem Brunnenrand gesessen hatte, aufstand und meinen Namen rief.

»Verzeihen Sie, Miss Cates?«

Ich zog den Kopf ein und tat so, als hätte ich ihn nicht gehört. Aber er war schnell. Kurz bevor ich die Eingangstüren erreicht hatte, stellte er sich vor mich und versperrte mir mit ausgestrecktem Arm den Weg. In der anderen Hand hatte er ein Smartphone. Erst auf den zweiten Blick begriff ich, warum er es so komisch hielt: Er nahm mich auf.

»Entschuldigung«, sagte ich mit rauer Stimme, die meine Panik angesichts seines grenzüberschreitenden Verhaltens verriet. »Ich muss wirklich zu ...«

»Adam Whitaker von *Badger Sports*«, unterbrach er mich. »Dürfte ich Ihnen einige Fragen zu Ihrem Artikel über Truman Vaughn stellen?«

Ellison hatte mich auf solche Situationen vorbereitet. Sie hatte mir eine ellenlange schriftliche Erklärung voller juristischer Floskeln in die Hand gedrückt und mir geraten, sie wortwörtlich aufzusagen, falls mir jemand auflauerte und mich interviewen wollte.

Was ich stattdessen stammelte, war: »Anwalt. Ich habe das Recht auf einen Anwalt. So sind die Regeln.«

»Es dauert auch nicht lange«, sagte Whittaker, gänzlich ungerührt von der Tatsache, dass ich wie ein kleines Kind klang, das ein Brettspiel spielte. »Haben Sie oder eine andere Person beim *Daily* Geld von einer anderen Universität erhalten, damit Sie Garlands Team sabotieren?«

»Wir haben kein ...«, setzte ich an, ehe mir einfiel, dass ich mich nicht auf ein Gespräch einlassen durfte. Ich stöhnte genervt. »Wenn Sie mich bitte entschuldigen würden. Ich muss jetzt wirklich ...«

Ich versuchte mich an Whittaker vorbeizuschlängeln, doch er machte meine Seitwärtsbewegung mit und blockierte die Tür.

»Wessen Entscheidung war es, die Me-too-Bewegung als Trittbrett zu benutzen?«, fragte er. »Kam das von Ihnen oder von Ihrer Chefredakteurin?«

Hinter Whittaker flog eine der gläsernen Türen auf, und als hätte er sie durch seine Erwähnung heraufbeschworen, tauchte Ellison auf. Ihre platinblonden Haare waren zu einem straffen französischen Zopf geflochten, und ihr Blick war kalt wie Eis. »Dies hier ist Privatgelände«, sagte sie so leise und ruhig, dass mir ein Schauer des Unbehagens den Rücken hinabrieselte. »Sollte ich noch einmal erleben, wie Sie meine Reporterinnen belästigen, verständige ich die Polizei.«

»Und was wollen Sie denen sagen? Dass ich Hausfriedensbruch begangen habe?«, fragte Whittaker, dessen Augen schmal wurden und der die Lippen zu einem selbstzufriedenen Lächeln verzog. »Die Universität ist zwischen sechs Uhr morgens und zweiundzwanzig Uhr abends der Öffentlichkeit zugänglich. Ich breche keine Gesetze.«

»Ich habe die Durchwahl von Präsident Sterling«, entgegnete Ellison. »Er hat die Befugnis, Sie des Campus zu verweisen. Sie haben fünf Minuten, dann rufe ich ihn an.«

Whittaker presste die Lippen zu einem grimmigen Strich zusammen.

Ellison sah mich an und bedeutete mir mit einer Kopfbewegung, reinzugehen. Ich drückte mich an Whittaker vorbei und flüchtete ins Foyer. Hinter mir fiel die gläserne Tür ins Schloss, und gleich darauf war Ellison an meiner Seite. Sie führte mich vorbei an den neugierigen Studenten, die stehen geblieben waren, um die Auseinandersetzung zu verfolgen, in den Fahrstuhl. Sobald wir allein waren, strich ich mir die Haare hinter die Ohren und merkte, dass meine Arme zitterten.

»Tief durchatmen«, wies Ellison mich an.

Ich begriff nicht, wie sie so gelassen bleiben konnte. Aber dann fiel mir auf, dass es ihr an ihrer üblichen Energie und Selbstsicherheit fehlte. Ihre Bewegungen wirkten zögerlich und langsam, als sie die Hand hob, um sich eine Haarsträhne zurückzustreichen, die ihr ins Gesicht gefallen war. Als wir zusammen das Medienzentrum durchquerten, blickten Studenten von ihren Computern und Sitzsäcken auf, um uns mit unverhohlener Neugier zu beäugen.

Vor der Tür zu Ellisons Büro standen drei Pappkartons. Sie wartete, bis wir drinnen waren und die Tür geschlossen hatten. »Owens hat mich meines Postens enthoben«, sagte sie. »Morgen bin ich hier weg. Er hat mir einen Tag Zeit gegeben, um meine Sachen zusammenzupacken und eine Stellungnahme zu verfassen, in der ich meinem Nachfolger gratuliere.«

»Was?«

Sie deutete auf den Besucherstuhl. Ich sank darauf, nahm meinen Rucksack auf den Schoß und schlang die Arme darum. »Warum hast du mir nicht geschrieben?«, fragte ich und hasste meinen kläglichen Tonfall.

»Ich versuche schon den ganzen Morgen, Sterling zu erreichen«, erklärte Ellison. »Er ruft nicht zurück, und seine Assistentin weigert sich, mir zu sagen, wo er ist oder wie man ihn kontaktieren kann. Er geht mir bewusst aus dem Weg.« Sie fegte eine vertrocknete Blüte, die von ihrer Orchidee abgefallen war, in ihre Handfläche und ließ sie sanft in den Papierkorb neben ihrem Schreibtisch gleiten. Ich sah Spuren von Zorn in ihren Augen – eine glühende Entrüstung, die heiß und hell gebrannt hatte, aber inzwischen zu Asche verkohlt war. Man konnte nicht sagen, dass sie besiegt wirkte, denn Ellison war nicht zu besiegen. Aber sie sah müde aus. Sie sah so aus, als hätte sie zu gern ihre Rüstung abgelegt, um sich auszuruhen, und sei es auch nur für ein paar Minuten. Aber den Luxus hatten wir nicht.

»Wie ist es dazu gekommen?«, fragte ich leise.

Sie schüttelte den Kopf. »Eine der Frauen, die du zitiert hast – die aus dem Country Club –, hat behauptet, du hättest sie und ihre Freundinnen falsch wiedergegeben. Die anderen haben sich nicht weiter geäußert, aber da sie alle zur Elite Garlands gehören, würde es mich nicht wundern, wenn sie sich entschlossen hätten, sich in der Sache bedeckt zu halten.

Und die Uni behauptet, Sarah wäre nie in der Sportfakultät angestellt gewesen, daher sei ihre Geschichte nicht glaubwürdig. Sie können nicht beweisen, dass sie keine Studentin hier war, und sie sagen auch nicht, dass die von ihr beschriebene Veranstaltung nicht stattgefunden hat, aber sie behaupten steif und fest, dass sie in den Mitarbeiterdateien der Universität nicht auftaucht.«

»Wie kann das sein? Hat sie …« Ich verstummte. Ich konnte die Frage nicht stellen. Das war völlig ausgeschlossen.

»Sieben Millionen Dollar«, sagte Ellison.

»Was?«

»So hoch sind die Einnahmen, die die Uni mit Football generiert – nachdem man die Kosten für Unterhalt, Training und die nagelneuen Nike-Jacken fürs Team abgezogen hat. Es ist bei Weitem nicht das lukrativste Football-Programm des Landes, aber Vaughn hat es in den letzten zehn Jahren stetig weiter ausgebaut. Deshalb bezieht er auch ein Gehalt von circa drei Millionen im Jahr.«

Die Uni wollte ihn nicht feuern. Vielleicht sanken dann die Ticketverkäufe, die Fanartikel blieben in den Regalen liegen, Investoren und Sponsoren würden ihre Partnerschaft mit der Uni hinterfragen. Vaughn war nur ein einzelner Mann, aber für die Uni war er zur Ikone geworden. Natürlich hatte niemand ein Interesse daran, irgendetwas Negatives über ihn ans Licht zu zerren. Wahrscheinlich hatte die Uni Dinge sogar aktiv unter den Teppich gekehrt.

Mein Zorn war wie eine reißende Flut, die mich mit Haut und Haaren verschlang. Ich wollte einen Baseballschläger nehmen und die Statue von Leopold dem Löwen im Zentrum des Campus zertrümmern. Ich wollte die Buchanan Library anzünden und zusehen, wie Millionen Dollar an Universitätseigentum in Rauch aufgingen. Ich wollte in Sterlings Büro marschieren und ihm sagen, wie wütend ich war und dass ich nicht zulassen würde, dass er uns mundtot machte.

»Ellison«, krächzte ich. »Ich brauche …« Ich ließ meinen Rucksack auf den Boden fallen und nahm den Papierkorb, den sie mir mit panischer Miene hinhielt. Ich starrte auf die verwelkte Orchideenblüte und konzentrierte mich darauf, dass der Müsliriegel, den ich zum Frühstück gegessen hatte, dort blieb, wo er hingehörte. »Was ist mit Josefina?«, fragte ich kleinlaut. Meine Stimme hallte im blechernen Abfalleimer wider.

Ellison schwieg. Als ich den Kopf hob, betrachtete sie mich mit erstaunlich sanftem Blick.

»Du bist eine gute Journalistin, Cates«, sagte sie. »Owens wird dir und Mehri wahrscheinlich später eine Mail schreiben, in der er euch darüber informiert, dass ihr nicht länger beim *Daily* arbeitet, aber ich möchte, dass du weißt, dass wir keine Institution im Rücken brauchen, um wichtige Arbeit zu leisten.«

Irgendwie verstand mein Gehirn lediglich den Halbsatz »dass ihr nicht länger beim *Daily* arbeitet«. Wie alle großen Journalistinnen, die sich in eine brisante Geschichte über einen wohlhabenden und einflussreichen Mann verbissen hatten, der etwas Schlimmes getan hatte, sollten wir zum Schweigen gebracht werden. Bestraft. Ausgegrenzt.

Ich beugte den Kopf über den Papierkorb und zählte von hundert rückwärts.

Ich kam zehn Minuten zur früh zur Vorlesung, für den Fall, dass Bodie sich auch so sehr darauf freute, mich wiederzusehen, doch ich konnte ihn nirgends entdecken. Ich nahm Kurs auf die dritte Reihe von hinten und hielt ihm neben mir einen Platz frei.

Der Hörsaal füllte sich. Immer noch keine Spur von Bodie. Als sich jemand neben mich setzte, hob ich den Kopf und hatte schon seinen Namen auf den Lippen, doch es war nur Andre. Enttäuscht ließ ich die Schultern hängen.

»Äh. Ebenfalls hi«, murmelte er.

»Hi«, sagte ich. »Sorry, ich dachte – sorry.«

Abermals öffneten sich die Türen. Im Pulk der hereinschlurfenden Studenten entdeckte ich ein Garland-Football-T-Shirt, aber es war nicht Bodie, sondern Scott Quinton. Zu gleichen Teilen enttäuscht und erleichtert sank ich zurück in meinen Sitz. Das war die reinste Folter. Mit halbherzigem Interesse sah ich zu, wie Quinton den Gang hinunter zu seinen Mannschaftskollegen stapfte, die mit den Armen auf den Lehnen und ausgestreckten Beinen dasaßen und überall ihre Rucksäcke verstreut hatten, als hätten sie die komplette Sitzreihe gemietet.

»Laurel!«

Als ich mich nach hinten umdrehte, sah ich Bodie im Eingang stehen, Kopfhörer um den Hals, die Haare wie immer unordentlich. Er trug ein ärmelloses schwarzes Under-Armour-Shirt und graue Shorts aus Mesh-Gewebe. Seine Arme waren schweißbedeckt, seine Haare nass, und seine Wangen waren so stark gerötet, dass sie fast violett aussahen.

Er lächelte mir zu, und von jetzt auf gleich löste sich das dumpfe Gefühl in meinem Magen auf. Ich schob mein Pult zurück zwischen die Sitze und beugte mich zur Seite, um meinen Collegeblock auf den Boden zu legen. In meiner Eile ließ ich den Druckbleistift fallen, der irgendwo unter die vorderen Sitze rollte. Egal. Ich würde im Internet eine neue Packung bestellen. Ich stand auf, ließ meinen Rucksack jedoch liegen.

»Was machst du?«, wollte Andre wissen.

»Ich muss mit Bodie reden«, sagte ich. »Bin gleich wieder da.«

Kaum dass ich aus dem Hörsaal auf den Gang getreten war, sagte Bodie: »Tut mir leid, dass ich dir nicht geschrieben habe.«

»Warst du gerade laufen?«

»Ja, nur kurz.«

»Die Vorlesung fängt in ungefähr zwei Minuten an. Willst du die ganze Zeit so verschwitzt hier sitzen?«

»Ich kann sowieso nicht bleiben«, sagte er. »Ich habe ein Treffen mit Gordon.«

Mein Magen krampfte sich zusammen. »Und was ist mit der Vorlesung?«

»Football ist im Moment wichtiger. Ich habe eine ganze Mannschaft hinter mir, und in letzter Zeit habe ich extrem schlecht gespielt. Ich lasse alle hängen.«

Frustrierenderweise verstand ich ihn gut. Trotz der Vielzahl meiner sportlichen Misserfolge wusste ich, wie es war, Teil eines Teams zu sein: des *Daily*. Ich hatte der Unizeitung schon mehr als einmal Priorität über meine mentale oder körperliche Gesundheit eingeräumt. Ich hatte Seminare geschwänzt, um Artikel zu schreiben. Was war so anders daran, wenn Bodie eine Vorlesung ausfallen ließ, um stattdessen zum Training zu gehen?

»Brauchst du die Mitschrift?«, fragte ich, statt darauf zu bestehen, ihn am Kabel seiner Kopfhörer zu seinem Platz zu schleifen. »Ich kann dir meine schicken.«

»Ja, das wäre super. Wie geht es dir?«

Dann war es wohl so weit. Wir würden über den Artikel sprechen. O Mann. Ich holte tief Luft und zwang mir ein Lächeln ins Gesicht. »Ging mir schon besser«, räumte ich ein.

»Ich weiß, du hattest heute einen harten Morgen«, sagte Bodie. »Du weißt, dass ich nicht sauer auf dich bin, oder? Ich glaube nicht, dass ihr euch das bloß ausgedacht habt. Ich weiß, dass du niemals lügen würdest.«

Die Erleichterung, die ich empfand, war wie die Umarmung einer besten Freundin, wie der Duft von frischen Tortillas, der Sonnenschein im Gesicht, nachdem man die allerletzte Prüfung hinter sich gebracht hatte. *Ich weiß, dass du niemals lügen würdest.* Er hätte nichts Schöneres sagen können.

»Und ganz im Ernst«, fuhr er fort. »Du bist immer noch die beste Reporterin, die ich kenne. Es ist nicht deine Schuld, dass diese Frau euch Märchen erzählt hat. Das hättest du unmöglich wissen können …«

»Entschuldigung.« Ich schüttelte den Kopf. »Was?« Auf einmal war mir eiskalt.

Bitte tu das nicht, dachte ich. *Bitte nicht.*

»Es ist nicht deine Schuld, dass der Hinweis dieser Frau falsch war«, sagte Bodie noch einmal.

»Sarahs Hinweis war nicht falsch. Keiner unserer Hinweise war falsch.«

Bodie zog die Brauen zusammen. Sein Lächeln wirkte verkrampft. »Sie hat nie an der Sportfakultät gearbeitet«, sagte er und wiederholte damit genau das, was in Sterlings Erklärung stand.

Ich entriss ihm meine Hand, als hätte er mir einen Stromstoß versetzt. »Und du glaubst, die Uni sagt die Wahrheit, ja? Garland verdient Millionen mit Vaughn. Denkst du nicht, dass sie ihn so schnell wie möglich wiederhaben wollen?«

»Aber Sterling würde doch nicht lügen«, beharrte Bodie. »Dafür könnte die Uni richtig Ärger bekommen. Er würde doch niemals eine Gefängnisstrafe riskieren.«

»Es sei denn, er weiß, dass er damit durchkommt.«

Bodie schüttelte ungläubig den Kopf. Das mit anzusehen brannte wie Limettensaft auf einer Schnittwunde.

»Vaughn verhält sich dir gegenüber wie das letzte Arschloch, ist dir das gar nicht klar?«, schob ich bitter hinterher.

Bodie zuckte zusammen. »Er ist mein Trainer, nicht mein Dad. Er muss streng mit seinen Spielern sein. Das ist eine ganz andere Art von Beziehung.«

»Das entschuldigt nicht, wie er mit dir umgeht.«

»Du weißt doch gar nicht, wie er mit mir umgeht«, gab Bodie in einem für seine Verhältnisse regelrecht bissigen Ton zurück. »Wie oft hast du mit ihm gesprochen? Du siehst nur das Schlimmste in ihm, und ich verstehe das. Aber du hast nicht gesehen, dass er mich um zwei Uhr morgens zum Flughafen gefahren hat, damit ich heimfliegen konnte, als mein Vater einen Schlaganfall hatte. Und du siehst auch nicht, wie er mir dabei hilft, meinen Stundenplan zusammenzustellen oder Tutoren zu finden …«

»Natürlich hilft er dir mit deinen Noten! Das macht er doch nicht für dich! Das macht er für sich selbst. Er braucht einen Quarterback.«

»Er ist mir wichtig, und ich bin ihm wichtig.«

»Du bist eine Investition für ihn.«

»Und was bin ich für dich?«, konterte Bodie. »Dir ist schon klar, dass der *Daily* gerade jede Menge Aufmerksamkeit bekommt, oder? Jeder, der irgendwie mit dem Artikel zu tun hatte, kann jetzt in seinen Lebenslauf schreiben, dass er an der Vaughn-Story mitgearbeitet hat. Damit kriegt ihr überall einen Job. Wie oft hast du mich jetzt schon zitiert? Bin ich für dich nicht auch eine Investition?«

Das war ein herber Schlag, mit dem ich nicht gerechnet hatte. Kein einziges Mal war mir in den Sinn gekommen, dass sich Bodie St. James von mir ausgenutzt fühlen könnte. Dennoch gelang es mir, die Situation aus seiner Perspektive zu betrachten. Er wusste ja nicht, wie gern ich ihn mochte. Dass sich meine Gefühle für ihn in meinem Gehirn eingenistet hatten und mich verfolgten, während ich in einer Vorlesung saß, mit Hanna zum Einkaufen fuhr, für Rentner-Ehepaare den Caddy spielte oder mir die Haare wusch.

Ich mochte ihn so sehr, dass es wehtat. Und er machte mir solche Vorwürfe.

»Du hast mich entlarvt«, entgegnete ich trocken. »Es ging mir die ganze Zeit nur darum, meinen Lebenslauf aufzuhübschen. Nicht um die Frauen und um das, was sie durchgemacht haben. Wen interessiert schon so was? Ich wollte einfach nur, dass fremde Leute mich mit Kaffee überschütten und …«

Mein Auto zerkratzen. Fast hätte ich es gesagt. Aber die Demütigung war noch so frisch, dass mir die Tränen in die Augen schossen. Ich versuchte sie wegzublinzeln, weil Bodie nicht denken sollte, dass ich absichtlich auf die Tränendrüse drückte. Aber es war bereits zu spät.

Seine Gesichtszüge wurden weicher. »Laurel ...«

»Wehe«, unterbrach ich ihn und stach mit dem Finger gegen seine verschwitzte Brust. »Wehe, du versuchst mir ein schlechtes Gewissen zu machen. Dein Coach ist ein schrecklicher Mensch. Dafür kann ich nichts, das ist ganz allein seine Schuld. Und deine, weil du die Anzeichen nicht erkannt hast. Leute, die schreckliche Dinge denken und diese schrecklichen Dinge aussprechen, die tun auch schreckliche Dinge. Das ist nicht kompliziert.«

Bodie rieb sich die Augen. »Wie würdest du dich denn fühlen, wenn ... wenn Hanna beschuldigt würde, etwas Schlimmes getan zu haben?«, fragte er auf der Suche nach einem gemeinsamen Nenner. »Würdest du sie nicht auch in Schutz nehmen?«

»Erstens würde so was nie passieren«, sagte ich und zog die Nase hoch. »Weil Hanna alle Menschen auf der Welt so behandelt, als wären sie ihre Freunde. Aber falls jemand ihr etwas wirklich Schlimmes vorwerfen würde, würde ich definitiv nicht zwei Tage später im Fernsehen auftreten und die betreffende Person vor aller Welt als Lügnerin bezeichnen.«

Bodie knirschte mit den Zähnen.

Ich wandte mich ab und ging.

»Laurel«, rief er mir nach.

Ich betrat den Fahrstuhl und schlug mit der flachen Hand auf den Knopf, um die Türen zu schließen. Bodie machte einen Schritt nach vorn, als wollte er mir folgen.

»Nein«, fauchte ich.

Die Türen schlossen sich.

Ich wünschte, ich hätte nicht die Vorlesung verlassen. Ich wünschte, ich hätte schon im *La Ventana* gewusst, dass es dazu kommen würde: dass die Universität behaupten würde, es gebe keine Beweise dafür, dass ein Mann, der mit Football jährlich mehrere Millionen Dollar an Einnahmen generierte, etwas getan hatte, was seine Entlassung nötig machte. Hätte ich all das schon am Donnerstag geahnt, hätte ich vermutlich so einiges anders gemacht.

Ich hätte Bodie ein bisschen länger geküsst.

Ich hätte ihn überhaupt nicht küssen dürfen.

24

Am Freitagmorgen – etwa vierundzwanzig Stunden vor dem ersten Abschlag des Benefiz-Golfturniers im Garland Country Club – schickte mich Rebecca los, um eine Schachtel mit Kunstblumen zu suchen, die sie irgendwo in einem der fensterlosen Lagerräume des Clubhauses vermutete. So kam es, dass ich die erste Stunde meiner Schicht einsam und staubig unter der gestrengen Aufsicht des Schwimmers und Olympiamedaillengewinners Ryan Lochte verbrachte, der mich von einem signierten Foto an der Wand aus beobachtete, während ich mich durch Kisten und gigantische Aufbewahrungsboxen aus Plastik wühlte.

Ich war heilfroh, dass ich die Blumen gerade noch rechtzeitig fand, um zurück nach oben zu laufen und den Kick-off mitzuerleben. Garland hatte heute ein Auswärtsspiel gegen Arizona State – eine Mannschaft, die in dieser Saison noch mehr Schwierigkeiten gehabt hatte als wir, höchstwahrscheinlich aber trotzdem gegen uns gewinnen würde.

PJ räumte gerade neue Spirituosenflaschen in die Regale hinter der Bar. Die ältere Bevölkerung von Garland konsumierte erstaunlich große Mengen an erstklassigem Tequila – was wohl hauptsächlich daran lag, dass die Real Housewives nach dem Tennis so gern den Frozen Margaritas zusprachen.

»Yo«, grüßte ich PJ und klang dabei für meinen Geschmack ein bisschen zu sehr nach Ryan (der aus meiner Projektgruppe, nicht der Schwimmer). »Wie geht's?«

»Hi«, krächzte PJ. »Mir geht's bestens.«

»O Mann. Was ist denn mit deiner Stimme passiert?«

PJ versuchte erfolglos einen trockenen Hustenanfall zu unterdrücken. »Ach, das ist nichts. Nur ein bisschen Halsschmerzen. Ich glaube, ich habe einfach nicht genug Wasser getrunken.«

Hieß das, sie hatte einen Kater? Oder brütete sie einen Infekt aus? Um unser beider willen hoffte ich, dass Ersteres der Fall war, denn ohne PJ im Club zu arbeiten war, als würde man in einem Pool ohne Wasser eine Arschbombe machen: extrem unangenehm. Ohne sie würde ich dieses Wochenende niemals durchstehen.

»Guten Morgen, Ladys!«

Apropos unangenehm. Rebecca kam mit einem Lächeln in die Bar gewirbelt. Sie trug ihre langen dunklen Haare zu zwei französischen Zöpfen geflochten und hatte einen weißen Streifen Sonnencreme an der Wange. Sie schminkte sich nie, weil sie das als »irreführende Werbung« betrachtete – was sie auch jedes Mal betonte, wenn jemand erwähnte, wie lang und dicht doch PJs Wimpern seien.

Ich hatte nie den Mumm, sie zu fragen, wem sie sich denn zum Verkauf anbieten wollte. Irreführende Werbung, so ein Schwachsinn. Frauen waren doch keine Big Macs. Dass ich auf Instagram besser aussah als an einem Montagmorgen in meinem Schreibseminar, machte mich doch nicht weniger appetitlich.

»Ich habe die Blumen gefunden«, verkündete ich.

»Oh. Du kannst sie zurück ins Lager bringen. Ich glaube, wir haben fürs Erste genug.«

»Scheiße«, murmelte ich halblaut.

»Hast du die Nachrichten gehört?«, fragte Rebecca und schob sich ihre Ray-Ban-Sonnenbrille ins Haar. »Bestimmt hast du es mitbekommen. All die Hinweise gegen Vaughn waren offenbar falsch. Ein Glück, was?«

Nein. Ganz im Gegenteil.

»Ich wusste, dass sie Vaughn rehabilitieren würden«, fuhr Rebecca fort. »Er sollte bloß zum Sündenbock gemacht werden, das war mir von Anfang an klar.«

Ich war geübt darin, mir auf die Zunge zu beißen. Hin und wieder führte meine Wut (oder ein Drink zu viel) zu einem kleinen Missgeschick – wie als ich Bodie St. James gesagt hatte, er solle sich ins Knie ficken. Oder als ich ihn einen Feigling genannt hatte. Und einen Idioten (wenngleich *en Español*). Größtenteils jedoch bildete ich mir ein zu wissen, wann ich meine spitze Zunge zügeln musste. Auch jetzt hielt ich den Mund.

Aber PJ, unverfälscht, wie sie war, fuhr sich mit den Fingern durchs Haar und sagte in einer perfekten Imitation der hohlköpfigen Schönheitskönigin, für die Rebecca sie hielt: »Finden Sie es nicht merkwürdig, dass die Beschwerde nie an das Gleichstellungsbüro weitergeleitet wurde, so wie es eigentlich hätte passieren müssen?«

Rebeccas Augen blitzten, doch sie zuckte lediglich mit den Schultern. »Das spielt doch keine Rolle, oder? Die Frau ist eine Lügnerin.«

»Oh, seht nur!«, rief PJ. »Das Spiel fängt an.« Sie schnappte sich die Fernbedienung und regelte die Lautstärke des Fernsehers so weit hoch, dass Rebecca keine andere Wahl hatte, als die Unterhaltung abzubrechen.

»Da leck mich doch einer«, meinte PJ zweieinhalb Stunden später mit einem trockenen Lächeln, während sie zu dem Fernsehbildschirm über der Bar hochsah. »Sieht so aus, als würden wir tatsächlich mal wieder gewinnen.«

Garland führte im dritten Viertel mit vierzehn Punkten. Ich wünschte, ich hätte sagen können, dass ich mich über unseren ersten wirklichen Triumph seit dem Saisonauftaktspiel freute, aber es war schwer, einen Silberstreif am Horizont zu erkennen, wenn Vaughns Gesicht ständig im Bild auftauchte. Ich hasste sein Gesicht. Diese leeren, stechenden Augen. Die

Hexennase. Seinen grauen Stoppelbart und sein sonnengebräuntes Gesicht mit der blassen halbmondförmigen Stelle auf der Stirn, die von seiner Baseballkappe stammte und die man immer kurz sah, wenn er sein Headset zurechtrückte. Aber schlimmer noch als Vaughns Visage war der Umstand, dass die Kommentatoren kein Wort über den *Daily* oder unseren Artikel verloren. Es war, als hätte es ihn nie gegeben – als würde es niemanden jucken, dass der Mann am Spielfeldrand eine Studentin begrabscht, Spendengelder unterschlagen und unfassbar sexistische Dinge von sich gegeben hatte. Alles, was sie interessierte, war der Sieg, den er erringen würde.

Bodie war die treibende Kraft unseres Erfolgs. Vier Touchdowns, zwei Punkte durch ein Fieldgoal und so viele Passing Yards, dass ich nicht einmal mehr des Staunens fähig war, als die Zahl vorgelesen wurde. Es war das beste Spiel seit Monaten. Wie schön für ihn. Schön, dass wenigstens einer von uns dieses Debakel unbeschadet überstanden hatte. Ich war keinesfalls verbittert und hätte auch nicht vor lauter Wut kotzen mögen, als ich sah, wie Bodie das Spielfeld dominierte, als wäre er ein antiker Kriegsheld.

Aber dann, weniger als eine Minute nach Beginn des vierten Viertels, unterlief ihm ein kleines Missgeschick. Nach dem Snap herrschte Chaos. Beide Tackles, deren Aufgabe es eigentlich gewesen wäre, Bodie zu schützen, waren verschwunden und hatten einen Teil der Defense mitgenommen. Bodie täuschte links an und rannte rechts los. Im selben Moment tauchte der breiteste und schwerste Linebacker der gegnerischen Mannschaft in einer Lücke auf, die durch die auseinandergerissene Offensive Line entstanden war, und rannte auf Bodie zu wie ein Stier, der den Matador auf die Hörner nehmen will.

Es war ein heftiger Bodycheck, brutal wie ein Frontalzusammenstoß mit einem Sattelschlepper. Doch für einen Sekundenbruchteil, nachdem Bodie zu Boden gegangen war, empfand ich Genugtuung. Er sollte genauso leiden wie ich. Es war ein selbstsüchtiger Gedanke, aber sein Sturz erschien mir wie ausgleichende Gerechtigkeit: ein Linebacker gegen die Brust zur Strafe dafür, dass er mir nicht glaubte und sich auf die andere Seite geschlagen hatte.

Doch nach dieser anfänglichen Welle von Bitterkeit und Schmerz kamen die Schuldgefühle. Als Bodie sich aufrappelte, lief ihm Blut aus der geschwollenen Nase – wahrscheinlich war sie gebrochen. Die Wucht des Zusammenpralls hatte ihm den Helm vom Kopf gerissen. Es war ein kleiner Trost, dass er auf eigenen Beinen vom Spielfeld humpeln konnte, statt getragen werden zu müssen, wie ich kurz befürchtet hatte. Doch er hielt den Kopf gesenkt, und sein schweißnasser Pony hing ihm in die Stirn, sodass ich sein Gesicht nicht sehen konnte.

Wir gewannen das Spiel mit einundzwanzig Punkten Vorsprung. Ich feierte unseren Sieg nicht.

Am nächsten Morgen schrieb ich PJ eine Textnachricht. Ich hoffte, dass sie mich im Auto zu Rebeccas Benefiz-Golfturnier mitnehmen konnte, aber ihre Halsschmerzen hatten sich in eine waschechte Grippe verwandelt, und sosehr sie sich auch bemühte, sie konnte nicht aus dem Bett aufstehen.

Mit dem Bus hätte ich Ewigkeiten gebraucht, also gab es keine Alternative: Ich ging zum Parkhaus gegenüber vom Palazzo, wo noch immer mein Corolla parkte, erklomm die Stufen bis zur dritten Ebene und stieg in mein zerkratztes Auto.

Ich sagte mir, dass alles gut werden würde. Ich würde den Tag schon irgendwie überstehen. Wenn ich um das Clubhaus herumfuhr und den Wagen in der hintersten Ecke des Mitarbeiterparkplatzes abstellte, unter diesem schrecklichen Baum, von dem immer das Harz tropfte, würde niemand etwas bemerken.

Es war ein solider Plan. Leider wurde er aufs Übelste durchkreuzt, als ich auf dem Freeway einen Blick auf die

Tankanzeige warf und feststellte, dass ich fast kein Benzin mehr hatte. »Scheiße, Scheiße, Scheiße«, fluchte ich, ehe ich die nächste Ausfahrt nahm und an der erstbesten Tankstelle anhielt. »Scheiße …« Ich stieg aus dem Wagen. »Scheiße …« Ich steckte meine Kreditkarte in den Schlitz an der Zapfsäule. »Scheiße!«

Meine Zeit reichte nur für eine halbe Tankfüllung. Rebecca würde mich umbringen.

Es war zehn Minuten nach Schichtbeginn, als ich endlich beim Clubhaus ankam. Der Parkplatz war vollständig belegt. Als ich meinen Corolla in die Lücke unter dem harzenden Baum lenkte (eine knifflige Angelegenheit, da Rebecca ihren schwarzen Lexus direkt daneben geparkt hatte und die Reifen zur Hälfte über die weiße Linie ragten), summte mein Handy im Becherhalter. Ich schaltete den Motor aus, riss das Telefon vom Ladekabel ab und fand zwei neue Textnachrichten meiner Chefin vor.

Wo bist du?

Laurel, wenn du krank bist, musst du wen finden, der deine Schicht übernimmt, es sind bereits viele Gäste hier, okay, heute ist ein sehr wichtiger Tag.

Ich sagte zum siebenundzwanzigsten Mal an diesem Morgen »Scheiße!«, steckte meine Autoschlüssel ein und begab mich im Laufschritt zum Personaleingang neben der Küche, wo die Catering-Mitarbeiter gerade Wagen voller Lebensmittel ins Clubhaus schoben. Ich hatte kaum zwei Schritte ins Gebäude gemacht, als Rebecca vor mir auftauchte wie ein poloshirttragender Poltergeist. Ihre Haare waren zu einem glatten Pferdeschwanz gebunden, und sie trug Mascara. Ich hatte sie noch nie mit Mascara gesehen.

»Laurel«, sagte sie, gefolgt von einem Satz, von dem ich nie gedacht hätte, ihn jemals aus ihrem Mund zu hören. »Gott sei Dank, dass du da bist.«

»Was ist denn passiert?«

»PJ wollte heute eigentlich mein Cart-Girl für die Back Nine sein, aber sie hat eine Allergie oder so was ...«

»Sie hat die Grippe.«

»Deshalb musst du für sie einspringen.«

Die Cart-Girls bekamen in einer Stunde mehr Trinkgeld, als ich an einem ganzen Wochenende verdiente. PJ war besonders gut darin, da Golfer es schätzten, draußen auf dem Grün ihre Drinks von Frauen serviert zu bekommen, die über ihre Witze lachten, mit ihren Haaren spielten und starke Cocktails mixen konnten. Mir fehlte dafür die Geduld. Und außerdem: »Ich bin noch nicht einundzwanzig. Ich darf nur Bier servieren.«

Rebecca winkte ab. »Wir haben genug Bier, um einen Swimmingpool damit zu füllen. Mir nach.«

Ich folgte ihr durch die Bar und in die Lobby. Mit den protzigen Blumenarrangements und Platten voller Horsd'œuvres auf den glatten weißen Tischtüchern ähnelte das Clubhaus der Kulisse für ein Klassentreffen der Real Housewives. Jenseits der geöffneten Doppeltüren war der Ballsaal bereits für die stille Auktion am Abend vorbereitet. Einige der Repräsentanten und Sponsoren der teilnehmenden Wohltätigkeitsorganisationen labten sich an Häppchen und Mimosas, während sie sich angeregt unterhielten.

»So«, sagte Rebecca abrupt. »Bevor du da rausgehst, müssen wir noch kurz über professionelles Verhalten sprechen.«

Ich blieb mitten in der Lobby wie angewurzelt stehen. Rebecca brauchte gar nicht mehr zu sagen. Durch die bodentiefen Fenster mit Ausblick auf den Platz sah ich zwei Männer auf dem Putting Green neben dem ersten Tee. Ihre Golftaschen standen neben ihnen auf dem Weg, und in der Nähe warteten ihre zwei Caddys. Einer der Männer war Sterling, der Präsident der Garland University. Der andere stand mit dem Rücken zu mir, aber ich erkannte ihn trotzdem.

»Truman Vaughn ist hier, um seine Stiftung zu vertreten«, sagte Rebecca.

»Ich bin nicht …«, stammelte ich. »Ich kann nicht …«

»Das weiß ich doch«, unterbrach sie mich unwirsch. »Ich erwarte ja auch nicht, dass du dich bei ihm entschuldigst. Am liebsten wäre mir, wenn du gar nicht in seine Nähe kommst. Aber wir haben zweihundert Gäste, die Hälfte meiner Mitarbeiter ist krank, und ich sehe keine andere Möglichkeit. Wenn Vaughn dich also um einen Drink bittet, dann servierst du ihm den mit einem Lächeln, verstanden?«

Ich wollte mit der Faust auf den Tisch hauen. Ich wollte Rebecca sagen, dass ich höchstwahrscheinlich auch die Grippe hatte und wirklich besser nach Hause fahren und mich ins Bett legen sollte, ehe ich all diese reichen Leute mit meinen Keimen infizierte. Aber falls sie auch nur eine Sekunde lang glaubte, dass ich die einmalige Gelegenheit verschenken würde, Truman Vaughn in die Augen zu blicken und zuzusehen, wie er sich wand, war sie wirklich dumm.

»Okay«, sagte ich und setzte PJs Schönheitsköniginnenlächeln auf. »Ich helfe, wo immer ich kann.«

Die Getränke-Carts waren im Wesentlichen ganz normale Golfmobile, nur dass sie mit ungefähr eintausend Dosen Bier und einem gehäuften Esslöffel Frauenfeindlichkeit beladen waren. Normalerweise trugen die Cart-Girls hautenge Tops und kurze Tennisröckchen (»Je kürzer der Saum«, hatte PJ mir erklärt, »desto dicker das Trinkgeld.«), aber ich hatte am Morgen meine hässlichen khakifarbenen Shorts und das formlose Uniform-Poloshirt aus Polyester angezogen, in dem mich selbst meine eigenen Eltern für einen pummeligen Zwölfjährigen gehalten hätten. Egal. Die Leute waren wegen des Golfturniers hier, und der soziale Druck würde schon dafür sorgen, dass sie trotz mangelnder optischer Reize zum Trotz nicht mit dem Trinkgeld geizen würden.

Als ich mit dem Getränke-Cart vorn am Clubhaus ankam, war Vaughn verschwunden, aber James Sterling, nicht nur Präsident der Garland University, sondern auch einer der erfolgreichsten privaten Spendensammler Kaliforniens, stand immer noch auf dem Green. In der einen Hand hielt er einen Putter, in der anderen – kein Witz – eine Zigarre. Im Club galt eigentlich Rauchverbot, doch offenbar nahm Rebecca es damit heute nicht so genau. Neben ihm standen Jessica Kaufman und Diana Cabrera – zwei der Real Housewives.

Ich trat auf die Bremse, und der Wagen kam mit quietschenden Reifen zum Stehen. Sterling und die beiden Frauen drehten sich um. Jessica sah mich an, als wäre ich eine Fremde, ehe sie sich wieder ihrem unterbrochenen Gespräch mit Sterling widmete. Diana besaß immerhin den Anstand, ein nervöses Gesicht zu machen, als ich aus dem Golfmobil sprang.

»Ms. Cabrera?«, rief ich, ehe ich auf Spanisch hinzufügte: »Könnte ich ganz kurz mit Ihnen sprechen?«

»Guten Morgen, Laurel«, antwortete sie auf Englisch. Ihr Lächeln war breit, aber sie würgte den Griff ihres Putters, als würde der ihr Geld schulden. »Du hast nicht zufällig eine Frozen Margarita in deinem Wagen?«

Ich blieb am Rand des Rasens stehen. »Sie haben unseren Artikel gelesen.«

Ihr Lächeln schwand. »Ja, das habe ich.«

»Und Sie haben auch das Dementi der Universität gehört?«

Diana atmete aus und warf verstohlen einen Blick zu Jessica.

»Welche von Ihnen hat ihre Aussage zurückgezogen?«, wollte ich wissen.

»Laurel, die Sache ist deutlich komplexer, als uns bewusst war …«

»Sie haben mir gesagt, er sei sturzbetrunken gewesen.« Ich bemühte mich, wenngleich ohne allzu viel Erfolg, möglichst leise zu sprechen, damit man mich auf dem Grün nicht hören konnte. »Sie meinten, er hätte unter Alkoholeinfluss gestanden und Sie auf seine Yacht eingeladen, richtig? Sie alle vier haben das bestätigt. Zweimal sogar. Entweder Sie haben einen sehr seltsamen Sinn für Humor, den ich nicht verstehe, oder aber Sie haben es plötzlich mit der Angst zu tun bekommen.«

Diana sah mir in die Augen. »Jessica hat bei den Medien angerufen«, murmelte sie. »Die Zwillinge und ich haben uns nicht dazu geäußert.«

Ich nickte. »Werden Sie sich denn dazu äußern?«

»Wir stehen nach wie vor zu dem, was wir gesagt haben, Laurel ...«

»Ich meine, ob Sie vorhaben, die Sache richtigzustellen. Werden Sie der Öffentlichkeit sagen, dass ich Sie korrekt zitiert habe?«

Diana presste stumm die Lippen aufeinander. Nun, das war wohl auch eine Antwort. Am liebsten hätte ich ihr eins der Schimpfwörter entgegengeschleudert, die meine Cousinen mir beigebracht hatten – irgendetwas Gemeines, Beißendes. Etwas, das deutlich machte, wie sehr ich sie in diesem Moment verachtete.

Stattdessen fragte ich: »Kann ich Ihnen vielleicht etwas zu trinken bringen, Ma'am?«

Diana verzog betreten das Gesicht. »Nein danke.«

Ich stieg zurück in meinen Wagen und machte mich mit Vollgas auf den Weg zum achtzehnten Loch.

Ich besaß weder die Grazie noch die Geduld eines guten Cart-Girls. Zweimal vertat ich mich mit der Biermarke und reichte einem Gast mit dem ungerechtfertigten Selbstbewusstsein eines Tölpels, der nicht wusste, dass er ein Tölpel war, die falsche Dose. Einmal, an einer besonders engen Stelle des Fahrwegs am sechzehnten Fairway, demolierte ich fast die vordere Stoßstange meines Carts an einem kleinen Felsvorsprung. Ich war völlig von der Rolle, und je höher die Sonne stieg, desto mehr traf das auch auf mein äußeres Erscheinungsbild zu. Der Rücken meines hässlichen Polyestershirts war schweißdurchtränkt. Meine Wangen glühten wie heiße Bratpfannen, und das Gefühl, als ein einzelner Schweißtropfen mir vom Oberarm bis zum Ellbogen hinunterrann, ließ mich am ganzen Körper erschauern.

Als wäre es nicht schon schlimm genug gewesen, dass ich mir wie das menschliche Äquivalent einer Enchilada vorkam (heiß und labberig), sah ich, als ich im schattigen Teil des Golfplatzes zwischen dem zehnten und elften Loch anhielt, drei Männer in Richtung Putting Green über den Fairway kommen. Ein Caddy im Golfmobil folgte ihnen.

Es waren Truman Vaughn und James Sterling, die sich mit gesenktem Kopf unterhielten. Ein Stück hinter ihnen folgte wie ein Schatten ein großer, breitschultriger junger Mann mit tief in die Stirn gezogener grüner Baseballkappe. Mein Herz machte einen kleinen Satz. *Bodie.* Seine Nase war immer noch angeschwollen, und unter seinen Augen links und rechts der Nase prangten dunkle Blutergüsse wie die Flügel einer Motte. Er sah wirklich zum Gotterbarmen aus. Und so wunderschön. Und unerklärlicherweise auch ein bisschen wie Troy Bolton aus *Highschool Musical*, der drauf und dran war, mitten auf dem Fairway einen Song über seine Ängste zu singen.

Weder Vaughn noch Sterling bemerkten die Ankunft eines verschwitzten Cart-Girls, doch Bodie entdeckte mich auf der anderen Seite des Rasens und stolperte prompt über eine Erhebung im Gras.

»Ich spiele ganz beschissen«, sagte Sterling und lachte bellend. »Wissen Sie, was? Ich schreibe der Stiftung einen Scheck über zwanzigtausend Dollar aus, als Entschuldigung dafür, dass ich unsere Mannschaftswertung versaue.«

»Machen Sie sich deshalb keinen Kopf«, entgegnete Vaughn. »Wir haben ja noch unsere Geheimwaffe.« Dann schlug er Bodie so heftig mit der Hand auf den Rücken, dass dieser schwankte. »Sehen Sie sich nur mal an, wie viel Kraft in dem Jungen steckt! Er kann besser mit einem Driver umgehen als so mancher Profi.«

Ich wusste gar nicht wohin mit meiner Wut. Ich war wütend auf Vaughn, weil er so grob mit einem Jungen umsprang, an dessen gebrochener Nase er die Schuld trug. Ich war wütend auf Bodie, weil er existierte. Und ich war wütend auf mich selbst, weil ich vor lauter Erleichterung, ihn wohlauf zu sehen, fast vergessen hätte, dass er mit dem Mann in den Country Club gekommen war, vor dem ich ihn ausdrücklich gewarnt hatte.

Bodie lochte als Erster ein. Es war ein recht einfacher Schlag, da sein Ball nur wenige Meter vom Loch entfernt lag – ein kurzer Schwung des Schlägers, eine Runde herzlicher Applaus von seinen Teammitgliedern und ein bescheidenes Lüften der Baseballkappe.

»Ich hole mir nur schnell ein Wasser«, verkündete er und nahm Kurs auf meinen Wagen. Ich hielt eisern das Lenkrad umklammert, um nicht an meinen Haaren herumzuspielen.

»Hey«, sagte er sanft. Unsicher. Die gebrochene Nase verlieh ihm das Aussehen eines Kämpfers – oder eines Parfüm-Models. Ich hasste sie. »Ich wusste gar nicht, dass du hier arbeitest. Es ist wirklich schön, dich zu sehen, Laur…«

»Eine Flasche Wasser kostet drei Dollar.«

Bodie verzog das Gesicht, fischte jedoch sein Portemonnaie aus der hinteren Hosentasche. Ganz bewusst wandte ich den Blick von seinen Händen ab – Hände, die so wunderschön ausgesehen hatten, als er die *Fosters-Freeze*-Eiswaffel gehalten hatte. Die sich so warm in meinem Nacken angefühlt hatten. Stattdessen tröstete ich mich mit der Erkenntnis, dass Truman Vaughn der womöglich schlechteste Golfer war, den ich jemals gesehen hatte – und ich hatte miterlebt, wie einem älteren Clubmitglied beim zweiten Loch der Putter aus der Hand geflogen und im Teich gelandet war.

»Verdammt!«, rief er, als sein Ball am Loch vorbei über den Rand des Bunkers rollte. Er drehte sich um, sah, dass ich seinem Golfmobil näher war als sein Caddy, und schnippte mit den Fingern, um meine Aufmerksamkeit zu erregen. »Hol mir das Chipping Wedge«, sagte er. Es war weder als Bitte noch als Frage formuliert, sondern ganz eindeutig als Befehl. »Obwohl, scheiß drauf. Bring mir gleich die ganze Tasche.«

Ich wusste nicht, was schlimmer war: dass er zu glauben schien, alle Mitarbeiter des Golfclubs müssten nach seiner Pfeife tanzen, egal was für Aufgaben sie hatten, oder dass er mich nicht zu erkennen schien.

Ich stieg aus, ging um Bodie herum und marschierte zu dem leeren Golfmobil. Vaughns Tasche war riesig und dunkelgrün, mit dem Garland-Wappen auf der einen und dem Titleist-Schriftzug auf der anderen Seite. Es tat mir weh, dass diese geschmacklose Zurschaustellung von Schulstolz wahrscheinlich mehr gekostet hatte, als ich in einer Arbeitswoche verdiente. Ich schlängelte einen Arm unter den Riemen der Tasche und versuchte sie allein mit der Kraft meines Bizeps hochzuheben.

Neben mir tauchte Bodie auf. Ich stemmte einen Fuß auf die hintere Stoßstange des Carts, um eine bessere Hebelwirkung zu erzielen, und hievte Vaughns Tasche über den Rand. Als sie auf dem Asphalt landete, war ein ohrenbetäubendes Klappern der Schläger zu hören.

»Schaffst du es?«, fragte Bodie.

»Ja«, ächzte ich. »Geh zurück.«

Aber Bodie war – nun ja, er war eben Bodie. »Warte, ich helfe dir.«

Er gab mir nicht einmal die Chance, mich auf mein hohes Ross zu schwingen. Ehe ich auch nur ein einziges Wort des Protestes äußern konnte, hatte er die Tasche geschultert.

»Ich kann die selbst tragen«, keifte ich.

»Das weiß ich.« Bodie sah mir in die Augen. »Ich wollte dir einfach nur behilflich sein.«

»Musst du dich nicht schonen oder so? Ist dein Kopf nicht im Eimer?«

»Das ist eine vornehme Untertreibung«, murmelte er halblaut.

Als Vaughn sah, dass nicht ich, sondern Bodie ihm seine Tasche brachte, verengte er die Augen zu Schlitzen, gab jedoch keinen Kommentar ab. Er machte drei mittelmäßige Probeschwünge, ehe er versuchte, den Ball aus dem Sand zu schlagen. Doch dieser prallte von der Rasenkante ab und rollte fast an dieselbe Stelle zurück, an der er zuvor gelegen hatte. Nur in einem monumentalen Akt der Selbstbeherrschung konnte ich mir ein höhnisches Lachen verkneifen.

Bodie schien dies zu bemerken. Er kam zu mir zurückgelaufen und senkte den Kopf, als wollte er seine Baseballkappe zurechtrücken. »Laurel, können wir ...«

»Ich rede nicht mit dir, während die beiden in der Nähe sind«, fuhr ich ihm ins Wort und deutete mit einer diskreten Bewegung des Kinns auf seinen Trainer, der sich schimpfend an einen zweiten Versuch wagte, den Ball aus dem Bunker zu befördern. Es war eine plausible Ausrede. Wesentlich besser als *Ich rede nicht mit dir, weil ich dann wegen deiner blöden gebrochenen Nase wahrscheinlich wieder zu heulen anfange.*

Bodie reichte mir drei Dollarscheine. Ich griff in die Kühlbox, die auf dem Beifahrersitz festgeschnallt war, und holte eine vor Kälte beschlagene Flasche Wasser heraus. Ich drückte sie ihm in die Hand, dann zupfte ich vorn an meinem Poloshirt, um den Schweißstrom zwischen meinen Brüsten zum Versiegen zu bringen. Am liebsten hätte ich mich kurz auf die Damentoilette zurückgezogen, um meine Achselhöhlen mit Papierhandtüchern trockenzulegen. Aber das würde ich Bodie bestimmt nicht sagen. Ich schob mir die verschwitzten Haare aus dem Nacken und drehte sie mit einer Hand zusammen. Ich sehnte mich nach PJ mit ihrem unerschöpflichen Vorrat an Haargummis.

Ich quiekte vor Schreck, als Bodie mir die Wasserflasche an den Nacken hielt. Unwillkürlich zog ich die Schultern bis zu den Ohren hoch, ehe ich mich nach vorn aufs Lenkrad sinken ließ und wider Willen einen wohligen Seufzer von mir gab.

»Zu kalt?«, erkundigte er sich.

»Nein, gerade richtig.«

Nach einigen herrlich erfrischenden Sekunden dämmerte mir, dass Vaughn, sollte er zufällig in unsere Richtung sehen, seinen geliebten Quarterback dabei erwischen würde, wie er sich rührend um die Frau kümmerte, die alles getan hatte, um ihn zu Fall zu bringen. Ich hob die Hand und tastete ungeschickt nach der Flasche. Falls ich dabei zunächst Bodies Handgelenk berührte und mit den Fingern über seine Knöchel strich, so geschah das selbstverständlich aus Versehen.

»Es geht schon«, sagte ich.

»Das macht mir nichts aus«, entgegnete er. Etwas leiser fügte er hinzu: »ESPN plant eine Reihe von Interviews mit den ihrer Meinung nach zehn aussichtsreichsten College-Spielern. Ich bin hier, weil Vaughn meinte, er würde ein paar Strippen ziehen, wenn ich bei dieser Benefiz-Sache mitmache.«

Ich lachte verächtlich und rieb mir den Nacken. Unfassbar. Ein Fernsehinterview war ihm wichtiger als menschlicher Anstand.

»Wie großzügig von ihm«, sagte ich voller Bitterkeit. »Und wie schön für dich.«

»Weißt du noch, was du zu mir gesagt hast, kurz nachdem der Artikel rauskam?«, unterbrach Bodie mich mit einem Blitzen in seinen Gewitterwolkenaugen. »An dem Tag habe ich neben dir in der Vorlesung gesessen und dich gefragt, wieso du ihn geschrieben hast. Erinnerst du dich noch an das Gespräch?«

»Nein – nicht mehr wortwörtlich. Wieso? Was …«

»Du hast mir gesagt, du musst das Richtige tun.«

Bodie stand vor mir, und das Dach des Golfmobils beschattete mein Gesicht, aber ich hätte schwören können, dass mich Truman Vaughn über das Putting Green hinweg anstarrte. Mein Rückgrat kribbelte unangenehm.

»Kannst du bitte einfach zum Punkt kommen?«

»Mein Punkt«, sagte Bodie, »ist, dass ich dir glaube.«

Ein heißer Windstoß pfiff durch die Bäume am Fahrweg und über den Fairway. Er erfasste einige Strähnen meiner Haare und bewegte den dünnen Stoff von Bodies Shirt. Ich sah ihn aufmerksam an – dieses offene, ehrliche Gesicht – und spürte, wie der Zorn in mir überzukochen drohte.

»Du kannst nicht beides haben«, fuhr ich ihn an. »Mich und Vaughn. Du musst dich schon entscheiden. Wenn man sich aus allem raushält und keine Seite wählt, lässt man im Endeffekt zu, dass die Großen auf den Kleinen herumtrampeln. Wenn Leute wie du …«, ich bohrte ihm den Finger in die Brust, »nicht ganz klar Haltung zeigen, stellen sie sich auf die Seite der Mächtigen.«

»Ich will nicht von den Leuten benutzt werden«, sagte Bodie.

Ich verzog das Gesicht. »Als ich dich zitiert habe, ging es mir … Ich habe dich nie als Investition betrachtet.«

Er schüttelte den Kopf. »Das hätte ich nicht sagen sollen. Das war meine eigene egoistische Perspektive. Du bist Journalistin. Du wolltest mich nicht in die Pfanne hauen, du hast versucht, an Fakten zu kommen, weil es das Richtige war. Das weiß ich. Und du hattest recht.«

Ich blickte zu ihm auf. Betrachtete sein scharfkantiges, jungenhaftes Gesicht, seine Augen, die große, niedliche Sommersprosse an der rechten Wange und seine lädierte Nase.

»Du hältst ihn also doch für schuldig?« Ich hatte keine andere Wahl. So brutal die Frage auch war, ich musste Bodies Antwort hören.

An seinem gequälten Ausdruck erkannte ich, dass er seine Meinung geändert hatte. Er wusste, dass Vaughn eine falsche Beratungsfirma gegründet hatte, und er wusste auch, dass Vaughns sexistische Sprüche in der Umkleide den Vorwurf, er hätte einer jungen Frau an den Hintern gefasst, absolut plausibel erscheinen ließen.

»Ich entscheide mich für deine Seite«, sagte Bodie. »Für die Seite des *Daily.*«

Als ich sprach, war meine Stimme leise, und mir standen Tränen in den Augen. »Sag das nicht, wenn du es nicht wirklich so meinst, Bodie. Und sag es nicht, wenn du am Ende doch wieder einen Rückzieher machst, sobald es haarig wird. Es geht hier nämlich nicht nur um sexistische Sprüche, und es geht nicht nur darum, dass Vaughn Geld verschiebt, um Steuern zu hinterziehen. Es geht darum, dass er einer Neunzehnjährigen, die ihn bei einer Uni-Veranstaltung bedient hat, an den Hintern gegriffen hat.« Das Atmen fiel mir schwer. »Es geht darum, dass – Scheiße, Bodie. Es geht darum, dass er betrunkene Mädchen auf sein Boot lockt, um mit ihnen Sex zu haben, obwohl sie nicht einwilligen können, und dass er hinterher aller Welt erzählt, er sei auf Geschäftsreise für seine Stiftung gewesen. Also: Sag nicht, dass du auf meiner Seite stehst, wenn du es nicht ernst meinst.«

Eigentlich hatte ich vorgehabt, Bodie unter vier Augen von Josefina zu erzählen, damit er die Informationen in Ruhe verarbeiten konnte. Hier draußen auf dem Golfplatz gab es keine Rückzugsmöglichkeit, nur eine endlose offene grüne Fläche. Bodie konnte sich nirgends verstecken, und so sah ich jede einzelne Emotion in seinen Zügen, als ihm klar wurde, was ich ihm soeben offenbart hatte.

»Warte«, sagte er rau. Er presste die Lippen aufeinander, kehrte mir abrupt den Rücken zu, entfernte sich drei Schritte und beugte sich vornüber, ehe er sein Frühstück auf den Rasen erbrach.

»Ach du Scheiße«, entfuhr es mir. Ich sprang aus dem Wagen. »Ich wollte es dir nicht auf diese Weise sagen. Brauchst du ein Handtuch? Wasser? Du musst es natürlich nicht bezahlen …«

Bodie winkte ab. »Geht gleich wieder«, krächzte er.

»Bodie!«, rief Vaughn, der mit Sterling über das Green auf uns zukam. Er war erstaunt und sichtlich bestürzt, dass das stärkste Mitglied seines Teams zusammengekrümmt mit grünlicher Gesichtsfarbe dastand.

»Mir geht's gut«, sagte Bodie, richtete sich auf und trat einen Schritt zur Seite. Erst später begriff ich, dass er mich damit vor den Blicken der beiden Männer verbergen wollte.

Doch es war zu spät. Truman Vaughn hatte mich bereits gesehen. Er kniff seine Habichtsaugen zu schmalen Schlitzen zusammen. »Laurel Cates.«

Die vorübergehende Abkühlung, die mir Bodies Wasserflasche verschafft hatte, war nichts gegen den kalten Schauer, der mir das Rückgrat hinablief, als ich sah, dass Rebecca mit geradezu gespenstisch ausdrucksloser Miene auf den Stufen des Personaleingangs auf mich wartete. Sobald ich mit meinem Wagen zum Stehen gekommen war, kam sie die Stufen hinunter. »Laurel, können wir uns kurz unterhalten?«

Ich ließ den Zündschlüssel stecken und folgte ihr in die Lobby. Dort waren wir allein, bis auf die im Luftzug der Klimaanlage leise raschelnden Farne. Durch die gläsernen Türen strömten die Strahlen der Nachmittagssonne herein, wurden von den frisch gebohnerten Bodenfliesen zurückgeworfen und blendeten mich.

»Was ist denn?«, fragte ich heiser und wischte mir die Khakishorts sauber.

Rebecca beobachtete zunächst einen Moment lang schweigend, wie Grashalme auf ihren makellos sauberen Fußboden rieselten. »Ach, weißt du«, sagte sie dann. »Lass uns das lieber draußen besprechen.«

Mein Magen krampfte sich vor Unbehagen zusammen, als wir zusammen durch die Glastüren ins Freie traten. Die Eingangsstufen vor dem Clubhaus lagen im Schatten, aber der heiße Wind war kaum erträglich.

»Ein Gast hat sich über dich beschwert, Laurel.«

»Wer denn?«, fragte ich, obwohl ich die Antwort bereits kannte.

»Das sind vertrauliche Informationen, aber es gab eine Beschwerde, und die nehme ich sehr ernst. Ich möchte unter meinen Mitarbeitern niemanden haben, der Ärger macht ...«

Einmal, als ich fünfzehn war und mein Dad mir das Autofahren beibrachte, verlor ich unmittelbar vor einer scharfen Kurve die Kontrolle über das Lenkrad. Wir befanden uns auf einem menschenleeren Parkplatz, und ich fuhr bloß fünf Meilen pro Stunde, aber in diesem einen Sekundenbruchteil der Panik versagte mir mein Körper den Dienst, und mit meinem Fuß trat ich aufs Gaspedal statt auf die Bremse.

Ich kündige, dachte ich.

Wir waren so schwungvoll gegen den Bordstein gefahren, dass mein Dad vor Schreck aufgeschrien hatte.

Ich kündige, ich kündige, ich kündige.

Warum bekam ich die Zähne nicht auseinander?

»... deshalb muss ich dich bitten zu gehen.«

Mein überhitztes Gehirn arbeitete nicht ordnungsgemäß. Das war die einzige Erklärung dafür, dass ich so lange brauchte, um den Mund aufzumachen und etwas zu erwidern.

»Soll ich dann nächstes Wochenende wiederkommen?«

Es lag nicht daran, dass ich mir Illusionen machte. Ich war nur noch nie gefeuert worden. Ich war nicht gerade ein Musterbeispiel an Fleiß und Arbeitseifer, aber ich hatte mir auch nie etwas zuschulden kommen lassen. Ich war immer irgendwo in der Mitte gewesen – zwischen Mitarbeiterin des Monats und der Kollegin, über die man jeden Tag im Pausenraum lästerte. Guter Durchschnitt. Aber das spielte in diesem

Fall keine Rolle, denn Rebecca war die Sorte Frau, die andere Frauen nicht leiden konnte. Frauen, die Make-up trugen. Frauen, die andere Sprachen außer Englisch sprachen. Frauen, die es wagten, schlecht über Männer zu reden. Irgendwann musste ihr mal jemand gesagt haben, dass es nur eine richtige Sorte Frau gab, und sie hatte es geglaubt.

»Es tut mir leid, Laurel«, sagte sie.

Das war gelogen. Ich durchschaute sie.

Rebecca hatte schon vor langer Zeit den Entschluss gefasst, mich loszuwerden. Vielleicht an dem Tag, als der Artikel erschienen war, oder nachdem sie zufällig mitbekommen hatte, wie ich mich mit den Gärtnern auf Spanisch unterhielt. Heute hatte sich nach langem Warten endlich die perfekte Gelegenheit geboten: PJ, meine wichtigste Verbündete, war krank, und mein ärgster Feind Truman Vaughn hatte sich freundlicherweise als Zeuge meiner Unfähigkeit zur Verfügung gestellt.

Auf einmal war meine Erschöpfung wie weggeblasen. Stattdessen stieg eine Woge des Zorns in mir hoch.

Meine Hände zitterten, als ich über den Parkplatz marschierte. Ich wollte nur noch weg und hätte um ein Haar vergessen, meinem Auto die zwei Sekunden zu gönnen, die es brauchte, um die Türen zu entriegeln.

Als ich die Fahrertür hinter mir zuzog, tat ich es mit extra viel Schwung, damit es so laut wie möglich knallte. Ich stellte mir vor, wie ich den Motor aufheulen ließ und einen spanischen Radiosender einstellte, den ich dann bei geöffneten Fenstern und voller Lautstärke hörte. Ich spielte mit dem Gedanken, Rebecca den Stinkefinger zu zeigen. Vielleicht sogar beide – scheiß auf Sicherheit im Straßenverkehr. Ich würde meinen großen Abgang haben, mit zwei trotzig gereckten Mittelfingern und Lippen, die die Worte *Fick dich* formten.

Doch als ich vorn vor dem Clubhaus entlangfuhr, war Rebecca verschwunden. Stattdessen stand Bodie dort.

Er schien nach mir zu suchen. In der einen Hand hielt er meine halb leere Wasserflasche, mit der anderen schirmte er die Augen vor der Sonne ab, während er angestrengt den Blick über den Parkplatz schweifen ließ. Als er meinen Motor hörte, wandte er sich um. Noch nie hatte ich mir so sehr gewünscht, unsichtbar zu sein, wie in diesem Moment. Ich konnte nicht anhalten. Wenn ich anhielt, würde ich zusammenklappen. Das Letzte, was ich sah, als ich mit Vollgas vom Parkplatz des Country Clubs raste, war Bodie St. James in meinem Rückspiegel. Mit den dunklen Schatten unter den Augen und seiner entsetzten Miene sah er aus wie etwas, was man zu Halloween in den Vorgarten stellte. Sein Gesicht verfolgte mich den gesamten Heimweg.

25

Da mein Stolz ohnehin schon am Boden lag, kam ich zu dem Schluss, dass es keinen Sinn hatte, mein Auto noch länger im Parkhaus gegenüber vom Palazzo zu verstecken. Stattdessen fuhr ich direkt nach Hause und stellte den Corolla auf dem Parkplatz unseres Gebäudes ab. Wegen der Klimaanlage im Auto und des Schocks nach meiner Konfrontation mit Rebecca schlotterte ich vor Kälte. Ich holte meine Notfallstrickjacke aus dem Kofferraum, schüttelte den Sand heraus und versuchte mich daran zu erinnern, wann ich das letzte Mal am Strand gewesen war.

Hanna saß, über ein großes Blatt Zeichenpapier gebeugt, im Schneidersitz auf dem Küchenfußboden und schwang mit fast brutaler Leidenschaft einen Conte-Kohlestift. Als sie hörte, wie ich hereinkam und meinen Rucksack abstellte, richtete sie sich auf.

»Hey«, sagte sie. »Wie war das Turnier? Ich dachte, es geht den ganzen Nachmittag.«

Ich gab ein vages Brummen von mir, weil ich mich nicht traute, ihr zu sagen, dass ich gefeuert worden war. Ich hatte Angst, in Tränen auszubrechen. »Was zeichnest du da?«, fragte ich.

»Nike von Samothrake«, antwortete sie und schmierte sich Kohle auf die Stirn, als sie sich eine Haarsträhne aus dem Gesicht strich. »Wir haben das Abzeichnen von Skulpturen geübt.«

Ich streckte die Hand aus und wischte ihr mit dem Ärmel meiner Strickjacke den schwarzen Fleck weg. »Klingt exklusiv.«

»In Wahrheit ist es das genaue Gegenteil«, sagte sie. »Der Kunstetat wurde schon wieder gekürzt. Wir können uns dieses Semester keine lebendigen Modelle mehr leisten.«

Ich wünschte, ich hätte sagen können, dass es mich überraschte, dass der Garland University ihr Sportprogramm und die MINT-Fächer wichtiger waren als die Künste – aber an welcher Uni in den USA war das nicht so? Hannas Eltern liebten die Arbeiten ihrer Tochter, aber sie machten sich zugleich auch schreckliche Sorgen, dass ihr derselbe harte Kampf bevorstehen könnte, den sie nach ihrer Ankunft in den USA hatten kämpfen müssen – dass sich ihr ganzes Leben so anfühlen würde, als versuchte sie auf einer glitschigen Rutsche nach oben zu klettern, weil es eine permanente Anstrengung bedeuten würde, die Miete zu zahlen, sich Essen zu kaufen und Anerkennung zu erlangen. Einmal spät in der Nacht, nachdem sie etwas Bier getrunken hatte, war Hanna zu mir gekommen und hatte mich gefragt, ob sie zu einem nützlicheren Hauptfach wechseln solle. Ich hatte keine Antwort darauf gewusst. Schließlich kam ein Abschluss in bildender Kunst nicht automatisch einem sozioökonomischen Todesurteil gleich. Andre hatte letzten Sommer ein Praktikum in der Grafikabteilung einer bekannten Werbeagentur in Huntington Beach gemacht. Es war ein unbezahltes Praktikum gewesen, aber seine Eltern hatten zweieinhalb Monate lang die Miete für ein Apartment und Fahrkarten für den öffentlichen Nahverkehr übernommen.

Ich wollte lieber nicht nachfragen, wie viel das gekostet hatte. Wahrscheinlich wusste Andre es selbst nicht genau. Vielleicht dachte er auch gar nicht darüber nach.

Bei Hanna und mir war das anders. Wir dachten andauernd darüber nach. Die Kunst an sich war nicht das Problem

– sondern das Geld. Immer, immer drehte sich alles ums Geld.

»Ich wurde gefeuert.« Die Worte purzelten einfach aus mir heraus und schwebten einen Moment lang im Raum.

Hanna blinzelte vor Schreck. »Was?«

»Rebecca hat mich gefeuert. Ich habe keinen Job mehr.«

Ich kam mir vor wie eine zerbrochene Vase, die ein schuldbewusstes Kind mit Bastelkleber notdürftig wieder zusammengesetzt hatte. Als bräuchte ich nur einmal zu niesen, und schon würde ich zerspringen. Trotzdem gelang es mir, meiner besten Freundin die ganze Geschichte zu erzählen, angefangen von Bodies Auftauchen bis hin zu Rebeccas alles andere als warmherzigem Abschied. Es tat so gut, jemandem mein Elend anzuvertrauen, dass ich mir die Nase am Ärmel meiner Jacke abwischte und einen müden Seufzer von mir gab.

»Ich muss dir was zeigen, Hanna.«

Zusammen gingen wir nach draußen auf den kleinen Parkplatz unterhalb des Gebäudes. Ich wollte nicht, dass sie es sah. Jeder Schritt fiel mir schwer, so als würde ich durch knietiefen Schlamm waten. Aber ich musste es ihr zeigen – ich wollte diese Bürde nicht mehr allein tragen. Ich brauchte einen lieben Menschen, der sie gemeinsam mit mir schulterte. Denn es war nicht meine Schuld. Nichts von alldem war meine Schuld. Und ich hatte es satt, mir einzureden, dass ich in irgendeiner Weise für das abscheuliche Verhalten gewisser Personen mir gegenüber verantwortlich war.

Hanna holte scharf Luft, dann schrie sie erstickt auf. Eine scheinbare Ewigkeit lang blickten wir schweigend auf mein Auto.

Hanna zog sich den Ärmel ihres Sweatshirts über die Hand, trat einen Schritt vor und rieb zaghaft über den horizontalen Strich des L. Das hatte ich auch schon versucht, aber ich machte mir nicht die Mühe, ihr zu sagen, dass sich die Schrift nicht wegwischen ließ. Ich war ihr dankbar, dass sie es überhaupt versuchte.

»Wann?«, fragte Hanna schließlich. »Wann ist das passiert?«

»In der Nacht, als du zu viel getrunken hattest. Während ich bei Target war. Jemand hat es auf dem Parkplatz zerkratzt.«

»Hast du gesehen, wer es war?«

»Nein«, sagte ich. »Aber ich ... ich habe Kyle Fogarty gesehen, bevor ich in den Laden gegangen bin. Und er mich auch. Insofern ... ja, ich weiß, wer es war.«

»Bitte sag mir, dass du damit zur Polizei gegangen bist.«

Ich nickte. »Sie wollen sich bei mir melden. Glaube ich. Vielleicht auch nicht. Bestimmt haben sie wichtigere Dinge zu tun.«

Hanna drehte sich zu mir herum und sah mich fest an. »Du weißt, dass das mehr ist als harmlose Schikane, oder?«

»Wie meinst du das?«

»Diese Studentinnen, die den Kaffee über dir ausschütten. Deine Chefin, die dich feuert. Das hier.« Hanna tippte zur Betonung ihrer Aussage mit dem Finger auf die Motorhaube. »Das ist illegal. Das ist Belästigung. Vandalismus. Das sind Straftaten ... Wie können sie es wagen ...«

Ich lachte, ehe ich mich am Riemen reißen konnte.

»Daran ist überhaupt nichts komisch!«, rief Hanna fassungslos.

»Ich weiß! Ich weiß. Es ist nur – du hast einen Witz gemacht.« Auf ihren verständnislosen Gesichtsausdruck hin fügte ich verlegen hinzu: »Du hast ›wagen‹ gesagt. Wie können sie es wagen, meinen Wagen ... Verstehst du?«

Hanna presste ihre zitternden Lippen zu einem dünnen Strich zusammen. Ich glaubte, sie konnte sich nicht entscheiden, ob sie lachen oder mich packen und schütteln sollte. Doch als sie erneut das Wort ergriff, war sie wieder ruhig.

»Steig ein«, befahl sie mir und deutete auf die Fahrertür.

»Was?«

»Steig ein. Wir fahren jetzt zu Ralph's, und ich kaufe dir einen Wein. Du kannst dir einen aussuchen. Ich habe meinen gefälschten Ausweis in der Tasche, worauf warten wir noch?«

»Hanna, ich fahre auf keinen Fall mit dem Auto durch die Gegend. Dann sehen doch alle ...«

»Dann sehen alle, dass du bedroht wirst«, schnitt sie mir das Wort ab. »Alle werden es sehen und wissen, dass dir scheißegal ist, was sie dir antun.«

Man hatte Kaffee auf mich geschüttet. Man hatte mein Auto zerkratzt. Man hatte mich gefeuert.

»Aber es ist mir nicht scheißegal«, gestand ich.

Und dann wurde mir auf einmal die Kehle eng, und meine Mundwinkel verzogen sich nach unten, während ich krampfhaft versuchte, das Schluchzen zu unterdrücken, das ich seit mittlerweile einem Monat lang zurückgehalten hatte. Ich vergrub das Gesicht in meinen Händen, zog die Schultern bis zu den Ohren hoch und verkroch mich in meiner Strickjacke wie eine Schildkröte in ihrem Panzer.

Wenn ich jeden Muskel in meinem Körper anspannte, würde ich es vielleicht schaffen.

Ich sah nicht, wie Hanna zu mir trat, aber ich spürte, wie sie mich in ihre Arme schloss und ganz fest drückte.

»Ich hasse das«, schluchzte ich. »Ich hasse es. Ich packe das nicht.«

»Doch«, flüsterte Hanna eindringlich. »Du packst das.«

Ich fand es schrecklich, dass Hanna mich weinen sah. Ich weinte nicht gern vor meinen Liebsten – weder vor ihr noch vor Andre oder meinen Eltern. Ich wollte nicht, dass sie wie Schwämme meine negativen Emotionen aufsaugten. Ich hasste Truman Vaughn für alles, was er getan hatte und was seinetwegen passiert war. Ich hasste Rebecca, weil sie mich gefeuert hatte, um es einem Mann recht zu machen. Ich hasste Fogarty, weil er das Auto zerkratzt hatte, für das meine Eltern lange hatten sparen müssen, um es mir zum sechzehnten Geburtstag schenken zu können. Aber am allermeisten hasste ich den Keim des Bedauerns, der in mir wuchs. Ich hasste es, dass ich mir vorstellte, wie mein Jahr verlaufen wäre, wenn ich nie von Josefina Rodriguez gehört hätte. Wenn ich von alldem nichts gewusst hätte.

Ich wollte einfach, dass es wieder so war wie früher. Jetzt verstand ich, warum Bodie das Gefühl gehabt hatte, man hätte ihm den Boden unter den Füßen weggezogen. Bittere Wahrheiten konnten einen innerlich auffressen. Man begriff nicht, was falschlief, und konnte folglich auch nichts dagegen tun, bis es irgendwann zu spät war. Aber wenigstens tat es auch nicht so weh.

Ich nahm all meinen Mut zusammen, machte mich von Hanna los und wischte mir mit dem Ärmel meiner Strickjacke das Gesicht sauber.

»Alles klar?«, fragte sie.

»Nein«, sagte ich und atmete zitternd aus. »Aber kann ich auf dein Angebot mit dem Wein vielleicht ein anderes Mal zurückkommen?«

Zum zweiten Mal in Folge schwänzte ich Sexualität des Menschen. Ich hatte nicht vor, das zur Gewohnheit werden zu lassen, aber ich wollte auch nicht länger als nötig arbeitslos sein. Zuerst klapperte ich sämtliche Coffeeshops und Fast-Food-Restaurants auf dem Campus ab, um nachzufragen, ob vielleicht irgendwo eine Kellnerin oder eine Barista gebraucht wurde, oder von mir aus auch jemand, der morgens um vier die Böden wischte. Bei *Panda Express* hing ein Schild im Fenster, auf dem stand, dass sie Mitarbeiter einstellten, doch als sich der Mann hinter dem Tresen meinen Namen und meine Telefonnummer notierte, erkannte ich schon an seinem Lächeln, dass er nicht die geringste Absicht hatte, seinem Manager zu sagen, dass die Frau, die den Artikel über Vaughn geschrieben hatte, Hühnchen süßsauer in Pappschachteln abfüllen wollte, um weiterhin ihre Rechnungen bezahlen zu können.

Mein nächstes Ziel war die Studentenvereinigung. Dort gab es in der Eingangshalle ein Schwarzes Brett, an dem die Leute Plakate und Flyer für alles Mögliche von Jobbörsen bis hin zu Hip-Hop-Ballett-Kursen aufhängten.

Ich seufzte und riss einen Papierstreifen von einem Zettel ab, auf dem ein Korrekturleser gesucht wurde. Die Formulierung klang etwas fragwürdig, und ich war mir relativ sicher, dass das Angebot von einem Erstsemester kam, der nach jemandem suchte, der ihm für fünfzig Dollar eine Seminararbeit schrieb. Aber meine Ansprüche waren momentan nicht allzu hoch.

Ich hatte sogar schon angefangen, mir kuriose Geschäftsideen auszudenken, so wie verzweifelte und bankrotte Studenten es mitunter zu tun pflegten. Wenn es hart auf hart kam, konnte ich zum Beispiel eine meiner Nieren versteigern ...

Das war ein Scherz, aber irgendwie auch nicht, denn was, wenn ich keinen neuen Job fand? Was, wenn ich dazu verdammt wäre, das Auto, das meine Eltern mir gekauft hatten, bis in alle Ewigkeit auf dem Parkplatz verrosten zu lassen?

Die Selbstbeteiligung, die meine Versicherung verlangte, konnte ich nicht bezahlen. Außerdem war ich mir nicht mal sicher, dass ich den Schadensfall melden konnte, da ich bislang noch nichts von der Polizei gehört hatte und zu feige war, anzurufen und nachzufragen. Ich wollte ihnen nicht noch mehr Arbeit machen oder weitere Aufmerksamkeit auf mich ziehen. Ich wollte einfach nur mein Auto wiederhaben.

Als ich den Abreißzettel mit der Telefonnummer in meinen Rucksack steckte, summte mein Handy. Andre hatte mir eine Nachricht geschrieben. *Hallo??? Erklärung bitte!!!*

Einen Augenblick später ging eine zweite Nachricht ein: *Ich musste ohne dich eine Vorlesung über den Geburtsvorgang durchstehen.*

Ich hatte Andre noch gar nicht erzählt, dass ich meinen Job verloren hatte. Ich fing an, eine Antwort zu tippen, aber genau im selben Moment rief jemand an.

»Hi, Andre, es tut mir leid, ich ...«

»Der Geburtsvorgang«, unterbrach er mich. Ich konnte sein Entsetzen durchs Telefon hören. »Zum zweiten Mal hintereinander lässt du mich im Stich, und Nick, dieser Wichser, zeigt uns eine riesengroße nackte Vulva und zwingt uns zuzusehen, wie da ein Baby rausflutscht.«

Ich wartete, bis ich ihn ausatmen hörte.

»Bist du jetzt f...«

»Nein, ich bin noch nicht fertig!«

»Willst du bei uns vorbeikommen?«

»Ja. Ich muss mich abreagieren.«

Hanna saß im Schlafzimmer und arbeitete an einer Skizze von Michelangelos David. Als wir eintraten, nahm sie einen ihrer Ohrstöpsel raus. Andre warf sich auf mein Bett, was die Matratze mit einem lauten Knarren quittierte, und beförderte eins meiner Kissen zu Boden. Ich bückte mich, um es aufzuheben, und schlug ihm damit auf die Waden.

»Wie war die Vorlesung?«, wollte Hanna von mir wissen. »Hast du mit Bodie geredet?«

»Nein.« Ich seufzte. »Ich habe geschwänzt. Ich bin zur Studentenvereinigung gegangen, weil ich nachsehen wollte, ob irgendwo Tutoren gebraucht werden.«

»Das ist doch gut«, sagte Hanna und nahm auch den zweiten Ohrstöpsel heraus.

»Nein.« Andre hob den Kopf. »Das ist nicht gut. Weißt du, worum es heute in der Vorlesung ging? Sag es ihr, Laurel. Na los. Sag ihr, was wir in der heutigen Vorlesung durchgenommen haben.«

Ich schenkte ihm keine Beachtung. »Sie haben sich meine Kontaktdaten aufgeschrieben, aber ich habe keine Ahnung, ob überhaupt jemand bereit ist, mit mir zu arbeiten ...«

»Wunder des Lebens, dass ich nicht lache«, brummte Andre.

»Irgendjemand wird dich schon einstellen«, meinte Hanna. »Ernsthaft. Du hast einen guten Notendurchschnitt, du hast jede Menge Praxiserfahrung, du hast …«

»Keinerlei Referenzen«, beendete ich ihren Satz.

»Aber wenigstens hast du auch kein Kind«, warf Andre ein.

Ich war versucht, ihn noch einmal mit meinem Kissen zu schlagen.

»Ich brauche eine Pause«, verkündete Hanna und schnappte sich ihr Handy, ehe sie sich vom Bett wälzte und die Arme über den Kopf streckte, sodass ihre Ellbogen- und Handgelenke knackten. »Ich arbeite schon seit Stunden an dieser bescheuerten Skizze. Ich bin so blöd. Ich dachte, ich mache es mir leichter, wenn ich eine Statue mit großen Händen aussuche, weil dann keiner merkt, dass ich meine Hände immer zu groß zeichne. Aber er sieht aus, als würde er Baseballhandschuhe tragen. Verdammte Scheiße.«

»Die Zeichnung ist toll geworden, Han.«

»Hör bloß auf«, grummelte sie, ehe sie sich ihrem Smartphone widmete.

Ich wandte mich an Andre. Auch der war mittlerweile mit seinem Handy beschäftigt. Ich wollte mich gerade räuspern und anmerken, dass Boomer mit ihren Ansichten über das Verhältnis unserer Generation zur Technologie nicht ganz unrecht hätten, als er sich plötzlich kerzengerade aufsetzte.

»Ach du Scheiße«, sagte er und blinzelte verdattert.

»Was ist denn?«, fragte ich. »Hat Nick die Lektüreliste geändert? Ich schwöre bei Gott, wenn dieser dreckige kleine pseudofeministische Hipster sagt, dass ich bis Donnerstag noch mal hundert Seiten lesen muss, dann gehe ich auf die Barrikaden.«

Andre schüttelte den Kopf. »St. James hat das Interview mit ESPN gekriegt.«

»Welches Interview?«, fragte Hanna.

»Das Interview mit ESPN. Sie haben ihn zu einem der zehn vielversprechendsten College-Spieler des Jahres gekürt.«

»Wie toll für ihn«, knurrte ich.

»Hey«, sagte Hanna und drückte meine Schulter. »Wir könnten uns doch ein paar Nachos holen oder so. Magst du mit zu *Pepito's* kommen? Ich gebe einen aus.«

Der Ärger, der ohnehin schon in mir brodelte, kochte über.

»Ich will nicht, dass du für mich bezahlst, nur weil ich gefeuert wurde.«

»Moment mal«, sagte Andre. »Wann wurdest du gefeuert?«

»Am Wochenende. Beim Golfturnier.«

»Warum hast du mir nichts davon gesagt?«

»Weil du auch nicht für mein Essen bezahlen sollst!«, rief ich. »Du zahlst andauernd für mich, Andre, und das ist toll, und ich liebe dich, aber ich fühle mich richtig beschissen deswegen.«

»Ich wollte nicht ...«

»Das weiß ich doch. Es hat auch nichts mit dir zu tun, sondern nur mit mir. Ich will dir einfach nichts schuldig sein.«

»Das bist du auch nicht.«

»Könnt ihr bitte einfach gehen?«, fauchte ich ungehalten. »Ich will sowieso nichts essen.«

Andre schnitt eine Grimasse. »Laurel ...«

»Bitte. Ich bin nicht sauer auf euch, okay? Ich muss einfach nur allein sein.«

Kaum dass ich hörte, wie die Wohnungstür ins Schloss fiel, zog ich mir die Bettdecke über den Kopf. Das war so unfair. Das war alles so furchtbar ungerecht. Ellison, Mehri und mich hatte man beim *Daily* rausgeschmissen, und das komplette Footballteam – von Bodie St. James bis hin zu Truman Vaughn – war ohne einen Katzer davongekommen.

Ich streckte einen Arm unter der Decke hervor und tastete auf meinen Nachttisch, bis ich mit meinen Fingern das Handy gefunden hatte. Dann zog ich es zurück in meine kuschlige Höhle und öffnete meine Kontaktliste.

»Hi, *mi amor*«, meldete sich meine Mutter nach dem zweiten Klingeln.

Ich wagte nicht zu sprechen. Sobald ich den Mund öffnete, würde ich losheulen.

»Was ist los?«, fragte Mom, denn sie spürte es natürlich.

»Ich hatte einen richtig miesen Tag«, stieß ich mühsam hervor.

»Willst du darüber reden?«

Ich zog die Nase hoch. »Nein.«

Ich war nicht religiös und wahrscheinlich auch ein bisschen zu alt für Gebete vor dem Schlafengehen, aber meine Mom schien zu wissen, dass ich mich in erster Linie danach sehnte, ihre Stimme zu hören, also begann sie mich zu trösten und murmelte Worte, die ich nicht mehr gehört hatte, seit sie mich als kleines Kind ins Bett gebracht hatte – kleine Verse über Engel, die an meinem Bett saßen und über mich wachten.

Ich kniff ganz fest die Augen zusammen und zog die Knie an die Brust. Wenn ich mich klein genug machte, würde ich vielleicht verschwinden. Vielleicht konnte ich wieder unsichtbar werden.

26

Als ich die Augen öffnete, fiel trübes Morgenlicht ins Zimmer. Ich lag immer noch zusammengerollt im Bett. Mein Bauch tat weh, weil mir der Bund meiner Jeans in die Haut geschnitten hatte, und die Bügel meines BHs bohrten sich in die empfindliche Haut unter meinen Armen.

Auf der anderen Seite schnarchte Hanna unter ihrer Decke.

Ich wälzte mich auf den Rücken und starrte zur Zimmerdecke empor. Am liebsten wäre ich für immer im Bett liegen geblieben. Aber genau das wollte Vaughn. Angst. Schweigen. Ich setzte mich auf und angelte mir meinen Laptop vom Schreibtisch. In der Küche schleifte ich einen der IKEA-Stühle an den Esstisch. Vielleicht hatte die Uni die *Daily*-Website offline genommen, aber ich würde unseren Artikel auf jedem meiner Social-Media-Kanäle posten.

Es dauerte zehn Minuten, bis die ersten Kommentare eintrudelten.

Das ist doch alles totaler Bullshit.

In diesem Haus glauben wir, was Frauen sagen!!!

Sind diese Schlampen immer noch hinter Vaughn her?
Haltet die Schnauze und geht sterben.

Zu Beginn des Semesters hätten mich solche Worte vielleicht noch tief getroffen. Vielleicht hätte ich mich von ihnen aus der Bahn werfen lassen. Aber ich konnte nicht jeden glücklich machen. So war das eben, wenn man Journalistin oder Autorin war. Es würde immer Menschen geben, die nicht hören wollten, was man zu sagen hatte, auch wenn man jeden Fakt genauestens überprüft und bewusst vorsichtige Formulierungen gewählt hatte.

Nachdem ich den Artikel überall gepostet hatte, klappte ich den Laptop zu und wählte Josefinas Nummer. Es ging direkt die Mailbox ran. Ich trug es mit Fassung.

»Hey, Josie, ich bin's, Laurel. Wahrscheinlich hast du gesehen, dass unsere Uni den *Daily* vom Netz genommen hat. Keine Ahnung, wie es dir gerade geht und was du über die Sache denkst. Ich würde es dir auf keinen Fall verübeln, wenn du unter den gegebenen Umständen nach wie vor nicht an die Öffentlichkeit gehen möchtest, aber falls du reden willst, bin ich für dich da. Mir ist egal, wie wir es machen. Wenn du möchtest, dass ich über deine Geschichte schreibe, werde ich das tun. Wenn du jemanden brauchst, der mit dir zur Polizei geht, ist mir das auch recht. Und wenn du – wenn du einfach nur wen zum Reden brauchst, dann ...«

Es machte *Klick.* Meine Zeit war um.

Es war eine Grausamkeit des Schicksals, dass Bodies Interview mit ESPN an diesem Nachmittag live im Fernsehen ausgestrahlt werden würde – unmittelbar vor Pollock, der Party, auf die ich mich schon das ganze Semester freute, aber die ich nun sausen lassen würde, um mich vor der Welt zu verkriechen. Eigentlich hätte es ein schöner Tag voller Freude und Ausschweifungen werden sollen. Stattdessen blickte ich ihm mit Widerwillen und Angst entgegen.

»Ich habe einen Livestream gefunden!«, verkündete Hanna. »Keiner fasst meinen Laptop an, okay? Die Website ist ein wahres Minenfeld von Viren.«

»Heute Abend ist Bodie St. James bei uns zu Gast, erster Quarterback der Garland University Lions. Ursprünglich aus Arlington, Texas stammend, zog er bereits während der Highschool das Interesse mehrerer College-Coaches auf sich. Am Ende entschied er sich für die Garland University und gegen mehrere andere Universitäten mit erstklassigen Sportprogrammen, darunter Clemson und die University of Florida. Bodie möchte das Interview gern mit einer Stellungnahme zu den jüngsten Anschuldigungen gegen seinen Cheftrainer Truman Vaughn beginnen.«

Bodie erschien rechts im Bild. Er trug denselben marineblauen Anzug wie bei seinem ersten ESPN-Interview – auch diesmal ohne Krawatte –, und jemand hatte die Partie unter seinen Augen mit Concealer abgedeckt, um notdürftig den Nasenbeinbruch zu kaschieren. Hinter ihm auf dem Green Screen sah man die Skyline von Los Angeles. Ich fragte mich, ob niemand sich die Mühe gemacht hatte, den für den Videoschnitt zuständigen Leuten zu erklären, dass Garland mehr als eine Autostunde von Los Angeles entfernt lag.

»Vor einigen Wochen«, begann Bodie mit der festen Stimme eines Menschen, der aus absoluter Überzeugung sprach, »habe ich stellvertretend für meine Mannschaft eine Erklärung abgegeben. Darin habe ich gesagt, dass die Vorwürfe gegen Vaughn unwahr sind. Ich möchte mich gern für diese Aussage entschuldigen.«

»Was zum Teufel?«, fragte Andre.

Ich gebot ihm zu schweigen.

»Ich stehe hinter meinem Zitat in unserer Unizeitung, dem *Daily*. Truman Vaughn hat sich in der Kabine sexistisch und frauenfeindlich verhalten. Ich habe selbst gehört, was er gesagt hat. Ich habe miterlebt, wie er zwei Reporterinnen rausgeworfen hat, weil seine Kabine keine Studentinnenverbindung sei.«

»Warst du das?«, flüsterte Hanna.

Jetzt war sie diejenige, die ich mit einem »Pssst!« zum Schweigen brachte.

»Kürzlich hat der *Daily* einen Folgeartikel veröffentlicht. Ich weiß, es gab Spekulationen über die Glaubwürdigkeit der darin genannten Quellen. Heute Vormittag habe ich Diana Cabrera kontaktiert, eine der Frauen, die Truman Vaughn im Sommer im *Alvarado Resort* getroffen haben. Sie hat ihre Anschuldigungen bekräftigt. Und was die anonyme Quelle betrifft, die Informationen über die Vaughn Foundation preisgegeben hat …«

O mein Gott. Er wollte doch nicht etwa …?

»Das war ich.«

Hanna holte scharf Luft.

»Ich stehe hinter dem, was ich gesagt habe«, fuhr Bodie fort. Seine Stimme zitterte ganz leicht. Vielleicht war ich die Einzige, die es überhaupt bemerkte. »Mehr noch: Ich möchte den Autorinnen und Redakteurinnen beim *Daily* für ihren Einsatz und ihren Mut danken, der nötig war, um diese Vorwürfe öffentlich zu machen. Wir bitten alle Fans unserer Mannschaft und alle Fans von Truman Vaughn darum, sie mit Respekt zu behandeln und sich anzuhören, was sie zu sagen haben. Weil es wahr ist. Also. Ja. Danke für Ihre Aufmerksamkeit.«

Der ESPN-Reporter saß mit offenem Mund da und brauchte einen Moment, bis er die Fassung wiedererlangt hatte.

»Nun, herzlichen Dank, Bodie. Das war … äh.«

Mehri, Ellison und ich hätten für den Rest des Jahres jeden Tag in der Woche auf dem Parkway demonstrieren können. Wir hätten lange, flammende E-Mails und Social-Media-Posts verfassen können. Trotzdem wären unsere Worte höchstwahrscheinlich auf taube Ohren gestoßen, weil niemand solche Dinge aus unserem Mund hätte hören wollen. Aber von

Bodie? Bodie war der Starquarterback eines mehrere Millionen Dollar schweren College-Footballprogramms. Seine Worte hatten Gewicht. Und seine Taten hatten niemals mehr Gewicht gehabt als jetzt. Fair war das nicht. Das wusste ich. Und Bodie wusste es auch.

Deshalb hatte er seine Stimme für uns erhoben.

Wie durch ein Wunder passten die weißen Shorts noch. Eine logische Erklärung gab es nicht dafür, aber ich hatte gelernt, Wunder nicht zu hinterfragen, egal in welcher Gestalt sie mir passierten. Hanna und ich legten Partymusik auf und öffneten das Küchenfenster, um die kühle Abendluft hereinzulassen, während wir uns auf die anstehenden Festivitäten vorbereiteten. Das Glätteisen war heiß, unsere Gesichter waren grundiert, und jedes weiße Kleidungsstück, das wir besaßen, war auf unseren Betten ausgebreitet.

Doch alles, woran ich denken konnte, war Bodie St. James. Ich saß mit dem Handy im Schoß da und rief unseren Chat auf, ohne auch nur die geringste Ahnung zu haben, was ich ihm schreiben sollte.

Danke kam mir unzureichend vor. *Komm zu mir* klang zu forsch.

Pollock war immer eine wilde Nacht. Im ersten Jahr, als Andre, Hanna und ich noch jung und naiv gewesen waren, hatten wir so viel Bacardi getrunken, dass wir am nächsten Morgen in Hannas Wohnheimzimmer auf dem Fußboden aufgewacht waren, umgeben von fünf geklauten Verkehrshütchen und einer unbeschrifteten Styroporschachtel mit Waffelfritten, deren Herkunft uns bis heute Rätsel aufgab. (Keins der Restaurants in der Nähe des Campus verkaufte Waffelfritten, und es gab auch keine Uber-Quittungen, die belegten, dass wir den Campus verlassen hatten. Nicht dass ein Uber-Fahrer uns überhaupt mitgenommen hätte, schließlich waren wir über und über mit Schwarzlichtfarbe beschmiert gewesen.)

»Han?«, fragte ich. »Kannst du mir bei meinen Haaren und dem Make-up helfen?«

Ich schleppte einen unserer wackligen IKEA-Stühle ins Bad, damit ich vor dem Spiegel sitzen konnte, während Hanna um mich herumscharwenzelte und alle Clips und Gummibänder, derer sie habhaft werden konnte, zum Einsatz brachte, um meine Haare zu bändigen.

»Du riechst wie eine Zahnpastafabrik«, murmelte sie, während sie arbeitete.

»Danke?«

»Nein, nein. Alles gut. Bodie wird es zu schätzen wissen.«

Ich spannte ein Haargummi und ließ es fliegen. Es prallte vom Spiegel ab und traf Hanna an der Stirn. Unser Gelächter verstummte abrupt, als der Signalton meines Handys auf dem zugemüllten Badezimmerfußboden kurzzeitig unsere Partysongs übertönte.

Andre hatte geschrieben. *Bin draußen! Hab alles!*

»Andre ist zurück«, verkündete ich.

Das Poltern von Schritten auf der Treppe, das durch die papierdünnen Wände unseres Apartments zu hören war, kündigte sein Kommen an. Er hatte sich für weiße Kompressions-Leggings, eine kurze Sporthose und ein weißes T-Shirt entschieden. Zwei weiße Schweißbänder um die Handgelenke komplettierten den Look. Er trug eine Plastiktüte mit Softdrinks und Mixe sowie eine Jumbotüte Hot Cheetos bei sich, die Hanna ihm sofort aus den Händen riss und zärtlich wie ein schlafendes Neugeborenes an ihre Brust drückte.

»Und deine Limonade«, verkündete Andre, ehe er Hanna eine Plastikflasche reichte. Sofort schraubte sie den Deckel ab, trank einen Schluck und füllte ihn mit einem großzügigen Schuss Fireball wieder auf.

Sie registrierte meine Grimasse. »Na ja, da ich heute Abend niemanden habe, bei dem ich einen guten Eindruck machen muss …« Sie trank noch einen tiefen Schluck aus der Flasche.

»Unmöglich«, sagte ich. »Ihr beide seid *unmöglich.*«

Andre hielt mir meinen Autoschlüssel hin.

»Hast du ...?«

»Ja, ich habe deinen Wein«, sagte er. »Der ist im Kofferraum.«

Ich runzelte die Stirn. »Warum hast du ihn nicht mitgebracht?«

»Vergessen«, sagte Andre. »Geh mal und hol ihn. Ich habe im Parkhaus gegenüber vom Palazzo geparkt. Das ist ja nicht weit. Dauert höchstens fünf Minuten.«

Meine Freunde waren vielfältig künstlerisch begabt, aber das Schauspiel lag ihnen nicht. Keine Ahnung, weshalb sie unbedingt wollten, dass ich zum Parkhaus ging. Ich sah Hanna an und hoffte, in ihren Zügen einen Hinweis zu entdecken, aber sie studierte hoch konzentriert die Tabelle mit den Nährwertangaben auf der Rückseite ihrer Cheetos-Tüte. Das musste eine ziemlich deprimierende Lektüre sein.

»Seid ihr sauer auf mich?«, fragte ich. »Oder ...«

»Laurel«, sagte Hanna genervt. »Geh einfach.«

Andre hatte den Wagen auf dem obersten Parkdeck abgestellt. Jetzt war ich mir ganz sicher, dass die beiden sauer auf mich waren.

Hechelnd wie ein überhitzter Hund blieb ich oben am Treppenabsatz stehen und blickte zur anderen Straßenseite hinüber. Es war die goldene Stunde. Die Fenster des Palazzo leuchteten golden und rosa vor einem lavendelblauen Himmel. Von der östlichen Seite aus betrachtet, war das Parkhaus ein Monolith aus Schatten und Beton, doch als ich die Tür aufdrückte und aufs Dach hinaustrat, wurde ich im ersten Moment vom Sonnenlicht geblendet. Ich hob die Hand an die Augen. Und dann sah ich es.

Mein Corolla war eins von vielleicht fünfzehn Autos, die auf der obersten Etage parkten. Er stand ganz einsam an der Nordseite. Fenster und Seitenspiegel glänzten im Licht, und die Karosserie hatte keine einzige staubige oder schmutzige Stelle mehr. Doch das war nicht der Grund, weshalb ich wie angewurzelt stehen blieb. Es war die Motorhaube – glatt und weiß wie ein frisch verschneites Feld. Und der Junge im maßgeschneiderten dunkelblauen Anzug, der auf dem Radstopper des Nachbarstellplatzes saß, die Ellbogen auf den Knien und eine Flasche Wein zwischen den Füßen.

Als er mich japsend näher kommen hörte, hob Bodie den Kopf.

»Hey«, rief er.

»Hi«, antwortete ich leise. Ich war den Tränen nahe.

Ich blieb vor ihm stehen und konnte mich nicht entscheiden, welcher Anblick mich mehr rührte: mein repariertes Auto oder Bodie in seinem Anzug. Er wischte sich die Hände an der Hose ab und stand auf. Die Weinflasche ließ er stehen, als er mir entgegenging.

»Du hast die Vorlesung geschwänzt«, sagte er. »Zweimal.«

»Hast du mich vermisst?«, scherzte ich.

»Ja«, sagte er mit einer Aufrichtigkeit, auf die ich nicht vorbereitet gewesen war. »Und wie.«

Ich versuchte zu lachen, aber ich hatte einen Kloß im Hals. Stattdessen klimperte ich mit meinem Schlüssel. Ich konnte den Blick nicht von meinem Auto losreißen. Meinem wunderschönen, makellosen Auto.

»Wie?«, fragte ich, weil ich nicht in der Lage war, eine vollständige Frage zu formulieren.

»Shepherd hat geholfen«, sagte Bodie. »Ich hoffe, das ist in Ordnung. Ich wollte mich nicht aufdrängen oder so, aber ich dachte …«

Ich winkte schniefend ab. »Wie hast du – hast du ihn neu lackiert?«

»Ich habe mir ein Youtube-Tutorial angesehen«, sagte er achselzuckend. »Und Quintons Onkel ist Automechaniker. Kann sein, dass ich ihn um einen Gefallen gebeten habe.«

So liebenswert, wie Bodie war, hielt ich es für völlig ausgeschlossen, dass er dem Verwandten seines Teammitglieds erlaubt hatte, ohne Bezahlung zu arbeiten. Bodie hätte niemals um eine Sonderbehandlung gebeten. Ich hatte eine recht gute Vorstellung davon, was ihn die Reparatur gekostet haben musste. Ich hatte mich informiert, um zu wissen, wie viel Geld ich ansparen musste. Nur dass das jetzt keine Rolle mehr spielte. Bodie hatte sich um alles gekümmert. Mir fiel keine Möglichkeit ein, meine Gefühle zum Ausdruck zu bringen, ohne dass es wie eine Szene aus dem Zwischenfinale einer Telenovela gewirkt hätte: Ich wollte weinen, mich auf die Knie werfen, ihm eine Ohrfeige verpassen und ihn küssen – selbstverständlich alles perfekt choreografiert.

Am Ende entschied ich mich für »Danke dir« und war stolz auf meine Selbstbeherrschung. »Obwohl ich es nicht gut finde, dass du die Reparatur bezahlt hast. Ich mag es nicht so gern, wenn andere für meine Sachen zahlen.«

»Ja, was das angeht ...« Bodie trat von einem Fuß auf den anderen. »Andre und ich haben die Reparatur nicht bezahlt. Das war Kyle. Die Sache ging auf sein Konto. Vor meinem Interview bei ESPN habe ich ihn gefragt, und er hat sich damit gebrüstet, wie er auf dem Parkplatz von Target die Buchstaben in die Motorhaube geritzt hat. Ich habe das Gespräch mit der App aufgezeichnet, die du immer benutzt. Ich habe ihm gesagt, wenn er nicht zahlt, spiele ich es Gordon vor. Er hat gezahlt. Ich habe Gordon vor einer Stunde die Aufzeichnung geschickt.«

Halb geschockt, halb erfreut rang ich nach Atem. »Du dreckige Ratte.«

Bodie verkniff sich ein Schmunzeln. »Man tut, was man kann.«

»Aber Fogarty hat es nicht anders verdient«, sagte ich.

Er nickte. »Ich glaube, ich brauche neue Freunde.«

»Tja, damit kann ich nicht dienen. Ich habe nur zwei, und beide sind Riesentrottel.«

»Shepherd ist eigentlich ganz cool.« Ernster fügte er hinzu: »Er hat mir erzählt, dass du deinen Job verloren hast. Das tut mir leid. Ich kann mit deiner Chefin im Country Club reden und …«

»Nein«, unterbrach ich ihn. »Ich will da nicht mehr arbeiten.«

»Bist du sicher? Ich kann mich beschweren. Wirklich.«

»Lass. Rebecca ist den Aufwand doch gar nicht wert.«

»Aber du schon.«

Ich wollte ihn in die Arme nehmen. Ich wollte meine Hände an seine Wangen legen und ihn ein paar Stunden lang festhalten, damit ich die Wärme seines Lächelns aufsaugen konnte. Abermals zog ich die Nase hoch und wischte sie an meinem Ärmel ab. Bestimmt sah ich aus wie ein ekeliger, glubschäugiger Gremlin, aber ich war zu glücklich, um mich deswegen zu schämen.

Außerdem lächelte Bodie mich an. Es war sehr schwer, negative Gefühle zu haben, wenn Bodie einen anlächelte.

»Ich habe dein Interview gesehen«, wisperte ich.

»Es tut mir leid«, wisperte er zurück.

»Wofür entschuldigst du dich? Du warst – du warst einfach perfekt.«

Bodie verzog das Gesicht. »Perfekt wäre es gewesen, wenn ich das alles schon bei meinem ersten Interview gesagt hätte, statt dir vorzuwerfen, du würdest Vaughns Namen in den Dreck ziehen.«

»Du wusstest es ja nicht«, murmelte ich.

»Ich wusste genug«, sagte Bodie. Dann lächelte er. »Ich wollte hinschmeißen.«

»Was?«

»Ich wollte heute mit dem Football aufhören. Ich hatte noch einen zweiten Teil meiner Stellungnahme geplant. Es sollte ein ganz großer Moment werden. Einfach: *Ich mache Schluss.* Aber kurz bevor wir auf Sendung gingen, hat jemand deinen Artikel in den Team-Chat gestellt, damit wir ihn alle auf Social Media teilen, und da wurde mir klar ... Wenn ich aufhöre, Football zu spielen, kann ich nicht dafür sorgen, dass sich was ändert. Denn all diese Workshops zu sexueller Belästigung und die Gelder, die die Uni uns jedes Jahr zur Verfügung stellt, bringen gar nichts, wenn Typen wie Vaughn und Fogarty so tun, als wäre das alles bloß ein Witz.«

Ich nickte. »Sie brauchen dich. Die Mannschaft braucht dich.«

Bodie blickte zwischen uns zu Boden und schluckte mühsam.

»Was ist?«, fragte ich.

»Vaughn war in den letzten zweieinhalb Jahren ein sehr wichtiger Teil meines Lebens. Ich weiß, was er getan hat, ist furchtbar, und ich weiß – ich weiß auch, dass ich nicht zurückkann. Aber was mache ich mit all dem Guten?«

»Bodie«, sagte ich rau.

»Er war für mich da, als ich jemanden brauchte. In meinem ersten Jahr ging es mir sehr schlecht. Da hätte ich niemals bei ESPN einfach so ein Live-Interview geben können. Vaughn hat mir gezeigt, wie man Menschen führt. Was soll ich jetzt mit all dem machen, was er mir beigebracht hat? Über Rhetorik, über das Spiel, über das Leben? Wie trenne ich das Gute vom Schlechten? Weil ich nicht ...« Seine Stimme brach. »Ich darf nicht so sein wie er, Laurel. Ich will nicht so werden.«

»Das wirst du auch nicht«, sagte ich, ohne nachzudenken. Es war mein voller Ernst. »Du wirst nicht so werden wie er, wenn du es nicht willst. Es gab einen Grund, weshalb du mir gleich in unserem ersten Interview von der Stiftung erzählt hast, Bodie. Das war deine freie Entscheidung. Das hat dir niemand beigebracht. Niemand hat dich an die Hand genommen und dir gesagt, dass du es tun sollst. Du hast dich dazu entschieden, weil es richtig war. Weil du ein guter Mensch bist.«

Es geschah ganz plötzlich. Bodie machte einen Schritt auf mich zu, und ehe ich Zeit hatte, darüber nachzudenken, dass mein tränennasses Gesicht und meine Rotznase vielleicht sein Hemd schmutzig machen könnten, hatte er die Arme um mich geschlungen und mich an sich gedrückt.

Mir war nicht bewusst gewesen, wie sehr ich eine Umarmung brauchte. Sein Körper war groß und warm und fest. Es fühlte sich so gut an, dass mir erneut die Tränen kamen, bis ich schließlich gar nicht mehr durch die Nase atmen konnte.

Die Dauer einer höflichen Umarmung war irgendwann überschritten. Trotzdem hielten wir uns weiter fest.

Irgendwann schniefte ich. »Magst du was trinken?«

Ich war an Wein mit Schraubverschluss gewöhnt, der so schmeckte, als hätte jemand Nagellackentferner und abgelaufenen Traubensaft gemischt. Aber der gute Andre hatte sich nicht lumpen lassen. Die Flasche hatte sogar einen Korken.

»Verdammt«, rief ich und stampfte vor lauter Frust mit dem Fuß auf. »Warum macht Andre so was? Er weiß doch, dass ich nicht so versnobt bin. Ich habe keinen Korkenzieher in meinem ...«

»Gib her.« Bodie streckte die Hand nach der Flasche aus.

Ich gab sie ihm, verschränkte die Arme vor der Brust und sah hinter mich, um sicherzugehen, dass sich keine Wachleute der Uni irgendwo hinter den Betonpfeilern versteckten, um jugendlichen Delinquenten aufzulauern.

»Und deinen Schlüssel.«

Stirnrunzelnd sah ich Bodie an. Er lächelte bloß und hielt mir seine geöffnete Handfläche hin. Ich ließ meinen Schlüssel hineinfallen. Mit einer geübten Bewegung rammte er meinen Wohnungsschlüssel in den Korken, drehte einmal daran und zog ihn dann mit einem befriedigenden Ploppen aus der Flasche. Es war das Heißeste, was ein Mann in meiner Gegenwart je getan hatte.

»Alles eine Frage der Oberkörperkraft«, sagte er, mächtig stolz auf seine Leistung.

Mein Blick wanderte zu den Ärmeln seines Sakkos, die sich über seinem Bizeps spannten.

»Hast du Becher?«, fragte er.

Nein, Becher hatte ich nicht. Dafür hatte ich eine große Sammlung von Mehrwegtragetaschen, eine Flasche Cholula Hot Soße und einen Rosenkranz, den meine *abuelita* mir gegeben hatte, damit ich ihn an den Rückspiegel hängte. (Das ständige Rasseln der Plastikperlen war mir beim Fahren auf die Nerven gegangen, deshalb hatte ich mir gedacht, dass der liebe Herrgott sicher nichts dagegen hätte, wenn ich den Rosenkranz im Handschuhfach aufbewahrte.)

»Wir können aus der Flasche trinken. Das geht auch kontaktlos«, sagte ich.

»Super Idee. Willst du dir als Erstes Wein übers Shirt kippen, oder soll ich?«

Der Klugscheißer ließ mir den Vortritt.

Ich kam zu dem Schluss, dass es Schlimmeres gab als fremden Speichel, und da Alkohol ohnehin pures Gift war, gab ich mir keine große Mühe, nicht mit den Lippen den Flaschenhals zu berühren. Als ich fertig war, reichte ich die Flasche an Bodie weiter. Der nahm einen kleinen Schluck, wischte sich den Mund mit dem Handrücken ab und schüttelte sich wie ein Kind, das Hustensaft nehmen musste.

»Ach, jetzt komm aber«, tadelte ich ihn. »Das ist guter Stoff.«

»Ich trinke nicht viel Alkohol«, gestand Bodie mit einer Grimasse.

Während er sich für einen zweiten Schluck wappnete, holte ich mein Handy aus der hinteren Hosentasche, um Andre eine Nachricht zu schreiben. Ich war unschlüssig, ob ich mich bei ihm bedanken sollte, weil er Bodie geholfen hatte, oder ob er eine Strafpredigt verdiente, weil er mich nicht wenigstens vorgewarnt hatte.

»Warte mal kurz«, sagte Bodie mit einem verdächtig schadenfrohen Grinsen, als ich den Kopf hob. »Was hast du denn als Lock Screen?«

Ich kämpfte gegen den plötzlichen Drang an, mein Smartphone vom Dach des Parkhauses zu werfen.

»Bloß irgendein Bild von Pinterest.«

Bodies Mund zuckte. »Ich zeig dir meinen, wenn du mir deinen zeigst.«

Am Ende siegte die Neugierde.

»Du zuerst«, befahl ich.

Bodie zog sein Handy aus der Tasche und hielt es mir hin.

»Ist das das Baby deiner Schwester?«, fragte ich und betrachtete das Display.

Er nickte. »Jetzt du.«

Ich knirschte mit den Zähnen. Bodie zog auffordernd die Brauen hoch. Mit enormem Widerwillen reichte ich ihm mein Telefon und reckte trotzig das Kinn vor. Ich klammerte mich an meinen Stolz, obwohl ich in Wahrheit vor Scham fast verging.

»Ist das ...« Er kniff die Augen zusammen. »One Direction?«

»Aha, du kennst sie also.«

»Warum hast du ein Foto von One Direction aus dem Jahr ... 2011 als deinen Lock Screen?«

»Weil die einige durchaus beachtliche Alben gemacht haben.«

Er schnaubte. »Und, bist du Harry- oder Niall-Fan?«

»Diese Frage beantworte ich nicht.«

»Sag mir nicht, du stehst auf Louis ...«

»Ich mag die Musik.«

»Klingt wie etwas, was jemand sagen würde, der auf Louis steht.«

»Ehrlich, Bodie! Ich habe eine CD von ihnen im Wagen. Die ist richtig ...«

Doch er musste so heftig lachen, dass er meine Plattenkritik nicht mitbekam. Ich verschränkte die Arme und wartete. Irgendwann hatte sich Bodie wieder so weit beruhigt, dass er mich entschuldigend ansehen konnte. »Okay, okay, es tut mir leid«, sagte er. »Also gut. Ich gebe ihnen eine Chance.«

Er ging zur Fahrertür meines Wagens und steckte den Schlüssel ins Schloss.

»Du musst einen Moment warten, bevor ...«

Zu spät. Er hatte bereits am Türgriff gezogen. Prompt ging der Alarm los. Bodie taumelte zurück. Mein Schlüssel glitt ihm aus der Hand und fiel klimpernd zu Boden. Jetzt war ich diejenige, die sich vor Lachen kaum halten konnte.

»Was habe ich gemacht?«, rief er über das Kreischen der Alarmanlage hinweg. Das Entsetzen in seinen weit aufgerissenen Augen wich der Verlegenheit, als er sah, wie ich mich auf seine Kosten amüsierte.

»Sie ist sensibel«, tadelte ich ihn. »Du kannst ihn nicht einfach reinstecken und los geht's.«

»That's what she said.«

»Okay. Geh mir aus den Augen.«

»Dies ist ein öffentliches Parkhaus, Laurel.«

Ich zog die Tür auf, setzte mich seitlich auf den Fahrersitz und rammte den Schlüssel ins Zündschloss. Der Motor röhrte, gefolgt vom Knacken der Stereoanlage und den ersten Akkorden eines Ariana-Grande-Songs. Seufzend betätigte ich die Skip-Taste, bis die Anlage zur nächsten CD wechselte: dem ersten Studioalbum von One Direction.

Zwischen dem Ende des einen und dem Anfang des nächsten Songs – nachdem Bodie und ich aufgehört hatten, wie wild herumzuspringen, und nur noch Arm in Arm dastanden und lachten – presste ich die Lippen auf seine Schulter. Nur einmal ganz flüchtig, sodass er, falls es ihm auffiel, denken würde, dass es ein Versehen gewesen war.

27

Das Art House hatte mithilfe von Maschendrahtzäunen und schwarzen Plastikplanen einen Tunnel gebaut, der von der Einfahrt bis zu dem riesigen Zelt hinten auf dem Parkplatz führte. Als wir ankamen, war bereits laute Musik zu hören. Die kühle Abendluft roch süß nach Marihuana und chemisch beißend nach der Schwarzlichtfarbe, die auf Klapptischen vor dem Haus für die Gäste bereitstand. Die einzelnen Farbtöne – Pink, Blau, Grün, Orange und Gelb – waren in Quetschflaschen abgefüllt worden, so wie Restaurants sie für Mayo oder Ketchup benutzten.

Hanna schnappte sich eine Flasche mit blauer Farbe und malte gleich als Erstes ein krummes Phallussymbol auf Andres T-Shirt. Bodie nahm eine Flasche mit grüner Farbe und drehte sich zu mir um. Ich rechnete damit, dass er sie mir ins Gesicht spritzen würde, wie alle anderen auf dem Rasen vor dem Haus es taten, doch stattdessen gab er einen Klecks Farbe auf seinen Finger.

»Halt still«, wies er mich an und nahm mein Kinn zwischen Daumen und Zeigefinger.

»Du malst mir aber keinen Pimmel ins Gesicht, oder?«, fragte ich und bemühte mich, nicht zurückzuzucken.

»Auf keinen Fall«, gab Bodie wenig überzeugend zurück. Ich spürte, wie er entlang meiner Wangenknochen einzelne Punkte auftupfte.

»Lass mal sehen!«, rief Hanna und drehte mich an der Schulter zu sich herum. Gleich darauf machte sie ein langes

Gesicht. »Was soll das? Wo bleibt da die Kreativität, St. James?«

»Dir ist bewusst, dass die Menschen buchstäblich schon seit Jahrhunderten Pimmel irgendwohin kritzeln?«, sagte Andre. Das brachte ihm eine weitere Ladung Farbe ein. Mit Farbflaschen in der Hand (und zwei weiteren in den Taschen von Andres Shorts) folgten wir dem stetigen Strom der Studenten, die in den Tunnel verschwanden. Das war jedes Jahr mein Lieblingsmoment – der allererste Schritt in die Finsternis, bevor sich die Augen umgewöhnt hatten. Bevor man tief genug ins Zelt vorgedrungen war, um vom Schwarzlicht angeleuchtet zu werden. Ich wagte mich ins Dunkel. Und dann wurde die Welt auf einmal blau. Lachend wirbelte ich herum. Bodie stand direkt hinter mir. Sein Oberhemd und seine Zähne erstrahlten neonblau.

Ich hob meine Flasche mit pinker Farbe. Er merkte es einen Sekundenbruchteil zu spät. Ich hatte die Brust seines Hemds mit wilden Zickzackstreifen verziert, ehe er eine Flasche mit orangener Farbe nahm und sich bei mir revanchierte.

Wir tauchten in die farbenfrohe Menge ein. Die Musik war so laut, dass der Asphalt unter unseren Füßen bebte. Durch die Dunkelheit und den Whiskey Lemonade, den wir getrunken hatten, fiel uns das Tanzen leicht, und wir stürzten uns mitten ins Getümmel.

Hanna packte meine Hand. »Ich glaube, ich brauche noch was zu trinken!«, rief sie.

»Ich komme mit«, brüllte ich zurück. Ich wandte mich an die beiden Jungs, um ihnen Bescheid zu sagen. Andre sah sich in der Menge um, aber Bodies Blick ruhte auf mir. »Wir gehen schnell an die Bar«, teilte ich ihm mit.

Bodie runzelte die Stirn, und mir wurde klar, dass er mich wegen der lauten Musik nicht verstanden hatte. Als er sich zu mir herunterbeugte und mir sein Ohr hinhielt, legte ich ihm die Hände auf die Schultern und stellte mich auf die Zehenspitzen. Das Déjà-vu war wie ein kleiner Schock. So hatten wir dagestanden, als es zu unserem Kuss gekommen war. Als Bodie sich für meinen Mund und gegen sein Eis entschieden hatte.

Um uns wogte die Menge. Jemand rempelte mich an, und ich musste einen Schritt zur Seite machen, um nicht das Gleichgewicht zu verlieren. Bodies Hand landete stützend auf meiner Hüfte. Ich liebte große Partys wie Pollock aus demselben Grund, aus dem ich es liebte, während eines Footballspiels auf der Tribüne zu sitzen: Man wurde von der Masse verschluckt. Man war Teil von etwas Großem. Ein einzelnes winziges, vibrierendes Atom in einem großen Universum voller Wunder. Das gefiel mir. Aber im Moment wünschte ich mir auch ein bisschen, das Universum würde sich verpissen.

»Was hast du gesagt?«, fragte Bodie über die Musik hinweg.

Ich konnte mich nicht mehr erinnern. Ich glaubte, in seinen Augen die Reflexion von Sternen zu sehen. Es dauerte einen Moment, bis ich merkte, dass es die Punkte waren, die er mir auf die Wangen gemalt hatte.

»Bar!«, rief ich. »Wir gehen an die Bar! Hanna will was zu trinken!«

Ich ertastete Hannas blau gestreiften Arm, wo Andre ihr als Rache für den Phallus auf seinem Shirt eine Ladung Farbe verpasst hatte, und hielt mich an ihr fest. Zusammen kämpften wir uns durch die Feiernden. Mit das Tollste an Pollock war, dass man jeden traf, mit dem man irgendwann mal eine Lehrveranstaltung zusammen gehabt hatte. Ich sah Ryan Lansangan mit einer weißen Baseballkappe und in einem weißen Onesie mit Knopfleiste, der seine kurzen, aber wohldefinierten Waden frei ließ. Und ich streifte kurz Mehri, die mir mit ihrem Four Loko zuprostete, als wir aneinander vorbeikamen. Irgendwann erreichten wir die Bar, die in der hintersten Ecke des Zeltes gegenüber vom DJ-Pult aufgebaut war und aus einer wackeligen Sperrholzkonstruktion bestand. Da Hanna kleiner war als ich, war es meine Aufgabe, den Hals zu recken und über die Schlange der Wartenden hinwegzuspähen. Danny – Hannas kiffender Ex-Lover – stand hinter dem Tresen und goss Natty Light in rote Plastikbecher.

»Willst du zimmerwarmes Bier oder …«

»Lässt du dich heute von St. James küssen oder nicht?«, wollte Hanna wissen.

»Wovon redest du?«

»Der Junge steht auf dich. Er hat sich zu dir gebeugt, Laurel. O mein Gott, ich brauche mehr Whiskey. Du brauchst mehr Whiskey.«

»Er hat sich zu mir gebeugt, weil wir uns unterhalten haben.«

»Laurel.«

»Das letzte Mal, als wir uns geküsst haben, ist mir das ziemlich auf die Füße gefallen.«

»Weil er dein Whistleblower war«, sagte Hanna. »Aber jetzt musst du ihn nicht mehr schützen. Du darfst ihn küssen.«

Ich schüttelte den Kopf. »Nur weil Bodie an die Öffentlichkeit gegangen ist, heißt das nicht, dass wir mit der Sache durch sind. Vaughn ist immer noch auf freiem Fuß. Josefina ist immer noch – ich weiß nicht mal …«

»Heute Abend kannst du die Welt sowieso nicht retten, okay? Du hast schon so viel gemacht, Laurel. Bitte, tue es deinem seelischen Gleichgewicht zuliebe. Trink noch ein bisschen, und dann küss ihn.«

Das Mädchentrio vor uns in der Schlange entschwebte mit seinen Drinks, und ich trat an den Tresen. Danny lächelte mich an, doch sein Blick ruhte auf Hanna, auch wenn ich versuchte, ihr mit meinem Körper so gut wie möglich Deckung zu geben. Der heutige Abend würde wild werden, aber nicht so wild, dass ich zuließ, dass meine beste Freundin mit einem Kerl ins Bett sprang, der so aussah, als hätte er etwas gegen jegliche Form moderner Wasserinstallation.

»Zwei Bier«, rief ich und hielt zwei Finger in die Höhe.

Danny trat zur Seite, um eine weitere Packung Natty Light aufzureißen. Hanna schlug mir auf den Arm, um meine Aufmerksamkeit zu erregen. Es musste wichtig sein, am nächsten Morgen würde ich an der Stelle nämlich einen riesengroßen Bluterguss haben. Ich drehte mich um. Bodie bahnte sich einen Weg durch die Menge in unsere Richtung. Er war leicht zu erkennen, da er einen Kopf größer war als alle anderen auf der Party, mit Ausnahme einiger Basketballspieler, die an der Seite standen und einen Joint herumgehen ließen. Außerdem wurde seine Sichtbarkeit dadurch erhöht, dass ihm Schwarzlichtfarbe vom Kinn tropfte. Er war ein neonblaues Leuchtfeuer.

»Was ist passiert?«, brüllte Hanna über den Lärm der Musik hinweg.

»Andre hat mir Farbe ins Auge gespritzt«, sagte er und versuchte vergeblich, besagtes Auge trotz des riesengroßen Farbkleckses an seinen Wimpern zu öffnen.

Hanna lachte schallend. »Andre, dieser Vollidiot.«

»Brennt es?«, fragte ich etwas mitfühlender als meine Mitbewohnerin.

»Ehrlich gesagt, ja. Wie Sau.«

Im nächsten Moment tauchte Andre mit schuldbewusster Miene aus der Menge auf. »Bist du sicher, dass du nicht mein Shirt nehmen willst?«, fragte er, obwohl auch das voller Farbe war.

»Es geht schon«, sagte Bodie, obwohl das ganz offensichtlich nicht stimmte.

»Hey«, sagte ich. »Wollen wir versuchen, das wegzuwischen?«

»Das wäre gut.«

Ich wandte mich an Hanna. »Ich helfe Bodie, irgendwo Wasser oder ein Handtuch oder so was zu finden. Und hör gefälligst auf zu grinsen.«

Sie ignorierte meine Warnung und lehnte sich an mir vorbei, um Bodie auf die Schulter zu klopfen. »Du bist bei ihr in guten Händen.«

»Geh du vor«, sagte Bodie.

Ich nahm seine Hand, verschränkte unsere Finger miteinander, damit wir uns im Gewühl nicht verloren, und versuchte mein pochendes Herz zu bändigen. Zusammen wagten wir uns in das heiße Gedränge der Körper und bahnten uns einen Weg zurück durch den Tunnel. Die Eingangstür des Art House wurde von mehreren Jungs versperrt, deren Aufgabe es war, den Betrunkenen, die pinkeln mussten, den Weg zur Toilette zu weisen.

»Dixi-Klos zu eurer Linken, Ladys«, rief einer von ihnen drei Studentinnen zu, die sich zwecks besserer Stabilität untergehakt hatten. Ich lotste Bodie auf die Rückseite des Gebäudes. Der Hintereingang war abgeschlossen, was jedoch kein Hindernis darstellte, weil Mehri Rajavi mir verraten hatte, dass sie und ihre Mitbewohnerin einen Notfallschlüssel (und anscheinend auch eine Notfallbong) hinter einer der Topfpflanzen auf der geschlossenen Veranda aufbewahrten. Ich drehte den Schlüssel im Schloss herum, und wir waren drinnen.

Das grelle Licht im Haus war deutlich weniger schmeichelhaft als das sanfte blaue Leuchten des Schwarzlichts. Bodie und ich sahen furchtbar aus: die Haare zerzaust, die Klamotten voller Farbe. Unter anderen Umständen hätte ich mir einen Moment Zeit genommen, um deshalb in Panik zu geraten, aber Bodie war halb blind und hatte Schmerzen.

»Komm«, sagte ich und nahm erneut seine Hand, obwohl es keine Menschenmenge mehr gab, in der wir uns hätten verlieren können.

Das Erdgeschoss war leer, bis auf einige Leute in makellos weißen Kleidern, die sich nicht entscheiden konnten, wann sie mit dem Vorglühen aufhören wollten. Sie standen auf der Treppe und debattierten mit lallenden Stimmen darüber, ob sie sich draußen unter die Feiernden mischen oder lieber erst noch ein paar Shots trinken sollten. Als ich mit einem halb blinden, eins fünfundneunzig großen Quarterback im Schlepptau vorbeikam und nasse Fußspuren auf dem buckeligen Holzboden hinterließ, zuckten sie mit keiner Wimper. Wir durchquerten die Küche mit der zerfledderten Tapete, dem Fliesenspiegel und den zerschrammten Küchenschränken und nahmen eine kleine Treppe hinunter in den Keller (der mithilfe eines aus einem schlecht bewachten Hörsaal geklauten Projektors zu einem großen, gemütlichen Kinoraum umgebaut worden war).

»Ich glaube, hier ist es«, murmelte ich, ehe ich die erste Tür öffnete.

Wäschekammer. Bingo.

Es war ein kleiner, schummriger Raum mit zwei Waschmaschinen und zwei Trocknern. Durch das geöffnete Fenster oberhalb der nebeneinander aufgereihten Toplader drang Musik.

In der Ecke gab es ein riesiges Spülbecken, darunter stand ein Eimer mit verschiedenen Putzutensilien. Jemand hatte einen Korb mit gefalteter Wäsche auf dem Klapptisch an der hinteren Wand stehen lassen. Ganz oben lag ein lachsfarbenes Handtuch. Das schnappte ich mir kurzerhand und drehte mich damit zu Bodie um.

»Wo willst du mich haben?«, fragte er.

Ich konnte mich nicht beherrschen und prustete los.

»Zu jedem anderen Zeitpunkt würde ich mich über dich hermachen, Laurel, aber so langsam habe ich wirklich Sorgen, dass ich mein Augenlicht verlieren könnte.«

Mir stieg die Hitze in die Wangen. »Okay, okay. Schon gut.«

Ich hielt eine Ecke des Handtuchs unter den Wasserhahn, wrang es aus, setzte mich auf die Waschmaschine neben dem Spülbecken und bat Bodie, zu mir zu kommen. Geduldig stand er zwischen meinen Beinen, während ich die blaue Farbe abwischte. Er rührte sich nicht, bis ich mit dem Handtuch über sein Auge rieb. Da zuckte er zusammen, und seine Hand tastete nach etwas, woran er sich festhalten konnte. Sie landete an meiner Hüfte.

»Sorry, sorry, sorry«, sagte ich.

»Schon gut«, brummte er. »Das war bloß meine Nase. Die tut noch ein bisschen weh.«

Seit sie nicht mehr geschwollen und blau war, vergaß ich manchmal, dass er sie sich gebrochen hatte. Als ich erneut das Handtuch an sein Gesicht hob, um die letzten Farbreste von seinen dichten Wimpern zu entfernen, war ich sanfter.

Ich lehnte mich zurück und betrachtete ihn ein letztes Mal.

»Ta-da!«, sagte ich stolz.

Seine Lider hoben sich flatternd. Wir sahen einander an. Er beugte sich zu mir. Und dann rutschte seine Hand von meiner farbverschmierten Hüfte und landete mit einem lauten, widerhallenden Klatschen auf der Waschmaschine.

Ich brach in Gelächter aus. »Sehr geschmeidig.«

»Ich kann nichts dafür, dass du so ...«

»Feucht bist?« Ich musste mir den Mund zuhalten, um nicht über meinen eigenen Witz zu kichern. Ich wollte Bodie einfach nur zum Lachen bringen, aber als er einen Schritt zurücktrat, um mich zu betrachten, war es kein Humor, der in seinen Augen aufflackerte. Er nahm mein Handgelenk, zog meine Hand zur Seite und presste seine Lippen auf meine.

Ich konnte nicht glauben, dass ich nervös gewesen war. Unser erster Kuss war voller Adrenalin gewesen, aber dieser hier fühlte sich wilder an. Als wäre er alles, woran wir seit jener Nacht im *La Ventana* gedacht hatten – während der Vorlesung, abends im Bett, im Auto oder im Mannschaftsbus.

Als rechneten wir damit, dass Ryan jeden Moment neben uns aus dem Trockner klettern und »Yo!« rufen würde.

Bodies Hände wühlten sich in mein Haar. Münder pressten sich aufeinander, Nasen stießen gegen Wangen, Zungen umschlangen sich. Ich wollte nicht aufhören, auch nicht, um Luft zu holen, aber irgendwann ging es nicht mehr anders, sonst hätte ich das Bewusstsein verloren.

Ich schämte mich dafür, wie sehr ich keuchte. Bodie als Leistungssportler war zwar nicht annähernd so außer Atem wie ich, allerdings tröstete es mich, dass zwei rote Flecken auf seinen Wangen brannten und ich dort, wo meine Hand auf seinen Rippen lag, das laute Hämmern seines Herzschlags spürte. Zum ersten Mal fiel mir auf, dass ich den Post-Malone-Song, der draußen im Zelt gespielt wurde, gar nicht so schlecht fand.

Ich zog an Bodies Hemd.

Wieder beugte er sich zu mir herab, doch diesmal landeten seine Lippen nicht auf meinem Mund, sondern auf meinem Schlüsselbein, von wo aus er langsam meinen Hals hinaufwanderte. Ich legte den Kopf in den Nacken und stöhnte, als er die Stelle küsste, wo mein Puls schlug.

»Ich habe eine Bitte«, sagte ich rau.

»Du musst es nur sagen«, murmelte er an meiner Haut. »Ich mache alles, was du willst.«

Hitze stieg mir ins Gesicht, und ich lachte atemlos. »Du weißt doch noch gar nicht, worum es geht«, gab ich zu bedenken.

»Ist mir egal.«

Hinter ihm flog die Tür zur Wäschekammer auf.

»Ach du Scheiße. Sorry!«, rief jemand und war gleich wieder verschwunden. Man hörte nur noch das glückselige Gelächter von Freunden, die bereits ordentlich getankt hatten und für die im Moment alles ein einziges Abenteuer war.

Bodie und ich sahen einander an.

Seine Wangen waren gerötet, seine Augen glänzten. Ich hatte seine Frisur ruiniert. Die Haare standen ihm wild zu Berge, und an einigen Strähnen klebte Farbe, sodass es so aussah, als hätte er sich die Spitzen färben lassen.

»Können wir tanzen gehen?«, fragte ich.

»Bist du sicher, dass du das anderen Leuten antun willst?«

»Keine Ahnung, wovon du redest. Ich bin eine ausgezeichnete Tänzerin.«

»Ich habe von mir gesprochen.«

»Los, komm. Ich bringe es dir bei.«

Bodie nahm meine Hand und half mir, von der Waschmaschine zu steigen, auf der ich Streifen pinker, oranger und grüner Farbe hinterließ, die Bodie hastig mit dem Handtuch wegwischte, das ich zur Reinigung seines Auges benutzt hatte. Dann kehrten wir ins Zelt zurück. Es war nicht schwer, unsere Freunde in der Menge zu finden, da Hanna in der Zwischenzeit auf Andres Schultern geklettert war. Als sie uns erspähte, stieg sie herunter, warf mir die Arme um den Hals und schunkelte hin und her.

»Du bist wieder da!«, rief sie überglücklich, ehe sie die Stirn runzelte. »Du bist wieder da.«

»Hast du Mehri gesehen?«, fragte ich, weil ich fand, dass wir ihr zumindest Hallo sagen sollten.

»Ha. Und ob ich Mehri gesehen habe.«

Hanna nahm mich bei den Schultern, drehte mich herum und zeigte quer durchs Zelt zu der Stelle, wo Mehri Rajavi auf einer Tribüne stand. Sie hatte die Arme um ein Mädchen geschlungen, und die beiden knutschten hemmungslos wie ein Liebespaar in einem Arthouse-Zombiefilm. Zwei blasse Hände waren tief in Mehris schwarzer Lockenmähne vergraben. Hände, die zu Olivia Novak gehörten. Meinem Gruppenmitglied Olivia. Es war ein Aufeinanderprallen zweier Welten, und einen Moment lang starrte ich die beiden nur mit offenem Mund hingerissen an.

»Du und St. James hattet also Spaß, ja?«, brüllte Hanna mir ins Ohr.

»Was? Wir haben nicht ... ich habe ihm mit der Farbe geholfen.«

Hannas Grinsen war viel zu selbstgefällig. »Du hast einen grünen Handabdruck am Arsch, Cates.«

»Ist das dein Ernst?«

Hanna warf den Kopf in den Nacken und lachte. Und dann tanzten wir. Andre und ich versuchten vergeblich, Bodie dabei zu helfen, einen Sinn für Rhythmus zu entwickeln. Hanna gelang es, noch drei Quetschflaschen mit Farbe aufzutreiben, deren Inhalt sie ohne Umschweife in meinem Gesicht verteilte.

Dann hielt sie abrupt in ihrem Angriff inne.

»Warte kurz, mein Handy spielt verrückt«, sagte sie und öffnete den Reißverschluss ihrer Gürteltasche. Sie zog den Plastikbeutel mit unseren Handys heraus, drehte ihn um und runzelte die Stirn. »Ach du Scheiße, Laurel, ich glaube, es ist deins. Jemand versucht dich anzurufen.«

Hanna hielt den Beutel hoch. Mein Display leuchtete auf. Ich hatte zwei Nachrichten erhalten. Die erste wies mich auf sechs verpasste Anrufe hin. Die zweite war eine Textnachricht.

Ich las sie durch. Dann las ich sie noch einmal. Und dann noch ein drittes Mal.

»Was ist?«, wollte Hanna wissen.

»Ich muss los.«

Es war Mitternacht, ich war über und über mit Schwarzlichtfarbe beschmiert und hielt einen Plastikbeutel mit zwei Smartphones in der Hand, als ich die ruhige Straße in Garland entlangrannte. Meine linke Wade krampfte, und zwei Leute mit Hunden, an denen ich vorbeikam, sahen mich komisch an, aber ich wurde nicht langsamer. Ich durfte nicht langsamer werden. Denn ein Stück voraus, auf den Eingangsstufen meines Apartmentgebäudes, hatten sich sechs Menschen um ein Mädchen in einem viel zu großen UCSD-Sweatshirt versammelt, das sich mit einem der überlangen Ärmel das Gesicht abwischte. Sie erspähte mich durch die Menge der Umstehenden und erkannte mich trotz der Farbe sofort. Genau wie ich sie.

Keuchend blieb ich auf dem Gehweg stehen. »Josie.«

Ihre Begleiter drehten sich um. Jetzt entdeckte ich auch Gabi. Und ich sah einige der griechischen Buchstaben auf den Sweatshirts der anderen Mädchen sowie das UCSD-Fußball-Logo auf dem T-Shirt eines zierlichen Jungen mit kurz rasierten Haaren und Ohrring.

Josefina und ich sahen einander einen Moment lang an. Ich rang nach Luft, und sie hatte Tränenspuren im Gesicht, genau wie ihre Freunde und Freundinnen.

Irgendwann klatschte sie in die Hände und sagte: »Laurel, das hier sind meine Freunde. Mitglieder aus meiner Verbindung und Kommilitonen. Äh. Könntest du mit uns zur Polizei gehen? Ich glaube ...« Ihr Atem stockte, und sie lachte scheu. »Ich will so viel Verstärkung, wie ich kriegen kann.«

Ich nickte. »Ja. Ja. Ich kann deine Verstärkung sein.«

Garland, Kalifornien war keine Stadt, die für ihre hohe Kriminalitätsrate bekannt war. Abgesehen von der gelegentlichen Hausparty, die aufgelöst werden musste, oder einem planlosen Erstsemester, der sein Fahrrad versehentlich nicht an den Fahrradständer, sondern an ein anderes Rad gekettet hatte, hatte das Garland PD nicht allzu viel zu tun. Die Wache war ein kleines, eingeschossiges Backsteingebäude in der Cerezo Street, wenige Blocks vom Campus entfernt. Der Wartebereich war nicht auf so viele Besucher ausgelegt.

Josefina, Gabi, drei ihrer Verbindungs-Genossinnen sowie zwei Jungen aus ihrem Fitnesskurs. Dazu kamen noch ich, Hanna, Andre, Bodie, Mehri, Olivia und Ellison. Die Hälfte von uns war voller Schwarzlichtfarbe, und eine (Ellison) trug einen rosafarbenen Seidenpyjama mit Laufschuhen. Wir alle waren gemeinsam zur Wache gepilgert.

Bodie trat vor, um uns die Tür aufzuhalten. Josefina zögerte, biss sich auf die Lippe und beäugte ihn wachsam. »Ich habe dein Interview auf ESPN gesehen«, sagte sie.

»Ich hoffe, ich habe meine Sache ganz okay gemacht«, gab er verlegen zurück.

Josefina zuckte die Achseln. »Ein Mic Drop am Ende wäre noch gut gewesen.«

Die zwei Officer am Tresen standen von ihren Drehstühlen auf, als wir uns zu vierzehnt in den kleinen, sauberen Eingangsbereich drängten. Mit Gabi links und mir rechts untergehakt, trat Josefina an den Tresen.

»Ich bin hier, um eine Vergewaltigung anzuzeigen.«

»Sie müssen eine eidesstattliche Erklärung abgeben – das bedeutet, bei Falschaussage droht Ihnen eine Strafe wegen Meineids«, klärte der Officer sie auf.

»Ich weiß.« Josefina nickte. »Ich habe das alles nachgelesen.«

Der Officer sammelte die nötigen Formulare zusammen. »Wenn Sie mir dann bitte folgen wollen.«

Josefina warf uns einen letzten Blick zu. Ihre Augen waren nass von Tränen, aber sie hatte ein Lächeln im Gesicht und warf uns eine Kusshand zu, als wir ihr alles Gute wünschten.

Die Tür fiel hinter ihnen ins Schloss. Als ich ausatmete, fühlte es sich an, als würde ein Dämon meinen Körper verlassen. Als hätte sich etwas Schreckliches, Drückendes in meiner Brust eingenistet und mir die Luft abgeschnürt.

Und dann vergrub Ellison Michaels – diese unverwüstliche, unerschütterliche Naturgewalt, die sich von nichts auf der Welt unterkriegen ließ – ihr Gesicht in den Händen und fing im Eingangsbereich der Polizeiwache von Garland an zu weinen. Ich setzte mich neben sie und weinte mit, und Gabi de Hostos tat es uns nach. Wir weinten, bis es nicht mehr ging – bis all die angestauten Tränen hinter unseren inneren

Staudämmen vollständig ausgetrocknet waren. Danach fühlten wir uns zwar schwach, aber frei von dem Druck, der die ganze Zeit auf uns gelastet hatte. Erst nach einer Weile machte unsere Erleichterung der Erkenntnis Platz, was noch alles auf uns zukommen würde. Wir hatten einen Hügel erklommen, nur um oben festzustellen, dass sich vor uns eine ganze Gebirgskette erstreckte.

»Für sie wird es schlimmer als für uns«, flüsterte ich.

Ellison knirschte mit den Zähnen und nickte knapp. »Falls dieser verfickte Adam Whittaker von *Badger Sports* auch nur ihren Namen schreibt«, sagte sie, »müssen die Notfallsanitäter chirurgisch meinen Fuß aus seinem Arsch entfernen.«

Ein Lachen drang aus meiner Kehle. Es tat gut zu lachen. Doch zugleich kam ich mir schrecklich nutzlos vor. Unfassbar klein und machtlos im Angesicht dessen, was uns bevorstand.

Es dauerte etwa eine halbe Stunde, ehe Josefina mit dem Officer wieder auftauchte. Ihre Augen waren gerötet und verquollen, aber sie ging hocherhobenen Hauptes. Wir standen auf, um sie in Empfang zu nehmen.

»So«, sagte sie. »Das wäre erledigt. Äh. Und was jetzt?«

Ich sah Hanna, Andre, Mehri, Ellison, Bodie und Josefinas Freundinnen und Freunde an und wusste, dass wir uns einig waren. Wir würden sie nicht allein lassen. Egal was passierte. Dies hier war Josefinas Geschichte. Es war unsere Aufgabe, dafür zu sorgen, dass man ihr Gehör schenkte.

»Wir machen Lärm«, sagte ich.

Alle drehten sich zu mir um.

Meine Wangen brannten, aber ich fuhr fort. »Wir werden laut. Wir machen eine Szene. Wir zwingen sie dazu, uns zuzuhören.«

»Wie denn?«, krächzte Josefina.

»Wir könnten auf den Campus marschieren«, schlug Mehri vor. »So machen sie das an anderen Unis, wenn solche Dinge passieren. Wenn man den Leuten zeigt, dass sie mit ihrer Wut nicht allein sind, kann man viele Menschen mobilisieren.« Sie nickte mir zu. »Lasst uns Lärm machen. Lasst uns so richtig auf den Putz hauen.«

»Ein Protestmarsch?«, wiederholte Gabi hörbar skeptisch, aber zugleich auch neugierig. »Jetzt gleich?«

Wir sahen Josefina an.

Die schluckte zunächst, dann sagte sie: »In Ordnung. Ein Glück, dass ich Sneaker angezogen habe.«

28

Das Art House, der *Daily* und die Footballmannschaft der Garland University verfügten alle über Gruppenchats, und alle erhielten dieselbe Nachricht. Ich ging davon aus, dass es eine Weile dauern würde, bis jeder auf der Party sie gelesen hatte (da fast alle ihre Handys in Plastikbeuteln irgendwo sicher verstaut hatten, damit sie keine Farbe abbekamen). Wir konnten von Glück sagen, wenn ein oder zwei Leute die Party für zehn Minuten verließen, um mit der Frau, die von Truman Vaughn vergewaltigt worden war, auf dem Campus zu demonstrieren.

Doch als wir am Rodeo ankamen, wartete dort eine kleine Menschenmasse in farbbeschmierten weißen Klamotten, um sich uns anzuschließen. Als wir den Eingang zum Campus erreichten, schien sich die Hälfte der Pollock-Gäste uns angeschlossen zu haben, und Studentinnen und Studenten in Schlafanzügen, Jeans und oversized Sweatshirts kamen aus ihren Wohnungen, um uns zu folgen. Am Footballstadion musste ich Bodie und Hanna ganz fest an den Händen halten, damit wir in der Menge nicht getrennt wurden.

Wir schrien, bis wir heiser waren. Dann schrien wir weiter. *Gerechtigkeit für Josefina.*

Was wir taten, war nichts Bahnbrechendes. Andere Universitäten hatten ähnliche Aufstände, eine ähnliche Mobilisierung unter den Studierenden erlebt. Sit-ins. Walk-outs. Protestmärsche, Demonstrationen und gelegentlich auch Hashtags voller unbequemer Wahrheiten und lang gehüteter Geheimnisse. Trotzdem kam es mir surreal vor, etwas auf meinem eigenen Campus zu erleben, das ich zuvor nur aus den Nachrichten gekannt hatte.

In den Tagen, die auf Josefina Rodriguez' Besuch auf der Polizeiwache folgten, malten Studentinnen und Studenten Schilder und bedruckten T-Shirts. Jemand brachte ein Mikrofon und Lautsprecher auf den Platz vor dem Campuszentrum, und nacheinander ergriffen Studentinnen und Studenten das Wort, um ihre Geschichte zu erzählen oder für ihre Freunde zu sprechen, wenn diese sich nicht trauten. Seminare wurden verschoben. Nachrichtenhelikopter kreisten über unseren Köpfen, und Journalisten fielen in den Campus ein. Die Polizei versuchte die Demonstrationen einzudämmen und wurde prompt mit grünen Luftschlangen und Schmähliedern begrüßt, wie sie sich nur College-Studenten ausdenken konnten, die meinten, nichts zu verlieren zu haben.

Die Proteste endeten an einem sonnigen, kalten Oktobermorgen, einem Tag, der vollkommen durchschnittlich war – bis auf den ohrenbetäubenden Jubel, der auf dem Campus ausbrach, und die Tränen der Erleichterung, als Truman Vaughn, Chefcoach des Garland University Footballteams, in seinem Haus in Garland, Kalifornien verhaftet wurde.

Ich hatte mein ganzes Leben in Kalifornien verbracht. Ich wusste, dass, wenn ein Waldbrand endlich gelöscht war, der kurze Moment der Freude und Erleichterung schnell einer tiefen Erschöpfung Platz machte, sobald man sich Zeit nahm, an die Zerstörung und das Leid zu denken. An alles, was man verloren hatte.

Die unmittelbare Gefahr war gebannt, aber Erholung und Wiederaufbau konnten Monate dauern. Jahre.

Die wahre Arbeit hatte gerade erst begonnen.

Das Schild auf dem Dach von *Pepito's* blinkte in der Mittagssonne.

»Guten Tag«, grüßte mich Oscar von seinem Platz hinter der Kasse, als meine Gruppenmitglieder und ich uns unter das Schatten spendende rote Terrakottadach drängten. Er schenkte mir ein Lächeln, gab jedoch nicht zu erkennen, dass ich eine Stammkundin war, zumal er die Leute, die mich begleiteten, nicht kannte.

Olivia und Ryan bestellten als Erste. Bodie bestand darauf, mich vorzulassen.

»Das Übliche?«, fragte Oscar. Damit meinte er natürlich drei *Carne-Asada*-Tacos mit einer Extraportion *Pico de Gallo* sowie eingelegten Jalapeños und Karotten.

»*Si*«, sagte ich. »*Y estoy pagando por el chico alto.*«

Ich holte Bodie neben mich an den Tresen. Er bestellte einen Superburrito mit einer Extraportion von allem. Als er seine Kreditkarte zückte, um zu zahlen, beförderte ich ihn mit einer Hüftbewegung zur Seite und schob einen Zwanzigdollarschein über den Tresen.

»Das musst du nicht machen«, protestierte er.

»Es ist ein Burrito, keine Autolackierung.«

Bodie seufzte, wie um anzuerkennen, dass ich damit nicht ganz unrecht hatte, mir aber gleichzeitig zu vermitteln, dass er nicht einverstanden war. Er trat zu den Spendern mit Plastikbesteck und Servietten und nahm jeweils zwei für uns mit.

Oscar beobachtete unsere Interaktion mit unverhohlener Neugierde.

»*Su novio?*«, fragte er mit einer Stimme, die mir trotz der Sprachbarriere, die uns Privatsphäre garantierte, deutlich zu laut vorkam.

»*Todavía no*«, gab ich zurück. »*Casi. Trabajando en eso.*«

Oscars Gelächter folgte mir, als ich Bodie zu dem Picknicktisch folgte, den Ryan für uns in Beschlag genommen hatte. Wie eine Familie von Waschbären, die einen umgekippten Müllcontainer gefunden hatten, fielen wir über unser Essen her und stopften es uns derart gierig in den Mund, dass wir kaum zum Reden kamen. Erst als wir satt waren, fühlte sich unsere geliebte Gruppenleiterin Olivia bemüßigt, jeden von uns mit seiner ganz persönlichen Motivationsrede für unsere anstehende Präsentation zu beehren, während sie an den Überbleibseln ihrer Quesadilla herumpickte.

»Laurel«, sagte sie, als ich an der Reihe war. »Du wirst hübsch aussehen …«

Ich neigte den Kopf. »Es freut mich, dass ich etwas zur Ästhetik der Gruppe beitragen kann.«

Bodie sah von seinem Handy auf. Er tippte schon seit einer ganzen Weile darauf herum. Die letzten Reste seines Burritos lagen scheinbar vergessen auf dem Stück Alufolie, das er glatt gestrichen und als provisorischen Teller benutzt hatte. Ich warf unauffällig einen Blick auf das Display. Er hatte Google Translate geöffnet.

»Ich bin noch nicht fertig!«, sagte Olivia und strafte mich mit einem strengen Blick, obwohl sie zugleich ein Schmunzeln unterdrücken musste. »Du wirst hübsch aussehen, und du wirst deinen Teil des Vortrags halten, ohne ein einziges Mal auf die Karteikarten schauen zu müssen. Du wirst etwas sehr Kluges über Diversität sagen und dafür Standing Ovations bekommen.«

Ich verdrehte die Augen, um zu verbergen, wie gerührt ich in Wirklichkeit war. Bodie stieß mich unter dem Tisch mit dem Fuß an. Sein neckendes Lächeln war mir mittlerweile vertraut.

»Was ist?«, fragte ich.

»Nichts«, murmelte er. »Nur … ich arbeite auch daran.«

Ich brauchte einen Moment, ehe ich begriff, dass er meine Antwort an Oscar wiederholte, nachdem dieser mich gefragt hatte, ob Bodie mein Freund sei.

Ich hatte mich für schlau und diskret gehalten. Offenbar hatte ich Bodies Google-Translate-Fähigkeiten unterschätzt.

Während Ryan und Olivia Tratsch austauschten, versuchte ich meine Nerven zu beruhigen. »Und? Was machst du an Thanksgiving?«, fragte ich, während ich meinen Churro wie eine in Zimtzucker gewälzte Zigarre zwischen zwei Fingern hielt. »Fliegst du nach Hause?«

Bodie schüttelte den Kopf und schluckte den Bissen hinunter, den er gerade gekaut hatte. »Ich habe Training. Wahrscheinlich bleibe ich hier.«

»Weißt du«, sagte ich, während ich als eine Art Schutzmechanismus meinen halb aufgegessenen Churro fixierte. »Ich wohne anderthalb Stunden nördlich von L. A. Ziemlich kurze Fahrt. Wir feiern ganz entspannt. Du musst auch nicht kommen, wenn du schon Pläne mit dem Team gemacht ...«

»Ich würde total gern kommen«, sagte Bodie, noch ehe ich ausgeredet hatte.

»Wirklich?«

Er strahlte mich an. »Ja, wirklich.«

Ich biss von meinem Churro ab.

»Wie sind deine Eltern so?«, wollte er wissen.

Es dauerte einen Moment, ehe ich seinen zögerlichen Unterton registrierte. Er war nervös. Bodie St. James, der Goldjunge von Garland, der das Doppelte meines Körpergewichts bankdrücken konnte und dem Einfluss eines Mannes entkommen war, der alles in seiner Macht Stehende getan hatte, um ihn zu kontrollieren und zu manipulieren, war nervös, weil er meinen einsprachigen Softievater und meine wundervolle Mutter kennenlernen sollte.

»Sie finden dich garantiert toll«, beruhigte ich ihn. »Du hast dich um mein Auto gekümmert.« *Und um mich*, fügte ich in Gedanken hinzu, während er unter dem Tisch sein Knie an meinem rieb. *Um mich hast du dich auch gekümmert.*

Ellison schien mich bereits zu erwarten, als ich zwei Wochen vor den Thanksgivingferien in ihr Büro kam. Und sie schien auch zu wissen, was ich ihr mitzuteilen hatte.

»Ich möchte weiterhin über Football schreiben«, verkündete ich.

Ellison lächelte und lehnte sich auf ihrem Schreibtischstuhl zurück. Sie hatte einen neuen bekommen – einen, der nicht knarrte. In der Folge von Sterlings Rücktritt (wobei es streng genommen weniger ein Rücktritt als ein Sprung von der Klippe gewesen war; vermutlich hatte er die spitzen Zinken der Mistgabeln im Arsch gespürt) war die Uni um Schadensbegrenzung bemüht gewesen. Dazu gehörten auch eine öffentliche Stellungnahme zugunsten des *Daily* sowie eine großzügige Spende für Büroeinrichtung.

Es gab jetzt neue Sitzsäcke im Medienzentrum, das nach frischer Farbe und Softeis roch. Auf den Schreibtischen standen nagelneue Rechner. Ellisons Büro war immer noch so schäbig wie eh und je, da sie darauf bestanden hatte, den Großteil der Gelder für den Gemeinschaftsbereich zu verwenden. Aber immerhin hatte sie einen neuen Stuhl erhalten.

Sie nickte. »Gut. Wir müssen das Football-Programm im Auge behalten. Und ich brauche jemanden, der auf Mehri aufpasst. Sie ist vor einer halben Stunde hier reingekommen und meinte, dass sie auch weiter über die Spiele berichten will.«

»Wirklich?«

»M-hm. Sie sagte, man dürfe diese Arschlöcher nicht so einfach aus der Verantwortung entlassen. Oder so ähnlich.«

»Klingt ganz nach Mehri. Also. Ich freue mich schon darauf, weiterhin für den *Daily* zu arbeiten.«

Ellison lächelte. »Und ich freue mich schon darauf, deinen ersten Entwurf in der Luft zu zerreißen.«

»Das nächste Mal versuche ich, vor der Deadline anzufangen. Aber versprechen kann ich nichts.«

Ich war schon halb zur Tür hinaus, als sie mir hinterherrief: »Versuch während der Interviews nach dem Spiel nicht allzu offensiv mit deinem Freund zu flirten.«

Fast jeder Sportsender im Land hatte vorausgesagt, dass Notre Dame haushoch gegen Garland gewinnen würde. Ohne

Truman Vaughns aggressive Coachingmethoden und seine riskanten Spielzüge brachte unser Team nichts zustande – das war es, was man uns weiszumachen versuchte. Und das erste Viertel schien diese Theorie zu bestätigen. Aber Chester Gordon war ein kluger Mann. Er hatte Andre, der zwar physisch weniger dominant war als Fogarty, dafür aber ein besserer Läufer, und er hatte Bodie, der weit werfen konnte, solange es jemanden gab, der schnell genug war, um seine Pässe zu fangen.

Und so kam es, dass die Partie zum Ende des dritten Viertels ausgeglichen war. Eine seltsame und wundervolle Energie erfasste das Stadion. Selbst auf der Pressetribüne spürte ich die knisternde Aufregung und den Enthusiasmus. Die Leute im Studentenblock würden das Feld stürmen, egal ob wir gewannen oder verloren. Je näher das Ende des Spiels rückte, desto mehr schien uns bewusst zu werden, dass die haushohe Niederlage, die alle vorausgesagt hatten, ausbleiben würde.

»Komm«, sagte Mehri. »Sie lassen gleich die Presse aufs Spielfeld.«

Mit weniger als zwanzig Sekunden auf der Uhr gelang Garland ein Gewinn von fünfundzwanzig Yards in Richtung der gegnerischen Endzone. Wäre Truman Vaughn im Stadion gewesen, hätte er etwas Raffiniertes versucht. Irgendeinen großartigen, völlig übertriebenen Spielzug, der mit verstauchten Knöcheln, gebrochenen Handgelenken und einem heroischen Touchdown geendet hätte. Aber Chester Gordons Stil war ein anderer. Er holte den Kicker aufs Feld.

Und so beendete Garland die Partie mit drei Punkten Vorsprung.

Die Studententribüne rastete aus. Es überraschte mich nicht, als die erste Reihe über die Absperrung auf den Rasen kletterte. Auch die Pressevertreter drängten aufs Spielfeld. Dort herrschte ein absolutes Chaos. Alle johlten und lachten, ließen sich von Leuten abklatschen, die sie noch nie zuvor gesehen hatten, und tanzten zu Garlands Mannschaftssong. Dann ertönte Katy Perrys *Roar* aus den Lautsprechern, und es gab endgültig kein Halten mehr.

Durch die Masse der singenden, jubelnden Menschen traf mein Blick den des Quarterbacks. Ich zog Mehri hinter mir her. Bodie kam uns entgegen, riss sich den Helm vom Kopf und strahlte mich an. Er ergriff meine Hand und zog mich durchs Gedränge an sich, bis wir Brust an Brust dastanden. Er war völlig durchgeschwitzt und roch nach Gras und Salz und allen möglichen Körperausdünstungen. Am liebsten hätte ich die Arme um ihn geschlungen und meine Nase an seinem Hals vergraben. Aber wir hatten beide einen Job zu erledigen.

»Bodie, kannst du mir schildern, was es dir bedeutet, diese Partie gewonnen zu haben?«, fragte ich ihn.

»Alles«, sagte er. »Es bedeutet mir alles.«

Später würde die Siegesfeier unserer Uni auf allen Sendern – nicht nur auf den Sportkanälen – gezeigt werden. In Videos, die auf dem Stadionparkplatz aufgenommen worden waren, würde man hören, wie das gedämpfte Summen im Hintergrund auf einmal zu einem donnernden Jubel explodierte, als der Schlusspfiff ertönte. Wir würden von der Geldstrafe über fünfundzwanzigtausend Dollar erfahren, mit der die Liga uns belegt hatte, weil wir gegen ihre Verhaltensregeln verstoßen hatten.

Adam Whittaker von *Badger Sports* würde uns als die dümmsten Fans der Footballgeschichte bezeichnen, aber er hatte keine Ahnung. Das hier war nicht einfach nur ein Sieg für uns. Es war ein ausgestreckter Mittelfinger für Truman Vaughn und all jene, die uns eingeredet hatten, wir würden ihn brauchen.

29

In der Woche vor Thanksgiving feierte der südkalifornische Nieselregen ein Comeback. Ich versuchte meinen Regenschirm so zu halten, dass mein Rucksack geschützt war, während ich die Eingangsstufen zum Biologie-Gebäude hochlief. Als ich in die Lobby geeilt kam, sah Bodie von seinem Handy auf.

»Endlich«, seufzte er.

»Ich weiß, ich weiß, ich weiß.«

Er setzte sich in Bewegung und strebte den Gang entlang auf die Nische mit dem von einer Kübelpflanzc und einer Korkpinnwand flankierten Fahrstuhl zu. Ich kam kaum hinterher, weil ich nebenbei meinen Schirm bändigen und zurück in seine Hülle zwängen musste. Deshalb merkte ich auch nicht, wie Bodie ohne mich die Fahrstuhlkabine betrat.

Die Türen waren schon fast geschlossen, als ich die Hand in den Spalt hielt. Der Sicherheitsmechanismus sprang an, und die Türen glitten wieder auf.

Bodie lächelte unschuldig. »Sorry«, sagte er. »Willst du nach unten?«

Ich packte ihn am Hemd und zog ihn an mich, um ihn zu küssen. Bodie wehrte sich nicht, als ich ihn gegen die Wand der Fahrstuhlkabine schob.

Leider war die Fahrt ins Untergeschoss sehr kurz.

Bis auf die andere Hälfte unserer Projektgruppe war der Hörsaal noch leer. Wir hatten uns extra fünfzehn Minuten früher verabredet – vier nervöse Wracks mit Adrenalinüberschuss und (zumindest in meinem Fall) zu viel Koffein im

Blut. Olivia schrieb Textnachrichten. Im ersten Moment befürchtete ich, der Kontaktname oben auf dem Display könnte *Fahr zur Hölle* lauten, aber es war Mehri Rajavi. Ryan war ungewöhnlich still. Bodie wippte mit dem Knie dermaßen heftig auf und ab, dass die komplette erste Sitzreihe bebte. Ich selbst hatte das Gefühl, jeden Moment den Starbucks Latte auskotzen zu müssen, den Hanna mir als Glücksbringer geschenkt hatte.

Langsam füllte sich der Hörsaal. Ich erspähte Andre, der auf der anderen Seite des Ganges neben Scott Quinton und ein paar anderen Footballspielern saß, ehe Nick – der bezopfte Reiter der akademischen Apokalypse – hereinkam und die Vorlesung mit einer »kurzen Erinnerung« an die Termine für die Semesterprüfungen eröffnete, die sich kein bisschen kurz anfühlte.

Irgendwann sagte er: »So. Dann hören wir jetzt die erste Präsentation für heute.«

Ich bin mir ziemlich sicher, dass ich einen Blackout hatte. An Folgendes konnte ich mich hinterher noch erinnern: den exakten Gelbton der abgewetzten Warnstreifen an den zwei kleinen Stufen zum Podium (weil ich mich nicht vor versammelter Mannschaft auf die Fresse legen wollte). An die Hitze der Lichter. An den schlangenförmigen Goldring an Olivias rechtem Zeigefinger, als sie mir das Mikrofon reichte. An das erste Mal, als meine Stimme brach (Mist). Und auch an das zweite Mal (Doppelmist). An Bodies aufmunterndes Lächeln, als ich ihm das Mikro in die Hand drückte.

Genauso schnell, wie sie begonnen hatte, war unsere halbe Stunde auch schon um, und Ryan klickte auf die letzte Folie unserer Präsentation: ein Bild von Carla Asada in Drag während einer Tanznummer. Eine Woge verhaltenen Beifalls schwappte durch den verschlafenen Hörsaal.

Olivia übernahm ein letztes Mal das Mikrofon. »Vielen Dank fürs Zuhören!«

Wir hatten es überstanden. Es war vorbei.

Ich hatte zwar immer noch das Gefühl, mir jeden Moment in die Hose zu machen, weil mich so viele Augen anstarrten, aber die Erleichterung war größer als die Angst.

Nick kam mit einem Klemmbrett voller Notizen unter dem Arm zurück aufs Podium und gratulierte uns zu unserer guten Leistung. Dann durften wir zurück auf unsere Plätze gehen, wo wir mit hochgereckten Daumen und frohem Grinsen unseren Erfolg feierten.

»Meine Stimme war total kieksig«, flüsterte ich Olivia zu. »Hast du gehört, wie kieksig meine Stimme war?«

»Nein, nein«, sagte sie wenig überzeugend. »Du klangst ganz normal.«

Bodie stieß mich mit dem Ellbogen an. »Ich habe das Kieksen in deiner Stimme gehört«, raunte er mir zu.

Ich versetzte seiner Schulter – seiner sehr starken, muskulösen Schulter – einen Boxhieb.

»Okay, die Nächsten bitte!«

Drei Jungs und ein Mädchen in der zweiten Reihe standen auf und erklommen das Podium. Kyle Fogarty war der Letzte. Das Grün in seinen Haaren war verschwunden, und das Blond, das darunter zum Vorschein kam, sah bleich und stumpf aus. Die erste Folie ihrer Präsentation erschien auf den Bildschirmen: *Sexuelle Übergriffe an Universitäten.*

Mein Magen krampfte sich in einer bösen Vorahnung zusammen.

Das Mädchen übernahm die Einleitung. Das Design der PowerPoint-Folien war miserabel. Die Wahl der Schriftarten war so unglücklich, dass ich förmlich spürte, wie auf der anderen Seite des Saals Andres Seele seinen sterblichen Leib verließ. Bei Folie drei musste ich erkennen, dass die Gruppe uns einfach nur wahllos mit einem Berg aus Zahlen, Daten und Definitionen überschüttete, um zu beweisen, dass sie wenigstens ein C verdient hatte.

Es war von Anfang an keine schöne Angelegenheit. Und dann übernahm Fogarty das Mikrofon.

»Natürlich sollte man diese Zahlen mit Vorsicht genießen«, begann er. »Es kommt andauernd vor, dass Frauen Männer fälschlicherweise der sexuellen Belästigung beschuldigen.« Neben mir versteifte sich Bodie auf seinem Platz. Ich legte meine Hand auf seine.

»Ein Beispiel«, sagte Fogarty, und ich wusste, dass gleich irgendein hanebüchener Bullshit aus seinem Mund kommen würde. »Nehmen wir den Fall Truman Vaughn.«

Sein Blick ging durch den Hörsaal, bis er mich fixierte. Mir war klar, er suchte die Konfrontation. Er wollte, dass ich die Beherrschung verlor und eine Szene machte. Dass ich ihn anschrie, bis er irgendetwas von dem, was ich gesagt hatte, auseinandernehmen und verdrehen und mir damit ins Herz stechen konnte.

Ich schlug meinen Collegeblock zu, klappte das Pult neben meinem Sitz ein und bückte mich, um meine Sachen im Rucksack zu verstauen. Als sie das Rascheln von Papier hörten, sahen einige in meine Richtung, doch niemand sagte ein Wort.

»Die Mädchen, die Vaughn beschuldigt haben ...«, fuhr Kyle mit lauterer Stimme fort.

Ich zog alle Reißverschlüsse zu.

»... haben wegen nichts und wieder nichts seine Karriere zerstört.«

Ich stand auf.

Fogarty verstummte mitten im Satz. Seine Augen blitzten schadenfroh. Es herrschte Totenstille. Ich hätte niemals gedacht, dass ich in der Lage wäre, in einem Hörsaal mit hundert Leuten alle Aufmerksamkeit auf mich zu ziehen. Ich war nicht die Art von Mädchen, die sich im Rampenlicht wohlfühlten. Ich mochte meine Unsichtbarkeit. Ich mochte es, mich kleiner, leiser und gehorsamer zu machen, als ich eigentlich war. Sichtlich gespannt wartete Fogarty darauf, dass ich ihn anschrie. Ihm widersprach.

»Laurel«, sagte Nick verunsichert. »Würden Sie bitte wieder Platz nehmen, damit die Gruppe ihre Präsentation fortsetzen kann?«

Ich sah Nick geradewegs in die Augen, als ich nach unten griff, meinen Rucksack aufhob und ihn mir über die Schulter schwang. Nein, ich würde nicht wieder Platz nehmen. Ich würde nicht dasitzen und Fogarty zuhören, und ich würde seine absolut idiotischen Argumente auch nicht dadurch adeln, dass ich mich auf einen rhetorischen Schlagabtausch mit ihm einließ. Vielmehr würde ich das tun, was Fogarty am wütendsten machen würde: Ich würde gehen.

Ich senkte den Kopf und wollte Bodie bitten, mich vorbeizulassen, doch stattdessen klappte er sein Pult hoch und nahm ebenfalls seinen Rucksack. Ich hatte bereits einige Blicke auf mich gezogen, aber in dem Moment, als sich Bodie von seinem Platz erhob, ruhten die Blicke aller Anwesenden auf uns. Ich wartete darauf, dass er die Beherrschung verlieren und etwas zu Fogarty sagen würde – zu seinem ehemaligen Mannschaftskollegen, seinem ehemaligen Mitbewohner und Freund. Stattdessen wandte er sich an mich und sagte mit großer Ruhe: »Geh vor.«

Da war er wieder, dieser Blick – der Blick, der mir sagte, dass er mir folgen würde, wohin ich auch ging.

Unten auf dem Podium lächelte Fogarty nicht mehr.

»St. James«, rief er mit einer Grimasse, als wollte er sagen: *Was soll der Scheiß, Mann?*

Bodie hatte weiterhin nur Augen für mich.

»Ist das dein Ernst?«, fragte Fogarty etwas lauter. »Das nennt man Redefreiheit! Ich habe das Recht, meine Meinung zu sagen.«

Ich sah zum Podium und erlaubte mir einen Moment des Mitgefühls. Einen Moment, um zu erkennen, dass Kyle Fogarty verletzt worden war, genau wie Bodie, und dass er tief im Innern vielleicht nichts weiter war als ein einsamer, verängstigter Junge. Aber auch ein Junge war für sein Handeln verantwortlich. Außerdem hatte er mein Auto zerkratzt, ich hatte also jedes Recht, bis ans Ende aller Tage wütend auf ihn zu sein. Ich schuldete ihm weder meine Zeit noch die Energie, die es mich kosten würde, ihm zu erklären, weshalb er falschlag. Ich schuldete ihm auch keine Vergebung. Ich schuldete ihm rein gar nichts.

Gemeinsam traten Bodie und ich auf den Gang. Olivia klappte ihr Pult zurück und gesellte sich zu uns. Auch Ryan hob sein Skateboard vom Boden auf, und auf der anderen Seite des Hörsaals stand Andre von seinem Platz auf. Unsere Blicke trafen sich. Er hob die Hand an die Stirn und salutierte, dann machte er sich auf den Weg zu uns. Der Nächste war Scott Quinton. Ich hatte ihm noch nie vorher in die Augen gesehen. Es war ein seltsames Gefühl, wenn jemand, den man seit mehr als zwei Jahren immer wieder auf dem Campus gesehen hatte, plötzlich Notiz von einem nahm. Quinton war eine angenehme Überraschung, aber ich war mir sicher, dass uns sonst niemand mehr folgen würde. Wir sechs würden ein Zeichen setzen. Nick würde uns Anwesenheitspunkte abziehen, und damit wäre die Sache erledigt.

Doch dann stand einige Reihen weiter unten eine Studentin auf, die ich noch nie wirklich wahrgenommen und mit der ich nie im Leben auch nur ein Wort gewechselt hatte. Ich kannte nicht einmal ihren Namen. Ich wusste nichts über sie. Blass und mit grimmig aufeinandergepressten Lippen sah Fogarty zu, wie sich immer mehr Studierende von ihren Sitzen erhoben. Nick bat sie unsicher, sich doch bitte wieder hinzusetzen und aus einer Mücke keinen Elefanten zu machen. Aber die Lawine war ins Rollen gekommen, und weder ein Junge mit geballten Fäusten noch der Mann, der über unsere Semesternoten bestimmte, konnte sie noch aufhalten. Erst einzeln, dann zu zweit und in größeren Gruppen und schließlich reihenweise standen meine Kommilitoninnen und Kommilitonen auf, nahmen ihre Sachen und folgten mir.

Und sahen nicht zurück.

Danksagung

Als ich die Idee für dieses Buch hatte, glaubte ich – ähnlich wie Laurel mit ihrem Artikel –, dass es eine eher harmlose, unterhaltsame Geschichte werden würde. Der klassische Stoff von Feinden, die zu Liebenden werden. Etwas Seichtes. Leicht verdaulich. Eskapismus. Vielleicht ein bisschen nostalgisch gefärbt, weil ich erst ein Jahr zuvor das College abgeschlossen hatte und einige Aspekte meiner Studienzeit schmerzlich vermisste: Bestätigung für die eigene akademische Arbeit zu bekommen, alle meine Freunde zu Fuß erreichen zu können, und natürlich die Partys. Aber dann wurde mir – wie Laurel – bewusst, dass ich versehentlich auf die Spitze eines Eisbergs gestoßen war.

Wie sich herausstellte, trug ich noch eine ganze Menge Frust und Wut mit mir herum, nachdem ich mich vier Jahre lang wie ein kleiner Fisch in einem sehr großen Teich gefühlt hatte. Umso mehr, da einige der anderen Fische nach völlig eigenen Regeln zu spielen schienen. Es hatte Zeiten gegeben, da hatte ich mich unsichtbar, stumm, unfassbar hilflos und wütend gefühlt.

Also habe ich dieses Buch geschrieben.

Ein Buch darüber, wie jemand seine Stimme findet. Ein Buch darüber, wie jemand seine Privilegien erkennt und zum Guten nutzt. Ein Buch über kleine Fische, die Stärke in der Gemeinschaft finden.

Getreu dem Thema hat es tatsächlich ein ganzes Dorf gebraucht, um dieses Buch fertigzustellen. An meine Lektorin Deanna McFadden: Danke, dass du an mich geglaubt hast.

Ohne deine harte Arbeit, deine Vision und deine unerschütterliche Fähigkeit, immer genau das zu sagen, was ich hören muss, gäbe es dieses Buch nicht. An meine Talentmanager I-Yana und Monica und an Daphne Gordon, Shay Bravo, Athena und Whitney French, die mir wertvolles Feedback gegeben und die Geschichte gelesen haben: Es war mir eine Ehre und ein Privileg, dass so viele wundervolle, begabte Menschen an diesem Roman mitgearbeitet haben. Und an all die Wattpad-Leserinnen und -Leser: Eure Kommentare und privaten Nachrichten haben mir das Gefühl gegeben, gesehen und gehört zu werden, wann immer ich mich klein fühlte. Ihr habt mein Leben verändert. Ich danke euch.

Ein spezieller Gruß geht an die Autorinnen im Gruppenchat – allen voran Ivey Choi, die mich mehr als fünfmal davon überzeugt hat, doch nicht alles hinzuschmeißen, wenn der Stress mal wieder zu groß wurde (meine Virgo Queen); Natalie Walton und Simone Shirazi, die mir die Freuden spontaner Auslandsreisen nahegebracht haben (denn: Wer sollte uns aufhalten?); und Anne Zou, die extra für mich ein Garland-University-Sweatshirt hat besticken lassen. (Niemand wird dich je als Secret Santa übertreffen.)

Und zu guter Letzt: Danke, Mom, dass du dir alles angehört hast und ich Teile von dir in meine Hauptfigur mit einfließen lassen durfte. (Es tut mir leid, dass mein Spanisch so schlecht ist. Du hast es versucht!) Danke, Dad, dass du so eine sanfte, gütige Seele bist und mir immer das Gefühl gegeben hast, dass meine Ansichten, Emotionen und Träume wichtig sind. Danke, Chris, dass du genauso bist wie dein Vater und außerdem der einzige Mensch, der mich regelmäßig zum Lachen bringen kann, selbst wenn ich alles tue, um ein ängstliches Wrack zu sein.

Und Elizabeth – du wusstest, dass ich dich für zuletzt aufsparen würde, denn dieses Buch hier ist für dich. Mein kleines Goldstück. Meine Allersüßeste. Ich liebe dich, ich bin stolz auf dich, und ich werde mich nur zu gern von all deinen

Wünschen nach Eiskaffee und Buchladenbesuchen in den Bankrott treiben lassen, denn dafür sind Schwestern da. Du hast ein Herz aus Gold und ein wahrhaft Ehrfurcht gebietendes Temperament. Also, Kiddo: Zeig's ihnen.

Inhaltswarnung

Dieses Buch enthält verschiedene Themen und Beschreibungen, die triggernd wirken können. Die im Folgenden aufgeführten Punkte können den Verlauf der Geschichte spoilern.

- Beschreibung von sexueller Gewalt und Nötigung
- Trauma durch sowie Verarbeitung von sexuellen Übergriffen
- Rassistische Verhaltensweisen
- Sexistische und misogyne Verhaltensweisen und Äußerungen
- Öffentliche und mediale Diffamierung
- Einschüchterung und Mobbing

Ich sehe dich am Fenster ...

Coveränderungen vorbehalten

Ariana Godoy

Through my Window – Ich sehe nur dich

Die besten deutschen Wattpad-Bücher

Aus dem Spanischen von Alexandra Baisch

Piper Taschenbuch, 528 Seiten

ISBN 978-3-492-50570-3

Rachel ist bis über beide Ohren verliebt in Ares Hidalgo, ihren attraktiven und mysteriösen Nachbarn. Dummerweise hat sie noch nie ein Wort mit ihm gewechselt und beobachtet ihn nur aus der Ferne. Doch Rachel hat eine Mission: Ares dazu zu bringen, sich in sie zu verlieben. Sie ist ja kein hilfloses, unschuldiges Mädchen – und sie ist ganz sicher nicht darauf vorbereitet, für ihr Ziel alles zu verlieren, am wenigsten sich selbst ...

Leseproben, E-Books und mehr unter **www.piper.de**